시작은 모두 사랑이었다

시작은 모두 사랑이었다

1판 1쇄 인쇄 2019년 10월 1일 | **1판 1쇄 발행** 2019년 10월 10일

글쓴이 권경률

펴낸이 임중혁 | **펴낸곳** 빨간소금 | **등록** 2016년 11월 21일(제2016-000036호)

주소 (01021) 서울시 강북구 삼각산로 47, 나동 402호 | **전화** 02-916-4038

팩스 0505-320-4038 | **전자우편** jioim99@hanmail.net

ISBN 979-11-965859-3-8 (03910)

• 책값은 뒤표지에 있습니다.

시작은 모두
사랑이었다

한국사 연애열전

권경률 지음

빨간소금

옛 사랑의 나비효과

'신여성' 나혜석은 왜 조리돌림을 불사하고 "정조는 취미일 뿐"이라고 부르짖었을까? '자유부인' 어우동은 어째서 당시 법대로 곤장을 맞지 않고 교수형을 당했을까? '왕건의 손녀' 천추태후는 어쩌다가 여성 통치자에서 음란한 반역자로 전락했을까?

시작은 모두 사랑이었다. 한국사는 거창한 대의명분으로 포장되어 있지만, 그 내막을 살펴보면 사사로운 데서 말미암은 일들이 많다. 옛 사랑이 그러하다. 금지된 사랑에 쓰러진 여인들의 이야기에는 먹먹한 감동만 있는 게 아니다. 한국사에서 가부장 사회가 어떻게 만들어지고 힘이 세졌는지, 맥락을 파악할 수 있다.

이 책은 사랑으로 다시 쓰는 한국사 이야기다. 남녀의 사랑을 실마리 삼아 삼국시대부터 일제강점기까지 역사의 맥락을 관통한다. 사랑은 가장 사소한 개인사 같지만, 알고 보면 가장 사회적인 관심사이다. 한국사의 지배층은 남녀의 사랑을 다스리는 데 많은 공을 들였다. 때로는 사랑을 죄악시하면서 민중에게 공포심을 심었고, 때로는 사랑을 이용해 자신들의 권력욕을 채웠다. 우리가 몰랐던 한국사의 진실이다. 사랑은 나비효과를 일으키며 역사가 되었다.

그것은 모두 사랑에서 시작되었다. 역사는 꼬불꼬불한 역사 기록만으로는 온전히 헤아릴 수 없다. 진실은 언제나 빛바랜 사료의 행간에 숨어 있다. 민간인 과부 소생인 서동은 어떻게 백제의 왕좌를 차지했을까?《삼국유사》는 선화공주와 사랑 이야기를 불교 승려들의 입을 빌려 퍼뜨리는 '첩보원' 서동의 진면목을 품고 있다. 김유신은 왜 애인 천관녀의 집 앞에서 말의 목을 잘라 역사적인 동물 학대자가 되었을까?《삼국사기》에는 말의 피로 하늘에 삼국통일을 맹세하고 '신녀' 천관녀를 이용해 그 비전을 설파하는 김유신의 야망이 감춰져 있다.

인간 세상을 지배하는 표면적인 힘은 공포와 욕망이다. 하지만 사람의 역사를 움직이는 진정한 힘의 원천은 사랑이다. 고려 멸망의 결정적 계기는 우왕을 둘러싼 출생의 비밀이었다. 공민왕과 신돈이 한 여인 반야를 사랑했기 때문이다. 조선 숙종은 사랑하는 여인 장옥정을 왕비로 삼기 위해 집권당을 갈아치우며 당쟁을 사생결단으로 격화시켰다. 여전사 박차정과의 사랑과 결혼이 없었다면 김원봉은 독립운동의 지도자로 자리매김하지 못했을 것이다. 한국사에서 금지된 사랑을 꿈꾼 여인들은 구시대로부터 가혹한 응징과 수모를 당했다. 하지만 역사는 끝내 그들이 꿈꾼 세상을 향해 나아가고 있다.

시작은 모두 사랑이었다. 언제나 편들어주는 아내 김주현과 애교꾸러기 아들 채현이는 내 역사 이야기의 원동력이다. 그 사랑 덕분에 매일매일 감사히 살아가고 있다. 얄팍한 원고를 깊고 풍성하게 만들 기회를 기꺼이 허락한 빨간소금 출판사에도 고마운 마음을 전하고 싶다. 끝으로 독자들이 이 책의 행간을 상상력으로 채워 진정으로 완성해주시기 바란다. 불민한 저자도 늘 여러분과 동행하고 소통할 것을 약속드린다.

2019년 9월

권경률

책을 펴내며 옛 사랑의 나비효과 4

1부 사랑이 역사다

독립운동가의 사랑법 — 김원봉과 박차정   10

2부 여자, 금지된 사랑을 하다

음란한 반역자냐, 사랑꾼 통치자냐 — 천추태후   58

열녀문에 목매달린 자유부인 — 어우동   104

추풍에 지는 잎 소리야 낸들 어이 하리오 — 황진이   150

이혼고백장 — 나혜석   178

3부 남자, 사랑을 이용하다

공주를 사랑한 스파이 — 서동   220

삼국통일 연애조작단 — 김유신   248

고려를 무너뜨린 출생의 비밀 — 신돈   288

사랑이라는 이름의 폭력 — 양녕대군   318

달콤한 냉혹 — 숙종   346

주 385

1부

사랑이 역사다

독립운동가의
사랑법

여성 독립운동가들이 새롭게 발굴되어 관심을 모으고 있다. 영화나 텔레비전 드라마에서도 총을 들고 일제에 맞서 싸운 여성들이 주인공으로 등장한다. 여성 독립투사 하면 예전에는 유관순 말고는 떠오르는 사람이 없었다. 하지만 독립운동에는 원래 남자, 여자 구분이 없었다. 남편이나 자식들 뒷바라지는 물론이고, 목숨 걸고 무장투쟁의 한복판에 뛰어든 여인들도 찾아보면 수두룩하다.

만주에서 활동하던 남자현은 1933년 일본 관동군사령관 무토 노부요시를 암살하기 위해 권총과 폭탄을 몸에 숨기고 가다가 경찰에게 붙잡혔다. 당시 그녀는 의병 활동을 하다 전사한 남편의 피 묻은 옷을 껴입고 있었다고 한다. 남자현은 일본 영사관 감옥으로 끌려가 혹독한 고문을 당하고 풀려나자마자 세상을 떠났다.

윤희순은 의병장 남편과 시아버지를 뒷바라지하면서 여성의병대를 만들어 군사 훈련을 시켰다. 또 탄약 제조소를 직접 운영하며 의병들에게 탄약을 공급하기도 했다.

우리나라의 국권이 일제에게 넘어가자 그녀는 가족을 데리고 만주로 건너갔다. 그곳에서 독립운동 자금을 모으는 한편 아들을 독립운동가로 길러내 1935년 죽음까지 함께한다.

박자혜는 조선총독부 병원의 간호사였다. 1919년 3·1운동 때 일본 경찰의 총칼에 맞은 조선인들을 목격하고 간호사 독립운동 단체인 간우회를 조직했다. 그녀는 중국에 공부하러 갔다가 독립운동가이자 역사가인 신채호와 결혼한다. 이후 남편과 떨어져 두 아들을 키우며 힘들게 살았지만, 1926년 의열단원 나석주의 동양척식회사 의거를 돕기도 했다.

사실 여성 독립운동가들은 남성 독립운동가들보다 두세 배의 삶을 살았다. 항일 투쟁과 별개로 엄마, 며느리, 주부 노릇을 해야 했기 때문이다. 또 독립운동가 남편을 둔 아내들은 생계를 책임지고 뒷바라지까지 감당했다. 그럼에도 노력과 수고를 인정받은 여인들은 많지 않다. 다 퍼주고 정작 본인은 생활고로 고생하다가 세상을 떠났지만 남자들의 그늘에 묻힌 것이다.

2018년까지 나라에서 훈장과 포상을 받은 독립유공자는 14,000명이 넘는데 이 가운데 여성은 전체의 2% 수준인 270여 명에 불과하다. 수많은 여인들이 의거 자금을 마련하고, 도피자들에게 밥과 잠자리를 제공했지만 독립유공자가 되지 못했다. 독립운동 당시 여성이라는 이유로 제대로 평가받지 못하고 기록에서 빠졌기 때문이다.

그나마 박차정은 널리 공을 인정받은 여성 독립운동가다. 그녀는 국내에서 만세 시위를 조직하다가 곤욕을 치르고 1930년 중국으로 망명했다. 이역만리 타국 땅에서 이 여전사는 의열단장 김원봉을 만났다. 두 사람은 한국 독립운동의 이정표를 세우며 '따로 또 같이' 민족 해방에 공헌했다. 그렇다면 일제강점기 독립운동가들은 어떻게 사랑을 나눴을까?

1930년 4월 베이징 난뤄구샹(南锣鼓巷)의 작은 골목으로 양장을 차려 입은 앳된 신여성이 찾아들었다. 그녀는 초롱초롱한 눈빛으로 집들을 가만히 살펴보더니 골목 끝에 있는 허름한 고옥으로 냉큼 들어갔다. 이곳은 얼마 전 의열단에서 문을 연 레닌주의정치학교다. 안쪽에는 젊은 사내들이 우글거렸다. 뜬금없이 신여성이 들어서자 모두 의아한 듯 쳐다보았다. 그녀는 사합원 마당에 멈춰 서서 방긋 웃었다.

"조선에서 온 박차정입니다."

아하, 이 학교의 운영과 교육을 맡기로 한 여인이다. 말로만 듣던 조선공산당재건동맹 중앙위원이기도 하다. 그런데 이렇게 어리다니…… 스무 살이나 되었을까?

박차정은 똘똘하고 영리했다. 의열단원들은 천생 투사였다. 교단에 서거나 행정을 보는 일은 서툴렀다. 반면 그녀는 여학교를 졸업하자마자 조선 최대 여성 단체 근우회에서 선전과 출판을 책임진 바 있다. 박차정의 출현은 그들에게 천군만마였다. 덕분에 학사 일정이 차질 없이 돌아가기 시작했다.

먼발치에서 그녀를 지켜보던 김원봉은 아빠 미소를 짓곤 했다. 21살의 어린 여인이 학교를 움직인다. 민족 해방의 열정, 레닌주의 이론도 사내들 뺨친다. 무엇보다 이 아이 주변에는 언제나 활기가 넘친다. 그 싱그러운 생명력에 약산은 문득 마음을 빼앗기곤 했다.

---

* 《약산 김원봉 평전》(김삼웅, 시대의창, 2008)에 실린 박차정과 김원봉의 사랑을 재구성했다.

박차정도 틈틈이 33살의 그이를 훔쳐봤다. 약산 김원봉! 조선의 독립과 혁명을 일궈나가는 항일 투쟁의 전설이다. 게다가 사람은 또 얼마나 자상한지⋯⋯. 동지들을 한 사람 한 사람 가족처럼 보살핀다. 그이와 함께라면 고난과 시련의 길도 아름답게 빛날 것 같다. 박차정은 마침내 약산에게 편지를 썼다.

"선생님께서 저를 거두어 조국을 가리키는 나침반이 되어주시기를 바랍니다."

박차정의 당돌한 고백에 김원봉은 내심 기뻤다. 꾹꾹 눌러둔 속마음을 확인한 두 사람은 연애를 시작했다.

남녀가 사랑을 나누려면 공통의 관심사를 갖는 게 좋다. 독립운동가라고 예외는 아니다. 김원봉과 박차정을 이어준 건 문학이었다. 약산은 톨스토이, 투르게네프 등 러시아 문학에 조예가 깊었다. 박차정 또한 동래일신여학교 시절 시와 수필을 써서 교지에 싣던 문학소녀였다. 그들은 헝가리 민족시인 페퇴피 샨도르의 시를 즐겨 읊었다.

사랑이여
그대를 위해서라면
내 목숨마저 바치리
그러나 사랑이여
조국의 자유를 위해서라면
내 그대마저 바치리

개인적인 사랑보다 독립과 혁명을 앞세울 수밖에 없는 삶! 그들의

사랑은 동지에 대한 존경과 믿음 속에서 시나브로 무르익었다.

나 밀양 사람 김원봉이오

1919년 11월 9일 저녁 중국 지린(吉林) 교외의 반씨객점에 풍운이 몰려오고 있었다. 만주에 휘몰아치는 겨울 삭풍을 뚫고 한 무리의 조선 청년들이 이곳으로 모여들었다. 날이 어두워지자 객점 문밖에는 붉은 등이 내걸렸고, 실내는 젊은이들이 뿜어내는 격정과 열기로 달아올랐다.

윤세주, 이성우, 곽재기, 강세우, 이종암, 한봉근, 한봉인, 김상윤, 신철휴, 배동선, 서상락, 권준, 그리고 김원봉. 10대 후반에서 20대 중반까지 홍안의 청년들이 신흥무관학교에서, 상하이에서, 조선에서 달려왔다. 그들은 밤새워 격론을 벌였고 이튿날 새벽 항일 단체를 결성했다. 천하의 정의(正義)를 맹렬(猛烈)히 실행하는 비밀결사, '의열단(義烈團)'이었다. 의열단은 일제의 잔혹한 식민 통치에 제 목숨을 불사르며 암살과 파괴로 맞섰다. 그 의롭고 뜨거운 투혼의 중심에 약산(若山) 김원봉의 카리스마가 있었다.

"나 밀양 사람 김원봉이오."

영화 〈암살〉(2015)에서 극 중 김원봉은 이렇게 자신을 소개한다. 그는 1898년 경상도 밀양의 농사꾼 집안에서 11남매의 장남으로 태어났다. 시대의 격랑은 강인한 인물을 만든다. 일제에게 국권을 빼앗기는 슬픔과 분노의 시간을 헤쳐 나가며 소년은 어려서부터 항일 의식을 키

었다.

1911년 김원봉은 밀양공립보통학교를 다니다가 퇴학당했다. 일왕 생일 축하 행사에 쓸 일장기를 화장실에 처박았다고 한다. 고향 친구이자 평생 동지 윤세주와 함께 벌인 최초의 항일 의거였다.

1913년에 그는 고모부 황상규의 도움으로 서울 중앙학교에 들어갔다. 이 학교에서 김원봉은 훗날 사회주의자로 활동한 김두전과 이명건을 만났다. 세 사람은 각각 약산, 약수(若水), 여성(如星)이라는 호를 짓고 같이 독립운동에 투신하기로 약속했다. 산처럼 듬직하고, 물처럼 자유롭고, 별처럼 빛나는 소년들의 의기투합이었다.

이듬해 김원봉은 바랑 하나만 메고 전국 방방곡곡 무전여행에 나섰다. 지리산과 계룡산을 오르내리며 민족정기를 한껏 들이마셨고, 옛 도읍지 경주와 부여에서는 역사의식을 되새겼다. 길 위에서 약산은 일제에 비분강개하는 민족지사들과 조우하고 세상사에 귀를 기울였다. 소년은 국권을 빼앗은 강도들을 쫓아낼 수 있다면 무슨 일이든 하리라 다짐했다.

1915년에 결성된 대한광복회는 김원봉에게 큰 영감을 줬다. 대한광복회는 총사령 박상진을 중심으로 의병과 계몽운동가들이 힘을 모은 비밀결사였다. 그들은 중국 지린에 독립군 양성 기지를 세우고 국내에서 의연금을 거두었다. 공금 수송 마차나 친일 부호를 습격하는 의열투쟁도 펼쳤다. 실제로 항일 무력을 기르고 사용한 것이다.

약산은 바로 그 항일무장투쟁에 주목했다. 외교적으로 일제를 국제사회에서 고립시키거나, 계몽운동으로 조선의 실력을 키우는 것도 좋지만 결국에는 무력으로 결정타를 날려야 저들을 몰아낼 수 있으리라.

그럼 어떻게 해야 할까? 치밀한 전략 전술을 짜고 군대를 자유자재로 움직일 유능한 지휘관이 필요하다.

1916년 김원봉은 중국 톈진(天津)에 있는 덕화학교로 유학을 떠났다. 이 학교는 독일과 중국이 합작한 중등교육기관이었다. 약산은 1차 세계대전 초기에 프랑스, 러시아, 영국 등 연합국을 밀어붙였던 독일의 군사력을 동경했다. 김원봉은 덕화학교에서 독일어를 습득한 다음, 독일로 건너가 본격적으로 군사학을 공부할 계획이었다.

이듬해 여름방학에는 집에 다녀가기 위해 중국 단둥(丹東)을 지나다가 김좌진과 만났다. 몇 년 뒤 청산리대첩을 일군 김좌진은 그 무렵 대한광복회 부사령으로서 독립군 기지 건설에 몰두하고 있었다. 이 만남으로 약산의 꿈은 더욱 부풀어 올랐다.

하지만 세계정세는 약관의 청년이 뜻하는 대로 굴러가지 않았다. 1917년 미국의 참전으로 세계대전의 전황이 바뀌었고, 일본과 중국마저 연합국에 가세하며 독일은 수세에 몰렸다. 격변의 소용돌이 속에서 중국 톈진의 덕화학교도 문을 닫게 되었다. 김원봉이 돌아갈 학교가 없어진 것이다. 그해 10월에는 러시아에서 사회주의혁명이 일어났다. 사회주의 물결이 거세게 일렁이며 청년들의 마음을 사로잡았다. 조선 땅에서 세상의 흐름을 읽고 있던 약산은 1918년 혁명의 포부를 안고 중국으로 건너갔다. 돌아올 기약 없는 망명길이었다. 이후 그는 광복을 맞아 대한민국임시정부 요인들과 함께 환국할 때까지 27년이나 중국 대륙을 떠돌아야 했다.

1919년 3·1운동은 조선 사람들의 독립 의지를 세계만방에 떨쳤지만, 김원봉은 그것만으론 민족 해방을 쟁취하기 어렵다고 보았다. 월

슨의 민족자결주의에 취한 독립운동가들은 1차 세계대전의 전후 질서를 결정하는 파리강화회의에 대표를 보내 조선의 독립을 호소하려고 했다. 그러나 민족자결주의는 독일, 터키 등 패전국 식민지에 적용되는 논리였다. 승전국 일본이 강점한 조선으로선 그림의 떡이었다.

이에 약산은 만주 신흥무관학교에 들어가 본격적으로 항일무장투쟁의 길을 걸었다. 당시 독립군의 전력은 전쟁을 벌이기에는 턱없이 부족했다. 그는 우선 의열 투쟁을 전개해 일제를 응징하기로 했다. 의열 투쟁이란 요인을 암살하고 기관을 파괴해 일제에 타격을 가하는 것이다. 김원봉의 생각은 단순명료했다.

"조선총독을 죽이기를 5~6명에 이르면 후계자가 되려는 자가 없어질 것이고, 동경에 폭탄을 터뜨려 매년 2회 이상 놀라게 하면 그들 스스로 한국을 포기하게 될 것이다."

의열 투쟁에 나서기로 작정하자 김원봉은 발 빠르게 움직였다. 만주와 상하이를 오가며 폭탄 제조법을 익히고 목숨 걸 동지들을 모았다. 1919년 11월 9~10일 드디어 의열단이 탄생했다. 그날 제정한 '공약 10조'를 살펴보면 이 단체의 성격을 알 수 있다.

1. 천하의 정의를 맹렬히 실행하기로 함.
2. 조선의 독립과 세계의 평등을 위하여 신명(身命)을 희생하기로 함.
3. 충의의 기백과 희생의 정신이 확고한 자라야 단원이 됨.
4. 단의 뜻을 우선시하고, 단원의 의를 시급히 함.
5. 의백(義伯) 1인을 선출하여 단체를 대표함.
6. 어느 때 어느 곳에서나 매월 1차씩 사정을 보고함.

7. 어느 때 어느 곳에서나 회합 소집에 반드시 응함.

8. 죽임을 당하지 아니하여 단의 뜻을 다함.

9. 일(一)이 구(九)를 위하여, 구가 일을 위하여 헌신함.

10. 단의 뜻을 위반하고 배신한 자를 처단함.[1]

여기서 '의백'은 의형제의 맏이를 뜻한다. 의열단은 의형제의 맹약으로 결성되었다. 한날한시에 태어나지는 않았지만, 같은 신념을 품고 한날한시에 죽을 수 있는 게 의형제다. 맏이, 즉 단장은 22살의 피 끓는 청년 김원봉이 맡았다.

그들의 목표는 '일제와 친일파를 몰아내고, 조국을 광복하며, 계급을 타파하고, 토지 소유를 평등하게 하는 것'이었다. 민족 해방과 민주혁명을 전면에 내걸고 암살과 파괴에 나선 것이다. 타격 대상도 명확히 했다. '칠가살(七可殺)', 일곱 가지 죽여야 할 자들은 조선총독 이하 고관, 군부 수뇌, 대만 총독, 매국적(賣國賊), 친일파 거두, 적의 밀정, 악덕 토호로 정했다. '오파괴(伍破壞)', 다섯 가지 깨부숴야 할 기관들은 조선총독부, 동양척식회사, 〈매일신보〉, 각급 경찰서, 기타 관청이었다. 대만 총독을 포함한 까닭은 중국인들과 손잡기 위해서였다. 대만은 청일전쟁 이래 일본의 식민지로 중국으로선 아픈 손가락이었다. 중국 땅에 근거지를 둔 이상 의열단은 중국인들의 지지와 협력이 절실했다. 〈매일신보〉는 원래 민족지였지만, 경술국치 이후 총독부 기관지가 되었다. 의열단은 이 신문을 적의 선전 기관으로 보았다.

첫 거사는 1920년 6월 초로 잡았다. 김원봉은 단원들을 국내로 잠입시켰다.

의열단과 〈조선혁명선언〉

세상일이라는 게 그렇다. 처음부터 매끄럽게 풀리지는 않는다. 1920년 6월 의열단의 제1차 암살 파괴 계획은 실패로 끝났다. 밀양까지 반입한 폭탄이 밀정의 제보로 압수당하고 서울에서 대기 중이던 단원들마저 검거된 것이다. 물론 그런다고 몸을 사릴 의열단이 아니었다. 약산은 1920년 8월 상하이에서 세 살 위인 박재혁에게 부산경찰서를 폭파하라는 밀명을 내리고 폭탄과 자금을 건넸다.

박재혁은 부산경찰서장 하시모토가 고서적에 사족을 못 쓴다는 사실을 알아냈다. 그는 고서적 상인으로 위장하고 9월 14일 서장실에서 하시모토를 면담했다. 보따리에는 무시무시한 폭탄이 감춰져 있었다. 서장이 고서적에 정신이 팔려 있는 사이 박재혁은 일제를 꾸짖는 전단을 내보이고 어리둥절해 하는 경찰들에게 폭탄을 던졌다. 건물은 크게 부서졌고 중상을 입은 하시모토는 병원으로 실려 가다가 숨졌다. 박재혁은 현장에서 체포되었다. 그는 계속되는 고문과 회유에 굴하지 않고 의열단원의 자부심을 지켰다. 옥중에서 단식하다가 이듬해 5월 최후를 맞은 것이다. 의열단의 기개는 그렇게 세상에 알려지기 시작했다.

김원봉이 지휘하는 의열 투쟁은 더욱 과감해졌다. 1921년 9월 12일 서울 남산 아래 조선총독부 건물 2층에서 폭탄이 터졌다. 전기수리공으로 가장한 의열단원은 식민 지배의 심장부에 폭탄을 터뜨리고 유유히 현장을 빠져나갔다. 총독부, 경찰, 헌병대가 발칵 뒤집혔다. 조직과 인력을 총동원해 백방으로 수사망을 뻗쳤다. 그러나 '범인'의 종적은 묘연했다. 의열단 소행 같은데 모든 것이 베일에 싸여 있었다.

조선총독부의 상흔이 채 아물기도 전에 의열단은 다시 움직였다. 1922년 3월 28일 중국 상하이 황포탄 부두에서 일본 육군대장 다나카 기이치를 습격한 것이다. 다나카 기이치는 일제의 대외 침략 정책을 입안하고 추진하던 군부의 실세였다. (훗날 정계로 진출해 내각 총리대신에 오르기도 했다.) 의열단은 이 자를 제국주의 침략의 선봉장으로 규정하고 응징에 나섰다. 당시 다나카는 필리핀 다녀오는 길에 상하이를 방문했다. 그가 배에서 내리자 환영 인파를 가르며 중국인 복장을 한 청년이 달려들었다. 탕! 탕! 탕! 청년은 일본 육군대장에게 권총 세 발을 발사하고 큰소리로 외쳤다.

"대한 독립 만세!"

청년은 조선인 의열단원 오성륜이었다. 그가 쏜 총탄은 다나카 기이치 대신 미국인 스니더 부인의 목숨을 빼앗았다. 의도치 않은 희생자가 생긴 것이다. 다나카는 서둘러 몸을 피했고, 오성륜은 경찰에 붙잡혔다.

이때 또 한 명의 의열단원이 권총과 폭탄을 들고 나타났다. 양복을 입은 청년은 다나카 일행을 쫓으며 총을 쏘고 폭탄을 던졌다. 하지만 주변의 중국인과 외국인들만 부상을 입히고 일본 육군대장은 쓰러뜨리지 못했다. 체포된 의열단원은 김익상이었다.

이 사건으로 일제는 큰 충격에 빠졌다. 비록 미수에 그쳤지만, 군부의 실세가 상하이에서 목숨을 잃을 뻔했다. 게다가 의열단원들을 심문하는 과정에서 놀라운 사실이 밝혀졌다. 김익상이 바로 6개월 전 조선총독부에 폭탄을 터뜨린 장본인이었던 것이다.

김익상은 일본으로 압송되어 무기징역을 언도받고 나가사키 형무

소에서 21년간 복역했다. 1943년 출소해 고국으로 돌아왔으나 다시 일본 형사에게 끌려가 행방불명되었다. 오성륜은 상하이 일본영사관 감옥에서 탈출해 공산주의자로 활동했다. 한때 중국공산당 동북항일 연군 간부를 지냈으나 1947년 변절 혐의로 팔로군에 체포되어 처형당했다.

다나카 기이치 일본 육군대장 습격 사건으로 의열단의 명성은 드높아졌다. 국제적으로 위명을 떨친 셈이다. 그러나 비난도 만만치 않았다. 의거 도중 죄 없는 민간인들이 희생되었기 때문이다. 특히 미국인 스니더 부인은 남편과 함께 세계 일주를 하다가 봉변을 당한 터라 동정 여론이 컸다.

상하이 외국 조계는 경악했다. 영국, 프랑스, 미국 등 서구 열강들은 19세기에 청나라를 침략해 상하이를 개항시키고 자국의 조차지(租借地, 땅을 빌려 통치하는 곳)를 확보했다. 대한민국임시정부와 독립운동가들이 초창기에 상하이를 거점으로 삼았던 것도 이들 외국 조계가 일본의 간섭을 막아준 덕분이었다. 하지만 이제 사정이 달라졌다. 조선 독립운동들에게 호의적이었던 상하이 외국 조계의 시선이 싸늘해진 것이다. 오히려 테러리스트로 보고 일제의 탄압에 협조하기도 했다. 대한민국임시정부 안에서도 의열단을 비판하는 목소리가 터져 나왔다. 과격하고 폭력적인 방식은 대한 독립에 도움이 되지 않는다는 주장이었다.

여론이 나쁘게 돌아가고 반발도 예상보다 커지자 김원봉은 새로운 돌파구를 모색했다. 1922년 말에 약산은 베이징에 체류 중인 단재 신채호를 찾아갔다. 조선 최고의 문장가요, 역사가였던 단재는 당시 중

국으로 망명해 독립운동을 펼치고 있었다. 김원봉은 신채호에게 선언문 작성을 요청했다. 의열 투쟁의 정당성을 사상적으로 입증해달라는 것이었다. 의열단의 과격한 폭력이 주목받는 상황이었다. 약산은 세상의 부정적인 시선을 바꾸고 싶었다. 그 폭력에 깔린 의열단의 비전과 목적을 부각시켜 사람들의 신뢰를 얻고 싶었다.

단재는 대한민국임시정부의 노선에 반기를 든 인물이었다. 이승만의 외교론이나 안창호의 준비론을 배격하고 항일무장투쟁을 적극 옹호했다. 그는 국제 외교로 일본을 압박하거나 민족의 실력을 양성한다고 해서 독립이 이뤄지는 건 아니라고 봤다. 독립은 싸워서 쟁취해야 한다는 약산의 인식과 결이 맞았다.

신채호는 김원봉의 청을 쾌히 수락하고 함께 상하이로 가서 유자명을 만났다. 그 무렵 단재의 사상은 민족주의에서 아나키즘(anarchism)으로 나아가고 있었다. 유자명은 아나키즘 이론가로 의열단 선언문의 자문을 맡았다.

근대 아나키즘, 즉 무정부주의는 일체의 지배와 권력을 거부하고 자유로운 공동체를 꿈꿨다. 누구도 억압하지 않고 누구에게도 억압당하지 않으려 한다는 점에서 프롤레타리아 독재를 지향하는 사회주의와 달랐다. 그런데 아나키스트 가운데 일부는 폭력 노선을 추구했다.

1923년 1월 신채호는 의열단의 이름으로 〈조선혁명선언〉을 내놓았다. 그것은 민족주의와 사회주의, 그리고 아나키즘을 넘어 국내외 독립운동가들의 정신세계를 뒤흔든 당대 최고의 격문이었다.

강도 일본을 쫓아내려면 오직 혁명으로써 할 뿐이다.

구시대의 혁명으로 말하면, 인민은 국가의 노예가 되고 그 위에 인민을 지배하는 상전 곧 특수 세력이 있어, 소위 혁명이란 것도 특수 세력의 명칭을 변경함에 불과하였다. 그러므로 인민은 혁명에 대하여 다만 갑·을 양 세력, 신·구 양 상전 중 누가 더 어질며, 누가 더 포악한가를 보아 그 향배를 정할 뿐, 직접의 관계가 없었다.

반면 금일 혁명으로 말하면, 민중이 민중 자기를 위하여 하는 혁명인 고로 '민중혁명' 혹은 '직접혁명'이라 칭한다. 그 성패는 전쟁학의 정해진 판단에서 벗어나 돈 없고 군대 없는 민중이 백만의 군대와 억만의 부력(富力)을 가진 제왕도 타도하며 외국의 도적들도 쫓아내니, 그러므로 우리 혁명의 제일보는 민중 각오의 요구니라. (중략)

이제 파괴와 건설이 하나요, 둘이 아닌 줄 알진대 우리 2천만 민중은 일치로 폭력 파괴의 길로 나아갈지니라.

민중은 우리 혁명의 대본영(大本營)이다. 폭력은 우리 혁명의 유일 무기이다. 우리는 민중 속에 가서 민중과 손을 잡고 끊임없는 폭력 - 암살, 파괴, 폭동으로써 강도 일본의 통치를 타도하고, 우리 생활에 불합리한 일체 제도를 개조하여, 인류가 인류를 압박하지 못하며, 사회가 사회를 수탈하지 못하는 이상적 조선을 건설할지니라.[2]

단재는 의열단의 암살과 파괴가 시대정신의 발로요, 정당한 투쟁임을 〈조선혁명선언〉에 밝혔다. 뜨거우면서도 냉철한 이 선언문, 진짜 심장 벌렁거리는 소름이다. 민중의 직접혁명은 발상의 전환이었고, 폭력을 통한 일제 타도는 선명한 노선이었다. 〈조선혁명선언〉은 폭발적인 반응을 불러일으켰다.

이때 상하이에서는 국민대표회의가 열리고 있었다. 독립운동 단체의 대표들이 모여 임시정부를 개조하느냐, 재창조하느냐를 놓고 격론을 벌였다. 이 회의에 〈조선혁명선언〉 팸플릿이 배포되자 참석자들이 대거 의열단에 가입했다.

의열단원은 아니지만 은밀히 힘을 보태고 후원하는 사람들도 늘어났다. 서양화가이자 여성운동가로 당대에 널리 알려진 나혜석 또한 〈조선혁명선언〉이 나온 1923년경에 기꺼이 의열단의 숨은 조력자가 되었다.

단원 박기홍이 처치하기에 곤란한 한 자루 단총을 여류화가 나혜석에게 맡겼던 적이 있다. 나혜석은 당시 안동현 부영사의 부인이었으므로 그의 집처럼 안전한 은닉 장소도 드물 것이었다. 얼마 지나지 않아 박기홍은 계획한 일이 사전에 드러나 왜적의 손에 검거되고 이어 형을 받았다.

형기를 마치고 다시 세상 구경을 하게 된 박기홍은 그 뒤 우연한 길에 나혜석을 만났다. 뜻밖에도 이 여류화가는 전에 맡겼던 그 위험하고 불온한 위탁물을 그때까지 보관하고 있었다. 나혜석은 의열단의 비밀을 위하여 남편에게도 알리지 않고 단총을 자기 베갯속에 몰래 간직하다가 박기홍에게 도로 내주었다.[3]

이렇게 의열단의 정당성을 인정받고 지지 기반이 두터워지자, 김원봉은 지체 없이 의열 투쟁의 고삐를 조였다.

경성과 도쿄를 뒤흔든 의열 투쟁

자신감이 커지면서 거사도 한층 대담해졌다. 이번에는 의열단과 임시
정부가 합동 작전을 펼쳤다. 임시정부 재무총장 이시영과 의열단장 김
원봉의 지령을 받고 특급 정예 요원이 움직였다. 전설의 각시탈, 김상
옥이었다.

김상옥은 원래 수완 좋은 청년 사업가였다. 말총모자를 창안해 유행
시켰고 국산품 장려 운동에 앞장서기도 했다. 독립운동에 본격적으로
뛰어든 것은 1919년 3·1운동 이후였다. 친일파를 처단하거나 헌병대
를 습격하는 등 무장투쟁에서 두각을 나타냈다. 그는 뛰어난 총잡이이
자 격투가였다.

1920년에는 사이토 마코토 총독을 암살하겠다는 대담한 작전을 세
우기도 했다. 미국 의원단의 방한 행사에 맞춰 거사를 준비했는데 사
전에 적발되어 동료들이 몽땅 붙잡혔다. 김상옥은 단신으로 총독 암살
을 기도했지만 실패하고 말았다. 그해 10월 그는 중국 상하이로 망명
해 의열단에 가입했다. 거사를 뒷받침할 조직의 필요성을 느낀 것이다.

1923년 1월 김상옥은 의열단과 임시정부의 특명을 받고 고국 땅을
밟았다. 중국 단둥에서 압록강 철교를 건너고 화물열차 석탄 더미에
몸을 숨겨 몰래 경성에 잠입했다. 이 열혈 투사의 귀환 인사는 무시무
시했다.

"쾅!"

1923년 1월 12일 저녁 8시, 종로통에서 터져 나온 굉음이 고요하던
경성의 밤하늘을 뒤흔들었다. 깜짝 놀란 사람들이 두리번거리며 소리

의 진원지를 찾았다. 놀랍게도 일제 폭압의 상징인 종로경찰서였다.

폭탄은 창틀에 맞고 앞마당에서 폭발했다. 유리창이 박살나고 벽 일부가 무너졌다. 파편이 사방으로 튀며 부상자도 속출했다. 다른 단체에서 쓰던 조잡한 사제 폭탄과 달리 의열단이 제조한 폭탄은 위력이 엄청났다. 시커멓게 그을린 폭발 현장으로 구경꾼들이 삼삼오오 몰려들었다. 잠시 멍해 있던 순사들은 이내 호각을 불면서 야단법석을 떨었다. 감히 자기네 소굴에 폭탄을 던지다니, 일본 경찰로서는 참을 수 없는 도발이었다. 하지만 대대적인 검문에도 불구하고 김상옥은 종적을 감춰버렸다. 경찰은 범인이 누군지도 모른 채 이른바 '불령선인(不逞鮮人)'들을 잡아들였다. 일제에 굽히지 않는 독립운동 혐의자들을 족쳐 단서를 찾으려 한 것이다.

조선 사람들은 내심 통쾌해 했다. 종로경찰서는 일제의 사냥개들이 우글거리는 공포의 대상이었다. 독립운동가는 물론 일반인들도 치를 떨었다. 그런 곳에 폭탄이 터졌으니 쾌거가 아닌가. 소문은 전국 방방곡곡 퍼져나갔다.

사태의 심각성을 깨달은 총독부는 긴박하게 움직였다. 사이토 마코토 총독의 지시로 마루야마 경무국장(경찰청장급)이 사건 현장에 가서 보고를 받았고, 우마노 경기도 경찰부장(서울청장급)은 직접 수사본부를 지휘하며 범인 검거를 닦달했다. 결국 후암동 누이 집에 몸을 숨기고 있던 김상옥이 정보망에 포착되었다.

1923년 1월 17일 새벽 김상옥은 평소보다 일찍 일어났다. 사이토 총독이 본국 의회에 참석하기 위해 남대문역(지금의 서울역)에서 열차를 타는 날이었다. 그는 저격을 다짐하며 권총을 손질했다. 종로경찰서

폭파가 폭탄 성능을 시험할 겸 벌인 예비 거사라면 총독 저격은 본래 계획한 큰 거사였다. 그때 무장 경관 20여 명이 집을 덮쳤다. 고막을 찢는 총소리가 연이어 터져 나왔다. 당시 신문 기사를 보자.

17일 오전 5시 경에 경성 시내 00동 모의 집에 무기를 가진 범인이 잠복한 것을 알고 경관 수 명이 그를 체포하기 위해 이르렀다. 범인과 충돌하여 종로서 유도 사범 다무라 순사는 권총에 맞아 현장에서 즉사하고 종로서 이마세 경부는 중상, 동대문서 우메다 경부보는 경상을 당하였으며 범인은 현장에서 도주했다.[4]

체포조를 쓰러뜨린 김상옥은 지붕을 타고 넘으며 눈 쌓인 남산으로 도주했다. 경찰 수백 명이 포위망을 짜고 추격전을 펼쳤지만 소용없었다. 특급 정예 요원답게 그는 산중에서도 민첩하게 움직였다. 이튿날 김상옥은 승려로 변장하고 산에서 내려와 효제동 이혜수의 집에 은신했다. 그곳에서 동상을 치료하면서 다음 행보를 모색했다.

그런데 상하이에서 온 서신을 전달하다가 그만 그의 은신처가 노출되고 말았다. 1923년 1월 22일 새벽 우마노 경찰부장이 지휘하는 무장 경관 400여 명이 이 집과 동네를 겹겹이 에워쌌다. 김상옥은 벽장에 숨었다가 형사를 사살하고 뛰쳐나갔다. 담을 뛰어넘으며 포위망을 벗어나려고 했지만 역부족이었다.

막다른 골목에 몰린 그는 담벼락에 기대 3시간 동안 총격전을 벌였다. 마지막으로 총탄 한 발이 남자 김상옥은 육혈포를 자신의 머리에 겨눴다.

"대한 독립 만세!"

외침과 함께 총성이 울려 퍼졌다. 자결해 뜻을 지킬지언정 적의 포로는 되지 않으려 한 것이다. 일본 경찰은 그가 죽었다는 것을 알면서도 가까이 다가가지 못했다고 한다.

숨이 넘어가면서도 손가락으로 쏘는 시늉을 하였고, 숨이 진 후에도 육혈포에 건 손가락을 쥐고 펴지 아니하였다. 몸에는 총상이 11개나 나 있었다.[5]

영화 〈밀정〉(2016)의 강렬한 도입부는 김상옥의 실화를 극적으로 재구성한 것이다. 만화와 드라마의 주인공으로 널리 알려진 '각시탈' 역시 그의 신출귀몰한 활약을 모티프로 삼았다. 김상옥, 이 불굴의 전설은 조선 사람들의 가슴에 불을 붙였다. 꺼져가던 국내 항일 투쟁이 다시 불타올랐다.

의열단장 김원봉은 이 기회를 놓치지 않았다. 1923년 3월 의열단원 김지섭, 김시현, 유석현 등이 약산의 지령을 받고 조선으로 향했다. 폭탄을 대거 반입해 일제의 주요 기관들을 파괴하겠다는 작전이었다. 경기도 경찰부 소속의 조선인 경찰 황옥도 가담했다. 하지만 이 작전은 내부 밀고로 실패하고 말았다. 신분상 황옥이 밀고자라고 추측하지만, 그는 의리를 지켰다는 주장도 만만치 않다. 어쨌든 김시현, 유석현 등은 체포되었고 김지섭은 가까스로 도망쳤다. (영화 〈밀정〉은 이 사건과 인물들을 모티프로 삼았다.)

김지섭은 1923년 12월 새로운 임무를 띠고 일본으로 밀항했다. 한

겨울에 무려 12일 동안 화물선 석탄 창고에 몸을 숨겼다. 파괴 목표는 도쿄 제국의회, 그야말로 일제의 심장부였다. 12월 31일 후쿠오카에 도착한 그는 상하이의 동지들에게 벅찬 새해 인사를 띄웠다.

동지 여러분! 삼가 새해를 축하합니다. 제(弟)는 288시간 만에 세상 구경을 하게 되었습니다. 참말 땅 밑의 생활이었습니다. 그 속에서 생각할 때에는 이 세상 비애, 적막, 번민, 모든 고통이 한꺼번에 이 사람의 가슴으로 밀려왔습니다. 바깥의 물결과 파도 소리가 어서 나와 물고기 뱃속으로 들어가라고 유인하고 재촉하는 공포를 주던 것이 마치 왕생(往生)의 일인 것 같습니다.[6]

제국의회 파괴 계획은 기차를 타고 도쿄로 가는 도중에 바뀌었다. 의회가 휴회되었다는 소식을 들은 것이다. 김지섭은 대신 일왕의 궁성을 치기로 했다. 일왕은 일본에서 신으로 받드는 제국주의의 간판이었다. 이곳을 폭파한다면 엄청난 충격을 줄 게 틀림없었다.

1924년 1월 5일 그는 관광객들 틈에 끼어 궁성을 사전 답사한 뒤 날이 저물기를 기다렸다. 이윽고 저녁 7시가 되자 니주바시(二重橋)를 건너 정문 쪽으로 향했다. 보초병들이 총을 겨눴지만 김지섭은 아랑곳하지 않고 궁성에 폭탄 3발을 연속으로 던졌다. 그러나 폭탄은 터지지 않았다. 일본으로 밀항할 때 화물선 석탄 창고의 습기 때문에 화약이 눅눅해진 탓이다. 하지만 자신들의 신을 겨냥한 폭탄 투척에 모든 일본인들이 깜짝 놀랐다. 상상도 할 수 없는 일이 일어난 셈이다. 경시총감 등 책임자들이 줄줄이 파면당했다.

붙잡힌 김지섭은 재판에서 "조선 독립당원이자 혁명사원으로서 정당한 임무를 수행했으니 무죄 방면하거나 사형시켜 달라"라고 말했다. 결국 그는 무기징역을 언도받고 1928년 지바 형무소에서 순국했다.

사회주의와 중국 내전의 소용돌이

단원들의 분투와 희생으로 의열단은 1920년대 중반에 조선 독립운동의 대명사로 떠오른다. 내분으로 지리멸렬해진 임시정부보다 훨씬 강렬하고 선명한 인상을 남긴 것이다.

그들의 전설적인 활약상은 국내에서 특이한 사회 현상을 낳기도 했다. 강도들은 재물을 빼앗으며 의열단을 들먹였다. 활동 자금으로 쓸 테니 그리 알라는 것이었다. 붙잡혀 온 좀도둑이 의열단원이라고 하는 바람에 순경들이 놀라서 도망가기도 했다. 일제 하수인들에게 의열단은 말만 들어도 오금이 저리는 공포 그 자체였다.

의열단에 가입하려는 조선 청년들도 늘어났다. 김원봉은 직접 젊은 이들을 만나 입단을 권유하고 자신감을 길러줬다.

"자유는 우리의 피로 쟁취하는 것이지, 결코 남에게 구걸해 얻어지는 게 아닙니다. 조선 민중은 능히 적과 싸워 이길 힘이 있습니다."

약산은 의열단 입단에 대해 '오는 사람 막지 않고, 가는 사람 붙잡지 않는다'라는 방침을 세웠다. 지배와 권력을 거부하고 개인의 자유를 존중하는 아나키즘의 영향이었다. 김원봉은 적에게는 냉혹하고 잔인했지만 부하들에게는 항상 인자하고 친절했다. 의거를 완수하고 무사

히 돌아온 동지에게는 "의무를 다했으니 자유롭게 살라"라고 권유하기도 했다. 1921년 9월 조선총독부에 폭탄을 던진 김익상에게 한 말이라고 한다.

그렇다고 조직의 결속력이 느슨하지는 않았다. 하나는 아홉을 위해, 아홉은 하나를 위해 헌신한다는 공약을 의열단원들은 지켜나갔다. 조직을 배신하고 일제에 협력하는 자는 가차 없이 처단했다. 의열단원들은 목숨 걸고 싸우는 전사였지만, 겉모습은 그 시절 '모던보이'에 가까웠다. 항일 독립투사이자 사회주의 혁명가였던 김산의 증언이다.

"의열단원들은 기막히게 멋진 친구들이었다. 스포티한 양복을 입었고, 머리를 잘 손질했으며, 어떤 경우에도 결벽할 정도로 말쑥하게 차려입었다. 그들은 사진 찍기를 아주 좋아했는데 언제나 이번이 죽기 전에 마지막으로 찍는 것이라고 생각하였다."[7]

의열단원들의 생활은 명랑함과 심각함이 기묘하게 혼합되었다. 늘 죽음을 눈앞에 두고 있었으므로 생명이 지속되는 한 마음껏 생활했던 것이다. 그러면서도 자신들의 특별한 임무는 한시도 잊지 않았다. 그들은 수영, 테니스 등 운동을 통해 항상 최상의 컨디션을 유지했다. 마음을 다스리기 위해 독서와 오락에 열중하기도 했다. 물론 저격 연습 또한 게을리 하지 않았다.[8]

그런데 의열단원들이 늘어나면서 노선을 둘러싼 대립과 갈등이 나타났다. 1920년대 중반에는 국내외에서 사회주의 물결이 거세게 일어났다. 의열단도 민족주의, 무정부주의, 사회주의 그룹으로 분화하기 시작했다. 특히 사회주의자들은 암살과 파괴를 테러리즘이라고 비판하면서 대중운동과 사회 변혁에 적극 나서야 한다는 주장을 펼쳤다.

그들은 의열단과 별도로 상해청년동맹을 결성했고, 급기야 기존 단원들과 충돌을 빚었다.

이렇게 되자 김원봉도 의열단의 노선 전환을 검토하게 되었다. 사실 그는 민족주의나 아나키즘 쪽에 가까웠지만, 시대 흐름상 사회주의 대중운동을 받아들이지 않을 수 없었다. 1926년 10월에 발표한 의열단 강령은 그래서 대지주 토지의 몰수, 중요 산업의 국유화 등 조선공산당 노선을 일부 수용했다. 농민과 노동자들의 지지가 필요했기 때문이다.

약산은 또 암살과 파괴 일변도의 의열 투쟁에도 제동을 걸었다. 여기에는 젊은 인재들의 희생에 대한 안타까움도 한몫했다. 1920년부터 1924년까지 300여 명의 단원들이 의열 투쟁을 벌이다가 일제에 체포되거나 살해당했다. 김원봉은 이제 이 우수하고 용감한 청년들을 시대 흐름에 맞게 보다 값진 일에 투입하고 싶었다.

의열 투쟁은 차츰 소강상태에 접어들었다. 1925년 3월에 이인홍과 이기환이 베이징에서 일제 고위 밀정 김달하를 처단했고, 1926년 12월에는 나석주가 동양척식회사와 조선식산은행에 폭탄을 투척했지만 거의 끝물이었다. 그 대신 민중 직접혁명을 이끌어내기 위한 정치력과 군사력 확보가 과제로 떠올랐다. 1926년 김원봉은 큰 결단을 내렸다. 의열단 핵심 단원들과 함께 중국 광저우의 황포군관학교에 들어간 것이다. 민중을 지도해 독립과 혁명을 성취하려면 자신들부터 간부로서의 소양을 갖춰야 한다는 판단이었다.

황포군관학교는 1924년 중국 국민당과 공산당이 합작해서 세웠다. 당시 중국에는 쑨원(孫文)의 유지를 받들어 제국주의와 군벌을 타도하고 신해혁명을 완수하겠다는 열의가 불타올랐다. 그 중심에 이 학교가

있었다. 약산은 1926년 3월 8일 황포군관학교 4기생으로 입교해 6개월 동안 정치 및 군사 교육을 받고 10월 5일 졸업했다. 2,654명의 졸업생 가운데 조선 사람은 김원봉을 포함해 24명이었다. 그들은 광저우(廣州)의 중국 국민당 정부가 선포한 '북벌(北伐)'에 기꺼이 동참했다. 중국 혁명의 여세를 몰아 조선 독립을 앞당기려고 한 것이다.

1926년 6월 황포군관학교 교장 장제스(蔣介石)가 중국 국민혁명군 총사령관에 올랐다. 그는 7월에 전군 총동원령을 내리고 대대적인 북벌 전쟁을 개시했다. 베이징 등지의 군벌 정부를 타도하고 중국을 통일하려는 첫걸음이었다. 국민혁명군은 우페이푸(嗚佩孚), 쑨촨팡(孫傳芳) 등 직예파 군벌과 전투를 벌이며 창사, 우한, 난창, 난징, 항저우, 상하이 등 요충지들을 점령했다.

북벌에 참여한 김원봉과 의열단원들은 곧 중국의 거대한 내부 투쟁에 휩쓸렸다. 1926년 말 국민당 내 좌파 그룹과 공산당이 장제스의 반공주의 노선에 반발해 정부를 광저우에서 우한(武漢)으로 옮겼다. 그러자 장제스는 1927년 4월 상하이에서 쿠데타를 일으키고 공산당원들과 노동자들을 대거 학살했다. 국민당 정부의 주도권은 군벌 병력까지 흡수해 군사력을 크게 키운 장제스에게 넘어갔다. 이에 국민당과 결별한 중국공산당은 코민테른(국제공산당)의 지령으로 노동자와 농민을 조직해 무장봉기에 나섰다. 군벌 정부와의 북벌 전쟁 와중에 또 다른 내전이 터진 것이다.

저우언라이(周恩來), 주더(朱德) 등이 이끄는 공산당 봉기군은 1927년 8월 1일 난창(南昌)을 점령했다. 약산과 의열단원들은 황포군관학교 시절 정치교관 저우언라이에게 가르침을 받은 바 있다. 사제의 연

에 따라 그들은 난창봉기에 합류했지만, 3일 만에 국민당군에게 패해 도망쳐야 했다.

이후 김원봉은 미련 없이 상하이로 떠났지만, 의열단원 일부와 사회 주의자들은 그 해 12월 광저우 코뮌에 참여했다. 광저우 코뮌은 국민 당군의 포위 공격을 받고 거의 전멸했다. 수천 명의 희생자가 발생했 는데 그 가운데 조선 청년 150여 명도 포함돼 있었다. 조선 독립에 앞 장서야 할 귀중한 인재들이 중국 내전에 동원돼 몰살당한 것이다.

장제스는 여세를 몰아 북진을 계속했다. 1928년에는 베이징을 장악 하고 있던 봉천파 군벌 장쭤린(張作霖)마저 쫓아내고 국민당 통일 정부 를 수립했다. 장제스가 통치하는 중국에서 의열단이 설 자리는 좁아졌 다. 인적 자원의 고갈도 심각한 문제였다. 김원봉과 의열단은 다시 일 어설 수 있을까? 이때 조선에서 한 여인이 찾아왔다. 박차정이었다.

학교, 정당, 군대를 함께 일구다

약산은 분열과 시련을 딛고 1930년대에 백범 김구와 함께 항일 독립 운동의 지도자 반열에 올랐다. 만약 여전사 박차정이 곁에 없었다면 불가능한 일이었을지도 모른다.

박차정은 1910년 부산의 독립운동가 집안에서 태어났다. 아버지는 경술국치의 울분에 자결했고 어머니는 김두봉, 김두전 등 사회주의자 들과 한집안이었다. 오빠들도 신간회와 의열단에 가담해 조선 독립과 혁명의 길에 나섰다.

박차정 또한 1925년 동래일신여학교에 입학하면서 사회 현실에 눈을 떴다. 당시 일신여학교는 부산 여성 교육의 산실이자, 여성운동의 구심점이었다. 소녀는 학교 교지에 〈철야(徹夜)〉, 〈개구리 소리〉 등 단편소설과 시를 발표했다. 민족과 여성의 처지를 고발하며 세상을 바꾸겠다는 야무진 포부를 밝힌 것이다.

박차정은 교내 동맹휴학을 주도하는 한편 외부로 눈을 돌려 근우회 동래지회 활동을 펼쳤다. 근우회는 민족주의와 사회주의로 나뉜 여성계가 힘을 합쳐 만든 전국구 여성 단체였다. 1929년 일신여학교 졸업과 함께 그녀는 근우회 중앙집행위원과 중앙상무위원에 선임되었다. 선전과 출판을 책임지는 중책이었다. 당시 일제는 여성을 수탈하는 제도와 관습을 식민 통치에 활용했다. 여성 노동자들은 산전산후에 휴가도 제대로 못 쓰고 저임금 노동에 시달렸다. 여성운동이 항일 투쟁으로 이어지는 것은 당연한 일이었다.

박차정은 1929년 광주학생항일운동의 바통을 받아 이듬해 1월 서울 지역 11개 여학교의 만세 시위를 이끌어냈다. 일본 경찰은 이 사건의 배후로 사회주의 여성운동가 허정숙(훗날 월북해서 북한 정권에 참여함)과 함께 그녀를 지목했다. 박차정은 서울과 동래에서 두 차례 연행돼 모진 고문을 당했다.

1930년 2월에 풀려나기는 했지만 일제의 철통 같은 감시 때문에 그녀는 국내에서 아무 일도 할 수 없는 처지가 되었다. 고심 끝에 박차정은 중국으로 건너갔다. 의열단원인 둘째 오빠 박문호의 안내를 받아 그 해 봄 베이징에 도착한 것이다.

중요한 임무도 주어졌다. 당시 의열단은 조선공산당재건동맹의 중

추 역할을 했다. 2년 전에 해산된 조선공산당을 다시 만드는 일이었다. 박차정이 베이징에 도착할 무렵에는 산하에 레닌주의정치학교를 열려고 했다. 그녀는 재건동맹 중앙위원으로서 이 학교의 운영과 교육을 맡았다. 21살 어린 나이였지만 능력을 인정받은 것이다.

김원봉을 비롯한 의열단원들은 뼛속까지 투사였다. 교단에 서거나 행정을 보는 일은 젬병이었다. 박차정의 출현은 그들에게 천군만마였다. 그녀는 근우회에서 선전과 출판을 책임진 인재답게 영리하고 똑똑하게 일을 처리했다. 어디 그뿐인가. 사회혁명 이론에도 밝았으며 민족 해방의 열정은 누구보다 뜨거웠다.

약산은 박차정을 눈여겨봤을 것이다. 이런 사람이라면 평생 동지로 함께하고 싶었을 터. 하지만 김원봉에게는 개인적인 사랑보다 대의가 우선이었다. 평소 여인을 가까이 하지 않은 것도 이 때문이었다. 김산의 증언이다.

"김약산은 아가씨를 좋아하지 않았다. 하지만 아가씨들은 모두 그를 동경했다. 그가 대단한 미남이었고 로맨틱한 용모를 갖고 있었기 때문이다. 김약산은 평소 말이 없었고 웃는 법도 없었으며 도서관에서 독서로 시간을 보냈다. 투르게네프의 소설《아버지와 아들》을 좋아했고 톨스토이의 글은 모조리 읽었다."[9]

다른 여인들처럼 박차정도 약산을 동경했던 것 같다. 어쩌면 냉정하고 두려움 없는 투사이면서도 투르게네프와 톨스토이를 탐독하는 모습에 반했을지도 모른다. 문학을 품고 여전사의 길로 접어든 박차정과 결이 맞았다. 두 사람은 12년의 나이 차이에도 불구하고 이야기가 잘 통했다. 밀정들의 눈을 피해 베이징 뒷골목을 같이 거닐면서 공감이

깊어졌다. 동지로서의 존경과 신뢰 속에 사랑이 자라났다. 1931년 3월 그들은 부부의 연을 맺는다.

결혼과 함께 찾아든 것은 신혼의 단꿈이 아니라 시련의 칼바람이었다. 그 해에 베이징의 레닌주의정치학교가 문을 닫게 된 것이다. 고질적인 자금난 때문이었다. 당시 국외 독립운동가들은 자금과 인적 자원의 고갈에 직면했다. 일제 강점이 길어지면서 조선에서의 돈줄은 사실상 끊겼다. 식민지 조선의 젊은이들도 이제 민족의식이 희미해졌다. 그것은 독립운동의 존폐가 걸린 문제였다. 김원봉이 공산당과 레닌주의를 표방하고 학교를 세운 이유가 여기에 있었다. (이념을 떠나) 약산은 국제 사회주의 진영의 큰손인 코민테른에서 자금 지원을 받아 조선 독립에 헌신할 인재들을 양성하려고 했다. 하지만 베이징 사업은 실패로 끝났고, 김원봉 부부와 의열단원들은 추위와 굶주림 속에서 묵묵히 버텨야 했다.

때마침 대륙의 정세가 급변하기 시작했다. 1931년 9월 일제가 만주사변을 일으키고 중국의 동북 지역을 차지했다. 1932년 1월에는 상하이에서 일본군과 중국군이 충돌했는데, 일제는 대부대를 상륙시켜 이곳을 장악했다. 중국 지도자 장제스는 격분했고 중국인들은 일본 타도를 외쳤다. 중국 내 항일 의식이 무르익으며 조선 독립에 우호적인 분위기가 조성되었다.

김원봉과 의열단원들은 얼른 국민당 정부가 있는 난징(南京)으로 근거지를 옮겼다. 약산은 중국 국민당 정부로부터 재정적, 군사적 지원을 받아 독립투사 양성 사업을 본격적으로 펼칠 계획이었다. '반공 지도자' 장제스의 도움을 받고자 한 것이다. 김원봉은 조선인 간부훈련

반 개설을 국민당 측에 요청했다. 교섭 상대는 장제스의 측근이자 삼민주의역행사(三民主義力行社, 중국 정보기관) 서기인 텅지에(騰傑)였다. 그와 김원봉은 황포군관학교 동기요, 북벌전의 전우였다. 그 경험과 인맥이 비로소 빛을 발한 것이다. 텅지에는 장제스에게 보고하고 승인을 기다렸다.

이때 뜻밖의 사건이 일어났다. 1932년 4월 윤봉길 의사가 상하이 홍커우공원(지금은 루쉰공원)에서 열린 일본 승전 기념행사를 노려 폭탄을 던진 것이다. 시라카와 요시노리 중국 주둔 일본군 총사령관 등 일제 요인들이 목숨을 잃거나 큰 부상을 당했다. 한인애국단을 조직한 백범 김구의 작품이었다.

중국 지도자 장제스는 감탄했다. "(상하이 전투에서) 30만 중국군이 못한 일을 그 사람 혼자서 해냈다"라며 침이 마르도록 칭찬했다. 이 의거 덕분에 조선 독립운동에 대한 그의 관점이 완전히 바뀌었다. 일제와 맞서 싸우려면 반드시 손잡아야 한다는 인식이 생긴 것이다.

국민당 정부는 김구는 물론 김원봉에게도 손을 내밀었다. 조선인 간부훈련반 개설을 허락하고 장소, 재정, 물자를 중국 측에서 제공하기로 했다. 1932년 10월 난징 근교의 탕산에서 마침내 조선혁명군사정치간부학교(일명 조선혁명간부학교)가 문을 열었다. 대외적으로는 중국국민정부군사위원회 간부훈련반 제6대로 지칭했다. 개교식에서 교장 김원봉은 국내외에서 모여든 조선 청년들에게 감격에 찬 목소리로 당부했다.

"이 학교는 의열단이 과거 흘린 피의 대가인 동시에 현재 혈전 교섭의 결과로 성립한 것이다. 조선 민족이 일본과 대항하기 위해서는 군

사학과 무기 사용법, 정치학과 특무공작 등을 배워야 하는 바, 본교는 실제로 그것을 습득하는 곳이 될 것이다."[10]

아내 박차정은 임철애, 임철산이라는 가명을 사용하며 여성 교관으로 복무했다. 문학적 자질을 발휘해 교가를 작사하기도 했다.

꽃피는 고국은 빛 잃고 / 물이 용솟음치듯 대중은 들끓는다 / 억압받고 빼앗긴 우리 삶의 길 / 들끓는 것만으로 되찾을 수 있으랴 / 갈 길 몰라 하는 동포들이여 / 오라 이곳 학교의 교정으로 / 조선에서 자란 소년들이여 / 가슴에 피 용솟음치는 동포여 / 울어도 소용없는 눈물을 거두고 / 결의를 굳게 해 모두 일어서라 / 한을 지우고 성스러운 싸움으로 / 필승의 의기가 여기에서 뛴다 / 총검과 피 없이는 안 된다 / 우리들은 통감한다 / 갈 길 몰라 하는 우리 동포들 / 오라 이곳 배움의 터로 / 끓는 피 앞에서 피어나는 꽃이여 / 신세계로 아름다운 봄을 꾸미세 / 한을 지우고 성스러운 싸움으로 / 필승의 의기가 여기에서 뛴다[11]

한편 박차정의 큰오빠 박문희는 국내에서 비밀리에 학생을 모집했다. 그는 서울과 부산을 오가면서 독립과 혁명에 헌신할 젊은 인재들을 뽑아 조선혁명간부학교에 보냈다. 결국 1934년에 체포되었는데 치안유지법으로 기소되어 2년간 복역했다.

조선혁명간부학교는 좌우를 아우르는 혁명 인재의 산실이었다. 1932년 10월부터 1935년 9월까지 3년 동안 125명의 청년 간부들을 배출해 열악한 독립운동에 희망을 불어넣었다. 일제강점기 저항 시인 이육사, 중국인민해방군가 작곡가 정율성 등이 이 학교 출신이었다.

김원봉과 박차정의 제자들은 중국, 만주, 조선 등지에서 항일 특무 공작을 벌였다. 비밀 조직을 만들고 인적 자원을 발굴한 것이다. 이는 독립운동을 지속가능하게 만드는 일이었다. 일제 강점이 길어지며 퇴색한 민족의식과 투쟁심을 되살리는 길이었다.

의열 투사에서 교육자로 변신한 약산은 다시 정치가로 보폭을 넓혀 나갔다. 1935년 7월 국내외 정당 단체들이 이념과 정파를 초월해 민족혁명당을 창립했다. 의열단을 비롯해 한국독립당, 신한독립당, 조선혁명당, 미주국민회 등 9개 정당 단체들이 헤쳐 모였다. 민족주의자, 사회주의자, 아나키스트 들이 단일 대오로 뭉친 것이다. 김원봉은 민족혁명당의 주도권을 잡았다. 당 총서기에 취임한 그는 '국내 혁명 동지들에게 고하는 글'을 발표했다.

우리 모두가 일치단결해야 합니다. 사상이 다르고 계급이 달라도 일본 강도를 타도하기 위해 전 민족의 통일전선을 건립하고 연합해야 합니다. 우리가 일본의 통치를 벗어나지 못하면 그 어떤 주의와 사상도 탁상공론에 불과합니다. 전 민족의 투쟁 대상은 일본 제국주의임을 다시 한 번 강조합니다.

우리의 혁명 강령은 다음과 같습니다.

'중국 민족 및 세계 반침략 세력과 함께 투쟁한다. 일본 제국주의를 타도한다. 친일파 등 반동 세력을 없앤다. 독립된 민족국가를 건립한다. 민주적 정권을 확립한다. 민중 생활을 개선한다.'

동지 여러분, 우리 모두 일어나 자유롭고 행복한 새로운 나라를 건설합시다.[12]

김원봉은 사상과 계급이 달라도 일치단결해서 일제와의 투쟁에 나서야 한다고 목소리를 높였다. 민족주의자든, 사회주의자든, 아나키스트든 조선 독립에 도움이 된다면 누구와도 손잡을 수 있다는 입장이었다. 그것은 이념과 정파를 아우르는 진보적 민족주의였다.

김원봉의 정치관에 가장 큰 영향을 미친 인물은 아내 박차정이었다. 그녀는 약산의 특급 참모였을 뿐 아니라 독립적인 여성 정치인이기도 했다. 박차정은 민족혁명당과 발걸음을 맞춰 부녀자들의 힘을 모았다. 부부가 '따로 또 같이' 통합의 정치에 앞장선 것이다.

조선 부녀를 현재 봉건적 노예제도하에 속박하고 있는 것도 일본 제국주의이고, 또 우리를 민족적으로 박해하고 있는 것도 일본 제국주의이다. 우리가 일본 제국주의를 타도하지 않는다면 조선 부녀는 봉건제도의 속박, 식민 통치의 박해로부터 해방되지 못한다.[13]

1936년 7월 박차정은 이청천 장군의 부인 이성실 등과 함께 민족혁명당 남경조선부녀회를 조직했다. 그 창립선언문을 보면 그녀의 생각을 읽을 수 있다. 민족 해방이 없으면 여성해방도 없다는 입장이다. 물론 일제를 타도한다 하더라도 부녀자의 해방은 쉽게 오지 않겠지만, 그래도 우선 민족 해방에 힘을 모아야 한다는 것이다. 이 때문에 박차정은 근우회 시절 고난을 함께한 동지 허정숙과 결별한다. 당시 민족혁명당에는 허정숙, 최창익 등 젊은 사회주의자 그룹도 참여하고 있었다. 그들은 민족 해방보다 계급투쟁을 우선시했다. 그것은 동시대 코민테른의 지침이기도 했다. 사회주의자들은 하나둘 민족혁명당에 등

을 돌렸다.

민족주의자들도 떨어져 나갔다. 김원봉이 민족혁명당을 주도할 수 있었던 것은 중국 국민당 정부와 조선혁명간부학교의 뒷받침 덕분이었다. 자금력과 인재들이 있으니까 발언권이 커졌다. 하지만 임시정부를 이끌던 김구와 한국국민당은 민족혁명당에 합류하지 않았다. 좌파가 득세했다고 본 것이다. 조소앙, 이청천 등 참여한 인사들도 곧 탈퇴했다. 통합의 길은 멀고도 험난했다.

일본을 이기는 길, 좌우합작

1937년 7월 중일전쟁이 터지면서 대륙의 정세는 긴박하게 돌아갔다. 일제와의 전면전이 벌어지자 장제스는 김구와 김원봉을 불러 한중연합전선을 제안했다. 김원봉은 여기서 또 하나의 승부수를 던졌다. 1938년 10월 군사 조직인 조선의용대를 창설한 것이다.

조선의용대는 중국 국민당군에 배속되어 주로 황하 이남 지역에서 활동했다. 임무는 선전, 포로 심문, 방송 청취, 통번역 등이었다. 직접적인 교전에는 투입되지 않았지만 최전선에서 목숨 걸고 활동했다. 전투에서 이기려면 교전만 잘하는 게 능사는 아니다. 정보를 수집하고 적을 교란하는 것도 전투의 국면을 결정적으로 바꾸는 일이다. 김원봉은 이렇게 남의 나라에서 한국인의 군사적인 역량을 키워나갔다.

조선의용대의 활약은 중국인들에게 깊은 인상을 심어주었다. 근대 중국의 대문호 궈모뤄(郭沫若)도 그 일화를 자서전에 담은 바 있다.

일본 조계지는 황량한 공동묘지를 방불케 했다. 폭파시키기로 예정돼 있었기에 주민들은 오래 전에 떠나버렸다. 길가의 담벽이나 큰길 위에 콜타르로 굵직하게 써놓은 일본어 표어가 눈길을 사로잡았다.

"병사들은 전선에서 피를 흘리고, 재벌은 후방에서 향락에 빠져 있다."

"병사들의 피와 목숨, 장군들의 금메달."

이 표어는 어제 내가 만든 글귀인데, 담벼락과 물탱크와 길바닥에 벌써 써놓았다. 그것은 조선의용대 친구들에게 감사해야 할 일이었다.

그들은 철수를 며칠 앞두고 이 작업을 맡았다. 제3청에서 나눠준 〈대적표어구호집〉과 내가 임시로 만든 몇 가지 자료를 근거로 사방에 표어를 써놓은 것이다. 덕분에 한구(漢口)시는 하나의 정신적 아성으로 바뀌었다.

그들은 삼삼오오 조를 이루어 페인트 통과 콜타르 통을 들고, 또 사다리를 메고, 촌분을 아끼며 일에 몰두하고 있었다. 그것은 나를 감동시킨 일이기도 했다. 그들은 모두 조선의용대의 벗들이었다.[14]

조선의용대가 호응을 얻자 중국 내 한국인들이 자발적으로 모여들었다. 일본군 포로도 한국인일 경우 설득해서 함께했다. 병력은 초창기 100여 명에서 300여 명으로 불어났다. 조직도 커져서 총대장 김원봉의 지휘 아래 본부와 3개 지대를 두었다.

박차정은 22명의 여자 대원으로 구성된 부녀복무단의 단장을 맡았다. 부녀복무단은 전선의 의용대원들에게 물품, 가족 소식 등을 전해 사기를 진작했다. 전단, 책자, 표어 등을 살포하는 선무 활동도 수행했다. 일진일퇴의 공방전이 벌어지는 최전선일 경우 부녀복무단장이 직접 임무를 맡았다. 직접 교전하지는 않더라도 목숨을 걸어야 하는 일

이었다.

실제로 박차정은 중국 광시성(廣西省) 곤륜관에서 큰 부상을 당하고 말았다. 당시 곤륜관에서는 중국군 제5군과 일본군 제5사단, 두 정예 부대가 격전을 벌이고 있었다. 일본군이 광시성 성도 난닝을 차지하고 주요 보급로를 차단하자, 장제스는 기계화 부대를 포함한 대군을 투입해 탈환전을 펼쳤다. 총탄이 빗발치는 전장에서 박차정은 용감하게 임무를 수행하다가 치명상을 입었다. 간신히 생명은 건졌지만 괴로운 후유증을 남긴 부상이었다.

그 무렵 김원봉도 난관에 직면했다. 조선의용대 내부에는 나날이 커져가는 갈증이 있었다. 한국인들이 많이 사는 화베이(황하 이북)로 넘어가 동포들을 편입시키고 일본군과 직접 교전하는 것이었다. 화베이는 제2차 국공합작에 따라 중국공산당 구역으로 정해졌다. 대원 상당수는 태항산의 중국공산당 팔로군과 합류하기를 원했다.

중국공산당은 조선의용대를 환영했지만 김원봉은 배제하고자 했다. 국민당의 지원을 받아온 약산이 껄끄러웠던 것이다. 김원봉은 고심 끝에 대원들의 갈증을 풀어주기로 했다. 1941년 봄 그는 조선의용대 주력 부대를 팔로군 사령부가 있는 태항산으로 보냈다. 의열단, 조선혁명간부학교, 민족혁명당을 거치며 오랜 세월 가족처럼 지낸 부하들이 약산의 곁을 떠났다. 고향 친구이자 평생 동지 윤세주도 이때 작별을 고했다.

황하를 건너 화베이에 이른 조선의용대는 '조선의용군'으로 이름을 바꾸고 무장 활동에 들어갔다. 1942년 5월 일본군이 40만 병력으로 태항산을 포위하고 대대적인 공격을 퍼부었을 때 팔로군 총사령부의 탈출로를 연 것도 조선의용군이었다. 덕분에 목숨을 구한 중국공산당 지도자가 바로 '작은 거인' 덩샤오핑(鄧小平)이다. 그러나 윤세주는 이 전투에서 동료들을 살리려다 전사했다. (그는 현재 중국 인민해방군 열사 능원에 잠들어 있다.) 중국공산당은 이후 김두봉, 최창익, 무정 등에게 조선의용군의 지휘를 맡겼다. 조선의용군은 화베이의 한국인들을 받아들이며 군세를 불려나갔다. (이 군대는 해방 후 북한에 들어가 인민군의 한 축이 되었다. 김두봉, 최창익 등은 북한 정권에 참여했는데 그들을 '연안파'라고 불렀다.)

한편 김원봉은 남은 조선의용대 본부 병력과 민족혁명당원들을 이끌고 중국 국민당 정부의 피난 수도인 충칭(重慶)으로 이동했다. 충칭에서 약산은 대한민국임시정부와 손잡기로 했다. 독립운동 세력이 크게 통합해 항일 전쟁에 집중해야 한다는 뜻이었다. 임시정부 주석이 된 김구도 한때의 반목을 잊고 통 크게 받아들였다. 미국과 하와이 등지에서 김원봉이 공산주의자라며 재정 후원을 끊겠다고 했지만, 백범은 대승적인 차원에서 끌어안았다. 덕분에 약산을 비롯한 민족혁명당원들은 1942년 10월 임시의정원 의원에 선출되었다. 조선의용대도 한국광복군 제1지대로 거듭났다. 김원봉은 광복군 부사령관 겸 제1지대장을 맡기로 했다.

한국광복군은 대한민국임시정부가 1940년 9월에 창설한 군대로 총사령관은 이청천 장군이었다. 이청천은 일본육군사관학교를 나와 일본군에 복무하다가 1919년 3·1운동이 일어나자 서간도로 탈출해 항일무장투쟁을 펼쳤다. 1920년대에 서로군정서, 1930년대에 한국독립군을 지휘했는데 1933년에는 북만주 대전자령에서 중국군과 연합

해 일본 관동군을 크게 격파하기도 했다.

하지만 초창기 광복군은 달랑 사령부만 있었다. 중국 국민당 정부가 독자적인 군사 활동을 막았기 때문이다. 여기에는 조선의용대 주력 부대가 중국공산당 팔로군에 합류한 사건이 영향을 끼쳤다. 항일 전쟁이 끝나면 공산당부터 토벌하려고 했던 장제스가 이 일로 분통을 터뜨렸다. 기껏 지원했더니 적이 된 셈이다. 중국 측은 그래서 한국광복군을 억누르고 시시콜콜 간섭했다.

그렇다고 손 놓고 있을 광복군이 아니었다. 이범석, 황학수, 김학규 등 산전수전 다 겪은 유능한 지휘관들이 중국 각지로 나아가 한국인 병력을 모집했다. 당장 독립 전쟁에 나설 형편은 아니었지만 때가 오면 언제든 응전할 수 있도록 부대를 편성하고 훈련에 매진했다.

1941년 12월 일본의 진주만 공습으로 태평양전쟁이 발발했다. 대한민국임시정부는 즉각 일제에 선전포고를 했다. 한국광복군은 좌우를 가리지 않고 문호를 개방했다. 무정부주의 세력인 한국청년전지공작대가 가장 먼저 달려왔다(1941). 충칭으로 이동한 조선의용대 본부 병력도 합류했다(1942). 독립운동 진영의 통합된 힘으로 광복군은 전력을 키워나갔다. 한국광복군은 이후 인도-버마 전선에서 영국군과 협력해 정보전을 펼쳤고(1943), 미국 전략정보국(OSS)의 특공 훈련을 받으며 국내 진공 작전을 도모했다(1945).

통합 노력은 전면적으로 확산되기 시작했다. 일제와 싸워 이기려면 모두가 힘을 모아야 했다. 1944년 4월 대한민국임시정부는 좌우합작 내각을 출범시켰다. 우익 일색의 임시정부에 좌파가 각료로 참여한 것이다. 민족주의자, 사회주의자, 아나키스트가 골고루 내각에 포진했

다. 민족혁명당의 김규식은 부주석으로 선출되었고, 김원봉은 군사를 책임지는 군무부장(지금의 국방부장관)에 임명되었다. 대한민국임시정부가 드디어 좌우의 날개로 날기 시작한 것이다.

그러나 박차정은 그 무렵 죽음의 길로 접어들고 있었다. 1939년 곤륜관 전투에서 큰 부상을 당하고 나서 그녀는 대외 활동을 거의 할 수 없었다. 부상 후유증에 지병인 관절염까지 겹쳐 건강을 회복하지 못한 것이다. 병상에서 박차정은 시와 소설을 쓰며 시름을 달래다가, 1944년 5월 27일 35살의 나이로 눈을 감았다. 그토록 열망하던 조국 광복을 불과 1년여 남겨둔 시점이었다.

해방된 조국에서
악질 친일파 경찰에게 수모를 당할 줄이야

1945년 광복을 맞아 김원봉은 아내의 유골을 들고 애통한 심정으로 귀국했다. 1918년 중국으로 건너간 지 27년 만에 꿈에 그리던 조국 땅을 밟을 수 있게 된 것이다. 하지만 약산의 귀환은 처음부터 순탄하지 않았다.

그 해 8월 일제의 항복으로 조국은 광복을 맞았지만 남과 북에는 각각 미군과 소련군이 진주했다. 남한의 미군정은 좌우합작 내각을 구성한 대한민국임시정부를 인정하지 않고 개인 자격으로 환국할 것을 종용했다. 이에 11월 23일 임시정부 요인 1진(김구, 김규식 등 15명)이 먼저 들어갔고, 김원봉은 12월 2일 2진(김성숙, 조소앙 등 23명)의 일원으로

미군 수송기에 몸을 실었다. 그런데 그가 탄 비행기는 기상 불량으로 인해 서울 대신 전북 옥구비행장에 착륙했다. 일행은 귀국 첫날밤을 논산의 허름한 여관에서 묵어야 했다. 여관 주인조차 그들이 누군지 알아보지 못했다고 하니 참으로 초라한 환국이었다.

그것은 앞으로 약산에게 펼쳐질 고난의 가시밭길을 예고하고 있었다. 당시 한반도는 미국과 소련이 불러일으킨 냉전의 소용돌이에 휘말렸다. 극심한 혼란 속에서 외세를 등에 업은 정치세력이 권력을 선점하기 시작했다. 현실 정치에서의 권력투쟁은 내부 총질에 능한 선동가들이 두각을 나타내기 마련이다. 외부의 적과 싸우는 데 일생을 바친 독립운동의 거목들은 배척받거나 이용당하기 일쑤였다.

김원봉은 귀국 직후 박차정의 유골을 자신의 고향 밀양에 안장했고, 피 묻은 군복은 친정 동생에게 전달했다. 박차정은 1995년 대한민국 건국훈장 독립장을 추서 받았다. 그러나 약산은 독립운동사에 남긴 위대한 족적에도 불구하고 역사의 뒤안길로 묘연히 사라졌다. 대체 그에게 무슨 일이 일어난 걸까?

"나는 군인입니다. 그리고 우리의 군대는 농민의 군대입니다. 여러분과 같이 오줌통도 지고 김도 매고 씨도 뿌리겠습니다." [15]

1945년 12월 전국농민조합총연맹 결성식에서 약산이 한 말이다. 김원봉은 민중 속으로 들어가고자 했다. 그들과 함께 새로운 나라를 건설하고 싶었다.

해방 직후 좌익과 우익의 극단적인 대결 구도 속에서 약산은 일단 남북통일 정부를 주장하며 중립을 유지했다. 귀국한 임시정부의 방침을 따른 것이다. 그러나 신탁통치에 대한 의견 차이로 좌우합작이 깨

지면서 임시정부는 급속도로 우경화되었다. 김원봉은 이념적 편향성을 이유로 1946년 1월 임시정부를 박차고 나갔다. 그가 새로이 향한 곳은 여운형, 박헌영 등이 주도하는 민주주의민족전선(이하 민전)이었다. 2월 15일 민전 창립대회에서 약산은 청중의 주목을 받으며 단상에 올랐다.

"우리 회의 임무는 민주주의 정권을 수립하는 과도적 의회를 담당하는 것입니다. 민주주의는 독선적이어선 안 됩니다. 언제든지 엄격한 자기비판을 하여 과오를 범하지 말고 남북 일절을 규합해야 합니다. 속히 임시국회를 열어 강력한 우리의 통일 정부를 수립하도록 하여야 할 것입니다."[16]

하지만 남쪽 정국은 그의 뜻과는 반대로 흘러갔다. 미군정과 긴밀했던 이승만이 1946년에 남한 단독정부로 선회했고 좌우 대립은 더욱 격화되었다. 김원봉을 비롯한 민전 인사들은 미군정 경찰의 감시 대상이자, 우익 단체들의 테러 표적으로 떠올랐다.

약산이 구속된 것은 1947년 3월 22일이었다. 전국노동조합평의회가 24시간 총파업을 단행하자 경찰과 우익 청년들이 일제히 민전 인사들을 습격했다. 이 사건으로 무려 2천여 명이 검거되었는데 김원봉도 붙잡혔다. 죄목은 포고령 위반이었다. 특히 약산은 수도경찰청장 장택상의 특별 지시에 따라 수사과장 노덕술에게 체포당했다. 노덕술은 일제강점기 경찰 간부 출신으로 수많은 독립운동가들을 붙잡아 무자비하게 고문하는가 하면 일본의 침략 전쟁에 적극 협력해 총독부 훈장까지 받은 자다.

전설적인 항일 투사 김원봉은 일제 앞잡이였던 노덕술에게 끌려가

온갖 모욕을 당하고 가까스로 풀려났다. 그길로 약산은 옛 의열단 동지 유석현을 찾아가서 꼬박 사흘 밤낮을 통곡했다고 한다. 참으로 억장이 무너지고 분통 터지는 일이 아니겠는가.

"내가 조국 해방을 위해 중국에서 일본놈들과 싸울 때도 이런 수모를 당하지 않았는데, 해방된 조국에서 악질 친일파 경찰 손에 수갑을 차다니 어찌 이럴 수 있단 말이오."[17]

그 무렵 남한은 단독정부 수립이 확실시되었고 민전 인사들에 대한 암살이 횡행했다. 김원봉과 함께 남북 통일정부를 주장하던 몽양 여운형은 그해 7월 19일 시내 한복판인 서울 혜화동 로터리에서 우익의 총탄 세례를 받고 목숨을 잃었다. 약산은 비통해 하며 몽양을 추도했다.

"그의 죽음은 민족국가의 부흥 발전에 큰 상처를 남기는 일이다. 정치적 주장이 다르다 하여 그것을 구실 삼아 자기 민족의 지도자를 학살하는 이런 죄악은 천추에 용서받지 못할 것이다."[18]

이제 김원봉의 목숨도 경각에 달렸다. 미군정 경찰은 약산이 좌익 인사들을 부추겨 폭동을 일으키고 공산 정권을 수립하려 한다며 집에 들이닥치기도 했다. 김원봉은 신변의 위협을 느끼며 은신처를 옮겨 다녔다. 경찰에게든 우익 단체에게든 행보가 노출되면 무슨 일이 생길지 뻔했다.

'독립영웅'의 최후

1948년 4월 9일 남한 단독정부와 총선거가 본격적으로 추진되고 이를 반대하는 항쟁이 제주에서 일어나 수만 명이 학살당할 무렵, 약산

은 38선을 넘었다. 4월 19일부터 23일까지 평양 모란봉극장에서 열린 '남북 제정당사회단체 대표자 연석회의'에 참석한 것이다. 회의가 끝나자 김원봉은 김구, 김규식과 달리 남한으로 돌아가지 않았다. 《임꺽정》을 쓴 소설가 홍명희, 조선어학회 사건의 주역 이극로 등과 함께 북한에 눌러 앉은 것이다.

북한에서 김원봉은 국가검열상, 노동상, 최고인민회의 상임부위원장 등 정권 요직을 차례로 역임했다. 이것은 공식 기록으로 남은 행적이다. 하지만 약산이 북한 정권에서 실권을 가지고 주역으로 활동했느냐, 하면 나는 아니었을 거라고 본다.

초창기 북한 정권은 연립 정권에 가까웠다. 일제강점기에 빨치산 부대를 조직해 항일무장투쟁을 펼친 김일성이 소련의 후원으로 간판이 되었는데 남로당, 연안파 등이 실권을 나눠 갖고 있었다. 그렇다면 김원봉은 어느 파였을까? 약산은 어떤 파벌에도 속하지 않았다. 다시 말해 그를 밀어주거나 감싸줄 세력이 없었다는 말이다. 김두봉, 최창익 등 연안파는 중국에서 함께 활동하기도 했고, 조선의용대의 갈래인 조선의용군을 지도했지만 김원봉과 유대감이 적었다. 오히려 신념과 노선 차이로 여러 차례 갈등을 빚다가 결별한 사이였다. 남로당의 박헌영은 민전 활동으로 짧게 인연을 맺었고, 김일성은 아예 일면식도 없었다.

그럼에도 약산이 북한 정권에서 중용된 까닭은 무엇보다 '독립영웅'이었기 때문이다. 아직 권력 기반이 취약했던 젊은 김일성은 항일무장투쟁의 전설 김원봉을 내세워 자신의 정통성을 설파하려고 했다. 연안파와 남로당도 약산을 배제할 이유가 없었다. 북한 정권이 민심을 얻

으려면 그를 잘 이용해야 했다. 뿐만 아니라 1950년에 터진 한국전쟁에서도 이 독립영웅의 이용가치는 무척 높았다.

남한의 이승만 정권은 친일파를 척결하기는커녕 편들고 봐주는 바람에 민심을 잃었다. 친일파는 일제가 남기고 간 적산을 차지하고 정권에 줄 서서 득세한 반면 독립운동의 거목 김구는 암살자의 총탄에 쓰러졌다. 국민의 원성은 높아져갔다. 결국 이승만과 자유당은 1950년 5월 30일 제2대 총선에서 중도파와 무소속에게 참패했다. 6월 25일 남침에 나선 북한 정권은 이런 사정을 감안해 약산을 선전에 활용했다. 독립영웅의 이름으로, 친일파와 결탁한 남한 정권을 비난하고 전쟁의 명분 중 하나로 삼은 것이다. 그 대가는 남한에 살던 김원봉의 가족들이 치렀다. 한국전쟁 당시 동생 4명이 처형당했고, 노쇠한 아버지는 굶어 죽었다.

약산의 운명은 한국전쟁이 막을 내리면서 다시 요동쳤다. 이 전쟁으로 남과 북의 수뇌부들은 강력한 리더십을 확보했다. 남한에서는 이승만이 반공주의에 기대 극적으로 기사회생했다. 북한의 김일성도 연안파와 남로당을 제치고 독주 채비에 들어갔다. 그 신호탄은 숙청이었다. 김일성은 먼저 박헌영과 남로당을 쳤다. "남침하면 20만 남로당원들이 봉기해 전쟁을 승리로 이끌 것"이라던 박헌영의 호언장담을 문제 삼았다. 당과 인민을 기만하고 전쟁 실패에 책임이 크다는 것이었다. 남로당은 1953년 대거 숙청되었고 박헌영도 몇 년 뒤 '미제 간첩'이라는 오명을 쓰고 처형당했다.

다음은 연안파였다. 1950년대 중반 김일성이 본격적으로 1인 독재 체제를 구축하자 연안파가 선공을 가했다. 스탈린이 사망한 뒤 소련이

김원봉과 박차정

개인 우상화를 금지하고 집단 지도 체제를 권장하고 있는데 왜 따르지 않느냐는 것이었다. 김일성은 조선에는 조선식 사회주의가 있다며 반격에 나섰다. 최창익 등 연안파는 1956년부터 반당분자, 종파주의자로 몰려 실각했다. 지도자 격인 김두봉도 최고인민회의 상임위원장에서 물러나 1958년 자취를 감췄다.

김원봉의 생사가 불분명해진 것도 이 무렵이다. 1958년 2월 8일 김일성이 행한 조선인민군 창설 10주년 연설을 살펴보면 그의 비극적 운명을 짐작할 수 있다.

"의열단은 자산계급의 이익을 옹호했으며, 조선의용군은 일본놈만 오면 달아났습니다. 우리는 이러한 비맑스적 군대를 계승할 수 없습니다."[19]

김일성은 인민군 앞에서 약산의 의열단과 조선의용군을 부정하고 자신이 조직한 빨치산 부대를 계승해야 한다고 역설했다. 독재 체제가 구축된 마당에 항일무장투쟁의 전설이 둘이어선 안 되는 것이다. 김원봉은 그렇게 북한에서 숙청되었다. 어찌 보면 독립영웅으로서 이용당하고 버림받은 것이다.

김원봉은 진보적 민족주의자였다. 민족주의든, 사회주의든, 아나키즘이든 조선의 독립을 위해 활용했을 따름이다. 독립운동에 도움이 된다면 그 누구와도 손을 잡았다. 이념과 정파를 뛰어넘어 민족 해방에 헌신한 것이다. 약산은 1920년대에는 의열단으로, 1930년대에는 조선혁명간부학교와 민족혁명당과 조선의용대로, 1940년대에는 임시정부와 광복군으로 일제와 치열하게 싸웠다. 늘 시대의 요구를 통찰하고 시대정신에 헌신했다.

여기서 우리가 간과해서는 안 될 대목이 있다. 바로 박차정과의 사랑과 결혼이 김원봉의 독립투쟁을 깊고 풍성하게 만들었다는 사실이다. 중국 내전의 소용돌이 속에서 자금과 인재 고갈로 절치부심하던 약산은 1930년 박차정과 만나며 위기를 극복하고 독립운동의 거목으로 성장한다. 의열단장에서 교육자, 정치가, 군사 지도자로 진화를 거듭하며 전체 독립운동의 구심점으로 자리매김한 것이다. 박차정은 김원봉의 조력자였을 뿐 아니라 독자적인 여성 전사로서 조국 광복에 이바지했다. 부부는 서로의 나침반이 되어 독립과 혁명의 길을 함께 열어나갔다. 그것은 삶과 대의를 일치시킨 독립운동가의 사랑법이다. 두 사람 사이에 자식은 없었지만, 그 치열한 사랑이 오늘날 우리가 자유와 행복을 꿈꾸며 살아가는 이 나라를 낳았다. 한국 독립운동사에 굵은 획을 그은 사랑의 나비효과다.

2부

여자, 금지된 사랑을 하다

음란한 반역자냐,
사랑꾼 통치자냐

918년 왕건은 태봉(후고구려)의 왕 궁예를 몰아내고 새 나라 고려를 건국했다. 936년
에는 견훤이 다스리던 후백제마저 멸망시키고 마침내 삼한을 재통합했다.

왕건의 집안은 송악(松岳, 개경)의 호족이었다. 그런데 왜 왕씨(王氏)일까? 왕씨 성을 많
이 쓰는 중국에서 온 사람들이었을까? 사실 왕건의 선조들은 옛 고구려 계통으로 중
국과의 해상무역에 종사했다고 한다. 중국 사람들과 상거래를 트려면 '왕서방'이 되는
편이 유리했을 것이다. 왕씨 집안은 예성강 일대 상권을 장악하고 큰 부자가 되었다.

상인이란 으레 대세를 따르는 법이다. 901년 궁예가 후고구려를 세우고 패서(浿西, 황
해도) 지역으로 세력을 뻗치자 왕씨네는 충성을 맹세했다. 왕건의 아버지 왕륭은 송악
에 궁궐까지 지어 줬다. 물론 상인에게 공짜는 없다. 왕건을 송악태수에 임명하는 조
건이었다. 아비가 부(富)를 쌓으면 자식을 귀(貴)한 사람으로 만들고 싶다. 가문의 영
광을 위하여!

그럼 왕건이 역사 무대에서 뜬 건 언제일까? 신라가 망해가고 동네방네 호족들이 난리치던 시대였다. 난세에는 싸움을 잘해야 출세한다. 왕건의 출세 무대는 서남해 공략전이었다. 903년 27살의 청년 장수 왕건은 정주(황해도 개풍)에서 함대를 이끌고 서남해로 쳐들어갔다. 서남해는 지금의 전라남도 서남쪽 해안 지역을 말한다. 나주를 비롯한 10여 개 군현이 후고구려에 넘어갔다. 후백제의 허를 찌르고 배후를 친 대담한 군사 작전이었다.

900년 후백제를 건국한 견훤은 지금의 전라도와 충청도, 경상도 서부를 장악하고 있었다. 그는 황해도, 경기도, 강원도에서 세력을 키우던 궁예의 후고구려마저 넘봤다. 그런데 난데없이 새파란 애송이가 뒤통수를 치고 나타난 것이다. 덕분에 왕건은 세상에 이름을 알리고 견훤과 궁예에 필적하는 영웅으로 떠올랐다.

왕건은 뛰어난 장군이었을 뿐 아니라 노련한 정치가이기도 했다. 무엇보다 호족 세력을 구워삶아 자기편으로 만드는 데 능했다. 이것이 그가 난세를 평정한 진짜 비결이다. 서남해 공략전만 해도 그렇다. 배를 만들 때는 정주 호족 유천궁이, 서남해를 칠 때는 나주 호족 오다련이 힘껏 도왔다. 그들은 모두 뱃길을 이용해 무역에 종사하던 해상 세력이었다. 왕건을 중심으로 남과 북의 해상 세력이 손잡고 내륙 세력 견훤을 도모한 것이다.

그럼 왕건은 어떻게 유천궁과 오다련의 전폭적인 협력을 얻었을까? 그는 두 사람의 딸을 아내로 맞이했다. 훗날 고려 태조의 제1비 신혜왕후 유씨와 제2비 장화왕후 오씨다. 왕건은 이처럼 '결혼동맹'을 요긴하게 써먹었다. 궁예와 견훤을 꺾으려면 호족들의 힘을 이용해야 한다는 사실을 이 수완가는 잘 알고 있었다. 말뿐인 협력은 별로 도움이 안 된다. 자기 일처럼 팔을 걷어붙이고 나서야 한다. 우리가 남이가, 하려면 결혼을 통해 한 집안이 되는 게 가장 확실한 방법이었다.

왕건은 전국 각지에서 아내를 얻으며 유력 호족들을 장인으로 삼았다. 918년 궁예를 몰아내고 왕위에 오른 것도, 936년 후백제의 항복을 받아 통일을 이룬 것도 결국 결혼동맹 덕분이었다. 위기의 순간도 있었다. 927년 공산전투에서 견훤에게 참패하고 수세에 몰렸는데, 930년 호족 장인들의 도움으로 고창전투에서 대승을 거두며 다시 일어섰다.

하지만 결혼동맹은 양날의 검이었다. 통일 대업을 완수하자 나라를 어지럽히는 화근으로 돌변한 것이다. 고려 태조에게는 무려 29명의 아내와 34명의 자식들이 있었다. 친정이자 외가인 호족 세력은 자기네 왕자와 공주를 혼인시키며 왕위 쟁탈전에 나섰다. 그들을 억누르기 위해 고려 초기의 국왕들은 관료 세력과 손잡았다. 이 권력투쟁은 천추태후와 김치양의 금지된 사랑으로 정점을 찍는다.

'추잡한 소문'에 휩싸인 왕태후[*]

태조 왕건의 손녀, 5대왕 경종의 아내, 6대왕 성종의 누이. 헌애왕후 황보씨는 고려에서 가장 고귀한 여인이었다. 997년 아들인 개령군 왕송이 임금이 되자(7대왕 목종) 그녀는 천추전에 자리 잡고 나라를 호령했다. 이른바 '천추태후'의 시대가 열린 것이다.

그런데 태후에게는 '추잡한 소문'이 있었다. 981년 남편 경종이 죽고 친오빠 성종이 즉위하자 헌애왕후는 황보씨의 본거지 황주로 돌아갔다. 젖먹이 왕자 왕송을 떼놓고 궁궐을 나와야 했기에 어미로서 상실감이 큰 시기였다. 이때 외가 쪽 친척인 김치양이란 자가 승려를 가장하고 접근했다. 전직 왕비 역시 외롭고 서글픈 처지라 이 친척 오빠를 내치지 않았다. 당시 그녀의 나이는 방년 18세. 김치양의 위로는 달콤했고, 어린 과부의 가슴은 콩닥콩닥 뛰었다. 두 사람은 곧 뜨거운 사랑에 빠지고 말았다.

헌애왕후와 김치양의 염문은 입에서 입으로 은밀하게 퍼져나갔다. 온 나라의 관심사가 되는 것은 시간문제였다. 급기야 성종의 귀에까지 들어갔다. 그는 고려에 본격적인 유교 정치를 도입하려고 한 임금이었다. 전직 왕비가 추잡한 소문에 휩싸이는 건 있을 수 없는 일이었다. 성종은 김치양을 장형(杖刑, 큰 형장으로 죄인의 볼기를 치는 형벌)에 처하고 멀리 유배 보냈다.

하지만 997년 성종이 세상을 떠나고 목종이 즉위하면서 사정이 크

● 《고려사》〈열전〉 '헌애왕태후' 전과 《고려사절요》 제2권 '목종 6년' 조를 엮어 천추태후와 김치양의 사랑 이야기를 재구성했다.

게 달라졌다. 임금의 생모로서 권력을 틀어쥔 천추태후는 냉큼 귀양 간 김치양을 불러들였다. 두 사람은 백주대낮에 궁궐에서 애정 행각을 벌이며 거리낌 없이 쌓인 회포를 풀었다.

왕태후의 총애를 등에 업고 김치양은 우복야 겸 삼사사에 임명되었다. 관리들을 등용하고 쫓아내는 일이 모두 그의 손에서 이루어졌다. 그에게 줄 서려는 자들이 경향 각지에서 몰려들었다. 김치양은 뇌물을 긁어모아 고래등 같은 집까지 지었다. 목종은 그를 몰아내고 싶었으나 어머니의 마음을 상하게 할까봐 감히 건드리지 못했다. 효자 임금의 딜레마였다. 덕분에 김치양은 아무것도 두려울 게 없는 무소불위의 권신이 되었다.

목종 6년(1003) 천추태후가 자기 아들을 낳자 김치양은 딴 마음을 품기 시작했다. 그는 곳곳에 절을 세우고 밤낮으로 치성을 드렸다. 김씨인 제 아들을 보위에 올리고 싶었던 것이다. 명백한 역심(逆心)이었다. 당시 목종에게는 자식이 없었지만, 후계자로 유력한 왕실 자손은 있었다. 천추태후의 친조카(여동생 아들)인 대량원군 왕순(8대왕 현종)이었다. 김치양은 왕태후의 힘을 빌려 이 걸림돌을 제거하려고 했다.

왕순은 핍박을 당하다가 본의 아니게 승려가 되었다. 12살에 머리를 깎고 삼각산(북한산)에 있는 절로 들어간 것이다. 민심은 어린 왕순을 동정했다. 천추태후와 김치양에게 반감을 가진 사람들이 이 왕건의 혈육을 중심으로 결집하는 것은 시간문제였다. 바야흐로 고려에 거센 정변의 폭풍이 밀려오고 있었다. 그것은 천추태후에게 '음란한 반역자'의 오명을 씌우고 '고려의 제2 창업자' 현종의 시대를 여는 역사적인 전환점이었다.

천추태후는 '음란한 반역자'였을까

미망인(未亡人). 남편이 세상을 떠나고 홀로 남은 아내를 일컫는 말이다. '과부(寡婦)'도 있지만 격식을 차릴 때는 흔히 '미망인'이라고 한다. 얼핏 고상하게 들리니 존중하는 의미로 쓰는 것이다. 그러나 이 단어는 알고 보면 가부장 사회의 처절한 유산이다.

미망인을 한자로 풀이하면 '아직 죽지 않은 사람'이라는 뜻이다. 조선시대에는 남편이 죽으면 아내에게 수절의 의무를 강요했다. 남편과 가문에 대해 정절을 지키라는 것이다. 나아가 죽은 남편을 따라 아내가 목숨을 끊으면 '절부(節婦, 정절을 지킨 여인)'라고 칭송했다. 나라에서 표창을 하고 열녀문까지 세웠다. 거꾸로 미망인이라는 낱말에는 은근한 질책이 담겨 있었다. 남편이 죽었는데도 너는 왜 아직 죽지 않고 살아 있느냐는 무서운 질책이었다. 그런 의미에서 미망인은 '죽지 못해 사는 인생'인 것이다.

놀라운 사실은 미망인 같은 가부장 사회의 처절한 유산이 남녀 양성평등을 당연시하는 오늘날에도 무심코 통용되고 있다는 것이다. 이런 비인간적인 단어들을 멋모르고 쓰는 한 가부장 사회의 망령을 쉬이 떨칠 수 없다. 게다가 그것은 조선시대 이전의 전통적인 여성상과도 차이가 크다. 시대를 거슬러 올라가 고려 전기로 가보자.

이 이야기의 주인공 천추태후도 조선시대로 치면 미망인이었다. 그런데 '아직 죽지 않은 사람'이거나 '죽지 못해 사는 인생'은 아니었다. 남편 경종이 세상을 떠난 뒤 그녀는 한 남자와 뜨거운 사랑에 빠졌다. 고려 풍속만 놓고 보면 이 사랑은 욕할 일이 아니었다. 고려시대에는

남편과 사별한 여인들이 다른 남자를 사귀는 것은 물론 원하는 상대와
재혼할 수 있었기 때문이다. 그것은 고려 여성의 지위가 조선보다 높
았음을 뜻한다.

12세기에 송나라 사신 서긍이 고려에 와서 보고 들은 풍속을 바탕
으로 《고려도경(高麗圖經)》을 지었는데, 이 책에 조선과 사뭇 다른 고려
의 여성관이 담겨 있다. 고려에서는 여자들이 결혼해도 남편과 함께
친정 부모를 봉양했고, 남자 형제들과 교대로 집안 제사를 주관했다.
상속에 있어서도 남녀 차별이 없었다. 딸들도 아들들과 똑같이 재산을
분배받았다. 독자적인 경제력을 가진 여인들은 사랑도 자유로운 법이
다. 따라서 고려시대에는 과부의 연애와 재혼이 자연스러운 일이었고
오히려 권장되기도 했다. 《고려사》 〈열전〉만 해도 이런 사례들이 수두
룩하다.

숙창원비 김씨는 김양감의 딸로 자태가 아름다웠다. 일찍이 진사 최문
에게 시집갔다가 젊어서 과부가 되었다.

1297년 원나라 제국공주가 세상을 떠나자 아들 충선왕은 아버지 충렬
왕이 궁녀 무비를 총애한 까닭에 화병으로 돌아가신 것이라며 무비를 죽
였다. (당시 세자였던 충선왕은 원나라 황제 쿠빌라이 칸의 외손자였기에 부왕보다 힘이 셌
다.) 그리고는 충렬왕을 위로한다며 과부 김씨를 들여 숙창원비로 봉했다.

1308년 충렬왕이 승하하자 충선왕은 빈전에서 제를 드린 후 숙창원비
의 오빠 김문연의 집에 행차했다. 비(妃)와 함께하는 시간이 길어지므로 사
람들이 의심했더니 10여일 뒤에 왕이 그 집으로 거처를 옮겼다. 충선왕은
이윽고 김씨를 자신의 비로 봉했는데, 그 교태에 혹해 정사를 돌보지 않고

팔관회마저 중지했다.[1]

　왕규는 시중 강렬공 왕충의 아들이었다. 1170년 무신들의 난이 터졌을
때 왕규는 휴가를 받아 모친 곁에 있어서 화를 면했다. 얼마 후 명종의 부
름을 받고 남경 유수가 된 그는 오로지 업무에 전념하면서 정중부, 이의방
등 무신 권력자들과 거리를 뒀다.

　왕규는 평장사 이지무의 딸에게 장가들었는데 처남 이세연이 김보당의
난(1173년, 반무신난)에 연루돼 목숨을 잃었다. 처가 때문에 이의방의 살생부
에 오른 왕규는 (비교적 온건한) 정중부의 집에 몸을 숨겼다.

　이때 정중부의 딸이 과부가 되어 친정에 와 있었는데 왕규를 보고 기뻐
해 그와 간통했다. 왕규는 살기 위해 조강지처를 버리고 정중부의 사위가
되었다. 덕분에 그는 이의방이 죽자 관직에 복귀할 수 있었다.[2]

　아버지 여자를 비(妃)로 삼은 충선왕도 엽기적이지만, 숙창원비 김
씨 또한 '자유부인' 뺨친다. 과부가 재혼하는 것을 꺼려하지 않는 문화
였기에 가능한 일이었다. 정중부의 딸도 만만찮다. 친정에 숨어든 유
부남에게 적극 구애해서 스스로 재혼의 길을 텄다. (비록 본부인에게는
안쓰러운 일이지만⋯⋯.) 이렇게 고려 과부의 사랑은 거침없고 노골적이
었다. 물론 이 두 여인은 신분이 높고 친정이 막강한 덕도 보았다. 여성
이 원하는 것을 얻으려면 권력이든 재력이든 힘이 있어야 한다. 사랑
도 마찬가지다. 천추태후 역시 남 눈치 보지 않고 당당하게 연애했다.
그녀는 누구보다 힘 센 여인이었기 때문이다.

　그럼 왕태후는 왜 '음란녀'와 '반역자'의 오명을 뒤집어썼을까? 그녀

의 사랑과 정치는 어쩌다가 '추잡한 소문'으로 전락했을까? 그것은 훗날 조선 유학자들이 편찬한《고려사(高麗史)》의 마녀사냥에 기인한다.

조선 태조 이성계의 명으로 시작된 고려시대 역사 편찬 사업은 세종대왕이 30여 년간 열과 성을 다한 덕분에 문종 1년(1451)에 완성되었다. 139권 75책 337만 자에 이르는 방대한 역사서,《고려사》다. 이듬해에는 그것을 축약하고 부분적으로 보완한《고려사절요》도 나온다. 이책을 편찬한 조선 유학자들은 유교 통치 이념을 내세워 고려의 폐단을 들추어내는 데 몰두했다. 그나마 세종대왕이 주관적으로 지어내는 것을 금하고 원사료를 충실하게 기술하라고 명을 내린 덕분에 노골적인 조작은 배제되었다. 하지만 유학자들은 원사료를 구미에 맞게 취사선택하고 편집과 주석을 통해 자신들의 이념을 관철했다. (이 때문에 세종은 원고를 거듭 퇴짜 놓았고,《고려사》의 완성이 지연되었다.)

천추태후를 '음란한 반역자'로 낙인찍은 것도 그래서다. '남존여비(男尊女卑, 남자를 높이고 여자를 낮춤)'에 물들어 여성을 정절로 구속하려고한 유학자들에게 여성 통치자이자 사랑꾼이었던 왕태후는 반면교사로 삼아야 할 나쁜 예였다. 그녀에 관한《고려사》의 사론(史論, 역사 기록에 남긴 사관의 논평)을 살펴보자.

천추태후가 방탕하고 음란하게 굴면서 몰래 왕위를 찬탈하려 하자, 목종은 백성들의 기대를 알아차리고 천추태후의 악한 무리를 물리쳤다. 그리고 멀리 사자를 보내어 현종에게 왕위를 물려줌으로써 나라의 기반을 굳혔으니, 이른바 '하늘이 흥기시키려 한다면 누가 능히 막을 수 있겠는가?'라는 말을 어찌 믿지 않으리오. (중략) 현종의 치세야말로 주나라의 성

왕·강왕과 한나라의 문제·경제에 견주어도 전혀 손색이 없을 것이다.[3]

이 사론을 쓴 사람은 고려 문종 때의 명재상이자 '해동공자(海東孔子)'로 이름 높은 최충이다. 그는 목종 8년(1005)에 과거시험에 장원으로 급제했는데 이때 지공거(知貢擧, 과거시험 집행관)를 맡은 이가 최항이었다. 당시에는 과거급제자가 지공거의 문하생이 되어 일종의 사제 관계를 맺었다. 1009년에 최항은 천추태후에 맞서 현종을 옹립하는 데 큰 공을 세웠다. 이후 현종이 최항을 스승으로 대우하면서 최충도 탄탄대로를 걷게 되었다. 덕분에 사관이 된 그는 천추태후를 깎아내리고 현종을 찬양하는 사론을 작성한 것이다.

최충은 말년에 구재학당을 세워 고려 젊은이들에게 유교 경전을 가르치고 수많은 제자들이 과거시험에 합격할 수 있도록 도왔다. 유학자 관리들을 양성해 중국식 유교 정치를 꽃피우려고 한 것이다. 조선 유학자들에게 최충은 선구자 격인 인물이었다. 그의 사론을 길잡이 삼아 《고려사》 편찬자들은 천추태후를 음란한 반역자로 몰아갔다.

《고려사》 〈열전〉을 읽어보면 헌애왕태후, 즉 천추태후는 사랑에 눈이 멀어 김치양의 역모를 방조한 어리석은 여인처럼 비친다. 고려 현종 이후에 작성된 다분히 악의적인 사료를 활용했기 때문이다. 그것은 '승자의 역사'다. 정변 과정에서 천추태후 세력에게 승리한 현종 측의 일방적인 시각과 주장이 담겨 있을 가능성이 높다. 그런 의미에서 《고려사》 〈세가〉에 실린 1009년의 정변은 의심스러운 점이 한두 가지가 아니다. 이 정변은 과연 천추태후가 왕위를 찬탈하려고 일으킨 것일까? 그녀는 정말 아들 목종 대신 또 다른 자식을 즉위시키려고 했을까?

정월에 왕이 상정전으로 가 연등 행사를 관람하고 있는데 기름 창고에
화재가 일어나 번진 불이 천추전을 태웠다. 왕은 궁전과 창고가 잿더미가
된 것을 보고 비탄해 하다가 병이 들어 정사를 돌보지 못했다. (중략) 왕이
늘 내전에만 거처하면서 신하들을 만나려 하지 않았다. 재상들이 크게 두
려워한 나머지 침전에 들어가서 문병하기를 청했으나 허락을 받지 못했
다. 왕은 최항, 채충순과 함께 몰래 후사 문제를 의논한 후 사람들을 신혈
사로 보내 대량원군을 맞아오게 했다. 이때 서경도순검사 강조가 무장한
병력을 거느리고 와서 왕을 폐위시키고 새 임금을 세울 음모를 꾸몄다.[4]

궁궐 창고에서 큰불이 났을 때 홀랑 타버린 곳은 왕태후가 거주하는
천추전이었다. 또 곧바로 병석에 누운 목종은 국정을 맡겨야 할 재상
들은 만나지 않고, 최항 등 대량원군의 사람들과 몰래 후사 문제를 의
논했다고 한다. 이러한 정황은 현종 세력이 궁궐에 불을 지르고 목종
을 감금한 채 양위를 압박했다고 볼 수 있는 근거가 된다. 한편으론 왕
명으로 서경(평양)의 군부 실세 강조를 끌어들여 천추태후 세력을 제
압하지 않았을까?

다시 앞의 사론으로 돌아가자. 최충은 《춘추좌전(春秋左傳)》을 인용
해 '하늘이 흥기시키려 한다면 누가 능히 막을 수 있겠는가(天將興之誰
能廢之)?'라고 주장했다. 《춘추좌전》은 공자가 편수하고 좌구명이 주석
을 단 역사서로, 이 구절은 중이가 이웃 나라 군대를 끌어들여 조카인
진나라 회공을 쫓아내고 제후 자리를 차지하는 대목에 나온다. 해동공

자답게 그는 중국 고사를 써먹었는데, 알고 보면 왕위 찬탈에 관한 이야기다. 그런데《춘추좌전》은 이 사건을 왕위 찬탈이 아닌 하늘의 뜻이라고 본다. 중이가 춘추오패의 한 사람인 진문공(晉文公)이니 사실상 승자의 역사로 공인해준 셈이다. 어쩌면 최충도 1009년의 정변과 현종을 그렇게 바라보지 않았을까? 왕위 찬탈이지만 하늘의 뜻이라고.

만약 현종 세력이 정변을 일으켜 집권했다면 그들이 작성한 사료는 진실을 왜곡했을 게 틀림없다. 역사에서 가해자와 피해자가 뒤바뀌는 사태가 발생하는 것이다. 그렇다면 '방탕하고 음란하게 굴면서 몰래 왕위를 찬탈하려 했다'라는 왕태후도 달리 봐야 한다. 고려시대 사랑꾼이자 여성 통치자였던 그녀를 올바로 복원해야 한다는 말이다.

천추태후의 진면목은 베일에 가려져 있다. 현종 이전의 사료가 있으면 복원에 도움이 될 텐데 구할 수가 없다. 1010년 거란의 2차 침입으로 개경이 함락되고 궁궐이 불탔을 때 대부분 유실되었기 때문이다. (《고려사》에서 혜종부터 목종까지의 기록이 매우 빈곤한 이유도 여기에 있다.)

하지만 아직 포기하기에는 이르다. 우리에게는 어쨌든《고려사》가 있지 않은가. 비록 승자의 역사에 기반하고 유학자들의 편견이 가득하지만, 세종대왕이 거듭 퇴짜를 놓고 시력까지 해쳐가며 검토한 까닭이 있지 않을까? 아마도 역사적 진실을 보존하려는 세종의 노력이었을 터. 그 진실의 실마리가《고려사》의 행간에 숨어 있다고 나는 믿는다.

천추태후에 대해 제대로 알고 싶다면 고려 태조 왕건 시절로 거슬러 올라가야 한다. 왕건은 결혼동맹 덕분에 궁예와 견훤을 꺾고 난세를 평정할 수 있었다. 그것은 '전국구 왕서방'의 쾌거였다. 그는 전국 각 지역의 호족들에게서 무려 29명의 아내를 얻었고, 호족 장인들의 힘을 끌어모아 고려 건국과 삼한 통합을 이룩했다. 29명의 아내는 6명의 왕후와 23명의 부인으로 나뉜다. 태조의 여인들은 차기 임금 후보인 왕자를 생산함으로써 친정, 즉 호족 가문의 영광에 이바지했다.

장화왕후 오씨는 다련군의 딸이며 대대로 나주 목포에 살았다. 수군 장수로 나주에 출진한 태조가 어느 날 목포 쪽을 바라보니 오색구름이 머물렀다. 그곳에 찾아가보니 왕후가 빨래하고 있었다. 태조가 불러 잠자리에 들었으나 사정은 밑에 깐 돗자리에 했다. 여인의 신분이 미천해 임신을 원치 않았기 때문이다. 그러나 왕후는 얼른 흡입하고 아들을 낳았다. 그가 고려 제2대 왕 혜종(惠宗)이다. 왕의 얼굴에 돗자리 무늬가 있는 건 그래서다.[5]

장화왕후는 나주 호족 오다련의 딸로서 태조 왕건의 제2비다. 제1비는 신혜왕후 유씨였는데 자식을 낳지 못하고 세상을 떠났다. 장화왕후 오씨 소생인 왕무는 태조의 적장자 자격으로 왕위를 이을 태자가 되었다. 하지만 즉위의 길은 험난했다. 왕건에게는 자식들이 바글바글했다. 34명의 왕자와 공주들이 저마다 외가, 즉 호족 가문을 등에 업고 있었다. 호족들은 자기네 핏줄로 왕위를 이으려고 적장자 왕무와 어머니

장화왕후를 깎아내렸다. 온갖 험담과 유언비어가 난무했다.

《고려사》〈열전〉 '장화왕후 오씨'전만 봐도 알 수 있다. 명색이 태조의 제2비인데 신분이 미천해 임신을 원치 않았다느니, 돗자리에 사정한 걸 흡입했다느니, 입에 담지도 못할 말들이 가득 담겨 있다. 우여곡절 끝에 임금이 된 왕무, 곧 혜종도 모욕을 피하지 못했다. 그의 얼굴에는 주름이 있었나본데 그것을 (아버지가 사정했다는) 돗자리에 갖다 붙인다.

이는 장화왕후 오씨와 적장자 왕무의 지지 세력이 약했다는 뜻이다. 그들의 근거지 나주는 도읍인 개경에서 너무 멀었다. 장화왕후의 아버지 오다련도 재물과 군사를 넉넉히 갖춘 힘센 호족이 아니었다. 그럼에도 태조 왕건은 맏아들을 아꼈다. 태조는 장화왕후에게 황제의 옷인 자황포를 하사해 적장자 무를 후계자로 삼겠다는 뜻을 밝혔다. 또 자신의 심복인 대광(大匡, 고려 초기 최고위 관직) 박술희에게 신하들의 중론을 모으게 했다. 박술희는 주군의 명에 따라 중신 회의를 열었는데 난항 끝에 왕무를 후계자로 정하는 데 합의했다.

그러나 943년 태조가 세상을 떠나고 혜종이 즉위했다고 해서 '왕좌의 게임'이 끝난 것은 아니었다. 왕건의 죽음으로 안전핀이 뽑히자 권력 다툼과 궁중 암투가 폭발했다. 혜종이 재위 2년 만에 세상을 떠나고(945), 사후에 모욕적인 역사 기록이 남겨진 것만 봐도 알 수 있다.《고려사》의 원사료는 3대왕 정종 때 작성되었는데 혜종과 장화왕후를 모질게 깎아내렸다. 그것은 반역 세력이 왕위 찬탈을 정당화하려고 쓴 '승자의 역사'일 가능성이 크다. 반역을 정당한 왕위 계승으로 포장하려면 패자에게 오명을 씌워야 하는 법이다.

패자는 말이 없다. 다만 앞뒤 정황을 고려해서 그 억울한 사연을 가늠해볼 따름이다. 혜종 사후에 불거진 암살설은 왕의 죽음에 누군가 개입했음을 암시한다. 먼저 광주(廣州) 호족 왕규가 혜종을 죽이려고 했다. 고려시대 광주는 지금의 서울과 남한강 유역을 아우르는 넓고 비옥한 지역이었다. 왕규는 왕권을 압도하는 대호족으로 군림했다. 그는 자기 외손자 광주원군을 왕으로 만들고자 혜종의 침실에 자객을 들이고, 무리를 동원해 임금을 습격했다. 노골적인 살해 기도였지만 힘없는 혜종은 문책조차 하지 못하고 병석에 드러누웠다.

혜종의 후견인 박술희도 왕규에게는 역부족이었다. 박술희는 태조 왕건이 죽어가면서 유훈인 '훈요십조(訓要十條)'를 전하고 혜종을 보위해달라고 당부한 고려의 대신이었다. 하지만 이런 명분도 혼란기에는 잘 먹히지 않았다. 더구나 그에게는 왕규처럼 든든한 지역 기반도 없었다. 박술희는 혜종을 보위하기는커녕 제 신변을 걱정해야 할 처지였다. 왕규가 자객을 보낼까봐 호위무사까지 늘렸다. 어쩔 수 없이 혜종은 다른 살 길을 모색했다. 태조의 제3비 신명왕후 소생인 이복형제 왕요, 왕소에게 손을 내민 것이다.

신명왕후는 충주 호족 유긍달의 딸이었다. 유긍달은 내륙 수운 사업으로 큰 재산을 모은 거부였다. 남한강 일대에는 그가 가진 곡식 창고와 소금 창고들이 널려 있었다. 또 이 지역은 사통팔달의 교통 요지였다. 후백제와 전쟁을 치를 당시 왕건은 유긍달의 도움으로 넉넉한 군자금을 확보하고 동에 번쩍 서에 번쩍 진군할 수 있었다. 그래서인지 신명왕후 유씨는 태조의 사랑을 듬뿍 받았다. 아내들 가운데 가장 많은 5남 2녀를 생산했다. (호족 장인의 능력과 공헌에 따라 부인에게 자식 수까지 안배한 태조 왕건의 치밀함이란……)

외할아버지와 어머니를 등에 업고 왕요, 왕소 형제는 세력을 키워나 갔다. 혜종은 자신의 딸을 왕소(훗날의 광종)와 혼인시켜 왕권의 방패막이로 삼고자 했다. 그런데 왕요는 딴마음을 품고 있었다. 그는 서경(西京, 평양)을 장악한 숙부 왕식렴(왕건의 사촌)과 손잡고 왕위를 찬탈할 생각이었다. 서경은 고려 북방을 지키는 군사 요충지였기에 최강의 정예부대가 주둔하고 있었다. 두 사람은 이른바 '왕규의 난'을 구실로 서경 군대를 개경으로 끌어들였다. 왕규가 반역을 했다면서 그와 일족 300여 명을 처단한 것이다.

이 정변의 와중에 혜종이 죽고 왕요가 즉위하는데 그가 바로 고려 3대왕 정종이다. 정종은 선왕의 유명 없이 신하들의 추대로 왕위에 올랐다. 또 재위기에 선왕과 그 모후를 모독하는 사료가 작성되었다. 혜종을 죽인 게 왕규가 아니라 정종 측이었다는 방증이다. 정종과 왕식렴이 왕규를 빙자해 군대를 일으키고 왕위를 찬탈한 것이다. 반역의 뒤처리도 용의주도했다. 혜종의 후견인 박술희를 유배 보낸 다음 사람을 시켜 살해했다. 태조의 유훈을 받은 대신을 죽였다고 욕먹을까봐, 그들은 이 사건을 또 다른 패자, 왕규의 소행으로 조작했다.

고려 건국과 삼한 통합을 위해 왕건이 문어발식으로 추진한 결혼동맹은 이렇게 가족과 호족, 공신끼리 죽고 죽이는 치열한 왕위 쟁탈전을 빚었다. 통일된 새 나라를 꿈꾼 태조의 핏빛 유산이었다.

왕위 쟁탈전에 이어 고려는 또 다른 권력투쟁에 들어갔다. 신생국 고려의 정체성을 두고 고구려 계승 세력과 신라 계승 세력이 힘겨루기를 한 것이다. 패서를 중심으로 고려 건국에 동참한 호족들은 대부분 옛 고구려에 대한 애착이 강했다. '고려(高麗)'라는 국호부터 427년 고구려 장수왕이 평양으로 천도하면서 지은 것이다. 반면 삼한 통합 과정에서 새로 합류한 세력들은 고려가 신라의 정통성을 잇는다고 보았다. 이들 신라 계승 세력의 정신적 지주가 바로 경순왕 김부였다.

경순왕은 신라의 마지막 임금이었다. 935년 스스로 천년왕국의 문을 닫고 나라를 고려에 바쳤다. 보통 사극에서는 망국의 군주를 나약하고 무기력하게 그린다. 경순왕 캐릭터도 대동소이하다. 하지만 김부는 알고 보면 그리 만만하게 볼 인물이 아니다. 출구 전략을 제대로 짜서 자기 일족과 신하들의 앞길을 연 유능한 임금이었다.

927년 견훤이 이끄는 후백제군이 천년 고도 서라벌에 들이닥쳤을 때 신라는 사실상 끝장났다. 견훤은 박씨 임금인 경애왕과 왕비에게 자살을 강요하고 보위를 헌강왕의 외손자 김부에게 넘겼다. 직접 통치할 수도 있었지만 민심이 너무 안 좋았다. 망해가는 나라라곤 하지만 신라는 신라다. 천년의 역사를 함부로 짓밟다가 역풍을 맞은 것이다. 이에 견훤은 신라를 오래 다스려온 김씨 임금을 꼭두각시로 내세워 민심을 달래려 했다. (김부를 비롯한 김씨 일족이 박씨에게 빼앗긴 왕권을 되찾으려고 견훤과 사전에 내통했다는 설도 있다.)

그런데 견훤의 기대와 달리 경순왕은 왕건에게 손을 내밀었다. 고려

에 사신을 보내 동맹을 맺고 함께 후백제에 맞선 것이다. 왕건도 팔공
산전투에서 견훤에게 참패를 당한 터라 경순왕의 제안이 솔깃했다. 고
려와 후백제 간의 힘의 균형이 깨진 상태에서 신라의 가세는 큰 도움
이 됐다. 신라는 군사력은 미약하지만 천년왕국의 정통성을 갖고 있었
다. 덕분에 각지의 호족들도 기세등등한 견훤에게 투항하려다 멈칫 하
며 관망세로 돌아섰다. 결국 왕건은 930년 안동 고창전투에서 후백제
군을 대파하고 유리한 고지에 섰다.

이후 고려는 강릉부터 울산까지 동해안 일대를 평정하고 서라벌의
코앞에 성을 쌓으며 신라를 압박했다. 견훤이 신라를 깔아뭉겠다면,
왕건은 노련하게 옥죈 것이다. 강도나 협박범이나 도둑놈 심보는 매한
가지다. 그러나 경순왕은 평정심을 유지하며 때를 기다렸다. 어차피
신라의 멸망은 시간문제지만 나라를 헐값에 넘길 수는 없다. 그는 신
라의 몸값이 충분히 올라갔을 때 투항해서 자기 일족과 신하들의 권익
을 챙겨주려고 했다.

931년 경순왕은 왕건을 서라벌로 초대해 연회를 베풀었다. 이 자리
에서 그는 927년 견훤의 침공을 회상하며 울었다. 연회는 눈물바다였
다. 왕건은 말과 비단을 선물해 경순왕을 위로했다. 이렇게 되면 힘으
로 신라를 병합하는 것은 명분상 불가능해진다. 왕건이 경순왕을 다독
인 순간 고려는 신라의 보호국이 된 셈이다. 세상천지에 보호자가 피
보호자를 치는 법은 없다. 경순왕의 '정치쇼'에 왕건이 당한 것이다. 연
회에 불러 술을 먹인 다음 기술을 넣어서 신라의 수명을 연장한 것이
다. 아마 왕건도 신라 왕에게 혀를 내두르지 않았을까?

경순왕은 그렇게 시간을 벌었다. 이제 신라의 몸값이 정점을 찍을

때를 헤아리면 된다. 935년 드디어 그 때가 왔다. 후백제에서 후계 다툼이 일어나 늙은 견훤이 맏아들 신검에게 쫓겨난 것이다. 견훤은 구금되었다가 가까스로 탈출해 고려에 투항했다. 후백제는 내분에 휩싸이며 고려와의 힘의 균형을 스스로 무너뜨렸다.

신라는 대책 회의에 들어갔다. 경순왕은 지금이야말로 나라를 고려에 바칠 적기라고 보았다. 왕자와 일부 신하들이 반발했다. 천년 사직을 가벼이 넘길 수 없다는 것이었다. 하지만 왕은 불필요한 저항으로 백성들을 희생시키지 말자고 설득했다. 이 서글픈 논쟁이《삼국사기》에 실려 있다.

10월에 왕이 여러 신하들과 함께 고려 태조에게 항복할 것을 의논하였다. 신하들이 의논하기를, 옳다는 사람도 있었고 옳지 않다는 사람도 있었다. 왕자가 말했다.

"나라의 존속과 멸망은 하늘의 명에 달려 있습니다. 충신 의사들과 함께 민심을 합하여 굳건히 힘을 다한 뒤에 망할지언정, 어찌 천년 사직을 하루 아침에 가벼이 남에게 줄 수 있겠습니까?"

그러나 임금은 고개를 저었다.

"고립되고 위태로움이 이와 같아서 나라를 보전할 수 없다. 무고한 백성들의 간과 뇌가 길에 쏟아지게 하는 것은 내가 차마 할 수 없는 일이다."

왕은 곧 시랑 김봉휴로 하여금 편지를 가지고 가서 태조에게 항복을 청하게 하였다. 왕자는 통곡하면서 임금에게 하직 인사를 하고 그 길로 개골산(皆骨山, 금강산)으로 들어갔다. 그는 삼베옷을 입고 풀을 먹으며 일생을 마쳤다.[6]

'마의태자'가 가로막고 나섰지만 경순왕은 이미 항복 결심을 굳혔다. 후백제가 멸망하기 전에 항복해야 신라의 몸값을 제대로 쳐줄 것이라는 계산이 섰기 때문이다.

이런 일은 타이밍이 굉장히 중요하다. 때를 놓치지 않아야 실리를 챙길 수 있다. 그해 12월 신라 왕의 행렬이 서라벌을 출발해 개경으로 향했다. 그것은 천년왕국의 정통성이 고려로 넘어가는 장엄한 의식이었다. 백성들은 길가로 몰려나와 이 역사적인 광경을 구경했다. "무고한 백성들의 간과 뇌가 길에 쏟아지지 않도록 하겠다"라는 투항의 변(辯)이 알려지며 경순왕의 마지막 거동은 감동의 도가니가 되었다. 이 소식은 곧 삼한을 뒤흔들었다.

신라가 가진 정통성의 힘은 놀라웠다. 고려와 후백제 사이에서 관망하던 각지의 호족들이 앞 다퉈 왕건에게 충성을 맹세했다. 삼한의 대세가 급속히 고려로 기우는 순간이었다. 후백제와의 최후 결전이 남아 있었지만 승부는 이미 판가름 난 거나 마찬가지였다. 망국의 임금이 결정적인 한 수로 쐐기를 박은 셈이다.

왕건은 기뻐서 춤이라도 추고 싶었을 것이다. 고려 태조는 교외까지 나아가 신라 왕을 맞아들였다. 경순왕에게는 큰 선물이 기다리고 있었다. 개경에 당도하자마자 왕건의 맏딸과 혼인하고 낙랑왕(樂浪王)에 봉해진 것이다. 그는 또 서라벌 일대, 경주를 식읍으로 받았다. 조세를 거둘 수 있는 가구가 8천 호에 이르렀다.

936년 왕건은 마침내 후백제를 멸망시키고 삼한을 통일했다. 만약 경순왕의 투항이 조금만 늦었다면 신라의 가치도 헐값이 되었을 것이다. 흔히 주식은 무릎에서 사서 어깨에서 팔라고 한다. 멸망 직전의 신라를 인수해 후백제 멸망 직전 고려에 판 경순왕! 오늘날로 치면 워렌 버핏(Warren Buffett)에 필적하는 투자의 귀재라고 볼 수 있다.

새 나라에서 경순왕 김부의 지위는 태자보다 위였다고 한다. 그의 일족과 신하들, 곧 신라계는 세금을 면제받는 등 온갖 특권을 누리며 개경에 뿌리를 내렸다. 김부는 978년까지 이곳에 살면서 신라계의 후견인 노릇을 하다가 지금의 연천 땅에 묻혔다. 언제 태어났는지는 불분명하지만 대략 80대까지 장수한 것으로 보인다. 왕건의 자식들을 앞세워 호족들이 치열한 왕위 쟁탈전을 벌이는 사이에 신라계는 똘똘 뭉쳐서 힘을 키워나갔다. 나라를 다스려본 그들은 고려 조정의 관료로 자리 잡았다.

생이별

949년 고려 제4대 왕 광종이 즉위하면서 왕위 쟁탈전이 잦아들자 고구려계 호족들은 개경에 뿌리 내리고 조정에 자리 잡은 신라계 관료 세력을 경계하기 시작했다. 고구려 계승이냐 신라 계승이냐, 고려의 정체성이 걸린 역사적인 싸움이 막을 올린 것이다. 그 중심에 천추태후의 집안이 있었다.

천추태후의 할머니는 태조 왕건의 제4비 신정왕후 황보씨였다. 이 집안은 황주를 근거지로 삼았으며 패서의 전통적인 강자였다. 패서는 왕건을 배출한 지역으로 사실상 고려의 본진이었다. 패서 호족들은 서경을 전진기지 삼아 옛 고구려 땅을 회복해야 한다고 주장했다. 또 고구려처럼 중국에 대해 자주적인 입장을 취했다. 이를 대변한 가문이 황주 황보씨였다. 태조 왕건은 그들의 건의를 받아들여 중국과 대등하게 '황제'를 칭했고, 훈요십조에 고토 회복을 명분으로 북진 정책을 넣었다.

신정왕후는 왕건과의 사이에서 아들 왕욱(王旭)을 낳았다. 고려 제6대 왕 성종과 천추태후의 아버지다. 그는 훗날 대종(戴宗)으로 추존된다. 딸 대목왕후는 태조의 제3비 신명왕후 유씨 소생인 광종과 부부의 연을 맺었다. 초창기 고려 왕실은 이복 남매끼리 근친혼을 함으로써 왕건의 신성한 혈통을 보존하고 왕실의 권위를 높이고자 했다. 물론 그것은 권력을 공고히 하려는 호족 외척들 간의 뒷거래이기도 했다.

그런데 광종은 호족 외척들이 왕씨의 나라를 쥐고 흔든다고 생각했다. 왕권을 굳건히 다지기 위해 임금은 견제 세력 양성에 나섰다. 우선 신라계 관료들이 중용되었다. 신라는 원래 당나라에 사대한 나라였다. 그들은 중국의 앞선 문물을 받아들이자고 건의했다. 덕분에 쌍기 등 중국 귀화인들이 조정에 모습을 드러냈다. 중국식 과거제도를 도입해 새로운 인재들도 발탁했다. 왕은 이들 신진 세력을 앞세워 호족들을 억누르려고 했다.

광종의 의지는 노비안검법(奴婢按檢法) 실시로 노골화되었다(956). 이 법은 평민이었다가 억울하게 노비가 된 사람들을 다시 평민으로 돌려놓는 것이었다. 신라 말기의 혼란 속에서 전쟁과 도적떼를 피해 떠돌아다니던 유민들이 대거 노비로 전락했다. 그들은 호족들의 소유가 되어 사병으로 쓰이거나 경작지에 투입되었다. 노비안검법에는 두 가지 노림수가 있었다. 우선 노비가 평민이 되면 나라에 세금을 바치고 병역을 짊어지기 때문에 국력에 도움이 된다. 또 힘과 부의 원천을 빼앗음으로써 호족 세력도 약화시킬 수 있다.

호족들은 노비안검법에 격렬하게 반발했다. 대표로 신정왕후의 딸인 광종비 대목왕후가 제동을 걸었다. 그러나 광종은 물러설 생각이 없었다. 오히려 본보기 삼아 아내 대목왕후의 친정인 황주원(黃州院, 황보씨의 본가)에 철퇴를 휘둘렀다. 신정왕후의 아들 왕욱이 이즈음에 죽은 게 우연일까? 광종의 응징이었을 가능성이 크다. 황주원뿐 아니라 수많은 호족들이 줄초상을 치렀다. 역사에서 광종(光宗)은 이름처럼 빛나는 임금이었지만, 호족들에게는 피를 부르는 미친 왕 광종(狂宗) 이었다.

서슬 퍼런 세월은 975년 광종이 세상을 떠나고 태자 왕주가 왕위에 오르면서 막을 내렸다. 그가 바로 고려 제5대 왕 경종이다. 새 임금이 즉위하자 숨죽였던 호족 세력은 다시 목소리를 내기 시작했다. 왕실의 큰 어른이 된 신정왕후는 딸 대목왕후 소생인 외손자 경종에게 아들 왕욱이 남긴 친손녀 둘을 맺어줬다. 이때 임금과 결혼한 자매가 헌애왕후와 헌정왕후였다. 그중 언니 헌애왕후가 훗날 천추전에서 나라를 호령한 천추태후다.

헌애왕후는 경종의 총애를 받아 아들 왕송을 낳았다. 임금에게 다른 왕자가 없었기에 조금만 크면 후계자로 공인받을 게 확실했다. 그런데 981년 경종이 27살에 요절하는 바람에 일이 꼬이고 말았다. 두 살배기 왕자는 임금이 되기에는 너무 어렸다. 이렇게 되면 왕건의 혈통 가운데서 왕실 서열 등을 따져 적임자를 찾는 수밖에 없다.

다음 보위를 놓고 대량원군 왕욱(王郁)과 개령군 왕치(王治)가 경합에 들어갔다. 왕욱은 천추태후의 아버지 왕욱과 이름이 같지만 한자를 달리 쓴다. 그는 태조 왕건과 신성왕후 김씨의 아들이었다. 신성왕후가 경순왕의 백부 김백렴의 딸이었으니 신라계 왕자라고 볼 수 있다. 개령군 왕치는 천추태후의 친오빠로 패서 호족들이 미는 고구려계 왕손이었다. 차기 임금 자리를 두고 신라계와 고구려계가 맞붙은 셈이다.

결국 왕좌는 개령군에게 돌아갔다. 경종은 죽기 전에 학식이 뛰어나고 인품이 어진 그를 후계자로 지목한 바 있다. 또 당시만 해도 왕치를 지지하는 패서 호족들의 힘이 우위에 있었다. 신라계 관료들도 개령군을 배척하지 않았다. 그에게는 유교 정치를 펼치겠다는 포부가 있었는데 그러려면 자신들의 뒷받침이 필수였기 때문이다. 특히 신라 6두품 집안에서 과거시험을 통해 조정에 진출한 유학자들은 오히려 왕치를 선호했다.

그리하여 개령군 왕치가 즉위하니, 그가 바로 고려 제6대왕 성종이다. 새 임금은 부모가 세상을 떠난 뒤 자신과 여동생들을 보살펴준 할머니 신정왕후에게 왕태후의 시호를 올렸다. 그 책문은 다음과 같다.

돌이켜보건대 보잘것없는 이 몸은 일찍이 불행을 만났으니, 어린 나이에 부모를 잃어 조모님 품안에서 양육되었지만 마치 부모의 슬하에 있는 것처럼 편안했습니다. 맛난 음식은 남겨두었다가 저를 먹여주셨으며, 부드럽고 따뜻한 옷을 이 외로운 몸에게 입혀주셨습니다. 그 정성스런 양육 덕분에 이 몸이 잘 자라 다행히 가문의 위업을 이어받고 외람되이 왕위에 오르게 되었습니다.[7]

성종은 궁궐에 들어가 경종의 유산을 정리했다. 정리 대상에는 여동생들도 포함돼 있었다. 왕은 헌애왕후와 헌정왕후 자매를 궁궐 밖으로 내보냈다. 단, 헌애왕후 소생인 왕송은 궁궐에 남겼다. 이 두 살배기 왕자는 선왕 경종의 유일한 핏줄이었다. 바깥세상에 나가면 야심가들이 가만 놔둘 리 없었다. 나라가 평안하려면 왕실에서 보호하는 게 나았다.

그럼 어린 아들과 생이별하고 민간인이 된 전직 왕비는 어땠을까? 얼마나 기가 막혔을까? 홀로된 삶이 외롭고 막막한 데다 젖먹이 자식 걱정에 사로잡혔을 것이다. 어쩌면 엄마와 아기를 강제로 떼어놓은 오빠를 원망했을지도 모른다.

오빠에게 반기 든 여동생

그러거나 말거나 성종은 유학자 최승로가 건의한 '시무 26조'를 바탕으로 중국식 유교 정치를 펼쳐나갔다. 그것은 유교 이념을 바탕으로 통치 체제를 정비하고 사회 질서를 다잡는 일이었다. 이에 따라 2성 6부로 중앙 관제를 정비했으며 12목을 설치해 지방 행정을 통제했다. 숭유억불(崇儒抑佛, 유학을 숭상하고 불교를 억누름) 정책도 강력하게 추진했다. 팔관회, 연등회 등 국가적인 불교 행사를 전면 금지한 것이다.

덕분에 통치 질서는 가닥을 잡았지만 고려의 자주성과 호국 정신이 훼손되었다. 성종은 중국 송나라에 사대했는데, 이는 황제국을 천명해온 고려의 자주성을 흔드는 일이었다. 팔관회 금지도 문제였다. 팔관회(八關會)는 토속 신앙에 불교 계율을 접목한 국가 종교의식이었다. 태조 왕건은 팔관회가 호국 정신을 드높인다며 훈요십조에 이 의식을 계승하라는 유지를 남겼다. 결국 성종과 유학자들은 태조를 거역한 셈이다.

이렇게 되자 고려의 전통을 중시하는 패서 호족들이 가만있지 않았다. 전직 왕비인 헌애왕후가 할머니의 집안인 황주 황보씨를 대표해 호족 세력의 불만을 표출했다. 여동생이 친오빠에게 반기를 든 것이다. 어떻게 이런 일이 가능했을까?

헌애왕후는 왕건의 손녀였지만, 성은 왕씨가 아니라 황보씨를 썼다. 고려 왕실은 초기에 왕건의 자손들끼리 근친혼을 했다. 신성한 혈통을 보존한다는 명목이었지만 외부에서 볼 때는 야만적인 풍습으로 비칠 수도 있었다. 이 때문에 왕비에게는 어머니나 할머니의 성을 붙인 것으로 보인다. 그것은 외척인 호족 세력의 일원이 된다는 뜻이기도 했다. 헌애왕후도 고종사촌 경종과 결혼하면서 할머니의 일족인 황보씨가 되었다.

여기에는 부계 혈통 중심의 성씨 제도가 아직 사회적으로 정착되지 않은 시대상도 드러난다. 오늘날의 본관 성씨가 처음 도입된 것은 후삼국 통일 직후인 940년의 일이었다. 고려 태조 왕건은 전국 각지를 군현(郡縣)으로 재정비하고, 그 고을을 본관으로 삼는 성씨들을 배정했다. 호족의 출신지와 집안을 구별해 나라에서 관리하기 위해서였다. 이른바 '가문'의 탄생이었다. 이때 성씨의 기준으로 삼은 것이 부계 혈통이다. 그렇다면 이 제도가 뿌리내리기 전에는 자식이 모계 성씨를 쓰는 경우도 많았을 것이다.

나아가 헌애왕후가 할머니 가문인 황주원을 이끈 데는 고려시대 가족 문화와 여성의 지위가 반영돼 있다. 고려 여인들은 조선 중기 이후처럼 혼인한다고 해서 시가에 뼈를 묻지 않았다. 고려에서는 결혼한 남녀가 양쪽 가문에 다 속했다. 조상의 음덕으로 벼슬길에 오르는 제도인 음서(蔭敍)도 부계와 모계 가운데 나은 가문을 선택할 수 있었다. 덕분에 가족 내에서 어머니나 할머니의 권위가 높았다. 자식들이 모계 가문 덕택에 벼슬길에 오르는데 어떻게 여인들을 존중하지 않을 수 있겠는가.

또 고려시대에는 딸들이 사위와 함께 친정 부모를 모시고 사는 일이 많았다. 제사도 마찬가지였다. 딸과 사위, 외손들이 아들네와 번갈아가면서 집안 어른들의 제사를 지냈다. 자연히 친정 부모는 딸과 아들을 차별하지 않았다. 사위와 외손까지 자기 일족으로 여겼다. 재산도 아들딸 구분하지 않고 똑같이 상속했는데, 덕분에 여인들이 결혼 후에도 자기 재산을 소유했다. 그래서 과부들이 경제력을 갖고 자유롭게 연애와 재혼을 할 수 있었던 것이다. 이런 환경 속에서 여성 지도자들이 탄생한다.

헌애왕후는 황주원에 뙈리를 틀고 고구려계 호족들을 대변했다. 호족 세력, 그 가운데 패서 호족들은 고려의 자주성과 호국 정신을 훼손하는 중국식 유교 정치를 반대했다. 그들은 태조의 유훈을 들어 서경을 중심으로 북진 정책을 추진하고 팔관회 등 고려 전통을 회복해야 한다고 목소리를 높였다. 그 선봉에 헌애왕후가 있었다. 오늘날로 치면 야당 대표 노릇을 한 셈이다. 이 여동생 때문에 오빠 성종은 골치가 지끈지끈 아팠으리라.

그 무렵 김치양이라는 자가 전직 왕비에게 접근한다. 헌애왕후의 외가 쪽 인물인데 어릴 때부터 알고 지낸 사이라고 한다. 그는 어린 자식과 생이별한 엄마의 마음을 읽고 달콤한 위안을 건넸다. 젊은 과부는 김치양에게 마음의 문을 열고 뜨거운 사랑에 빠졌다. 이 소식은 입에서 입으로 전해지며 세간에 퍼져나갔다. 남의 연애사에 큰 관심을 갖는 게 인심이다. 하물며 전직 왕비의 열애라니 대박 뉴스다. 떠들썩한 소문은 오빠 귀에도 들어갔다. 유교 정치를 추구하는 유학자 임금 성종은 어떻게 대처했을까?

유학은 여성의 정절을 중시한다. 여성의 행실이 바르지 못하면 사회 풍속이 문란해져 나라가 혼란에 빠진다고 유학자들은 믿었다. 그런데 임금의 여동생, 그것도 전직 왕비가 연애 스캔들을 일으켜 세간의 입방아에 오르다니 용납할 수 없다. 성종은 헌애왕후를 불러 호되게 꾸짖고 김치양과 관계를 끊으라고 요구했다. 하지만 오빠의 참견은 당찬 여동생에게 통하지 않았다. 어쩌면 그녀는 이렇게 항변했을지도 모른다.

"아무리 임금이고 오빠라도 내 연애에 간섭할 권리는 없어요. 오빠는 왜 쓸데없이 중국의 고지식한 도를 들먹이며 고려 여인들을 억압하려 든답니까? 유학자들이 뭐라 하건 고려에서 과부의 사랑은 무죄에요, 무죄!"

헌애왕후는 사랑을 포기하지 않았다. 유교 정치고 뭐고 고려의 전통(?)을 내세워 밀고 나간 것이다. 김치양도 승려로 변장하고 그녀의 처소에 몰래 출입했다. 금지된 사랑은 오히려 더욱 거세게 타오르는 법이다. 신라계 관료와 유학자들은 전직 왕비의 행실을 연일 성토했다. 성종은 고심 끝에 엄한 조치를 취했다. 여동생의 연인을 잡아들여 곤장을 치고 멀리 유배 보낸 것이다. 친오빠의 몰인정한 처사에 헌애 왕후는 어떤 심경이었을까?

그런데 전직 왕비의 연애 스캔들은 여기서 그치지 않았다. 이번에는 성종의 또 다른 여동생 헌정왕후가 걸린 것이다. 더 큰 문제는 그녀가 만삭이었다는 것. 뱃속 아이의 아빠는 놀랍게도 태조 왕건의 아들이자 성종 남매의 숙부였던 대량원군 왕욱이었다. 유력한 왕자 삼촌과 전직 왕비 조카의 불꽃사랑이라니……

이 연애가 발각된 계기는 왕욱의 집에서 일어난 화재였다. 성종은 소식을 듣고 직접 화재 현장을 방문했다. 그곳에서 만삭의 여동생과 마주친 것이다. (왕욱을 곤경에 빠뜨리기 위해 누군가 일부러 불을 내고 왕을 불러들였다는 설도 있다.) 고지식한 임금은 왕욱에게도 벌을 내렸다. 김 치양의 전례에 따라 유배를 보낸 것이다. 이 때문에 충격을 받은 헌정 왕후는 얼마 후 아들 왕순을 낳다가 죽고 말았다.

성종은 유교 정치 실현을 위해 여동생들을 모질게 대했다. 수신제가 치국평천하(修身齊家治國平天下), 그 성현의 가르침에 따라 집안부터 손 본 것이다. 그러나 헌애왕후는 유교 정치의 억압과 구속을 독하게 버 텨냈다. 고려 창업자 왕건의 손녀답게!

고구려의 후예

성종 재위기에 집권 여당은 신라계 관료와 유학자들이었다. 그들은 유교 정치의 과실을 따먹으며 조정 요직을 차지하고 개경과 지방에서 약진했다. 그러나 유학을 장려하고 문풍(文風)이 확산되면서 고려는 자주국의 기상을 잃어갔다. 993년 거란의 1차 침입은 중국식 유교 정치의 나약함을 적나라하게 드러냈다.

당시 고려는 중원의 송나라에 사대하면서 거란이 세운 요나라를 견제하고 있었다. 송나라를 제압하고 천하를 평정하려던 요나라는 먼저 배후를 위협하는 고려를 쳤다. 섭정 승천황태후의 명으로 사위 소손녕이 80만 대군을 이끌고 압록강을 넘은 것이다. 소손녕은 "요나라가 고구려의 옛 영토를 소유하고 있다"라며 "고려가 침략해 차지한 서경 이북 땅을 내놓으라"라고 협박했다. 안 그러면 고려를 짓밟아버리겠다는 것이었다.

문약(文弱)한 신라계 관료와 유학자들은 겁에 질렸다. 일단 저들의 요구를 들어주고 화친을 맺자는 의견이 대세를 이뤘다. 성종은 어쩔 수 없이 서경을 비우기로 결정했다. 이에 따라 서경에 비축해둔 군량미를 백성들에게 나눠주고 남는 것은 대동강에 버리라는 명이 내려졌다. 혹시 군량미가 거란군에게 넘어가 서경 이남까지 치고 내려오는 데 쓰일까봐 두려웠던 것이다. 이때 중군사 서희가 강력하게 이의를 제기했다.

"적의 군세가 강성하다고 서경 이북 땅을 넘겨주는 것은 좋은 계책이 아닙니다. 삼각산(북한산) 이북도 고구려의 옛 땅인데 저들이 떼어달라고 하면 주시겠습니까? 이런 식이면 우리 국토가 남아나지 않을 것입니다. 전쟁의 승부는 군대의 강약에 달린 것이 아니라, 적의 약점을 잘 살펴 기동하는 데 있습니다. 일단 싸워보고 다시 의논하소서."[8]

서희가 볼 때 땅을 내주는 건 어리석은 짓이었다. 한번 호구 잡히면 영원한 호구로 전락하기 쉽다. 최소한 적과 싸워서 전력이라도 파악해야 한다. 전쟁은 쪽수로 하는 게 아니다. 홈그라운드의 이점을 살리면 이길 수 있다. 협상할 때 협상하더라도 만만치 않은 군사력을 보여줘야 주도권을 확보할 게 아닌가. 신하들의 나약함이 답답했던 성종은 반색하며 서희의 의견을 받아들였다.

이렇게 되자 다급해진 건 오히려 요나라 쪽이었다. 사실 그들은 80만 대군이 아니었다. 고려를 짓밟기에는 병력이 한참 부족했다. 게다가 거란군은 평지를 내달리며 속전속결 하는 유목 민족 군대였다. 산악 지대를 활용해 치고 빠지는 고려군의 전술이 괴로웠고, 식량도 얼마 남지 않았다. 시간이 흐를수록 모든 면에서 불리했다.

결국 소손녕은 섣불리 청천강을 건너다가 안융진에서 고려군의 결사항전에 막혀 패하고 말았다. 이제는 거란군이 출구를 모색해야 할 상황이었다. 서희는 지금이 바로 협상의 적기라고 판단했다. 그는 자원해서 적진에 들어갔다. 목숨 걸고 담판을 벌이러 간 것이다. 소손녕은 또 다시 서경 이북 땅을 요구하며 왜 요나라에 복속하지 않느냐고 질책했다. 서희는 차분히 명분과 실리를 따졌다.

"우리나라는 고구려의 후예다. 그래서 국호를 고려라 하고 서경을 제2의 도읍으로 삼은 것이다. 국경 문제를 논하자면 요나라 동경도 모조리 옛 고구려 영토인데, 어찌 고려가 서경 이북 땅을 침략해 차지했다고 하는가? 우리가 요나라와 국교를 맺지 못하는 것은 압록강 안팎의 여진족 때문이다. 그들이 길을 막으니 요나라로 가는 게 바다를 건너는 것(송나라와 교류하는 것)보다 더 어렵다. 우리의 옛 영토에서 여진을 쫓아내고 성을 쌓아 길을 연다면 어찌 사신을 잘 보내지 않겠는가?"[9]

수세에 몰려있던 소손녕은 서희의 차분한 설득에 철군의 명분을 얻고 승천황태후에게 보고했다. 결국 요나라는 청천강에서 압록강까지 옛 고구려 땅에 대한 고려의 권리를 인정했다. 상대의 실상과 의도를 정확히 파악하고 고구려의 후예라는 정체성을 분명히 해 협상의 주도권을 확보한 덕분이었다. 서희는 994년부터 이곳에 성을 쌓고 강동 6주를 개척했다. 하지만 이 담판이 고려에게만 일방적으로 유리했던 건 아니었다. 원래 협상이란 주고받는 것이다. 고려는 이후 한동안 요나라에 사대하고 거란의 연호를 써야 했다.

서희의 담판으로 거란군을 물리친 성종은 중요한 깨달음을 얻었다. 통치 체제를 정비하고 사회 질서를 다잡는 일도 중요하지만, 고려의 진정한 힘은 고구려의 후예라는 정체성에서 나온다는 점이었다. 이는 국난을 극복하면서 국가적인 공감대가 형성된 인식이었다. 중국식 유교 정치에 치우쳐 있던 성종은 이후 헌애왕후와 화해하고 패서 호족들을 예우했다. 또 송나라와 국교를 단절하고 서희의 강동 6주 개척에 힘을 실어줬다.

997년 성종이 후사 없이 승하했다. 새로 보위에 오른 인물은 선왕 경종의 유일한 핏줄, 왕송. 전직 왕비이자 왕의 생모인 헌애왕후는 다시 궁궐로 돌아왔다.

　34살의 한창 나이였던 왕태후는 18살의 어린(?) 왕을 제치고 통치의 전면에 나섰다. 고려 제7대 왕 목종의 재위기는 헌애왕태후의 치세라고 봐도 무방하다. 그녀는 천추전(千秋殿)에서 나라를 다스린다고 해서 '천추태후'라고 불렸다. 그렇다면 이 여인은 고려를 어떤 나라로 만들려고 했을까? 천추태후는 중국식 유교 정치를 타파하고 고려를 강력한 자주 국가로 우뚝 세우고자 했다. 왕태후는 우선 고려가 '황제국'임을 분명히 했다.

> "이제 어진 이를 많이 받아들이고 착한 이를 널리 등용하려고 하니 삼경(三京, 개경·서경·동경)과 10도의 모든 관리들은 '짐(朕)'의 타이름을 잘 아로새겨 학업을 권장하도록 하라. 문학·유학·의학·점술을 배우려는 사람들은 경전에 밝고 통달한 선생을 찾아가 배우도록 하고, 박사 가운데 생도들을 열심히 훈육한 사람이 있으면 그 이름을 적어 보고하라."[10]

목종 때 나온 임금의 교서를 보면 이렇게 '짐'이라는 호칭을 사용한다. '짐'은 천자(天子), 곧 황제가 스스로를 칭하는 것이다. 고려는 태조 왕건이 건국한 이래 황제국을 표방했지만 성종 때 송나라에 사대하며 자발적으로 제후국이 되었다. 성종은 자기 자신을 '과인(寡人)'이라고

칭했다. 중국 황제의 칭호를 감히 쓰지 않은 것이다. 그것을 천추태후가 바로잡았다. 고려 임금도 황제라야, 중국과 격이 같아야, 자주 국가로 설 수 있을 터.

물론 황제를 칭한다고 자주 국가로 인정받는 것은 아니다. 그만한 능력을 갖추지 못하면 오히려 침략의 빌미를 제공할 뿐이다. 저놈들이 미쳤구나, 하며 쳐들어온다. 자주 국가가 되려면 백성을 지킬 수 있는 강력한 국방력을 갖춰야 한다. 고구려처럼 큰 나라의 침공을 막아낼 수 있는 역량과 자신감 말이다.

천추태후는 태조의 유훈을 받들어 북진 정책을 강력히 추진했다. 998년에 세상을 떠난 서희의 바통을 이어받아 청천강 너머 북방 영토에 성과 요새를 쌓는 데 심혈을 기울였다. 또 아들 목종이 옛 고구려의 도읍인 서경에 자주 행차하도록 했다. 이곳은 대륙을 겨누는 고려의 창이자 든든한 방패였기 때문이다.

천추태후는 내치에 있어서도 오빠 성종과 다른 길을 걸었다. 그녀는 나라를 통합하는 통치 이념으로 유학 대신 불교를 장려했다. 고려 불교는 민간신앙과 결합하며 백성의 삶에 깊이 뿌리내리고 있었다. 유학자 임금 성종이 불교를 억제하는 바람에 원망이 쌓였는데, 천추태후는 각지에 사찰을 창건하는 한편 팔관회와 연등회를 부활시켰다. 그것은 고려 불교의 화려한 귀환이었다. 민심은 곧 태후에게 쏠렸다.

천추태후가 이처럼 강력하고 독자적인 정치를 펼칠 수 있었던 까닭은 권력이 탄탄했기 때문이다. 고려 왕실에서 가장 고귀한 여인인데다 광범위한 호족 세력이 힘을 실어줬다. 게다가 민심도 그녀의 편이었다. 그러다보니 교만한 마음에 악수도 두게 되었다. 연인 김치양을 불

러들여 최고위직인 우복야 겸 삼사사에 임명한 것이다. 단번에 조정의
실세로 떠오른 김치양은 왕태후의 총애를 등에 업고 무소불위의 권력
을 휘둘렀다.

백관에게 벼슬을 주고 빼앗는 일이 모두 김치양의 손에서 결정되었으
며, 그 당이 조정에 늘어서서 세력을 온 나라에 떨쳤다. 집을 지었는데 300
여 칸이나 되며, 누대와 정자와 동산과 못이 극도로 화려했다. 밤낮으로 왕
태후와 놀고 희롱해 아무런 두려움이나 꺼림이 없었다. 왕이 항상 그를 몰
아내고자 했으나 어머니가 속상해 할까봐 감히 쫓아내지 못했다.[11]

인간 사회에서는 인사가 만사다. 인사권은 그래서 권력의 노른자위
다. 출세를 추구하는 사람들은 인사권자에게 충성하기 마련이다. 그이
를 중심으로 줄을 서고 파벌이 형성된다. 그것이 부정축재로 이어지며
사치와 향락에 물든다. 어느 시대나 그래왔고, 지금도 종종 볼 수 있는
인간 사회의 어두운 그림자다. 그런 일이 목종 재위기에 일어났다.

역사 기록에 따르면 김치양은 절대권력자이고, 천추태후는 사랑에
눈이 멀어 그에게 놀아난 것처럼 비친다. 그러나 천추태후의 실제 위
상을 추론해보면 위 기록은 달리 해석할 수 있다. 고려시대 여성의 지
위나 가족 문화를 고려할 때 그녀는 왕실과 일족, 호족 세력을 대표해
국정을 이끌었다. 그렇다면 김치양은 왕태후의 대리인으로 인사권을
행사했을 가능성이 크다. 선왕 시절 야당이었던 고구려계 패서 호족들
을 등용하려고 천추태후가 그를 부리지 않았을까? 집권했으니 자기
당과 세력을 키우고 싶었을 테다. 인사는 원래 뒷말이 무성한 법이다.

김치양 같은 방패막이가 꼭 필요하다. 그 보상으로 화려한 집을 선물하며 호강시켜준 것이다.

목종이 김치양을 몰아내지 못한 것도 그래서다. 어머니가 속상해 할까봐 감히 쫓아내지 못했다고? 어불성설이다. 아마 이 구절을 쓴 조선시대 사관은 원사료에 유학의 으뜸 가치인 '효'를 채색하고 싶었을 것이다. 설혹 목종이 효자였다고 해도 군주 노릇을 할 수 있었다면 칼을 휘둘렀을 게 틀림없다. 어린 시절 어머니와 떨어져 궁에서 자란 목종이다. 비정한 권력의 속성을 보고 듣고 체득했다. 단지 왕태후를 누를 힘이 없으니 찌그러진 것뿐이다. 그것이 피도 눈물도, 어미 아비도 없는 권력의 세계 아닌가.

국왕이 이 지경인데 신라계 관료와 유학자들이야 두말할 나위가 없다. 성종 때 유교 정치를 내세워 득세했지만 이제 고구려계 패서 호족들에게 밀려 찬밥 신세가 되고 말았다. 졸지에 야당으로 전락한 그들은 호시탐탐 천추태후 정권을 무너뜨릴 구실을 찾았다. 약점은 임금인 목종에게 있었다. 그에게는 뒤를 이을 자식이 없었다. 그것은 이 정권이 오래가지 못한다는 뜻이었다.

천추태후로서도 고심하지 않을 수 없는 대목이었다. 그녀의 권력은 아들의 국왕 자리에서 나온 것이다. 만약 목종이 후사 없이 죽고 나면 정권은 무너지고 만다. 왕태후는 여자들을 들여서 임금의 씨를 심으려 했지만 아무리 해도 소용없었다. (목종이 동성애자였다는 설이 제기되는 이유다.) 이쯤 되면 어쩔 수 없는 일이라며 단념할 만도 한데 천추태후는 도무지 포기를 몰랐다.

왕태후는 목종이 안 되면 자기라도 후사를 만들기로 결심했다. 그녀의 집념은 놀라운 결과를 빚어냈다. 김치양과 사이에서 목종 6년(1003) 40살에 아들을 낳은 것이다. 요즘은 여성의 고령 출산이 흔하지만 당시 그 나이면 기적에 가까운 일이었다. 천추태후의 권력욕이 얼마나 집요했는지 알 수 있다. 그녀는 자신을 가로막는 '불가능'들을 차례차례 지워나갔다. 임금의 후사도 마찬가지였다.

《고려사절요》에는 이 무렵에 김치양이 '음조(陰助)'를 구하기 위해 곳곳에 절을 세우고 밤낮으로 치성을 드렸다는 대목이 나온다. 갓 태어난 자식을 임금으로 만들려고 부처님에게 빈 것이다. 물론 이것은 천추태후의 뜻이었다. 왕태후는 늦둥이 아들을 목종의 후계자로 삼고자 했다. 왕씨가 아닌 김씨가 왕위에 오른다고? 왕조 국가에서는 감히 상상하기 어려운 일이었지만, 천추태후는 아무런 거리낌이 없었다. 태조 왕건의 손녀인 자신에게 고려의 정통성이 있다고 확신했기 때문이다.

'내가 고려의 전통을 되살리고 다시 자주 국가로 만들었다. 할아버지의 유업을 이 손녀딸이 계승한 것이다. 그러니 내 자식이 다음 국왕이 되는 게 당연하다. 왕씨든, 황보씨든, 김씨든 무슨 상관인가. 할아버지도 틀림없이 기뻐하실 것이다.'

아마도 이렇게 생각하지 않았을까? 여기에는 앞서 이야기했듯이 부계 혈통 중심의 성씨 제도가 아직 널리 정착하지 않은 시대상도 영향을 미쳤을 것이다. 하지만 이 무모한 시도는 거센 역풍을 맞았다. 백성들은 이런 후계 구도를 받아들이지 못했다. 어쨌든 고려는 왕씨의 나라가 아닌가. 아무리 왕태후 소생이라도 안 되는 건 안 되는 것이다. 정권을 떠받쳐온 민심이 흔들리자 천추태후의 권력에 균열이 생겼다.

와신상담하던 신라계 관료와 유학자들이 그 틈을 놓칠 리 없었다. 반정부 세력이 들고 일어나려면 구심점이 필요하다. 그들은 12살 소년 왕순을 대항마로 점찍었다. 나이는 어리지만 천추태후의 동생 헌정왕후와 신라계 왕자 왕욱의 소생이다. 태조 왕건과의 관계를 따지면 누가 보더라도 왕위 계승 서열 1순위였다. 신라계 관료와 유학자들은 왕순을 들먹이면서 세력을 키웠다. 일부 장수들까지 동조하고 나섰다.

위기감을 느낀 천추태후는 왕순을 승려로 만들어 산중에 처박아버렸다. 《고려사》에 따르면 화근을 제거하려고 독살까지 시도했다고 한다.

왕태후가 김치양과 간통해 아들을 낳고 왕위에 올리려 했다. 조카인 대량원군 왕순은 억지로 출가시켜 삼각산(북한산) 신혈사에 머물도록 했다. 세상에서 그를 신혈소군(神穴小君)이라 불렀다. 태후는 여러 차례 대량원군을 암살하려 했다. 하루는 나인(內人)을 시켜 독약이 든 술과 떡을 보냈다. 절에 도착한 나인이 몸소 먹이고자 소군을 찾았는데, 절의 승려가 땅굴 속에 숨겨놓고는 어디 있는지 모르겠다고 속였다. 나인이 돌아간 뒤 떡을 뜰에 버렸더니 까마귀와 참새가 주워 먹고 그대로 죽어버렸다.[12]

그러나 아무리 애를 써도 시대의 도저한 흐름을 막을 수는 없었다. 1009년 정월 연등 행사로 떠들썩한 궁궐에 큰불이 일어났다. 천추태후 정권을 끝장내려는 왕순 세력의 정변이었다. 목종은 서북면도순검사 강조에게 구원을 청했다. 강조는 즉시 서경에 주둔한 북방의 정예부대를 움직였다.

이 소식을 접한 왕태후는 즉시 명을 내려 서경 군대를 돌려보냈다. 한 줌도 안 되는 정변 세력은 얼마든지 제압할 수 있다. 하지만 개경에 들어온 강조가 변심하면 사태가 걷잡을 수 없어진다. 그녀는 수하들을 시켜 (개경과 서경의 통로인) 자비령을 봉쇄하고 외부로부터의 군사 행동을 금했다.

위종정, 최창 등 반란을 획책하던 자들은 이를 역이용하기로 했다. 그들은 강조에게 왕태후와 김치양이 난을 일으켜 목종이 죽어간다는 소식을 전했다.

"주상의 병이 위독하여 목숨이 경각에 달려 있으며, 태후와 김치양은 왕위를 찬탈할 모의를 하고 있습니다. 공이 변방에서 많은 병력을 장악하고 있으니 혹시 자기네 뜻을 따르지 않을까 염려한 나머지 왕명을 사칭해 공을 억누른 것입니다. 공께서 의로운 군사를 일으켜야 나라를 보호하고 일신을 보전할 것이니 시기를 놓치면 안 됩니다."[13]

격분한 강조는 군사를 휘몰아 개경으로 쳐들어갔다. 그가 목종이 멀쩡하다는 사실을 알게 된 것은 개경 인근에 이르러서였다. 함정에 빠졌음을 깨달았지만 강조로선 멈출 수가 없었다. 허락 없이 거병한 이상 반역죄를 모면하기 어려웠던 것이다. 그는 정변 세력과 손잡고 왕을 바꾸기로 결심했다. 서경 군대는 그대로 개경에 들어가 궁궐을 점령했다.

천추태후 정권은 속절없이 무너졌다. 김치양과 그의 어린 아들은 살해당했고, 정권 요인들도 목숨을 빼앗기거나 유배를 떠났다. 왕태후와 목종은 충주로 보내졌다. 총애했던 사람들을 모두 잃고 낯선 땅으로 쫓겨난 것이다. 주군을 따르던 신하들도 도중에 강조의 부름을 받고 발길을 돌렸다. 모자는 변변한 시중도 받지 못한 채 그들을 기다리는 잔인한 운명을 향해 터벅터벅 걸어갔다.

태후가 음식을 먹고자 하면 왕이 친히 소반과 사발을 받들었고 태후가 말을 타고자 하면 왕이 친히 말고삐를 잡았다. 일행이 적성현(積城縣, 파주)에 당도하자 강조의 명을 받은 사람이 목종을 시해한 후 자살했다고 보고했다. 시신은 문짝을 뜯어서 만든 관에 넣어 객관에다 임시로 안치했다.[14]

귀양길에도 자기 대신 어머니를 말에 태우고 먹을거리를 구하러 다니던 착한 임금. 강조는 그러나 후환을 남겨두지 않았다. 일국의 군주였던 목종에게는 초라하고 불쌍한 죽음이었다. 왕태후의 무모한 권력욕은 그렇게 비극적인 종착역으로 치달았다.

자식들을 가슴에 묻은 천추태후는 황주원으로 돌아갔다. 정변 세력이 기세등등하기는 했지만 그녀만은 건드릴 수 없었다. 고려에서 가장 고귀한 여인이요, 개국공신과 호족 세력을 등에 업고 있지 않은가. 무엇보다 백성들이 천추태후의 죽음을 원치 않았다. 막판에 크게 실점하기는 했지만, 그동안 쌓아놓은 득점이 목숨만은 살린 것이다.

강조는 대량원군 왕순을 새 임금으로 옹립했다. 최항, 채충순 등 신라계 관료와 유학자들이 18살 청년 군주를 보필했다. 제8대 왕 현종은 고려의 전성기를 열며 훗날 제2창업자로 평가받는다. 그는 민심을 수습하기 위해 이모 천추태후를 깍듯이 예우했다. 왕태후는 조카 현종의 보살핌 속에 20여 년 더 살다가 1029년 눈을 감았다.

고려판 '트로이의 목마'

현종 즉위 직후에 고려는 또 다시 거란의 침략을 겪는다. 요나라 성종은 목종을 살해한 강조를 벌하겠다며 40만 대군을 일으켰다(1010). 강조도 정예부대를 이끌고 맞서 싸웠지만 결국 붙잡혀 처형당했다. 고려 왕의 요나라 입조(入朝, 신하의 예로 조정에 들어가는 것)를 조건으로 철수한 거란군은, 그러나 현종이 약속을 지키지 않자 다시 쳐들어왔다(1018). 고려는 강감찬의 지휘로 연승을 거뒀고 끝내 거란 10만 대군을 궤멸시켰다(귀주대첩). 이로써 북방을 안정시킨 고려는 13세기 몽골이 침략할 때까지 200년간 달콤한 평화를 누린다.

건국 초의 혼란과 전란을 평정한 고려 사회는 문벌 귀족 사회로 접어든다. 개경의 터줏대감은 이제 고구려계 패서 호족이나 개국공신들이 아니었다. 경순왕이 이끌고 온 신라계 세력의 후예들이 조정을 장악하고 왕도를 접수했다. 굴러온 돌이 박힌 돌을 뺀 셈이다. 그것은 고려판 '트로이의 목마'였다. 개경에서 그들은 문벌 귀족으로 거듭났다. 신라 귀족이 고려 귀족으로 변신해 호의호식한 것이다.

바야흐로 잘 나가는 성씨들의 시대가 도래했다. 성씨는 삼국시대까지만 해도 각국의 왕족과 유력한 귀족들의 전유물이었다. 신라의 왕성인 박, 석, 김씨와 6부 성인 이, 최, 정, 손, 배, 설 씨 등이 여기에 해당한다. 백제 부여씨와 대성팔족, 고구려 고씨 등은 나라의 멸망과 함께 사라졌다. 이런 극소수 성씨들 외에는 신라 말까지 그냥 이름만 썼다고 봐야 한다.

성씨가 본격적으로 보급된 것은 고려 태조 23년(940)에 지방 군현을

정비하고 본관 성씨 제도를 도입하면서부터다. 왕건은 지역마다 군림하는 호족들을 효과적으로 통제하기 위해 본관과 성씨를 배정하고 나라의 근간으로 삼았다. 이에 따라 고을별로 힘 있는 일족들이 성씨를 받고 향리가 되었다. 성씨의 기준은 아버지의 핏줄이었다. 이제 이 땅에서 행세하려면 부계 혈연관계로 결집한 '가문'이라는 게 필요했다.

과거시험도 성씨를 확산하는 데 크게 기여했다. 고려 제11대 왕 문종은 한자 성씨가 없으면 아예 과거시험을 볼 수 없도록 했다. 신분이 낮은 사람들에게 과거시험은 출세의 기회였다. 그리하여 성씨는 지배층에서 향리를 거쳐 평민으로 널리 퍼져나갔다. 고려 사람들은 눈에 불을 켜고 좋은 성씨를 찾았다. 유명하고 힘이 세며 오래된 성씨들을……. 자연스레 개경에서 내로라하던 신라계 토착 성씨들이 각광을 받았다. 김씨, 이씨, 박씨, 최씨, 정씨 등이 전국 방방곡곡 생겨났다. (오늘날 이 5개 성씨는 한국 인구의 절반을 넘어선다.) 조씨, 윤씨, 장씨, 임씨, 오씨 등 중국풍 성씨들도 유행했다. 고려 사람들은 본관 성씨를 중심으로 헤쳐 모였다. 이처럼 성씨는 혈연으로 끈끈하게 이어지는 것 같지만 알고 보면 남남들이 잘 먹고 잘살기 위해서 뭉친 것이다. 세상에 순수한 혈통은 없다. 역사와 문화를 공유하는 집단이 있을 뿐이다.

11~12세기 문벌 귀족 시대를 주도한 건 몇몇 잘나가는 가문들이었다. 경순왕이 일으킨 경주 김씨를 필두로 안산 김씨, 해주 최씨, 파평 윤씨, 인천 이씨 등이 두각을 나타냈다. 신라 계승 의식을 가진 그들은 개경에 뿌리 내리고 온갖 특권을 누렸다. 자제들은 과거시험을 보지 않고도 높은 관직에 올랐으며(음서제), 조세를 거둘 수 있는 막대한 토

지까지 제공받았다(공음전). 또 번갈아가며 왕비를 배출하고 외척으로서 정치권력을 휘둘렀다. 개경 문벌 귀족들에게 특권이 집중되고 힘이 쏠리자 여기저기서 비판이 터져 나왔다.

1135년에 일어난 묘청의 난은 고구려계 패서 호족의 후예라 할 서경 세력이 주도했다. 승려 묘청은 풍수지리설을 내세워 개경의 지기(地氣)가 쇠했으니 서경으로 천도해야 한다고 주장했다. 그 시절에 천도, 즉 도읍을 옮기는 일은 가장 강력한 국가 개혁이었다. 그것은 개경에 뿌리 내린 문벌 귀족들의 기반을 무너뜨리고 서경 세력이 중심이 되어 나라를 크게 혁신하겠다는 의미였다. 하지만 기득권을 쥔 개경 세력이 호락호락 물러설 리 없었다. 그들은 서경 천도를 결사적으로 막고 묘청을 비방하며 궁지로 몰았다.

결국 묘청은 조광 등과 함께 서경에서 반란을 일으켰다. 서북면의 군대를 서경에 집결시키고 '대위(大爲)'라는 새 국호를 선포한 것이다. 반란 세력은 내정을 개혁하고 금나라를 정벌하겠다는 뜻을 밝혔다. 고구려의 후예로 거듭나 자주적 기상을 떨치겠다는 포부였다. 개경에서는 김부식을 평서원수로 삼아 반란 진압의 책임을 맡겼다. 김부식은 신라계 가문 출신의 대표적인 문벌 귀족이었다. 역사적인 내전은 그렇게 막을 올렸다.

역사가 신채호는 훗날 묘청의 난을 '1천 년 내 제1대 사건'이라고 평한 바 있다. 그것은 고구려 계승 세력 대 신라 계승 세력, 자주당 대 사대당, 진취적 개혁론 대 기득권 옹호론의 최후 결전이었다. 그러나 내전은 싱겁게 막을 내리고 말았다. 묘청은 조광에게 살해당했고, 조광은 포위된 채 자결했다. 김부식은 1년 만에 서경 세력을 제압했다.

고려는 그렇게 끼리끼리 잘 먹고 잘사는 나라가 되었다. 신라를 계승하며 중국에 사대하는 고려의 유력한 가문들은 무신들에게 까불다가 흠씬 두들겨 맞기도 하고(무신정변), 북방 오랑캐들에게 봉변을 당하기도 했지만(몽골 침략), 대대손손 기득권을 놓지 않았다. 정변과 국난을 겪는 동안 등골이 휘고 죽어나가는 것은 백성들이었다. 세습 기득권층은 언제나 해바라기처럼 권력의 향방을 좇으면서 잘 먹고 잘살았다.

개경의 권문세족부터 지방의 향리들까지, 신라에서 고려로 이어진 오랜 지배층은 조선이 건국되자 양반 사대부로 변신한다. 세상은 바뀌었지만 행세하는 가문들은 그대로였다. 그들은 더욱 엄격하고 정교해진 유교 통치를 들고 나왔다. 이전 시대와 도덕적으로 차별화하면서도 항구적인 지배를 그럴싸하게 옹호할 길을 성리학에서 찾은 것이다. 그것은 정욕을 억누르고 절의를 좇는다는 미명 아래 남녀의 진실한 사랑을 음란한 풍속으로 낙인찍고, 여성에게 정절이라는 족쇄를 채워 구속하는 통치 체제이기도 했다.

유교 통치 이념에 치우친 승자의 역사는 천추태후에게 '음란한 반역자'라는 오명을 씌웠다. 그러나 헌애왕태후는 알고 보면 고구려계를 대표해 고려의 자주성을 수호하고 백성들에게 큰 사랑을 받은 강력한 여성 통치자였다. 김치양과의 염문은 고려시대 여성의 독립적인 지위와 자유로운 연애 풍속도를 엿볼 수 있는 대목이다.

《고려사절요》는 천추태후와 김치양이 반역을 도모했다는 근거 가운데 하나로 범종(梵鍾, 불교 사찰에 걸려 있는 커다란 종)을 만들어 치성을 드린 일을 제시한다. 그런데 그 종에 새겨진 글귀는 역설적으로 두 사람의 사랑이 얼마나 진실하고 간절했는지 알려준다. 그것은 왕태후와의 영원한 사랑을 꿈꾼 김치양의 염원이었다.

"동국(東國, 고려)에 태어난 현세에는 태후와 같이 선종(善種, 선한 씨앗)을 심고, 서방(西方, 극락세계)으로 가는 뒷날에는 태후와 함께 보리(菩提, 깨달음)를 전파하리라."[15]

열녀문에 목매달린 자유부인

1476년 조선 제9대 임금 성종은 20살 성년을 맞아 친정(親政)에 들어갔다. 할머니 정희왕후의 수렴청정과 훈구 대신들의 원상(院相, 재상이 승정원에 출근해 임금을 지근거리에서 보필하는 제도)에서 벗어나 직접 국정을 운영하게 된 것이다.

성종은 유학자 임금이었다. 아침, 점심, 저녁으로 경연에 나아가 유교 경전과 역사를 공부하고 신하들과 국정에 대해 토론했다. 그는 명실상부한 유교 국가를 꿈꿨다. 훈구파의 특권과 반칙으로 흐트러진 유교 통치 체제를 바로잡으려 했다.

젊은 왕은 훈구파를 견제하기 위해 사림을 본격적으로 등용했다. 훈구파(勳舊派)는 조선 건국 세력의 후예로 도성을 장악하고 주요 관직을 독점하고 있었다. 반면 사림(士林)은 고려 말 절의파의 학통을 이으며 지방에서 선비, 즉 유자(儒者)로 살아갔다. 성종은 사헌부, 사간원, 홍문관의 삼사를 정비해 선비의 언로를 활짝 열었다.

훈구파와 사림의 균형 속에 정치가 안정되고, 나랏일과 각종 규범을 담은 법전 《경국대전(經國大典)이 완성되면서, 조선의 유교 통치 체제는 성종 재위기에 비로소 틀이 잡혔다. 그것은 삼강(三綱), 즉 유교 국가의 삼대 강령이 본격적으로 작동되었다는 뜻이다.

'강(綱)'은 이른바 벼리로서 그물의 위쪽 코를 꿰어놓은 줄을 말한다. 이 줄을 잡아당겨 그물을 오므렸다 폈다 하는 것이다. 삼강은 원래 유교 국가의 근본을 이루는 관념적인 덕목이었지만 이 무렵부터 실생활을 통제하면서 유교 통치 체제의 운영 원칙이 되었다.

'군위신강(君爲臣綱), 임금은 신하의 벼리이다.'
'부위자강(父爲子綱), 부모는 자식의 벼리이다.'
'부위부강(夫爲婦綱), 남편은 아내의 벼리이다.'

이 세 개의 벼리는 실생활을 어떻게 통제했을까? 삼강은 주종적인 인간관계를 확산시켰다. 신하는 임금을 섬기고, 자식은 부모를 섬기고, 아내는 남편을 섬겨야 한다. 위와 아래를 구분하고, 아랫사람은 윗사람을 섬겨야 하는 것이다. 임금과 부모와 남편이 개차반이어도 신하와 자식과 아내는 무조건 따라야 하는 것이다.

그것은 엄격한 신분 질서로 이어졌다. 백성은 양반에게, 노비는 주인에게, 젊은이는 어른에게, 여자는 남자에게 복종하는 도덕률이 조선을 지배했다. 이를 뒷받침하는 논리가 바로 '절의(節義)'다. 윗사람에게 절개와 의리를 지켜야 한다는 고지식한 명분으로 유교 통치 체제는 아랫사람에 대한 가혹한 억압과 착취, 인권 유린을 정당화했다.

특히 아내 폐비 윤씨와 사이가 나빴던 성종은 조선에 유교 통치 체제를 정착시키겠다면서 여인들에게 '정절'이라는 족쇄를 채웠다. 그 본보기로 십자가에 못 박은 여성이 있었으니, 사람들은 그녀를 '어우동(於于同)'이라고 불렀다. 그럼 지금부터 이 조선판 '자유부인'을 만나보자.

어우동은 지승문원사(知承文院事) 박윤창 선생의 딸이다. 용모가 아리따땁고 집안이 부유했으나 성품이 방탕해 단정치 않았다. 왕실 종친인 태강수(泰江守) 이동의 아내가 되었는데 남편도 행실을 단속하지 못했다.

어느 날 집으로 젊고 훤칠한 장인을 불러 은그릇을 만들게 했다. 남편이 나가고 나면 어우동은 계집종의 옷으로 갈아입고 장인의 옆에 앉아 노닥거렸다. 그릇 만드는 솜씨가 정교하다는 둥 온갖 아양을 떤 것이다. 급기야 어우동은 장인을 내실로 끌어들여 마음대로 음탕한 짓을 일삼았다. 남편이 돌아오면 몰래 숨겼지만 저간의 사정은 곧 드러났다. 진상을 파악한 태강수 이동은 주위의 반대에도 불구하고 아내를 내쫓았다.

소박맞고 친정에 돌아온 어우동은 거리낌 없이 성애에 빠져들었다. 그녀는 예쁜 계집종을 꽃단장시키고 저녁마다 거리로 내보내 미소년을 집에 데려오게 했다. 계집종은 유혹해 온 소년을 여주인의 방에 들여보내고, 자기는 또 다른 소년과 잤다. 꽃 피고 달 밝은 저녁이면 두 사람은 정욕을 참지 못하고 도성 안을 돌아다녔다. 길에서 남자가 수작을 걸면 함께 어딘가로 사라졌고 새벽이 되어서야 돌아왔다.

어우동을 둘러싼 소문이 무성해지자 결국 친정에서도 두 손 들고 말았다. 그녀에게 재산을 한몫 떼 주고 집에서 내보낸 것이다. 여주인과

• 성현의 《용재총화(慵齋叢話)》에 실린 어우동 이야기를 극적으로 재구성했다.

계집종은 오히려 희희낙락하며 길가에 새 거처를 얻었다. 둘은 오가는 길손들을 품평하고 희롱하면서 소일했다.

"모(某)는 나이가 젊고 모는 코가 커서 주인께 바칠 만합니다."

"모는 내가 맡고 모는 네게 주리라."

어우동의 연애 행각은 날이 갈수록 대담해졌다. 그는 남편에 이어 또 다른 왕실 종친과도 사사로이 정을 통했다. 방산수(方山守) 이난은 젊고 호탕하며 시를 잘 지었는데, 그녀가 사랑해 자기 집에 맞아들이고 부부처럼 지낸 것이다. 하루는 방산수가 집에 들러보니 어우동이 마침 봄놀이 나가서 돌아오지 않았다. 혼자 방 안에 앉아 있는데 벽에 걸린 소매 붉은 적삼이 눈에 밟혔다. 이난은 문득 시심(詩心)이 일었다.

물시계는 똑똑똑 밤기운 청아한데　玉漏丁東夜氣淸

흰 구름 활짝 걷히니 달빛 환해라　白雲高捲月分明

고요한 빈 방에 향기가 남아 있어　間房寂謐餘香在

오늘도 꿈에 그리운 정 그려 보오　可寫如今夢裏情

어우동은 관리와 유생부터 서리, 무뢰배까지 마구잡이로 끌어들여 음탕한 짓을 벌였다. 드디어 조정에서 이를 문제 삼아 옥사(獄事)를 일으켰다. 관련자들을 모조리 잡아들여 심문했는데 관직을 잃고 먼 곳으로 귀양 간 사람이 수십 명이었다. 죄상이 드러나지 않아서 간신히 벌을 면한 자들 또한 적지 않았다. 의금부에서 어우동의 죄를 아뢰자 성종 임금은 대신들에게 명해 의논하도록 했다. 대신들은 관대한 처벌을 건의했다.

"법으로는 죽일 수가 없으니 먼 곳으로 귀양 보냄이 합당합니다."

그러나 청년 군주의 생각은 달랐다. 성종은 나라의 풍속을 바로잡겠다며 어우동을 극형에 처했다. 교형(絞刑), 즉 목매달아 죽인 것이다. 비록 행실이 방탕해 풍속을 더럽혔지만, 명문가의 딸로서 극형을 받게 되니 길에서 눈물을 흘리는 사람도 있었다.

바람피우고 아내 버리는 조선 남자들

《용재총화(慵齋叢話)》,《어우야담(於于野談)》, 그리고《매천야록(梅泉野錄)》. 내가 '야사 3대장'이라고 부르며 애지중지하는 조선시대 야담집들이다. '야담(野談)'은 민간에 전해지는 이야기를 일컫는다. 그 시대의 인물, 문물, 풍속 등이 야담에 담겨 있다. 성현의《용재총화》는 성종과 연산군 때, 유몽인의《어우야담》은 선조와 광해군 때, 황현의《매천야록》은 고종과 순종 때 사람들이 즐겨 입에 올린 이야기들을 채록했다. 게다가 당대의 문장가였던 저자들의 필력이 더해져 생생한 재미와 감동을 준다. 야사 3대장만 섭렵해도 조선 전기, 중기, 구한말의 조상님네 삶이 눈에 보이고 손에 잡힌다.

어우동의 성 추문 사건은《용재총화》에 나온다. 저자 성현은 1462년 문과에 급제하고 예문관, 춘추관, 홍문관의 출세 코스를 밟은 엘리트 관료였다. 성종 재위기에는 예조판서와 장악원 제조를 겸했는데 문화예술에 조예가 깊었다고 한다. 문장력도 뛰어나 글을 읽다보면 다채롭고 흥미로운 이야기에 푹 빠져든다.

그런데 《용재총화》의 어우동 이야기를 곱씹어보려면 감안해야 할 것들이 있다. 바로 저자가 유학을 신봉하는 사대부의 입장에서 이 글을 썼고, 시대 배경 또한 유교 통치 체제가 본격화되는 때였다는 점이다. 따라서 어우동에 대해서도 '부위부강'의 잣대를 들이대고 비판적인 시각을 드러낼 수밖에 없다. 이런 사정을 헤아리면서 조선 성종 때 희대의 성 추문 스캔들을 일으킨 어우동을 만나보자.

어우동은 지승문원사(종3품에 해당)를 지낸 박윤창과 정씨 부인의 딸로 태어났다. 승문원은 조선시대 외교 문서를 담당한 관청이었다. 아버지가 이곳의 요직을 역임했으니 뼈대 있는 문관 가문이라고 봐야 한다. 게다가 집안이 부유하고 본인도 아리따웠으므로 그 시절 장안의 일등 신붓감이었을 게 틀림없다. 덕분에 어우동은 유력한 왕실 종친에게 시집갔다. 남편 태강수 이동은 세종대왕의 작은형인 효령대군의 손자였다. 당대의 임금들과 꽤 가까운 인척이었던 것이다. 조건만 봐도 남부러울 것 없는 결혼인데 그녀는 어째서 한눈을 팔았을까?

《용재총화》는 어우동의 성품이 방탕하고 단정치 못해서 태강수에게 쫓겨났다며, 그 근거로 어느 장인과의 불륜 행각을 거론했다. 그녀가 은그릇 장인에게 반해 내실로 끌어들여 음탕한 짓을 하다가 남편에게 걸렸다는 것이다. 하지만 이 일화는 중대한 정보를 고의로 누락하고 있다. 사실은 남편 이동이 먼저 기생과 바람을 피웠다는 것!

종부시(宗簿寺)에서 아뢰기를, "태강수 이동이 기생 연경비를 매우 사랑해 그 아내 박씨를 버렸습니다. 대저 종친으로서 첩을 사랑하다가, 아내의 허물을 들추어 제멋대로 버려서 이별하는데, 한번 단서가 열리면 앞으로

이 같은 폐단을 막기 어렵습니다. 청컨대 박씨와 다시 결합하게 하고, 이동의 죄는 성상께서 재결하소서" 하니, 왕이 그대로 따르고, 이동의 고신(告身)을 거두게 했다.[16]

실록에는 1476년 9월 종부시에서 태강수 이동을 탄핵한 기록이 남아 있다. 종부시는 왕실 족보를 관장하면서 왕족의 허물을 살피는 관아였다. 종친이 관련된 사안인 만큼 충분히 조사해서 근거를 가지고 임금에게 아뢰었을 것이다.

그 내용을 보면 태강수가 기생 연경비에게 푹 빠진 나머지 아내 박씨, 즉 어우동의 허물을 들춰내 내쫓았다고 했다. 말하자면 박씨가 은그릇 장인과 음탕한 짓을 벌였다는 얘기는 조강지처를 버리기 위한 남편의 구실에 불과하다는 뜻이다. 종부시에서 박씨의 행실보다 태강수의 비행에 무게를 둔 것은 의미심장하다. 어쩌면 이동은 아내를 쫓아내려고 하인들과 입을 맞춰 모함한 게 아닐까? 이 일을 계기로 억울한 소박이 빈번해질까봐 종부시는 둘의 재결합과 남편의 처벌을 요구했다.

종부시에서 지적한 이런 폐단은 당시에 사회문제로 여겨졌던 것 같다. 왕실 종친뿐 아니라 양반 관료들이 본처를 버리고 기생이나 양인 여성을 후처로 들이는 일이 심심찮게 벌어졌다고 봐야 한다. 《용재총화》만 보더라도 예들이 수두룩하다.

김 사문(斯文, 유학자)이 영남에 사신으로 내려갔다. 하루는 밀양부사가 영남루 위에서 잔치를 베풀어 기생들이 자리에 가득했다. 김 사문은 병마평사 김종직이 주선한 기생 대중래와 함께 망호대에서 동침했다. 그로부터 서로 정이 깊이 들어서 잠시도 떨어지지 않고, 대낮에도 문을 닫고 휘장을 치고서 나오지 않았다. 김종직이 창문을 열어젖히고 방에 들어가 보니 두 사람이 안고 누웠는데 온몸에 사랑을 맹세하는 글자들이 쓰여 있었다. 김 사문은 다른 말은 않고 "나는 자네가 원망스러우이"라고만 했다. (중략)

이윽고 시일이 흘러 김 사문이 서울로 돌아가게 되었다. 어느 역에 이르자 그는 발걸음이 떨어지지 않았는지 역졸에게 부탁해 밀양으로 되돌아갔다. 여러 날을 머물면서 대중래와 떨어질 줄 모르니 기생의 부모가 미워해 내쫓았다. 두 사람은 대숲에 들어가서 서로 붙들고 울부짖다가 함께 길을 나섰다. 이부자리와 농까지 싣고 말에 오르는 바람에 수행했던 역졸은 뒤에서 걸어야 했다. 역에 도착하자 역졸은 모자를 내동댕이치면서 "이렇게 탐욕스레 (기생에게) 들러붙는 자는 보지 못했다"고 성토했다. (중략)

서울로 돌아온 지 몇 달 만에 김 사문의 아내가 죽었다. 그는 아내를 장사 지내고 다시 밀양으로 향했다. 당시에 경상감사가 대중래를 한창 아꼈는데 그가 왔다는 소식을 듣자 두말 않고 기생을 내어주었다. 이후 김 사문은 승지가 되어 벼슬이 높아졌고 기생 대중래는 두 아들을 낳아 정실부인이 되었다.[17]

이 일화를 다소 길게 인용했는데 그럴 만한 이유가 있다. 그 시절 지배층 남성들이 어쩌다가 기생과 바람을 피우게 되었고, 또 그것이 집 안에 어떤 영향을 미쳤는지 가늠할 수 있기 때문이다.

김 사문은 유학자로서 조정에 출사한 문신이었을 것이다. 그는 임금의 특명을 받고 영남에 파견되었다. 밀양부사는 기생들을 동원해 영남루에서 잔치를 베풀었다. 중앙에서 감독관이 나오면 지방관은 으레 접

대 자리를 마련했다. 이 자리에서 김종직이 기생을 주선할 정도였으니 김 사문의 위상을 짐작할 수 있다. 김종직이 누구인가? 성종 재위기에 사림을 이끈 인물이다. 그렇다면 김 사문도 사림 출신의 명망 높은 관리였을 가능성이 크다.

밀양에서 김 사문은 기생 대중래와 정분이 나고 말았다. 얼마나 정이 깊었는지 본연의 임무를 잊고 방에 틀어박혀 기생과 사랑을 나눴다. 김종직이 들어와 밀월이 깨지자 반성하기는커녕 오히려 사림의 명망가를 원망했다. 심지어 서울로 돌아가는 길에 역졸에게 사정해 발길을 돌리기까지 했다. 양반 체면이 말이 아니다. 고명한 문신의 탈선에 사람들은 당황했다. 오죽하면 역졸이 탐욕스럽게 들러붙는다고 성토했을까?

사실 그 역졸은 기생과 죽고 못 사네, 하는 관리들을 많이 겪어봤다고 한다. 당시 지방 기생들은 고을 수령의 현지처 노릇을 했다. 수령 임기가 끝나면 기생첩을 데리고 귀환하는 사례가 적지 않았다. 김 사문처럼 짧게 다녀가는 관리도 예외는 아니었다. 나라에서는 백성의 살림살이를 돌보라고 파견했지만, 양반들은 한눈팔고 바람피우는 데 혈안이 되었다. 이러니 조선시대 백성의 삶이 피폐하고 고단해질 수밖에.

문제는 여기서 그치지 않았다. 기생첩은 필시 가정불화를 일으켰다. 그 와중에 본처가 화를 당하는 일도 일어나기 마련이다. 이 일화에서는 김 사문이 서울에 돌아온 지 몇 달 만에 아내가 죽었는데, 남편은 기다렸다는 듯이 냉큼 기생 대중래를 데려왔다. 뭔가 석연치 않은 전개다. 그 후 김 사문은 임금을 가까이 모시는 승지가 되었고, 대중래는 아들을 낳아 정실부인의 자리를 차지했다. 양반가의 본처들이 열받을 상황이다.

그렇다면 기생첩이 양반의 정실부인이 되는 것은 가능했을까? 조선 전기에는 비교적 신분 질서가 엄격하지 않았기에 이런 일이 종종 일어난 모양이다. 더욱이 후처라면 문제될 것도 없었다. 전처와의 사이에 자식을 두어 대를 잇고, 그 자식이 부계와 모계 모두 신분상의 흠이 없다면 양반은 할 일을 다한 셈이다. 후처는 기생이든 양인이든 가릴 필요가 없었다. 늘그막에 즐거움으로 삼거나, 재산을 노리고 후처를 맞아들였다.

이는 결국 양반가 본처의 위상을 흔드는 것인데 '유교 국가' 조선에서 바람직한 풍속이 아니었다. 유교 국가의 근본이념은 '수신제가치국평천하'다. 자기 수양을 하고, 집안을 잘 다스려 나라를 통치하고, 천하를 평정하는 게 유교 국가란 말이다. 남편의 부덕으로 집안이 깨지는 것은 경계해야 할 일이었다. 그래서 본처와 그 자식의 지위를 보장하고, 남편이 '첩질'을 하더라도 이 선은 넘지 못하게 한 것이다.

어울려서 정을 통하니 '어우동'이라

1476년 9월 종부시에서 태강수 이동을 탄핵한 이유도 여기에 있다. 왕실 종친이라면 여느 양반가 이상으로 타의 모범이 되어야 한다. 만약 기생을 집안에 들이려고 본처 박씨를 모함하고 내쫓는다면 백성의 비웃음을 면치 못할 것이다. 그것은 유교 국가의 품격을 떨어뜨리고 임금의 위엄에 먹칠을 하는 일이다. 성종은 종부시의 탄핵을 받아들여

태강수 이동의 고신, 즉 관직 임명장을 거두고 아내 박씨와 다시 합치라고 명했다. 하지만 스무 살의 청년 군주는 집안 어른들에게 관대했던 것 같다. 고작 석 달 만에 빼앗은 직첩을 돌려줬으니 말이다.

이 관대한 처분에는 정치적인 계산이 깔려 있었다. 성종의 할아버지인 세조는 말년에 왕실 종친 등을 등용해 공신 세력을 견제하려고 했다. 한명회, 신숙주 등 세조의 왕위 찬탈을 도운 공신들이 특권을 누리면서 너무 힘이 커졌기 때문이다. 그러나 세조가 죽자 공신 세력은 거세게 반격했다. 청년 장수 남이(태종의 딸 정선공주의 손자)가 역모 사건으로 처형당하고, 구성군 이준(세종의 4남 임영대군의 아들)은 기약 없는 유배를 떠났다. 공신 세력은 한명회의 사위인 어린 성종을 왕위에 앉히고 국정을 농단했다. 그들이 바로 훈구파다.

1476년 성년이 되어 친정에 나선 성종은 훈구파가 틀어쥔 권력을 빼앗고자 했다. 임금 노릇 제대로 하려면 왕권 위에 군림하는 공신 세력을 가만둘 수 없었던 것이다. 왕은 견제 세력 육성에 심혈을 기울였다. 사헌부, 사간원, 홍문관의 언론 삼사를 정비하고 사림을 등용한 것은 회심의 승부수였다. 훈구파를 합법적으로 감찰하고, 비판하고, 검증하도록 만든 것이다. 정치에 눈 뜬 성종의 수는 여기서 그치지 않았다. 그는 종친들을 우대해 찌그러진 왕실 세력을 회복할 생각이었다. 태강수 이동을 관대하게 처분한 것도 그래서다.

임금이 금방 직첩을 돌려주자 종부시의 탄핵은 힘을 잃었다. 성종의 속내를 파악한 이동은 박씨와 재결합하라는 명 또한 유야무야 뭉개버렸다. 억울하게 소박맞은 여인만 불쌍하게 된 셈이다. 이때부터 박씨의 처지는 애매해졌다. 사실상 이동과 헤어졌지만 법적으로는 여전히 아내인 상태였다. 새 인생을 살 수도, 남편에게 돌아갈 수도 없었다. 차라리 이혼이라도 할 수 있으면 좋았을 텐데 그것은 현실적으로 불가능했다.

조선시대에도 이혼 제도는 있었다. 남편은 칠거지악(七去之惡)을 들어 이혼을 요구할 수 있었다. 아내가 시부모에게 불손하거나, 아들을 낳지 못하거나, 음탕한 짓을 벌이거나, 질투를 심하게 하거나, 몹쓸 병이 있거나, 말이 너무 많거나, 도둑질을 하면 이혼 요건에 해당한다고 봤다. 다만 삼불거(三不去)라고 해서 본처가 돌아갈 곳이 없거나, 시부모의 삼년상을 치렀거나, 가난을 딛고 집안을 일으킨 경우에는 이혼을 금했다. 거꾸로 남편이 3년 이상 행방불명되거나, 친정 부모를 때리거나, 처의 형제를 죽이면 아내도 이혼 청구를 할 수 있었다. 다만 이런 경우는 극히 드물었다고 봐야 할 것이다.

그런데 양반가에서 정식으로 이혼이 성립하려면 임금의 허락을 받아야 했다. 일반 백성은 합의이혼을 허용했지만 사대부들은 엄하게 규제한 것이다. 이 때문에 양반 남성들은 구실이 생기면 그냥 아내를 쫓아내고 나 몰라라 했다. 더구나 박씨는 바람난 남편의 과실이 더 커서 국왕이 다시 합치라는 명을 내렸는데도 소용없었다.

1476년 당시 조정에서 탄탄대로를 걷던 성현이 그 사실을 몰랐을 리 없다. 그럼에도 《용재총화》에서는 태강수의 비행을 쏙 빼고 박씨의 행실만 문제 삼는다. 소박맞은 후로는 마치 일거수일투족을 직접 관찰한 듯 어우동의 연애 행각을 생생하게 묘사하고 있다.

남편에 대한 복수심 때문이었을까? 박씨는 어우동으로 흑화하기 시작했다. '어우동(於于同)'이라는 이름은 '어울려서 통한다' 또는 '함께

어울린다'로 풀이할 수 있다. 실록에는 '어을우동(於乙于同)'이라고 표기하기도 한다. 이 이름은 그녀가 사용한 별명이었다. 어우동은 '이혼녀 아닌 이혼녀'가 된 뒤 기생, 내금위 무관의 첩, 과부로 행세하며 남자들과 만났다고 한다. 법적으로 여전히 종친의 아내인 자기 신분을 숨긴 것이다. 간통죄에 걸리지 않으려면 어쩔 수 없었으리라.

간통은 혼외정사를 뜻한다. 조선시대엔 기혼녀의 외도는 물론 처녀의 혼전 성관계도 간통죄로 처벌받았다. 형벌은《대명률(大明律)》(조선이 사대한 중국 명나라의 대법전)을 적용했는데, 화간은 장 80대, 남편이 있으면 장 90대였다. 이 조항은 여성의 간통에 대해 관련자를 벌준 것이다. 반면 남성의 간통은 집안 문제로 치부하고 넘어갔다. 남자들의 첩질이 판친 이유다.

이런 사회에서 왕실 종친의 아내가 외간 남자와 간통하는 것은 상상도 못할 일이었다. 그럼에도 어우동은 신분을 숨기고 별명을 쓰면서 성애에 빠져들었다. 예쁜 계집종을 꽃단장시켜 미소년들을 낚아 오는가 하면, 도성 안을 돌아다니며 직접 상대를 물색하기도 했다. 길가에 집을 얻어 길손들을 품평하고 희롱하는 대목은 가히 블랙코미디다. 어우동은 또 여종과 함께 기방에 출입하며 춤과 가야금을 익혔다. 문관의 여식답게 시문(詩文)에도 능했다. 그녀가 화류계의 꽃으로 소문나는 건 시간문제였다. 관리와 유생부터 서리, 무뢰배까지 장안의 호색한들이 치명적 향기를 맡고 몰려들었다.

어우동의 이웃집에 살던 어유소는 조상을 모신 사당으로 그녀를 데려가서 간통했다고 한다. 그는 이시애의 난을 진압하는 데 앞장선 일등 공신이자 병조판서와 우찬성을 역임한 조정 대신이었다. 과거 급제자도 어우동과 염문을 뿌렸다. 홍찬은 유가(遊街)에 나서 풍악을 울리며 거리를 돌다가 그녀에게 넋을 잃었다. 어우동이 소매로 얼굴을 슬쩍 건드리자 홀린 듯이 따라가 정을 통했다는 것이다.

어우동앓이는 강렬한 흔적을 남기기도 했다. 서리 감의형은 길에서 그녀를 만나 농을 걸다가 집에까지 찾아가서 간통했다. 그는 어우동을 깊이 사랑한 나머지 등에 이름을 새겼다. 전의감 생도 박강창도 팔뚝에 문신을 팠다.

어우동의 사랑은 신분을 가리지 않았다. 왕실 종친 이기, 대사헌 노공필, 선전관 김세적, 내금위 구전, 생원 이승언, 양인 이근지, 사노 지거비 등 각계각층의 선수(?)들과 부적절한 관계를 맺고 정을 나눴다. 그녀는 조선의 '자유부인'이자 '팜므파탈'이었다.

세종의 서손자인 방산수 이난은 아예 형수뻘인 어우동과 살림을 차렸다. 방산수는 호탕하고 시를 잘 짓는 당대의 기린아였는데 재색을 겸비한 자유부인과 여러모로 잘 통했다. 어우동은 남편과 육촌 간인 이난을 집에 들이고 부부처럼 지냈다. 방산수는 봄놀이 나간 어우동을 기다리며 벽에 걸린 소매 붉은 적삼에 자신의 감정을 실어 시를 짓기도 했다. 빈 방에서도 그녀의 향기를 맡고 꿈속의 정을 그려보는 사랑이 얼마나 애틋한가. 그러나 이 사랑은 불륜이었고, 큰 옥사의 방아쇠가 되었다.

본보기로 목매달리다

어우동 스캔들이 조정을 발칵 뒤집은 것은 1480년 6월 13일이었다. 성종은 의정부에 왕명을 내렸다.

"방산수 난이 태강수 동이 버린 아내 박씨와 간통했으니, 국문해 아뢰라."

이틀 뒤에는 "도망친 박씨를 끝까지 추포하라"라는 어명이 이어졌다. 사실 성종으로서는 어우동의 간통이 크나큰 집안 망신이었다. 시동생이 형수를 건드린 것만 해도 왕실의 위엄을 땅에 떨어뜨리는 일이었다. 더욱이 정4품 혜인(惠人)에 봉작된 종친의 아내가 외간 남자들과 연애 행각을 일삼고 정사를 벌이다니 충격이 컸다.

이 옥사에 연루된 남성들은 수십 명에 이르렀다. 어우동은 처음에 입을 굳게 다물었다. 사안이 사안인 만큼 입을 열면 중한 벌을 받을까 봐 두려웠을 것이다. 하지만 방산수가 그녀를 설득했다. 세종 때 유감동처럼 다 털어놔야 목숨을 보존할 수 있다는 것이었다. 양반가 부녀자였지만 기생으로 살았던 유감동은 자백하고 유배형을 받았다.

결국 어우동의 입이 열리자 종친의 아내를 탐했던 자들이 굴비 엮듯이 끌려왔다. 그들은 의금부와 형조, 한성부에 끌려가 심문을 당했다. 하지만 이 벼락 맞을 간통을 인정하는 사람은 거의 없었다. 대부분은 기생이나 첩, 과부인 줄 알았다면서 발뺌하기 급급했다. 자기는 그냥 시문만 주고받았을 뿐이라며 간통 자체를 부정한 이도 있었다. 오직 방산수 이난만이 간통 사실을 시인하고 어우동을 선처해달라고 호소했다. 박씨의 재주, 시문과 가야금 솜씨가 아까우니 목숨만은 살려달라는 것이었다. 그녀의 친정어머니 정씨부인도 국문장에서 딸을 두둔하고 나섰다.

"사람이 누군들 정욕이 없겠습니까? 다만 내 딸은 남자에게 혹하는 게 심할 뿐이오."

성종은 먼저 어우동의 남자들에게 벌을 내렸다. 곤장을 때리거나, 관직에서 쫓아내거나, 멀리 유배 보냈다. 간통이 없었다고 해서 죄를 면한 자들도 적지 않았다. 그런데 어우동의 처벌은 임금으로서도 고심하지 않을 수 없었다.

사림의 언로인 사헌부와 사간원은 난리였다. 풍속을 크게 더럽힌 죄를 물어 그녀를 죽여야 한다는 상소가 빗발쳤다. 하지만 조선에서 쓰는《대명률》의 간통죄 처벌 조항을 보면 곤장 80~90대가 고작이었다. 사안을 감안해 가중치를 적용해도 유배를 보내거나 관노로 삼는 정도였다. 이런 형벌로는 뿔난 사림을 달랠 수 없었다.

10월 18일 의금부에서 최종 보고가 올라오자 왕은 신하들의 생각을 물었다. 의견이 첨예하게 갈렸다.

동부승지 이공이 의금부에서 올린 어을우동의 죄안(罪案)을 가지고 아뢰었다.

"전에 태강수 동의 아내였던 어을우동이 종친 등과 간통한 죄는,《대명률》의 '남편을 배반하고 도망하여 바로 개가(改嫁)한 것'에 비길 수 있습니다. 이는 교부대시(絞不待時, 대기 없이 바로 목매달아 죽임)에 해당합니다."

이에 영의정 정창손이 반박했다.

"태형이나 장형의 죄는 다른 법 조항에 비겨 판결할 수 있지만, 사형을

그리할 수는 없습니다. 이것은 '율(律) 밖의 형벌'입니다. 어찌 후세에 법으로 삼을 수 있겠습니까? 어을우동이 비록 죽일 죄를 지었다고는 하나, 임금은 살리기를 좋아하는 것으로 덕을 삼아야 합니다."[18]

도승지 김계창과 동부승지 이공은 의금부의 안대로 어우동을 교형(絞刑)에 처해야 한다고 주장했다. 교형은 목매달아 죽이는 극형이다. 그것도 부대시(不待時)라 해서, 즉시 처형하는 게 마땅하다고 했다. 조선시대 사형 집행은 일반적으로 생명력이 왕성한 봄과 여름을 피해 절기상 추분(9월) 이후에 이뤄졌다. 다만 역적죄, 강상죄(綱常罪, 유교 국가의 근간을 흔든 죄) 등을 저지른 중죄인들은 가을까지 기다리지 않고 즉시 처형했다고 한다.

승지들은 어우동을 나라를 뒤흔든 중죄인이라고 봤다. 그것은 사림, 곧 선비들의 시각을 반영했다. 절의파의 후예인 그들은 언제나 인간의 도리를 내세웠다. 종친의 아내로서 가까운 인척과 간통한 것은 도리를 저버리는 일이었다. 명분상 극형이 불가피하다.

하지만 사림의 속내는 따로 있었다. 조선 선비들은 신분 질서를 중시했다. 그들이 볼 때 사람은 저마다 분수가 있다. 각자 분수를 지켜야 세상이 잘 다스려진다. 선비들이 윗사람과 아랫사람을 칼같이 구분하고 신분을 엄청 따진 이유다. 이것이 바로 유교적 질서다. 그런데 어우동은 지체 높은 종친의 아내로서 신분을 가리지 않고 사랑을 나눴다. 왕족, 대신, 유생, 서리, 양인, 노비가 그녀의 치마 속에서는 모두 평등했다. 그러고 보니 '동등하게 어울린다'고 해서 '어우동'인가. 사랑꾼인 줄 알았는데 혁명가다. 사림 관료들로서는 용납할 수 없는 일이었다.

어우동은 치맛바람으로 신분 질서를 무너뜨렸다. 죽이지 않을 수 없다. 반드시 죽여서 본보기로 삼아야 한다.

흥미로운 점은 이날 어우동의 극형을 가장 강력하게 주장한 관리가 도승지 김계창이었다는 사실이다. 김계창은 앞서 소개한 '김 사문' 일화의 실제 주인공으로 추정되는 인물이다.[19] 김종직의 시 〈대미인화세번(代美人和世番)〉에 그와 밀양 기생의 사연이 담겨 있다. 만약 사실이라면 김계창은 바람피운 기생을 정실부인에 앉힌 것이다. 그래놓고 기생 때문에 남편에게 버림받은 어우동을 죽이는 데 앞장섰다. 참으로 공교로운 '내로남불' 행태가 아닌가. 예나 지금이나 내가 하면 로맨스요, 남이 하면 불륜이다.

반면 영의정 정창손은 어우동의 처형을 반대하고 목숨만은 살려야 한다고 했다. 그가 말한 '율 밖의 형벌'이란 엄연히 법률로 정한 벌(장 80~90대)이 있는데 다른 법 조항을 끌어와 억지로 죽이려 한다는 뜻이다. 어우동의 죄는 '남편을 배반하고 도망하여 바로 개가한 것'이 아니라 그냥 간통이므로, 가중처벌해도 처형은 지나치다. 예조참판 김순명과 한성부좌윤 이극기도 영의정에게 동조했다. 임금은 정률(正律), 올바른 법 조항을 적용해야지 비율(比律), 다른 법 조항에 비겨 죽이는 것은 옳지 않다고 했다. 이는 훈구파의 시각을 대변한다. 정창손이 누구인가. 공신 세력의 거물이다. 조정 실무에 밝은 그들은 법률을 들먹이면서 극형에 제동을 걸었다.

그런데 훈구파에게도 나름의 속사정이 있었다. 건국 세력의 후예인 서울 명문가들은 오랜 세월 교류하며 혼맥으로 끈끈하게 연결되어 있었다. 한 다리 건너면 다 친척이요, 식구였다. 관료 사회도 우리가 남이

가, 하는 분위기였을 것이다. 그러니 어우동에게 동정적일 수밖에 없었다. 명문가 여식인데 죽이는 건 너무하지 않나.

조정의 논의가 갈리고 팽팽하게 맞서자 공은 임금에게 넘어갔다. 성종은 어우동에게 어떤 판결을 내렸을까?

"지금 풍속이 아름답지 못해 여자들이 음행을 많이 자행한다. 만약에 법으로써 엄하게 다스리지 않는다면 사람들이 경계하는 바가 없을 텐데 어떻게 풍속을 바로잡을 수 있겠는가. 형벌하는 까닭은 교화를 돕고자 함이다. 어을우동의 음행을 엄히 징계해 고려 말의 음란한 풍속이 되살아나지 못하도록 할 것이다. 극형에 처함이 옳다."[20]

결국 어우동은 왕명에 따라 그날부로 서울 군기감 앞에서 처형되었다. 이와 달리 그녀와 간통했다고 해서 관직에서 쫓겨나거나 유배를 떠난 남자들은 불과 몇 년 만에 아무 일 없었다는 듯이 제자리로 복귀해 대조를 이루었다.

성종은 세조 때 시작된 《경국대전》 편찬을 마무리하고 마침내 유교 통치 체제를 완성하게 된다. 이는 나랏일은 물론 백성의 풍속까지 유교 규범으로 통제한다는 뜻이다. 여성에게도 새로운 사회 질서에 걸맞은 행동과 처신을 요구했다. 유교 규범은 기본적으로 정욕을 억누르고 절의를 좇는 것이다. 성종은 여성의 성적 일탈이 가정과 사회를 위험에 빠뜨린다고 보고 강력하게 대처했다. 그 본보기가 어우동의 처형이었다.

하지만 과연 이게 전부일까? 성종은 단지 유교 국가의 풍속을 바로잡기 위해 어우동을 엄히 징계한 것일까? 혹시 임금에게도 말 못할 속사정이 있었던 건 아닐까? 역사는 꼭 거창한 명분에 따라 움직이는 게 아니다. 때로는 사사로운 감정이 개입해 역사의 물길을 바꾸기도 한다. 어우동의 처형(1480)은 성종이 부부 싸움 끝에 폐비 윤씨를 쫓아내고(1479) 사약을 내려 죽이는(1482) 와중에 벌어졌다. 이것이 바로 내가 주목하는 포인트다. 우연 치고는 너무 의미심장하지 않은가.

국모를 꼭 죽여야만 했나

1469년 세조의 둘째 아들 예종이 재위 13개월 만에 갑자기 세상을 떠났다. 왕위를 물려받은 인물은 놀랍게도 13살의 조카 자을산군이었다. 그가 바로 성종이다. 자을산군은 세조의 요절한 맏아들 의경세자의 둘째아들이었다. 예종의 원자도 있고, 친형 월산군도 있어서 원래는 보위에 오를 처지가 아니었다. 그러나 대왕대비 정희왕후는 원자가 어리고(4살), 월산군은 병약하다며 자을산군을 후계자로 지목했다. 물론 진짜 이유는 따로 있었다. 자을산군이 훈구파 거두 한명회의 사위였기 때문이다.

어린 임금은 세조비 정희왕후, 예종비 안순왕후, 생모 소혜왕후(인수대비)의 치마폭에 둘러싸여 국왕 수업을 받았다. 나랏일은 훈구 대신들이 승정원에 똬리를 틀고 사사건건 간섭했지만, 할머니 정희왕후의 노련한 수렴청정 덕에 무난하게 굴러갔다.

세 대비의 보호 속에 성종은 모범적인 군주로 성장했다. 그는 유교 경전과 역사서를 열심히 공부하고 경연에 나아가 신하들과 토론하기를 즐겼다. 아침, 점심, 저녁의 3차례 경연을 꼬박꼬박 챙긴 것은 물론

한밤중에 자문관을 불러 야대(夜對)까지 하며 학업에 열중했다. 유교 국가의 임금답게 유학자의 자질을 갈고 닦은 것이다. 성종 재위기에 출세 가도를 달린 성현의 증언이다.

성종께서는 학문에 돈독하게 뜻을 두어 하루 세 번 강론했는데, 밤에도 홍문관에 입직하는 문사를 불러 더불어 강론하셨다. 강론이 끝나면 술을 하사하고 고금(古今)의 치세와 난세, 민간의 이익과 병폐에 대해 조용히 물으셨다. 이때는 간편한 옷차림으로 서로 대하고 전각 안에는 촛불 하나만 켜두었다. 간혹 한밤중이 되어 만취해 나오면 어전의 촛대를 하사해 길을 밝히고 홍문관으로 돌아가게 하셨으니, 이것은 바로 금련거(金蓮炬)의 유풍이다.[21]

'금련거의 유풍'이란 당나라 무종이 한림학사를 지극하게 대접한 고사를 말한다. 무종은 한림학사와 밤늦도록 이야기를 나누다가 그가 숙직실로 돌아갈 때는 황제 방에 있던 금련 촛대를 내시에게 들려 길을 밝히게 했다. 성종은 이 중국 고사에 따라 신하들을 예우하면서 함께 학구열을 불태웠다. 연일 열띤 강론과 토론이 한밤중까지 이어지자 신하들이 임금의 건강을 걱정해(?) 경연의 횟수를 줄여달라고 건의하기도 했다.

1476년 성년이 되어 친정에 나선 성종은 기다렸다는 듯이 선비의 언로를 열고 유교 통치 체제를 구축해나갔다. 약관의 나이였지만 준비된 임금이었고 통치술이 능수능란했다.

문제는 왕의 여자였다. 1474년 정비 공혜왕후 한씨가 자식을 낳지 못한 채 죽었다. 1476년 성종은 공석이 된 왕비 자리를 임신 중인 후궁에게 내주었다. 이 여인이 성종의 치세에 결정적 흠을 남긴 폐비 윤씨요, 태어난 아이가 폭군 연산이다.

성종과 새 왕비는 부부 싸움이 잦았다. 여기에는 남편의 못 말리는 정력도 한몫했다. 성종은 모범 군주인 동시에 밤의 제왕이었다. 출근하면 유교 통치 체제를 정비하느라 바빴고 퇴근 후엔 자식 생산에 열과 성을 다했다. 재위 중 3명의 왕비와 8명의 후궁에게서 아들 19명과 딸 11명을 낳았으니……. 윤씨는 그런 남편을 들볶았다.

처음에 윤비(尹妃)가 원자를 낳아 임금의 사랑이 두터워지자 교만하고 방자하여 여러 후궁들을 투기하고 임금에게도 공손하지 못하였다. 어느 날 임금의 얼굴에 손톱자국이 났으므로 어머니 소혜왕후가 크게 노했다. 대비는 임금의 노여움을 돋우어 (손톱자국을) 조정 대신들에게 보이게 했다.[22]

왕비가 부부 싸움 중에 손톱으로 임금의 얼굴을 할퀴었다고 한다. 후궁들을 투기해 존엄한 군주의 얼굴에 손톱자국을 내다니, 왕비가 미치지 않고서야 어떻게 이럴 수가……. 그 까닭을 추론해보면 산후우울증이 아니었나 싶다. 윤씨는 왕비가 되자마자 연산군에 이어 왕자 하나를 더 낳았다. 연속된 출산의 와중에 남편이 한눈팔면 아내는 돌아버리는 것이다. 위태위태하던 국왕 부부는 1477년 큰 사단에 휘말렸다.

정유년에 어떤 사람이 감찰상궁의 집안사람이라고 거짓말하면서 권숙의 집에 투서를 하였다. 숙의가 그 투서를 임금에게 올렸는데, 그 글

에 "엄 소용과 정 소용이 장차 왕비와 원자를 해치려고 한다"는 밀고가 있었다. 하지만 임금은 오히려 왕비의 방에서 작은 주머니에 든 비상과 작은 상자 속에 간수된 방양서(方穰書)를 발견했다.[23]

누군가 성종이 총애한 두 후궁 엄씨와 정씨를 고변했는데 정작 위기에 몰린 것은 왕비였다. 윤씨의 방에서 저주를 거는 책자와, 비상이 묻은 곶감이 나왔기 때문이다. 화가 난 임금은 이 위험한 왕비를 당장 쫓아내려고 했다. 시어머니 인수대비도 며느리를 성토했다. 1475년 유교 국가의 여성 교육서 《내훈(內訓)》을 지어 '아내는 남편을 하늘처럼 받들어야 한다'라고 가르친 여인이다. 순종적이지 않은 반유교적 며느리를 대비는 용납할 수 없었다.

신하들은 어린 원자(연산군)를 생각해 국모를 용서해달라고 간청했다. 이 사건은 나인과 여종에게 책임을 묻는 선에서 겨우 매듭지어졌다. 그러나 1479년 성종은 다시 한 번 폭발했다. 이번에는 단단히 작심한 듯 신하들의 만류를 뿌리치고 왕비 폐출을 밀어붙였다.

"궁궐 내간(內間)에는 시첩(侍妾)의 방이 있다. 일전에 내가 마침 이 방에 갔는데 중궁이 아무 연고도 없이 들어왔다. 어찌 이럴 수 있단 말인가. 예전에 중궁이 덕을 크게 잃어 폐하고자 했으나 경들이 모두 불가하다고 말했고, 나도 뉘우쳐 깨닫기를 바랐다. 하지만 중궁은 행실을 고치기는커녕 나를 능멸하는 지경까지 이르렀다. 만약 일찍 도모하지 않았다가 뒷날 큰일이 생기면 후회해도 소용없을 것이다. 마땅히 폐해 서인(庶人)으로 만들겠다."[24]

성종은 충격과 모욕감뿐 아니라 신변의 위협까지 느꼈다. 사실 국왕의 잠자리는 기밀 사항이다. 담당 내관들 말고는 아무도 몰라야 한다. 임금의 안전을 위해서다. 그런데 왕비가 들이닥친 것이다. 한때 독약을 품고 있던 윤씨다. 무슨 짓을 저지를지 예측하기 어렵다. 성종은 큰일이 생기기 전에 서둘러 왕비를 폐하기로 했다. 아예 궁궐에서 쫓아내 사가(私家)로 보낼 작정이었다.

신하들은 이번에도 제동을 걸었다. 다만 강도는 전보다 훨씬 약했다. 왕비 폐출을 반대하기보다는 사가로 내치는 걸 염려했다. 그래도 임금의 아내였고 원자의 생모인데 민가에 머무는 것은 예(禮)가 아니라는 지적이었다. 그들은 별궁에 거처를 마련하고 유폐시키는 쪽으로 의견을 모았다.

하지만 성종은 막무가내였다. 그는 대비들에게 한 번 더 여쭤보자고 권한 승지들을 하옥하고 품계가 같은 육조의 참의들로 교체하라고 명했다. 결코 타협하지 않겠다는 메시지였다. 1479년 6월 2일 왕비는 서인으로 전락해 사가로 쫓겨났다. 왕은 교서를 반포하고 종묘에 고함으로써 되돌릴 수 있는 여지까지 없애버렸다.

왕비 폐출은 결국 죽음으로 이어졌다. 폐비 윤씨가 사가에 머물자 우려했던 대로 민심이 어수선해졌다. 백성은 남편에게 쫓겨난 아내를 동정하기 마련이다. 시간이 흐르면서 신하들도 재고를 청하는 일이 잦아졌다. 그들로서는 미래에 임금이 될 원자를 의식하지 않을 수 없다. 자연스레 폐비의 사가에 출입하는 사람들도 많아졌다.

조정과 민심에 이상 기류가 흐르자 성종은 아예 끝장을 보기로 했다. 폐비 윤씨를 죽여 화근을 제거하려고 한 것이다. 1482년 8월 16일 왕은 대신과 대간(臺諫, 사헌부와 사간원의 관원), 승지들을 편전으로 불

러 비정하고도 비장한 뜻을 밝혔다.

"원자가 점차 장성하는데 사람들의 마음이 이처럼 안정되지 않으니, 지금은 염려할 것이 없다지만 후일의 근심을 이루 다 말할 수 있겠는가. 좌승지 이세좌는 비상을 들고 가 윤씨를 사사(賜死, 사약을 내려 자결하게 함)하라."[25]

폐비 윤씨의 사사는 1504년 연산군이 갑자사화(甲子士禍)를 일으키는 구실이 되었다. 윤씨의 폐출과 죽음에 관여했던 신하들은 모두 큰 화를 당했다. 이미 세상을 떠난 한명회와 정창손은 부관참시(剖棺斬屍, 관을 쪼개어 시체의 목을 벰) 되었고, 윤필상과 이세좌 등은 비참하게 목숨을 잃었을 뿐 아니라 가문까지 줄초상을 치렀다. 특히 이세좌는 성종의 어명을 따른 죄로 멸문을 당했기에 뒷말이 무성했다.

폐비에게 사약을 내릴 때 이세좌가 대방승지(代房承旨)로서 약을 가지고 갔다. 그날 저녁에 집에 돌아와 잠자리에 누웠는데, 베갯머리에서 아내가 물었다.

"들건대 조정에서 계속하여 폐비의 죄를 논한다 하더니 결국은 어찌 될까요?"

이세좌는 무심하게 대답했다.

"이미 약을 내려 죽였소. 내가 오늘 그 일을 맡아 다녀온 길이오."

아내는 깜짝 놀라 일어나 앉으며 탄식했다.

"아이고, 우리 자손이 종자가 남지 않겠구려. 어미가 죄도 없이 죽었으니 아들이 훗날 보복하지 않겠습니까? 조정에서 장차 세자를 어떤 처지에 두려고 이런 일을 벌인단 말이오?"

과연 연산군 갑자년에 이세좌는 물론 아들 수정과 집안이 모두 죽임을 당하였다.[26]

폭군은 나아가 '능상(凌上)', 위를 능멸하는 풍속을 바로잡겠다며 과거 자신에게 잔소리한 대신들과 바른말한 언관들을 도륙했다. 훈구파와 사림을 막론하고 239명이 화를 입었는데 절반 넘게 형장의 이슬로 사라졌다.

사실 연산군은 유교 통치 체제를 갈아엎고 전제적인 왕권을 휘두르기 위해 어머니의 죽음을 이용한 것이다. 선비의 언로를 여는 게 유교 통치 체제의 근간인데 공포정치로 그 입을 틀어막음으로써 아버지의 유업을 무너뜨린 것이다. 당시 관리와 내관들은 '신언패(愼言牌)'라는 것을 차고 다녔다고 한다. 패에는 이런 글귀가 새겨져 있었다.

'입은 화를 부르는 문이요, 혀는 자신을 베는 칼이다.'[27]

결과적으로 폐비 윤씨의 죽음이 조선의 유교 통치 체제를 뒤흔드는 계기가 된 것이다. 그렇다면 성종은 과연 이런 후환을 예상하지 못했을까?

암탉이 울면 나라가 망한다?

성종은 누구보다 총명한 임금이었다. 쫓겨난 왕비이자 원자의 생모를 죽이면 정치적 후폭풍이 불가피하다는 걸 몰랐을 리 없다. 그럼에도 한때 국모였던 여인을 제거한 데는 나름의 명분이 있었다. 그것은 유

학자 임금으로서 원칙의 문제였다.

"윤씨의 악함은 이루 다 말할 수 없다. 항상 나에게 '발자취를 덜어내 없애겠다'고 말했다. 또 대궐 안의 장막을 가리키면서 '소장(素帳)'이라고 했고, 흰 옷을 입으면서 '상복(喪服)'이라고 했다. 나를 어떻게 여기고 있는지 알지 못하겠다."[28]

실록에는 성종이 윤씨에게 협박당한 사연을 신하들에게 토로하는 대목이 나온다. 세상에 임금을 겁박하는 왕비라니! 여기서 '소장'은 장례식 때 치는 천막이고, '상복'은 상중에 입는 옷이다. 너 그러다가 나한테 죽는다는 암시다. 성종은 어려서부터 공부밖에 몰랐던 샌님이었다. 임금을 서슴없이 협박하는 왕비가 두려웠을지도 모르겠다.

그런데 더 무서운 것은 "발자취를 덜어내 없애겠다(欲幷其足跡而去之也)"라는 말이다. 발자취, 즉 족적은 임금의 업적을 뜻한다. 내 아들이 즉위하면 남편, 너의 업적을 지워버리겠다는 뜻이다. 요즘으로 치면 컴퓨터의 성종 폴더를 몽땅 삭제하겠다는 것이다. 무심코 지나쳐서는 안 될 의미심장한 발언이다. 왕비의 '권력의지'가 번뜩이고 있기 때문이다.

폐비 윤씨에게는 정치적 야망이 있었다. 그녀는 연산군의 어머니로서 여성 통치자가 되고자 했다. 그것은 허황된 야망이 아니었다. 보고 듣고 배운 게 있었다. 성종 재위기는 세조비 정희왕후의 수렴청정으로 문을 열었다. 이는 조선 최초의 일이었다. 수렴청정이 무엇인가. 임금이 어린 나이에 즉위했을 때 대비가 국정을 책임지고 돌보는 것이다. 국왕의 성년까지 기간이 제한되지만, 어쨌든 여성이 권력의 정점에 선다는 말이다. 폐비 윤씨라고 못할 게 뭔가. 남편에게 한 발언들을 곱씹어보면, 그녀는 실제로 권력을 꿈꾸었다.

성종이 진짜로 우려했던 것은 여성 통치자가 되려는 왕비의 야망이었다. 게다가 윤씨는 남편의 업적, 다시 말해 유교 통치 체제를 훼손하겠다고 협박하기도 했다. (이 협박은 훗날 선비들의 언로를 봉쇄한 아들에 의해 실현되었다.) 유학자 임금에게는 그것이 윤씨를 죽여야 할 진짜 명분이었다. 어미 잃은 아들이 복수할까봐 염려스럽기도 했겠지만, 그보다 이 여인의 권력의지가 더 위험하다고 본 것이다. 폐비를 죽이기 위해 승지에게 내린 전지(傳旨, 임금의 명을 관아에 전달하는 문서)를 보면 성종의 이러한 뜻이 분명히 드러난다.

그 흉악하고 음험한 성질로 국권을 잡는다면, 원자가 비록 현명하더라도 중간에서 어찌 할 수 없게 되고, 권세를 휘두르고자 하는 마음은 날이 갈수록 방자해질 것이다. 한나라 여후(呂后)와 당나라 무후(武后)의 화(禍)를 머지않아 보게 될 것이므로 나는 생각이 이에 미치면 가슴이 매우 섬뜩하다. 지금 만약 이럭저럭 넘기고 큰 결단을 내리지 않아 후일 나랏일이 구제할 수 없는 지경에 이른다면 뉘우쳐도 어찌 할 수 없게 될 것이다. 한의 무제(武帝)도 만세의 계획을 위하여 죄 없는 구익부인(鉤弋夫人)을 죽였는데 하물며 이 음험한 사람에게는 용서할 수 없는 죄까지 있지 않은가.[29]

성종은 중국 한나라의 여태후와 당나라의 무측천을 예로 들며 여성 통치자에 대한 적대감을 드러냈다. 여태후는 한 고조 유방의 황후였는데 남편이 죽자 섭정을 하면서 후궁을 잔인하게 죽이고 여씨 외척들을 제후로 봉했다. 당 태종의 후궁이었던 무측천은 고종의 황후가 되어

공동으로 나라를 다스리다가 스스로 주나라를 세우고 황제의 자리에 올랐다. 이후 중국 유학자들은 여성 통치자와 외척의 발호를 나라가 망하는 징조로 규정하고 각별히 경계했다. '암탉이 울면 나라가 망한 다'는 것이다.

유학이 중국 역대 왕조의 통치 이념으로 널리 보급되면서 이 논리는 예방을 빙자한 비극으로 이어졌다. 한나라 무제는 말년에 얻은 아들 불릉을 태자로 삼고자 생모 구익부인에게 자결을 명했다. 어린 아들이 즉위하면 그녀가 여성 통치자가 되어 외척의 나라로 만들까봐 미리 목숨을 빼앗은 것이다. 한 무제의 전례는 남북조시대 북위(北魏)에 이르면 제도로 정착해 태자의 어머니를 죽이는 악습이 되풀이되었다. 그리고 유학자들은 이런 비인간적인 정치를 세련된 규범으로 포장해 정당화했다.

'군위신강(君爲臣綱), 임금은 신하의 벼리이다.'
'부위자강(父爲子綱), 부모는 자식의 벼리이다.'
'부위부강(夫爲婦綱), 남편은 아내의 벼리이다.'

사회 질서의 근본 원리로 '삼강'을 고안한 것도 그들이다. 벼리는 그물을 짜고 움직이는 줄이므로 임금은 신하를, 부모는 자식을, 남편은 아내를 통제한다. 가장 기본적인 인간관계를 주종(主從)의 관점으로 재해석함으로써 윗사람의 지배와 아랫사람의 복종이 사회적인 규범으로 자리 잡는다. 덕분에 남편에 대한 아내의 '열(烈)'은 임금에 대한 신하의 '충(忠)', 부모에 대한 자식의 '효(孝)'와 함께 미덕이자 어길 수 없는 의무가 되었다. 이는 통념과 달리, 유가의 성인들인 공자와 맹자의 가르침에도 어긋나 있었다.

공자는 중국이 난세로 접어드는 춘추시대를 살았다. 그는 난세의 원인으로 '난신적자(亂臣賊子)'를 지목했다. 신하가 임금을 배반하고, 자식이 부모를 저버리는 바람에 세상이 어지러워졌다는 것이다. 이를 극복하기 위해 공자는 '군군신신부부자자(君君臣臣父父子子)', 임금은 임금답고 신하는 신하답고 부모는 부모답고 자식은 자식답기를 요구했다.[30] 사람들이 저마다 본분을 지켜야 세상이 잘 다스려진다는 것이다.

남녀 관계는 색(色)을 멀리하는 데 초점을 맞췄다. 공자는 고대 왕조 하나라, 은나라, 서주가 멸망한 원인 가운데 하나로 색을 거론했다. 천자가 말희, 달기, 포사 등 미녀에게 빠져 정사를 돌보지 않았기 때문에 나라가 기울었다는 것이다. 반면 남편과 아내의 도리는 이렇다 할 어록을 남기지 않았다. 평생 이 나라 저 나라 떠돌아다니면서 가정에 소홀했던 그이였기에 부인에 관해 이래라 저래라 하기가 어렵지 않았을까?

맹자는 혼란이 극에 달했던 전국시대 사람이다. 그는 난세에 짐승처럼 살지 않으려면 사람의 도리를 가르쳐야 한다며 '오륜(伍倫)'을 제시했다. '부모와 자식 사이에는 친함이 있어야 하고(父子有親), 임금과 신하 사이에는 의리가 있어야 하고(君臣有義), 남편과 아내 사이에는 분별이 있어야 하고(夫婦有別), 늙은이와 젊은이 사이에는 차례가 있어야 하고(長幼有序), 벗과 벗 사이에는 믿음이 있어야 한다(朋友有信)'는 것이다.[31]

여기서 '부부유별(夫婦有別)'은 누가 누구를 일방적으로 따르라는 말

이 아니다. 남편과 아내의 도리가 다르므로 이를 분별하라는 뜻이다. 부부가 각자 본분에 충실하며 상대방을 이해하고 존중하라는 것이다. '상경여빈(相敬如賓)', 손님을 대하듯이 서로 공경하는 게 가장 이상적인 부부다. 남편과 아내를 주종 관계로 몰고 가는 것은 맹자의 가르침과 거리가 멀다.

그러나 한나라 이후의 유학자들은 공자와 맹자의 제자를 자처하면서도 실상은 통치자의 구미에 맞는 가치관과 규범을 생산하는 데 여념이 없었다. 통치에 도움이 된다면 어떤 사문(師門)이든, 누구의 사상이든 가리지 않았다. 공자와 맹자가 가르친 어질고 의로운 '본분'을 법가의 엄격하고 강압적인 '규율'로 둔갑시킨 것도 놀랄 일이 아니다. '부위부강'을 비롯한 삼강도 알고 보면 유가가 아니라 법가에서 나온 것이다. 한비자는 이렇게 말했다.

신하는 임금을 섬기고, 자식은 부모를 섬기며, 처는 지아비를 섬긴다. 이 세 가지를 따르면 천하가 다스려지고 거스르면 천하가 혼란에 빠진다. 이것이 항상 지켜야 할 천하의 도리다.[32]

한나라 유학자 동중서는 한비자의 주장에 '양존음비(陽尊陰卑)'라는 학설을 가미했다. 양은 높고 음은 낮으므로, 양은 주인이고 음은 종속된다. 부부 관계도 양존음비로 바라본다. 남편은 양이고 아내는 음이니, 남편이 지배하고 아내는 복종한다.[33] 이른바 '남존여비'의 탄생! 어용 학문으로 전락한 관제 유학의 부산물이었다. 여성 통치자와 외척의 발호를 막으려 한 중국식 통치관이 그릇된 정신 유산을 낳은 것이다.

그것이 당나라의 한유, 남송의 주자를 거치며 도덕률이 되어 '유교 국가' 조선으로 건너왔다.

폐비 윤씨의 정치적 야망에 성종은 남존여비의 화신이 되었다. 그는 유학자 임금답게 중국의 고사를 충실히 따랐다. 한무제가 구익부인을 죽였듯이 폐비 윤씨의 목숨을 거둔 것이다. 항구적인 방비책도 강구했다.

'암탉이 울면 나라만 망하는 게 아니다. 암탉이 울면 집안도 망한다. 나라에서든 집안에서든 윤씨 같은 여자가 나오지 못하도록 만들어야 한다.'

이런 생각을 갖고 유학자 임금이 고안하고 추진한 것이 '정절의 제도화'였다. 자신이 일궈나가던 유교 통치 체제에 여성을 억압하고 구속하는 장치를 강화한 것이다.

1480년 왕비를 폐하고 죽이는 와중에 '자유부인' 어우동을 처형한 것은 신호탄이었다. 정절의 시대를 선포하려는 마당에 사회적 관심을 촉발시킬 희생양으로 안성맞춤 아닌가. 어우동의 처형은 과연 폭발적인 반응을 불러일으켰다. 덕분에 여성의 정절이 화두로 떠오르자 성종은 냉큼 해묵은 숙원을 관철했다. 1485년에 완성된 《경국대전》에 '재혼녀 소생은 관직에 등용하지 않는다'라는 조항을 넣은 것이다. 그것은 신의 한 수였다. 조선 여자들에게 '수절'의 족쇄를 채웠기 때문이다. 그 파급효과는 엄청났다.

유학의 골자는 정욕을 억누르고 절의를 지키는 것이다. 유교 국가 조선이 여성에게 부과한 절의는 '정절'이었다. 정절의 '정(貞)'은 육체와 정신의 순결을 뜻한다. 몸은 물론 마음으로도 간음을 해선 안 되는 것이다. 조선시대 부모는 그것을 딸들에게 어떻게 가르쳤을까?《용재총화》에 흥미로운 일화가 나온다.

옛날에 어떤 임금이 8척이나 되는 나무를 뜰에 심어놓고 나무를 뽑을 사람을 모집했다. 나무를 뽑으면 천금을 주기로 했지만, 도전자마다 뽑지 못하고 고개를 절레절레 흔들었다. 그 광경을 본 도사가 임금에게 나아가 아뢰었다.

"정결한 여인이라면 능히 나무를 뽑을 수 있을 것입니다."

임금은 성 안의 부녀자들을 궁궐 뜰에 불러 모아 나무를 뽑게 했다. 어떤 여자는 그냥 나무를 바라만 보다가 달아났고, 어떤 여자는 만져만 보고 물러갔다. 이때 한 여자가 자신만만하게 나섰다.

"저는 곧은 절개가 있습니다."

그 여자가 나무를 부둥켜안았는데 나무가 움직이기는 했지만 뽑히지는 않았다. 여자는 하늘을 우러러 맹세하며 눈물을 흘렸다.

"제 평생의 정절을 하늘이 아는 바인데, 이렇게 되었으니 차라리 죽는 것이 낫습니다."

도사가 그녀를 달래면서 말했다.

"그대가 비록 숨겨야 할 나쁜 행실은 없으나, 필시 누군가 마음에 둔 적은 있었을 겁니다."

그제야 여자가 문득 깨달았다.

"참으로 그러합니다. 어느 날 문에 기대어 서 있는데 한 선비가 화살을 허리에 차고 말을 타고 지나갔습니다. 눈이 가늘고 눈썹이 길며 풍채가 뛰어나기에 '저 선비의 부인은 참으로 복 받은 사람이네'라고 생각했습니다. 그 외에는 조금도 사사로운 정이 없었습니다."

도사는 옳거니 하고 무릎을 쳤다.

"그것만으로도 나무를 뽑지 못하는 이유가 되오."

이에 여자가 다시 마음을 경건히 하고 굳은 맹세를 한 다음 마침내 나무를 뽑았다.[34]

이 일화는 윤씨 성을 가진 재상이 거리 구경을 나가려는 딸들에게 들려줬다는 이야기다. "길거리에서 훤칠한 선비를 보고도 잠자리 생각을 하지 않을 수 있겠느냐"라는 아버지의 타이름에 딸들은 결국 거리 구경을 포기했다고 한다. 하지만 개인이 내면의 욕망을 억누르기란 무척 힘들다. 그래서 도덕과 법률로 사회적인 통제를 가하는 것이다.

정절의 '절(節)'은 신의를 바탕으로 한 사회적 의무다. 누구를 향한 신의일까? 바로 남편과 가문에 대한 신의이다. 정절은 원래 성(性, sexuality)과 결부된 개념이지만, 남편과 가문을 걸고넘어지면서 실제로는 여성의 일생을 사회적으로 통제하게 된다.

세종대왕은 신하들에게《삼강행실도(三綱行實圖)》를 짓게 해 그림과 이야기로 백성을 교화하려고 했다. 이 그림책의 열녀도를 보면 유교적인 여성의 삶이란 참으로 가련하고 눈물겹다. 남편이 병을 앓자 손가

락을 잘라 피를 먹이고, 시아버지를 살리려고 자기 넓적다리를 베어 삶아 먹이고, 전란 중에 능욕을 당할까봐 스스로 목숨을 끊는 여인들이 수두룩하다. 세종은 이런 사례들을 들어 목숨보다 정절을 소중히 여기는 것을 여성의 도덕적 의무로 제시했다. 그러나 교화만으로는 정절 문화를 사회적으로 확산시키는 데 한계가 있었다.

이에 유학자 임금 성종은 정절을 법률로 강제하려고 했다. 성종이 표적으로 삼은 풍속은 '재가'였다. 그는 한 번 결혼한 여성이 남편이 죽은 뒤 다시 다른 남자와 혼인하는 것을 유교 국가를 흔드는 악덕으로 봤다. 유교 종법의 근간인 부계 혈통 중심의 가족 제도를 어지럽힌다는 것이다. 1477년 7월 성종은 신하들에게 재가를 법적으로 금하는 문제를 논하게 했다. 이 논의에는 대소 신료 46명이 참여해 격론을 벌였다.

반대론자들은 재가 금지가 생계난과 정신적 고통을 불러 오히려 '실행(失行, 정절을 잃는 것)'을 부추길 것이라고 주장했다. 또 이미 법에 재가녀는 전 남편의 지위에 따른 혜택을 빼앗는다는 규정이 있으므로 추가적인 제재는 불필요하다고 했다. 반면 찬성론자들은 법적인 처벌을 통해 재가를 직접적으로 금지해야 한다며, 그 자손의 벼슬길을 차단하는 연좌제까지 내놓았다. 다만 젊어서 과부가 되고, 자식이 없으며, 생계가 곤란하고, 부모와 집안어른이 중매에 나선 자는 재가 금지에서 제외하자는 조건부 찬성론이 많았다.

의견을 취합한 결과 한명회, 정창손, 김국광 등 훈구 대신들은 재가 금지 반대론에 섰으나, 임원준, 유자광, 윤필상 등 다수의 관리들이 임금의 뜻을 좇아 찬성표를 던졌다. 조건부 찬성론 또한 4가지 조건을 모

어우동
139

두 충족하는 경우가 드물었으므로 사실상 찬성으로 기운 것이다. 성종은 기다렸다는 듯이 예조에 명을 내렸다.

"전(傳)에 이르기를, '신(信)은 부녀자의 덕이니, 한 번 더불어 함께하였으면 종신토록 고치지 않는다'라고 하였다. 이러므로 삼종지도(三從之道)가 나온 것인데, 세상의 도가 날로 비속해지면서 여자의 덕이 부정(不貞)하고, 예의를 돌보지 않으며, 혹은 부모가 뜻을 빼앗거나 중매하여 남을 따르게 되었다. 이는 스스로 가풍을 무너뜨릴 뿐만 아니라, 명분을 밝히는 가르침을 더럽히는 일이니, 만약 금지하는 방책을 엄히 세우지 않으면 음란한 행실을 그치게 하기 어렵다. 이제부터 재가한 여자의 자손은 관직에 이름을 올리지 못하게 하여 풍속을 바르게 하라."[35]

성종은 직접적으로 재가를 금하지는 않았지만 자손을 관직에서 배제함으로써 실질적으로 금지하는 방안을 택했다. 자식 앞길 막는다는데 재혼하는 여성은 거의 없을 것이라고 보았기 때문이다. 특히 사대부가에서는 자손이 과거시험도 못 보고 벼슬길 막히는 것은 재앙이나 마찬가지였다. 출세를 가문의 영광이자 희망으로 삼는 그들이 아닌가.

이 법은 그러나 즉각 시행되지는 않았다. 풍속을 바꾸는 일이기에 민심을 살피지 않을 수 없었다. '재가녀자손금고법'이 공포된 것은 《경국대전》이 완성되던 1485년의 일이었다. 자유부인 어우동을 희생양 삼아 실행에 대한 경각심을 높인 다음 '재가녀 등 실행 부녀의 소생은 문관과 무관직에 모두 등용될 수 없다'라고 대법전에 명시했다. 이 법은 과연 효력을 발휘했을까? 그렇다면 풍속은 어떻게 달라졌을까?

선비 정모(鄭某)가 아내를 잃었는데, 남원 부잣집에 과부가 있다는 말을

듣고 후처로 삼으려고 했다. 날을 가려 중매자를 정하고 정 선비가 먼저 예물을 갖추어 남원부에 이르렀다. 그러자 과부는 계집종을 보내어 그의 행동거지를 엿보게 했다. 계집종이 돌아와 아뢰는데 "수염이 길고 많은데다가 털모자까지 썼으니 늙은 병자임에 틀림이 없습니다"라고 하였다. 과부가 말하기를 "내가 젊은 장부를 얻어서 늘그막을 즐기려고 했는데, 이런 늙은이를 어디다 쓰겠는가?"라고 했다. 이윽고 저녁이 되자 남원부의 관리들이 횃불을 켜고 정 선비를 과부 집으로 안내했다. 하지만 과부가 문을 닫아걸고 열어주지 않으니, 집에 들어가지도 못하고 돌아왔다.[36]

성현의《용재총화》에 실린 이 일화는 재가녀자손금고법이 널리 시행되기 전의 풍속을 담은 것으로 보인다. 이야기 속에서 남원 부잣집 과부는 정 선비가 재혼 대상으로 적합한지 살펴보고 나이가 너무 많다면서 퇴짜를 놓았다. 그리고는 연하의 남편을 얻어서 늘그막을 즐기려 한다는 소망을 밝힌다. 여자도 재력이 있으면 '행복추구권'을 내세워 재혼 여부와 대상을 스스로 선택할 수 있었다는 말이다.

하지만 금고법이 본격적으로 효력을 발휘하면서 이런 일화 자체가 사라진다. 16세기부터 17세기 초반까지의 민담을 채록한 유몽인의《어우야담》에는 아예 과부의 재가 이야기가 쏙 들어가버렸다. 재가녀자손금고법과 함께 정절 문화가 사회적으로 확산되었기 때문이다. 이제 재혼은 여성이 선택하고 말고의 문제가 아니었다. 남편과 가문에 대한 신의가 사회적 의무로 자리 잡으면서 여성의 행복추구권은 극도로 제한되었다.

조선을 정절의 나라로 만드는 데는 16세기 이후 주자성리학을 탐구하며 향촌에서 힘을 키운 사림의 역할도 컸다. 이 고지식한 선비들은 《주자가례(朱子家禮)》의 엄격한 가부장제를 책에서 끄집어내 곧이곧대로 일상에 펼쳐놓았다. 특히 퇴계 이황, 율곡 이이 등이 주자의 본을 받아 만든 '향약(鄉約)'은 지역사회에 정절 문화를 보급하는 데 요긴했다. 향촌 자치규약에 따라 실행을 저지른 여성은 법을 초월해 가혹한 처벌을 받도록 했다.

"충신은 두 임금을 섬기지 않고, 열녀는 두 남편을 얻지 않는다."

1567년 선조의 즉위와 함께 집권에 성공한 사림 선비들의 외침이다. 그러나 이 새로운 남성 지배층은 절실한 개혁은 외면하고 붕당을 만들어 당쟁에 몰두했다. 그들이 신선놀음에 도끼자루 썩는 줄 모르고 있을 때 조선에는 전란의 먹구름이 몰려왔다.

1592년 임진왜란이 터지자 여자들은 산으로 들로 피신해야 했다. 왜적에게 붙잡힐 것 같으면 사대부가 여성은 자결하는 게 당연시되었다. 이렇게 자기 목숨을 끊은 여인들은 뒤에 열녀로 칭송받았지만, '구차하게' 살아남은 여자들은 정절을 잃은 것으로 간주되었다. 남편과 가문에 대한 신의를 저버린 대가로 그들은 사회적인 조리돌림을 당했다.

1636년에 발발한 병자호란 때는 이러한 양상이 더욱 심해졌다. 1637년 1월 원자와 세자빈, 그리고 명문 양반가들이 피난 간 강화도가 청군에게 함락되었다. 여성들은 죽느냐 사느냐 갈림길에 섰다. 노소를 불문하고 수많은 여인들이 자결을 택했다. 나무에 목을 맸고, 칼로 가슴을 찔렀고, 바다에 몸을 던졌다. 이 와중에 양반 남성들은 제 어머니와 아내, 딸과 며느리에게 자결을 독촉하기도 했다. 가문에 오점을 남기지 않기 위해서였다.

하지만 사람이 생목숨을 끊는 것은 결코 쉬운 일이 아니었다. 게다가 당시 청군은 조선 여자들을 사로잡는 데 혈안이 되어 있었다. 강화도를 비롯해 조선 각지에서 여인들이 포로가 되어 심양으로 연행되었다. 청군은 젊은 여성들을 첩으로 삼기도 했지만, 대부분 몸값을 받고 팔았다. 조선의 가족들은 거금을 마련해 딸, 아내, 며느리를 찾으러 갔다. 가격이 천정부지로 치솟는 바람에 발만 동동 구르는 경우도 적지 않았다. 그런데 몸값을 내고 풀려난 여인들은 조선에 돌아와 환영받기는커녕 '환향녀(還鄕女)'라는 꼬리표가 붙었다. 특히 사대부가 부인들은 '정절을 잃었다'는 손가락질에 시달려야 했다. 남편에게 버림받고 시가에서 쫓겨나는 여성들이 속출했다. 전쟁은 막을 내렸지만 여성의 고통은 끝날 줄 몰랐다.

열녀문의 불편한 진실

임진왜란과 병자호란은 주자학적 예법이 강화되는 계기가 되었다. 양난을 겪는 과정에서 국가 기강이 해이해지고 사회 질서가 혼란해졌는데, 조선의 지배층은 개혁책으로 민심을 수습하기보다는 주자학적 예법으로 백성을 옥죄는 길을 택했다. 그렇다면 이 선택이 여성의 지위에 어떤 영향을 주었을까?

이전의 유교 예법이 주로 국가 전례와 국제 외교에 쓰였다면, 주자학적 예법은 개인의 일상까지 간간하게 통제했다. 이 중국식 예법은《주자가례》에 집약되어 있다.《주자가례》는 고려 말에 수입되었으나 전통

문화와 맞지 않아 16세기 초까지 외면당했다. 16세기 중반부터 주자 성리학이 뜨면서 책에서 나와 일상에 침투했지만 현실과의 괴리는 여전했다.

《주자가례》는 성년, 혼인, 죽음, 제사의 관혼상제로 이루어져 있다. 이 예법은 중국 주나라 때 성립한 종법(宗法, 종족의 조직 규정)을 바탕으로 삼았다. 부계 혈통을 중심으로 적장자(嫡長子, 본처의 맏아들)가 아버지를 계승하고 나머지 자식들은 별도로 일가를 이룬다는 게 골자였다. 하지만 오랫동안 이어져온 조선의 가족 문화는 주자학적 예법과 사뭇 달랐다. 예컨대 16세기까지 조선에서 혼인은 '신랑이 장인 댁으로 장가가는' 남귀여가혼(男歸女家婚)이 대세였다. 반면 중국의 주자는 '신부가 시댁으로 시집가는' 친영(親迎)이 올바른 예법이라고 가르쳤다.

혼인 방식이 중요한 까닭은 육아, 제사, 재산 분배 같은 가족 운영과 맞물려 있기 때문이다. 신랑이 장가가던 남귀여가혼은 출산과 육아를 외가에서 담당했음을 뜻한다. 이율곡이 어머니 신사임당의 친정인 강릉에서 태어나 자란 것도 이 때문이다. 따라서 외가와 친가의 지위는 차이가 없었고, 외손과 친손의 구별도 불필요했다. 딸은 아들과 똑같이 제사의 의무를 지녔고, 재산도 동등하게 상속받는 게 당연했다. 1485년에 완성된 《경국대전》의 재산 상속 조항을 보면 '적처(嫡妻, 본처)의 자식은 맏아들, 중자(衆子, 둘째 이하 아들), 딸의 구분 없이 재산을 고루 분배한다'고 규정하고 있다. 16세기까지 딸은 아들과 평등하게 재산을 상속받았으며, 혼인한 이후에도 독자적으로 재산권을 행사할 수 있었다.

그러나 17세기 양란 이후에 전통적인 가족 문화 대신 《주자가례》가

주류로 정착하자 풍속도가 크게 달라졌다. 혼인, 제사, 재산 상속, 외가, 문중, 족보 등 오늘날 우리가 전통이라고 생각하는 것들은 사실 이 무렵에 뒤바뀐 풍속이다.

우선 여자가 시집가는 친영이 일반화되었다. '출가외인'이 되면서 딸과 친정의 관계는 멀어졌고, 친정에 대한 딸과 사위의 책임도 약해졌다. 가장 큰 의무인 제사의 변화를 보면 알 수 있다. 16세기까지는 아들과 며느리, 딸과 사위가 번갈아가며 조상 제사를 주관했다. 경우에 따라서는 외손이 제사를 맡아보기도 했다. 하지만 17세기부터는 이런 풍속이 사라지고 제사는 적장자가 전담하게 되었다. 딸의 책임과 의무가 크게 줄어들면서 재산 분배도 적장자 중심으로 흘러갔다.[37] 17세기 중반의 재산 상속 기록인 〈부안김씨분재기〉를 살펴보자.

사위나 외손자는 제사에 빠지는 자가 많고, 비록 제사를 지내더라도 정성과 공경이 부족하다. (중략) 정리상으로 보자면 아들딸이 차별이 없으나 딸은 생전에 부모를 봉양하는 도리도 못하고, 사후에는 제사를 지내는 예도 갖추지 못하니, 어찌 재산을 딸에게 동등하게 나눠줄 수 있겠는가.[38]

혼인, 제사, 재산 분배의 변화는 가족 문화에서 외가의 비중을 떨어뜨렸다. 그 빈자리는 부계 혈통의 특정 지파가 모인 문중(門中)이 차지했다. 17세기 이후 두각을 나타낸 문중은 시조나 중시조에 대한 제사를 지내고, 현창 사업으로 조상들의 업적을 기리며 결속력을 키워나갔다. 문중 차원에서 공동재산을 마련하고, 종회를 결성하고, 족보를 제작하는 일도 이때부터 유행했다.

《주자가례》의 확산과 가족 문화의 급변은 조선 여성을 더욱 고립되고 의존적인 존재로 전락시켰다. 친정 부모형제와 소원해지고 독자적인 재산권마저 거의 상실했기 때문이다. 기댈 언덕이 사라진 여성의 삶을 삼종지도가 단단히 조였다. 어려서는 아비에게 복종하고, 시집가면 남편을 섬기고, 늙어서는 아들에게 의지하지 않으면 어떻게 할 것인가. 이제 삼종지도는 덕목이 아니라 생존의 방편이었다. 정절을 지키는 것만이 살길이었다.

여성의 지위는 곤두박질치는 반면 가부장의 권위는 하늘을 찔렀다. 18세기 개혁 군주라고 일컫는 정조도 알고 보면 가부장제의 화신이었다. 중죄인 심문·판결 기록인 《심리록(審理錄)》을 보면 그의 또 다른 얼굴이 잘 드러난다. 정조는 아내의 실행에 대한 가부장의 분노는 당연한 것이라고 여겼다. 살인죄는 극형에 처한다는 법률이 있는데도, 간통 현장에서 아내나 간부(姦夫)를 살해하는 것은 무죄라고 봤다. "《대명률》에 이런 경우의 처벌 조항이 없다"라는 게 근거였다. '치마를 당기거나 마주 앉아 밥을 먹는 행위' 등 간통이 의심스러운 상황에서 저지른 살인도 법을 관대하게 적용했다. 아내를 살해하는 남편에게 극형을 피하는 방법이 생긴 셈이다. 살인 사건을 간통 사건으로 둔갑시키고 아내의 정절을 의심하면 되었다.

《심리록》에는 이런 사건들이 수두룩하다. 1784년에 삼한이라는 종이 자기 아내를 칼로 찔러 죽였다. 다른 사람과 정을 통했다고 의심한 것이다. 그런데 아내의 실행이 확인되지 않으면서 남편이 궁지에 몰렸다. 과연 정조는 어떤 판결을 내렸을까?

"함께 산 지 20년에 가까워 아들도 낳고 딸도 낳았다. 서로 싸울 때

조차도 연모하는 정을 금하지 못하였으니, 그에게 반드시 죽이겠다는 마음은 없었을 것이다. 살인한 자를 사형에 처하는 형률은 죽은 자의 원혼을 위로하기 위해서다. 지아비가 마음에도 없는 죄를 범하였는데 고의로 살인한 죄를 적용하여 끝내 사형에 처한다면 죽은 여자의 마음에 반드시 흡족하지만은 않을 것이다. 또 그의 어린 두 자식을 생각하면, 하나는 이제 강보(襁褓)를 면하였고 하나는 젖먹이인데, 그가 죽으면 거두어 길러줄 사람이 없으니, 하나의 옥사에 4명의 목숨이 달려 있다고 해도 빈말이 아닐 것이다."[39]

정조는 우발적인 살인이라면서 사형을 면하게 해주었다. 세 차례 형신(刑訊, 정강이를 때리며 캐묻는 형벌)하고 다시 종살이를 보낸 것이다. 선처의 이유로는 남편에게 살해당한 여성이 남편의 처형을 원하지 않을 것이라는 해괴한 논리를 댔다. 맥락상 어린 자식들을 돌볼 사람이 없어서 목숨만은 살려준 것 같은데, 굳이 저런 사족을 갖다 붙여야 했을까? 가부장적 사고에 찌든 개혁 군주의 민낯이다.

그럼 강간은 어떻게 처벌했을까? 《심리록》을 보면 강간범은 교수형에 처했다. 오늘날보다 훨씬 엄한 법률을 적용한 것이다. 하지만 피해 여성도 정절을 잃은 실행녀로 간주되어 고개를 들고 다니지 못했다. 강간 피해자가 수치심을 못 이기고 자살하는 일도 빈번했다. 그러면 나라에서는 '절부(節婦, 절의를 지킨 부녀)'라 해서 그 가문에 열녀문이나 정려각을 세워 줬다. 이렇게 되자 자살을 가장해 가족들이 불쌍한 여인을 죽이는 사건이 심심찮게 발생했다. 가문의 영광을 위해서라면 못할 짓이 없는 조선이었다.

절부 혹은 열녀를 발굴하는 사업은 태조부터 순종까지 조선시대 내

내 이어졌다. 실록만 봐도 모두 합쳐 1,120여 명에 이르는데, 사림이 주자학을 내세워 집권한 선조 재위기를 기준으로 그 전이 270여 명, 이후가 850여 명이었다.[40] 조선 후기 절부의 상당수는 죽은 남편 뒤를 좇아 자결했다. 사림과 주자학이 조선 여성을 죽음으로 몰아간 것이다.

열녀문, 정려각, 과연 누구를 위한 포상인가. 19살에 과부가 되어 여러 차례 자결을 시도하다가 끝내 굶어 죽었다는 그 여인인가. 정작 세금 면제받고 행세한 자들은 따로 있었다. 18~19세기에 이르면 양인·노비 가운데서도 절부가 나왔다. 주인이 남편 아닌 다른 사람에게 시집보내려고 하자 자결을 택한 여종의 이야기가 미담으로 전해진다. 양반이든 아니든 평생 수절은 당연한 일로 여겨져 열녀 축에도 못 끼었다.

그런데 조선에는 왜 절부(節婦)만 있고 '절부(節夫, 정절을 지킨 사내)'는 없는 것일까? 부부의 사랑은 일방적이어서는 안 된다. 아내가 남편에게 정절을 지키면, 남편도 아내에게 정절을 지켜야 하는 것이다. 부부는 서로가 서로를 사랑하는 존재이기 때문이다. 태조 이성계는 1392년 즉위교서에서 충신, 효자, 의부, 절부를 권한다고 했다. '의부(義夫)'는 의리를 지키는 남편, 곧 절부(節婦)의 짝이다. 하지만 실록에서 의부를 포상한 기록을 살펴보면 공익에 헌신한 의로운 사내들만 있을 뿐 아내에게 의리를 지킨 남편들은 찾을 수 없다. 실제로는 없지 않았겠지만 상 받을 일은 아니었다는 것이다.[41]

'자유부인' 어우동은 폐비 윤씨의 권력의지에 두려움을 느낀 성종이, 여자들을 구속하는 유교 통치의 박제물로 만들려고 정절이라는 열녀문에 목매달았다. 이 때문에 어우동은 죽고 나서도 탕녀의 대명사로 각인되었고 오늘날까지 오욕의 시간을 견디고 있다. 그러나 사실 어우

동은 바람난 남편에게 소박맞고 각성한 여인이었다. 자신의 삶과 사랑을 스스로 선택하고자 했을 뿐이다. 정절의 색안경을 벗고 보면 그녀의 용기와 진심이 번뜩인다. 오히려 성에 대한 이중 잣대를 휘두르는 법과 도덕이야말로 위선이자 모순일 터. 그 시대 사람들이라고 이 불편한 진실을 몰랐을까?

수원의 한 기생이 손님을 거절했다는 이유로 매를 맞았다. 기생이 사람들에게 "어우동은 음탕한 짓을 좋아했다고 벌을 받았는데, 나는 음란하지 않다고 죄를 얻었으니 조정의 법이 어찌 이리도 다르단 말이오?"라고 하니, 듣는 사람들이 모두 합당한 말이라고 여겼다.[42]

추풍에 지는 잎 소리야
낸들 어이 하리오

조선은 '성리학의 나라'다. 학교에서 역사를 배운 사람이라면 누구나 아는 사실이다. 그런데 성리학이 뭔지 아는 사람은 별로 많지 않다. 유학과 성리학(性理學)은 어떻게 다를까? 조선은 언제 성리학의 나라가 되었을까?

춘추전국시대 공자와 맹자가 쌓아올린 유학의 금자탑은 통일제국 한나라 때 정점을 찍었으나 차츰 허물어진다. 삼국시대를 거쳐 남북조시대로 접어들자 전란에 지친 사람들은 고리타분한 유학의 가르침 대신 불교와 도교에 푹 빠졌다. 고통스러운 현실을 벗어나 승려와 도사가 제시하는 새로운 세계에 열광한 것이다.

유학자들은 살아남기 위해 변신했다. 11세기 북송시대에는 세계와 인간의 본질을 탐구하는 신유학(新儒學)이 번성했다. 남송의 주자는 12세기에 신유학을 집대성하고 경전을 재해석해 성리학을 탄생시켰다. 이(理)와 기(氣)로 우주의 이치를 밝히고, 본성과 정욕이 뒤엉킨 인간 심성을 파헤친 것이다. 그것은 도덕 정치의 근거를 마련하는 일

이기도 했다.

그러나 주자의 성리학은 머지않아 명맥이 끊겼다. 주자에게 심취한 사족(士族)들이 도덕 정치를 내걸고 황제에게 도전하다가 탄압을 받은 것이다. 조정에서는 '혹세무민의 위학(僞學, 가짜 학문)'이라고 하여 주자학을 금했다.

원나라 때 고려 학자들이 들여온 성리학에는 주자의 오묘한 가르침이 빠져 있었다. 그의 방대한 저작들은 세월에 빛바랜 채 유실되었다. 단편적으로 입수하긴 했지만 체계가 잡히지 않았고 연구 수준이 얕았다. 성리학은 성리학이되 '앙꼬 없는 찐빵'이었다. 이 모순적인 상태는 정도전 등 성리학자들이 1392년 조선을 건국하고 나서도 한 세기 이상 이어졌다.

조선이 진정한 성리학의 나라로 거듭난 것은 아이러니하게도 15세기 말부터 16세기 중반까지 몰아친 사화(士禍)의 광풍 덕분이었다. 4대 사화(무오, 갑자, 기묘, 을사)는 사림에게 큰 상처를 남겼다. 하지만 전화위복이라고 해야 할까? 뜻있는 선비들은 조정에 출사하는 대신 물러나 학문에 힘썼고, 그 성과들은 성리학의 황금기를 여는 밑거름이 되었다.

화담 서경덕, 회재 이언적, 퇴계 이황, 남명 조식, 고봉 기대승, 율곡 이이 등 대학자들이 이 무렵에 출현했다. 그들은 북송오자(北宋五子, 주돈이, 소옹, 장재, 정호, 정이)부터 남송의 주자까지 성리학의 대가들을 깊이 파고들었고, 이 땅에 이기심성론(理氣心性論)을 화려하게 꽃피웠다. 성리학은 '도학(道學)'이라 해서 신성한 학문으로 존중받았다.

1543년에는 주자의 저작과 편지 등을 망라한 《주자대전(朱子大全)》이 조선에서 처음으로 공식 간행되었다. 《삼국지연의(三國志演義)》는 '천하는 나누어지면 합쳐지고, 합쳐지면 다시 나누어진다'라는 구절로 시작한다. 학문의 세계도 마찬가지다. 16세기 조선 성리학은 백가쟁명으로 나뉘었다가 점차 주자학으로 합쳐지기 시작했다. 1567년 선조가 즉위하자 드디어 주자의 기치를 내건 사림이 집권에 성공했다. 조선은 그렇게 성리학의 나라가 되었다. 학문이 곧 정치인 나라에서 유학자 선비들은 활개를 쳤다.

그런데 학문과 정치 못지않게 선비들이 관심을 가진 것은 기생과의 연애였다. 부모가 정한 배필과 어릴 때 결혼한 샌님들에게 기생은 금단의 연애 판타지를 충족시켜 주는 존재였다. 대표적으로 시조와 한시로 일가를 이룬 기생 황진이를 들 수 있다. 오늘날로 치면 연예계 톱스타였던 그녀는 말년에 사림의 큰 스승 화담 서경덕과 격조 높은 사랑을 나누었다.

바람에 띄운 시심*

화담 서경덕은 그날 밤 송악산 기슭의 초당에서 제자를 기다리고 있었다. 매양 거문고를 메고 술을 걸러서 자신의 거처를 찾던 그녀가 어찌 된 일인지 감감하다. 살짝 서운함을 느낀 것일까? 화담은 공연히 제 어리석은 마음을 탓하며 '지는 잎 부는 바람'에 시조 한 수를 띄운다.

> 마음이 어린 후이니 하는 일이 다 어리다
> 만중운산(萬重雲山)에 어느 임 오리마는
> 지는 잎 부는 바람에 행여 권가 하노라

며칠 후 송도 기생 황진이가 밤이슬을 맞으며 화담의 거처로 향한다. 바람에 실려 온 스승의 속내가 그녀를 움직인 것이다. 하지만 초려의 사립문은 굳게 닫혀 있고 야속한 등잔불은 꺼진 지 오래다. 가을밤 산기슭을 서성이는 마음에 절로 시심이 인다. '추풍에 지는 잎 소리'를 어쩌란 말인가.

> 내 언제 무신(無信)해 님을 언제 속였관대
> 월침삼경(月沈三更)에 온 뜻이 전혀 없네
> 추풍(秋風)에 지는 잎 소리야 낸들 어이 하리오

● 김천택이 엮은 시조집《청구영언(靑丘永言)》과 유몽인의《어우야담》을 밑천 삼아 황진이와 서경덕의 사랑을 재구성했다.

사림의 큰 스승 서경덕과 이름난 기생 황진이, 같은 송도(松都, 개성) 출신이지만 엄연히 신분과 성별이 다른 두 사람이 어떻게 사제의 연을 맺게 되었을까?

기생을 은퇴한 황진이는 새로운 세계를 열어줄 스승을 갈망했다. 30년 면벽수도를 했다는 지족선사를 찾아간 것도 그래서다. 허나 아름다운 여인이 암자에 머물자 도승은 유혹을 이기지 못하고 '색계(色戒)'를 범했다. 그녀는 크게 실망하고 말았다.

이때 화담 서경덕이 벼슬에 나아가진 않았으나 행실이 고상하고 학문이 뛰어나다는 소문이 들려왔다. 지족선사에게 덴 황진이는 서경덕을 시험해보고자 했다. 그녀는 허리에 실띠를 묶은 채 유교 경전《대학》을 옆에 끼고 화담을 찾아갔다.

"《예기》에 '남자는 가죽띠를 매고 여자는 실띠를 맨다'고 하더이다. 저 또한 학문에 뜻을 두어 실띠를 두르고 왔습니다."

화담은 선선히 웃으며 황진이를 제자로 받아들였다. 그녀는 밤마다 거문고를 메고 술을 걸러서 초당에 나타났다. 환술(幻術)에 능한 마등가 여인이 석가모니의 제자 아난을 어루만지듯이, 황진이는 서경덕을 유혹했다. 그녀가 작정하면 무너뜨리지 못할 남자가 없지 않았는가. 하지만 화담은 요지부동이었다. 유혹이 계속되었지만 스승은 태산처럼 우뚝했다.

황진이는 그를 진정한 스승으로 받아들이고 내심 흠모하기 시작했다. 화담선생도 '가부장의 나라' 조선에서 꿋꿋하게 독립적인 여성의 길을 걷는 황진이를 어여삐 여겼다. 그들의 사랑은 자연 속에서 도를 구하며 깊어갔다. 형체 없는 오묘한 형체를 보고, 소리 없는 미묘한 소

리를 들으며 무르익었다. 대유학자와 명기(名妓)의 격조 높은 사랑이
었다.

조선왕조 발단은 기생 치정극

황진이의 사랑법을 이야기하려면 먼저 기생이 어떤 사람들인지 알아
야 한다. 기생은 원래 양수척(楊水尺)이라는 유민 집단에서 비롯됐다고
한다. 양수척은 여진 등 북방 이민족의 후예로 통일신라시대부터 흘러
들었다. 그들은 한곳에 정착해 농사를 짓지 않고 이곳저곳 떠돌아다니
며 임시적인 밥벌이를 했다. 양수척은 버드나무로 바구니 따위를 엮어
판다고 해서 붙여진 이름이다.

그런데 고려가 후삼국을 통일할 무렵 새로운 유민들이 가세했다. 신
라와 후백제가 멸망할 때 복속을 거부하고 길을 나선 무리였다. 양수
척의 머릿수가 늘어나면서 밥벌이도 다양해졌다. 가축을 도살하고, 가
죽신을 만들고, 거리 공연을 벌이고, 구걸을 했다. 백정, 갖바치, 광대,
각설이 등 사회적으로 천대 받는 직업들이 하나둘 생겨났다.

그 가운데 하나가 '유녀(遊女)'였다. 이 '노는계집'들은 호족이 베푸는
연회 자리에서 흥을 돋우는 일을 했다. 처음에는 술을 부어주고 웃음
을 파는 단순한 임무(?)를 맡았을 것이다. 그런데 나라에서 팔관회를
개최하고 지역마다 연등회가 열리면서 사정이 달라졌다. 이른바 '여악
(女樂)'이 장려되었기 때문이다.

고려 여악은 팔관회와 연등회 같은 행사에서 여인들이 노래, 춤, 연

주 등을 담당한 것이다. 이런 큰 행사의 여악은 수준 높고 세련되어야 한다. 양수척을 중심으로 천민 여성들이 대거 동원되어 훈련을 받았다. 이 땅에 전문적인 여성 예인 집단이 본격적으로 등장한 것이다. 이 여인들이 바로 '기생'이다.

기생은 '해어화(解語花)', 말을 알아듣는 꽃이라고도 불렀다. 이 호칭은 당나라 현종과 양귀비의 고사에서 나왔다. 현종은 "연꽃의 아름다움도 해어화에는 미치지 못한다"라며 양귀비의 아름다움을 극찬했다. 고려와 조선의 해어화들은 아름다운 재주로 지배층 남성들에게 풍류를 제공하고 사랑을 듬뿍 받았다.

유명 기생들은 당대의 권력자들이 끼고돌았는데, 그것이 역사를 바꾸는 사건으로 이어지기도 했다. 1196년에 터진 무신 최충헌의 정변은 자운선이라는 기생이 한몫했다. 자운선은 처음에 권력자 이의민의 아들 이지영에게 총애를 받았다. 이의민은 이의방, 정중부, 경대승에 이어 1183년 무신 정권의 권좌에 올랐다. 천민 출신이지만 힘으로 군부를 장악하고 고려 최고의 권력을 거머쥔 것이다. 이지영은 아버지의 권세를 등에 업고 마음대로 횡포를 부렸는데, 덕분에 자운선이 온갖 부귀영화를 누렸다.

남자들이란 마음에 드는 여자에게 과시하기를 좋아한다. 기생 자운선에게 흠뻑 빠진 이지영은 엄청난 선물을 했다. 평안도 일대의 양수척에게 공물을 받도록 해준 것이다. 원래 양수척은 유랑 집단이기에 호적도 없고 세금도 안 낸다. 그런데 일개 기생 때문에 강제로 호적에 오르고 공물까지 바치게 된 것이다.

이의민 부자가 권력을 남용하자 이윽고 무신 최충헌이 반기를 들고

정변을 일으켰다. 사실 그는 예전부터 이지영의 총기 자운선을 마음에
두고 있었다고 한다. 정변이라고 해서 꼭 정치적인 이유로만 발생하는
것은 아니다. 좋아하는 여자를 곁에 두고 싶은 욕심도 난을 일으키는
동기 가운데 하나라고 볼 수 있다. 동물원의 원숭이 무리를 보라. 수컷
들은 두목 원숭이가 되기 위해 싸운다. 그래야 암컷들을 독점할 수 있
기 때문이다. 권력욕과 색욕은 수컷에게 동전의 양면 같은 본능이다.
최충헌도 이의민과 이지영을 살해한 다음 냉큼 자운선을 첩으로 삼았
다. 이 기생첩을 어찌나 예뻐했는지 원하는 것은 무엇이든 들어주었다.

　자운선은 재물을 밝히는 여인이었다. 그녀는 평안도의 양수척으로
부터 더 많은 공물을 받고 싶어 했다. 전에는 대충 단체로 바치도록 했
는데, 이제는 사람 수대로 꼼꼼하게 공물을 챙겼다. 기생의 창고에 재
물이 쌓이는 만큼 양수척의 불만도 차올랐다. 급기야 양수척은 고려를
배신하고 침략자의 편에 서게 되었다.

　1216년 요나라의 후예를 자처하는 거란족 유민들이 압록강을 넘어
고려로 쳐들어왔다. 금산, 금시 두 왕자가 끌고 온 거란 병력은 무려 9
만 명을 헤아렸다. 평안도 일대의 양수척은 얼씨구나 하고 거란의 길
잡이 노릇을 했다. 그동안 자운선에게 공물을 털리며 꾹꾹 눌러온 불
만을 이적 행위로 앙갚음한 것이다.

　평안도 일대에서 고려군과 거란군의 공방전이 벌어졌다. 양수척으
로부터 정확한 지리 정보를 입수한 거란족은 고려의 요충지들을 손쉽
게 탈취했다. 그 무렵 양수척의 서찰 한 통이 고려 조정에 날아들었다.
자기들이 거란 편에 붙은 것은 자운선의 횡포 탓이니 이 기생을 죽인
다면 다시 고려를 돕겠다는 내용이었다. 사태가 이렇게 된 이상 천하

의 최충헌이라도 어쩔 수 없었다. 그는 자운선을 차마 죽이지는 못하고 고향으로 돌려보냈다.

이 뒤늦은 조치가 어떤 효력을 발휘했는지는 알 수 없다. 고려는 몽골군의 도움까지 받아 1219년에야 거란족 유민들을 완전히 진압했다. '위대한 정복자' 칭기즈칸이 일으켜 세운 몽골제국은 1215년 북중국을 지배하던 여진족의 나라 금(金)을 복속시켰다. 북방의 패자가 된 몽골은 질서 회복 차원에서 고려로 도망간 거란족 잔당들을 소탕한 것이다.

그러나 이 도움은 공짜가 아니었다. 몽골은 그 후 여러 차례 사신을 보내 대가를 요구했고, 고려가 거절하자 1231년 전면적인 침략을 감행했다. 고려의 대몽 항쟁은 그렇게 서막을 올렸다. 만약 기생 자운선이 양수척의 불만을 사지 않았다면 어땠을까? 이 전란을 피하거나 조금이라도 늦출 수 있었을까?

고려의 멸망과 조선의 건국도 알고 보면 기생이 간여했다. 조선 태조 이성계는 왜구, 홍건적, 원나라 잔당 등 외적들을 물리침으로써 새 역사의 주역으로 떠올랐다. 함경도에 뿌리 내리고 여진족을 아우르는 강력한 군대를 육성한 덕분이었다. 그럼 전주 이씨인 이성계 일족은 어째서 머나먼 변경 지역까지 흘러갔을까? 그 발단은 기생이 낀 치정 사건이었다.

이성계의 4대조 이안사(뒤에 목조로 추존)는 원래 전주의 토호였다. 그는 '애기'라는 기생을 아끼고 사랑했다. 애기 또한 호걸 이안사를 따랐다. 그런데 전주에 새로 산성별감이 부임하면서 갈등이 빚어졌다. 개경에서 온 벼슬아치는 시골뜨기 토호를 깔보고 애기를 빼앗으려고 했다. 격분한 이안사는 그만 관리를 두들겨 패고 말았다. 그것은 목숨을 보전하기 힘든 큰 죄였다. 관아에서 체포령이 떨어졌고 그는 애기를 데리고 도망쳤다.

강원도 삼척을 거쳐 두 사람이 이른 고장은 함경도 경흥, 고려의 행정력이 미치지 못하는 곳이었다. 여기서 이안사는 여진족과 어울리며 좋은 평판을 얻었다. 그 무렵 철령 이북 땅이 원나라에 넘어가면서 쌍성총관부가 설치되었다(1258). 함경도와 두만강 일대가 몽골 지배 아래로 들어가자 이안사는 원나라에 투항했다. 그는 군부에서 실력을 인정받고 알동천호에 임명되었다. 천호(千戶)는 병사를 1,000명 거느릴 수 있는 직책이었다. 그 후 이씨 집안은 원나라 무관직을 대대로 세습하며 동북면(東北面)의 군벌로 성장했다.

이 집안이 다시 고려로 돌아온 것은 1356년의 일이었다. 이 해에 고려 공민왕은 철령 이북 땅을 탈환하기 위해 쌍성총관부 공략을 명했다. 이성계의 아버지 이자춘은 고려에 협력해 쌍성총관부를 무너뜨리는 데 앞장섰다. 원나라가 멸망해가는 시대 흐름을 읽고 조상의 나라 고려를 택한 것이다. 이씨 집안은 국토 수복에 결정적인 공을 세우고 고려의 변방을 수호하는 무가(武家)로 다시 태어났다.

조선 세종 때 지은《용비어천가》는 '육룡이 나르샤' 창업의 터전을 닦았다고 노래한다. 이안사, 이행리, 이춘, 이자춘, 이성계, 이방원. 이렇게 6대에 걸쳐 공력을 쌓았기에 조선을 건국하고 새 역사를 창조했다는 얘기다. 그런데 그 위대한 업적의 시초가 기생으로 인한 치정 사건이었다니……. 누누이 말하지만 역사는 거창한 게 아니다. 위대함 속에 소소함이 있고, 소소함 속에 위대함이 있다.

유교 국가 조선은 기생을 제도적으로 엄격하게 통제했다. 관기(官妓)
이든 아니든 관청에 등록된 기생만이 영업을 할 수 있었다.

  조선시대 기생은 팔천(八賤)의 하나로 노비, 백정, 광대, 무당, 승려,
상여꾼, 장인(匠人)과 함께 최하층 천민을 이뤘다. 이 신분은 대물림했
는데 아버지가 양반이라도 어머니가 기생이면 아들은 노비, 딸은 기생
이 되어야 했다. 천민 신분을 벗는 방법도 있었다. 기생이 양반이나 양
인의 첩으로 들어가 재물을 내놓으면 기적(妓籍, 기생 명부)에서 이름을
지워주었다. 또 딸이나 조카딸을 자기 대신 기적에 올리고 기생을 그
만두기도 했다. 그 '기생딸'은 대부분 팔려온 여자아이들이었다. 먹고
살기 힘드니까, 입 하나 줄이려고 부모가 인신매매를 한 것이다.

  기생은 어린 시절부터 수업을 통해 여성 예인으로서의 재주와 소양
을 갈고 닦았다. 도성은 장악원이, 지방은 교방이 기생 수업을 담당했
다. 장악원은 궁궐에서 음악과 무용을 관장하는 관청이었고, 교방 또
한 지방 관아에서 같은 업무를 맡은 곳이었다. 국가가 연예기획사 노
릇을 한 셈인데 그 수혜자는 특권층 양반들이었다. 기생들을 잘 가르
쳐야 양반님네 연회 자리가 즐거울 게 아닌가.

  수업에서 가장 큰 비중을 차지한 것은 노래와 춤, 연주였다. 기생의
주요 업무가 연회의 흥을 돋우는 일이었기 때문이다. 조선 후기 풍물
가사 〈한양가〉는 별감들의 승전놀음에서 기생들이 어떻게 분위기를
띄웠는지 상세히 묘사하고 있다.

거상조 나린 후에 소리하는 어린 기생 / 한 손으로 머리 받고 아미를 반쯤 숙여 / 우조라 계면이며 소용이 편락이며 / 춘면곡 처사가며 어부사 상사별곡 / 황계타령 매화타령 잡가 시조 듣기 좋다 / 춤추는 기생들은 머리에 수건 매고 / 웃영산 늦은 춤에 중영산 춤을 몰아 / 잔영산 입춤 추니 무산 선녀 나려온다 / 배떠나기 북춤이며 대무 남무 다 춘 후에 / 갑사 군복 홍수 달아 남수화주 긴 전대를 / 허리를 잔뜩 매고 상모단 노는 칼을 / 두 손에 빗겨 지고 잔영산 모든 새면 / 항장의 춤일런가 가슴이 서늘하다[43]

여기서 우조, 계면, 소용, 편락 등은 시조에 곡을 붙인 가곡들이다. 춘면곡, 어부사, 상사별곡, 매화타령 등 12가사는 적벽가, 제비가, 소춘향가, 선유가 등 12잡가와 함께 조선시대 기방에서 즐겨 부른 노래들이다. 입춤은 오늘날의 막춤이다. 대무는 남녀가 마주 보고 추고, 남무는 남색 옷 입고 추고, 북춤은 북 치면서 춘다. 피날레인 검무는 군복 차림으로 칼을 휘두르는데《초한지》에서 항우가 유방에게 베푼 '홍문연(鴻門宴)'이 떠오른다. 영산회상은 불교 성악곡이 연주곡으로 바뀐 것이다. 웃영산, 중영산, 잔영산으로 변주를 하는데 가야금이나 거문고를 자유자재로 뜯어야 분위기가 산다. 여기에다 대금, 해금, 장구 등을 곁들이면 흥이 달아오른다.

웅대의 디테일은 대개 퇴기(退妓, 은퇴한 기생)들이 가르쳤다. 어린 기생들은 업계 선배로부터 팔목에 돌을 올리고 술 따르는 법을 익혔고, 머리에 베개를 이고 걷는 법을 고쳤다. 몸단장도 중요했다. 기생은 직업 특성상 사대부가 규수들처럼 비단옷을 입고 노리개를 찰 수 있었다. 대신 분대화장(粉黛化粧)이라고 해서 볼에 분을 잔뜩 바르고 눈썹은 청흑색의 먹으로 진하게 그렸다. 그것은 웃지 않아도 웃는 것처럼 보이는 화장법이었다. 기생의 얼굴은 언제나 화사한 봄날이어야 하니까.

기생의 기생다움은 무엇보다 속마음을 감추는 데 있었다. 점잖은 선비도 술 먹으면 개가 되기 일쑤다. 무뢰배가 행패를 부려도 참는 게 기생의 미덕이다. 조선 중기의 명기 이매창이 지은 한시를 보면 행패마저 은정(恩情, 베푸는 정)으로 승화시키는 경지에 이른다.

취한 손님이 명주 저고리 옷자락을 잡으니
그 손길에 저고리가 소리 내며 찢어졌군요
명주 저고리 하나쯤이야 아까울 게 없지만
임이 주신 은정마저 찢어졌을까 두려워요[44]

반대로 손님에게 눈이라도 치뜨면 사납다고 해서 업계에서 매장되었다. 그래서 퇴기들은 회초리를 부러뜨려가며 눈을 다소곳이 내리까는 법을 가르쳤다. 항상 웃고 있는 분대화장 속에 슬픔, 괴로움, 아픔, 분노를 모두 감추게 한 것이다.

수업을 다 받은 기생은 15살이 되면 성인식을 치르고 정식으로 데뷔했다. 양반이나 부유한 양인들에게 풍류를 제공하는 삶이 시작되는 것이다. 직업적인 목표는 분명했다. 기생들은 대부분 좋은 남자 만나 첩으로 들어가서 팔자 고치기를 바랐다. 반면 지배층 남성들은 이 여성 예인들과 정을 통하고는 바람처럼 떠나버렸다.

송강 정철은 귀양살이 가서도 기생을 찾을 만큼 호색한이었다. 1591년 광해군을 세자로 삼아야 한다고 주장했다가 선조에게 미움을 산 그는 평안도 강계로 유배를 떠나야 했다. 그곳에서 정철은 진옥이라는 기생과 어울리며 즐거운(?) 나날을 보냈다고 한다. 어느 날 진옥의 가야금 반주에 맞춰 송강이 낯 뜨거운 '19금' 시조창을 했다는데……

옥(玉)이 옥이라커늘 번옥(燔玉)만 여겼더니
이제야 보아하니 진옥(眞玉)일시 적실하다
내게 살송곳 있더니 뚫어볼까 하노라[45]

이 시조에서 번옥은 돌가루를 구워 만든 옥이고, 진옥은 자연산 옥을 말한다. 기생 진옥의 이름에 빗대 추켜세운 것이다. 그런데 옥을 세공할 때는 송곳을 써야 한다. 그 송곳이 남근을 비유하는 '살송곳'이라니, 음란마귀가 들렸다.

기생 진옥도 만만치 않았다. 송강의 시조창에 이렇게 답했다.

철(鐵)이 철이라커늘 섭철(鑷鐵)만 여겼더니
이제야 보아하니 정철(正鐵)일시 분명하다
내게 골풀무 있더니 녹여볼까 하노라[46]

육담에는 육담으로 응해야 하는 법. 섭철은 불순물이 섞인 쇠고, 정철은 순수한 쇠다. 역시 정철의 이름으로 칭송한 것이다. 그리고 철을 제련할 때는 풀무를 쓴다. 그 풀무가 '골풀무'라면……. 송강의 외설 시조에 진옥도 19금 시조창으로 능청스럽게 장단을 맞춘 것이다. 자유롭고 발칙한 해학이요, 문학적 상상력이다.

이 시조들이 수록된 조선 후기 가곡집 《근화악부(槿花樂府)》에는 '송강 정철과 기생 진옥이 서로 권하고 화답한 것(鄭松江與女妓眞玉相酬答)'이라는 작품 설명이 붙어 있다. 연애 현장에서 즉흥적으로 시문을 주고받았다는 뜻이다.[47] (송강과 진옥만큼 근사하기는 쉽지 않겠지만) 조선시대 양반과 기생들은 이런 식으로 사랑을 나눴다.

하지만 그들의 연애는 대부분 오래 가지 못했다. 서로 호감을 느끼고 열망에 사로잡힌다고 해도 그것은 한여름 소낙비와 같은 것. 사랑도 한바탕 퍼붓고 지나가곤 했다. 황진이가 노래하지 않았는가.

"인걸도 물과 같도다, 가고 아니 오노매라."

톱스타의 사랑과 이별

황진이는 사회적으로 천대받는 기생임에도 불구하고 잘나가는 양반 남성들과 활발하게 교류했고 심지어 존중까지 받았다. 그 비결로 무엇보다 탁월한 시조와 한시를 꼽지 않을 수 없다. 시조 6수와 한시 4수가 《청구영언》, 《해동가요》 등에 전해지는데 지금 봐도 천부적인 기지와 매력이 구구절절 느껴진다.

황진이의 시는 남자에 연연하는 법이 없다. 이매창처럼 '이화우 흘러갈 제 울며 잡고 이별'하거나 '천리에 외로운 꿈만 오락가락'하지 않는다. 오히려 '인걸이 물과 같이 흘러가서 아니 옴'을 담담하게 읊는다. 기생의 사랑이 덧없음을 그녀는 누구보다 잘 알고 있었다. 그 쓸쓸한 감정선이 시에 도도히 흐른다.

자신이 지은 시조를 황진이는 거문고를 타면서 노래 불렀다. 오늘날로 치면 '싱어송라이터'라고 볼 수 있다. 그녀는 당대의 연예계 톱스타였다. 특히 18살 전후로는 최전성기였을 터. (기생은 20살이 되면 끝물이고 20대 중반에는 대개 은퇴한다.) 황진이를 만나보기 위해 양반 사회가 후끈 달아올랐다.

물론 삐딱선을 타는 사람도 있었다. 왕실 종친이자 당대의 기린아인 벽계수는 이 기생을 깎아내렸다고 한다. 자기는 헛된 이름에 끌리지 않는다고 장담했다. 아녀자를 끌어들여 고고한 지조를 과시하려 한 것이다. 황진이는 코웃음을 치고 벽계수를 시험했다. 우선 사람을 시켜 달밤에 경치 좋은 곳으로 유인했다. 왕실 종친이 나귀를 타고 나타나자 그녀가 밝은 달 아래서 노래를 불렀다.

청산리 벽계수야 수이 감을 자랑 마라
일도창해(一到蒼海)하면 다시 오기 어려워라
명월(明月)이 만공산(滿空山)하니 쉬어 간들 어떠리[48]

여기서 '명월', 즉 밝은 달은 황진이의 기명(妓名)이다. 벽계수는 월하미인(月下美人)의 노래에 취해 나귀에서 떨어졌다고 한다. 그제야 황진이는 배시시 웃으며 이래도 끌리지 않느냐고 비꼬았다. 그녀의 성품을 가늠할 수 있는 대목이다.

추풍에 지는 잎 소리야 낸들 어이 하리오

가정(嘉靖) 초 송도에 이름난 기생으로 진이(眞伊, 황진이)라는 자가 있었는데, 여자이면서도 뜻이 크고 높았으며 호협한 기개가 있었다.[49]

조선 선조~광해군 때의 문신 유몽인은 《어우야담》에 명기 황진이의 이야기를 다루며 '호협(豪俠)한 기개(氣槪)'가 있었다고 소개한다. 호방하고 의협심이 있으며 씩씩한 기상과 꿋꿋한 절개를 지녔다고 하니, 오늘날 연상하는 기생 이미지와는 크게 다르다. 오히려 그 시절 유학자들이 꿈꾸던 이상적인 선비상에 가깝다. 그녀는 '뜻이 크고 높은' 여자 선비였다. 왕실 종친에게도 꿀리지 않는 거침없는 행적이 이해가 간다.

황진이의 생몰년도는 불분명하다. 하지만 그녀가 가정(嘉靖, 명나라 황제 연호) 초에 이름을 날렸다면 1520년대에 기생으로 정점을 찍었을 것이다.[50] 《어우야담》이 1620년에 나왔으므로 유몽인은 100년 전 여인을 높이 평가한 셈이다. 과거시험에 장원급제하고 도승지와 이조참판을 지낸 엘리트 선비의 전언이다. 황진이가 선비들에게 어떤 존재였는지 알 수 있다. 그들은 미모나 교태가 아니라, 그녀의 기개와 뜻을 흠모했다.

1520년대에 한창 글재주를 뽐내던 문신 소세양은 황진이를 두고 친구와 내기를 벌였다고 한다. 자기는 여색에 유혹당하는 선비가 아니라면서 그 징표로 황진이와 30일간 동거한 다음 미련 없이 떠나겠다고 한 것이다. 만약 하루라도 더 지체한다면 사람 취급하지 말라며 큰소리까지 쳤다. 소세양은 과연 톱스타 기생에게 교제를 청했다. 그런데 황진이는 이 허풍쟁이 샌님이 마음에 쏙 들었던 모양이다. 그 무렵 소세양은 뛰어난 시인으로 명나라에까지 이름을 떨치고 있었다. 그 시재(詩才)에 이 재녀(才女)가 반한 것이다.

눈 맞은 두 사람은 30일 기한을 정하고 동거에 들어갔다. 이윽고 기한이 다 되자 소세양은 친구와 내기한 대로 황진이에게 이별을 선포했다. 그녀의 반응은 뜻밖에 담담했다. 별로 애석해 하는 빛도 없이 누각에 송별연 자리를 마련하는 것이었다. 둘이서 이별주를 주거니 받거니하던 중에 소세양이 물었다.

"너는 작별이 슬프지 않느냐?"

황진이는 희미한 미소를 지으며 그를 물끄러미 바라보았다. 그리고는 가만히 한시를 읊조렸다. 〈봉별소판서세양(奉別蘇判書世讓, 소세양 판서를 보내며)〉다.

달빛 아래 오동잎 모두 지고 月下梧桐盡

서리 맞은 들국화는 노랗게 피었구나 霜中野菊黃

누각은 높아 하늘에 닿고 樓高天一尺

오가는 술잔은 취해도 끝이 없네 人醉酒千觴

흐르는 물은 거문고 소리와 함께 차갑게 식겠지만 流水和琴冷

봄에는 매화 향기가 피리 소리에 서려 그윽하리라 梅花入笛香

내일 아침 우리 서로 이별한 후에도 明朝相別後

사무치는 정 물결처럼 끝이 없으리 情與碧波長[51]

이 한시를 접한 소세양은 "나를 사람 취급하지 않아도 좋다"라며 그녀의 집에 며칠 더 머물렀다고 한다. 미련이 남았다기보다는 멋진 시에 대한 경배가 아니었을까? 그는 톱스타 기생이 아닌 훌륭한 예술가로 황진이를 예우하고 존중한 것이다.

황진이는 예술적으로 소통이 가능한 예인에게 마음을 열었다. 공감대만 형성되면 신분은 높든 낮든 상관하지 않았다. 이사종은 여기저기 왕명을 전하는 하급 관리로 노래를 끝내주게 잘 불렀다. 하루는 임무를 수행하러 길을 나섰다가 송도 인근 역에서 시원하게 목청을 뽑냈는데, 한 기생이 다가와 '앵콜'을 청하였다. 황진이였다.

선전관 이사종은 가곡을 잘 불렀다. 일찍이 사명을 받들고 송도에 다녀오는 길에 천수원 시냇가에서 안장을 풀고 휴식을 취했다. 그는 관을 벗어 배 위에 얹고서 누운 채로 가곡 두서너 곡을 큰 소리로 불렀다. 때마침 길을 가던 진이가 천수원에서 쉬다가 그 노랫소리를 귀 기울여 듣고는 말했다.

"이 노랫가락이 매우 특이하니 평범한 촌사람의 천한 곡조가 아니다. 내 듣기에 서울에 풍류객 이사종이 있어 당대의 명창이라고 하던데, 필시 이 사람일 것이다."

사람을 시켜서 찾아보도록 했더니 과연 이사종이었다. 이에 곁으로 자리를 옮겨 정성을 다해 대접했다. 이사종을 제 집으로 데려와 며칠 머물게 하고는 진이가 말했다.

"마땅히 그대와 함께 6년을 살아야 하겠습니다."

이튿날 진이는 3년 동안 살림살이 할 재물을 이사종의 집으로 옮겼다. 위로 부모를 섬기고 아래로 처자식을 돌보는 비용을 모두 자기가 마련하였다. 진이는 소매를 걷어 붙이고 온갖 집안일을 도맡아 첩의 예를 다하였다. 3년 후부터는 거꾸로 이사종이 진이 일가를 먹여 살리며 지난 노고를

깊았다. 이윽고 6년이 흘러 약속된 기일이 되자 진이는 작별을 고했다.

"업이 이미 이루어졌습니다."⁵²

황진이와 이사종, 두 예인은 음률로 소통하며 서로에게 빠져들었다. 황진이도 어느새 20대 중반, 은퇴를 고려할 나이였으리라. 그녀는 결단을 내렸다. 이사종의 첩이 되기로 한 것이다. 황진이는 그와 6년간 동거했다. 그런데 동거 방식이 특이하다. 3년은 그녀가 이사종과 그 가족에게 헌신하고, 3년은 그가 황진이와 그 일가를 책임졌다. 독립적인 여성으로서 이사종과 대등한 관계를 맺고, 황진이는 사랑을 뜨겁게 불태웠다. 그 충만한 애정이 이 시조에 담겼다고 상상해 본다.

동짓달 기나긴 밤을 한 허리를 버혀 내어
춘풍 이불 아래 서리서리 넣었다가
어론 님 오신 날 밤이여든 구뷔구뷔 펴리라⁵³

동짓달 긴 밤의 한 자락을 베어 봄바람 이불 아래 포개어 두었다가 사랑하는 임이 오면 이부자리처럼 펴겠다니. 낭군과 일분일초라도 더 정을 나누고픈 여인의 마음이란…… 목하 열애 중인 황진이의 시심은 얼마나 센스 넘치는가. 하지만 기생이자 시인으로서 그녀가 가진 힘의 원천은 이별의 정서에 있다. 6년 기한이 이르자 황진이는 미련 없이 이사종의 곁을 떠났다. 남자에게 매달리지 않은 것이다.

삶은 결국 홀로서기임을 30대의 퇴기는 깨달았다. 임은 흐르는 물과 같이 왔다가 가고 자신은 저 산처럼 언제나 그 자리에 있다.

청산(靑山)은 내 뜻이오 녹수(綠水)는 님의 정(情)이

녹수 흘러간들 청산이야 변할 손가

녹수도 청산을 못 잊어 우러 예어 가는고[54]

산은 옛 산이로되 물은 옛 물이 아니로다

주야에 흐르거든 옛 물이 이실소냐

인걸도 물과 같도다, 가고 아니 오노매라[55]

세속의 규범을 떠나 자연 속으로

인생을 덧없게 여긴 황진이는 자연 속을 노닐면서 자유롭게 살기로 했다. 경치 빼어나고 운치 그윽한 곳을 찾아 유람 길에 나선 것이다.

　진랑(眞娘, 황진이)은 개성에 살던 여자 소경의 딸이다. 성품이 쾌활해서 남자와 같았으며 거문고에 능하고 노래를 잘했다. 일찍이 산수(山水) 간에 놀기를 좋아해 풍악산(楓嶽山, 금강산)으로부터 태백산, 지리산을 지나 금성(錦城, 나주)에 이르렀다. 마침 그 고을 원이 잔치를 베풀어 감사를 대접하고 있었다. 노래하는 기생이 좌석에 가득한데 진랑이 떨어진 옷, 때 묻은 얼굴로 상좌에 나가 앉았다. 이를 잡으면서 태연히 노래하고 거문고를 타는데 조금도 부끄러워하지 않으니 여러 기생들은 기가 질렸다.[56]

허균은 유배 시절 쓴《지소록(識小錄)》에서 황진이를 이렇게 묘사했

다. 금수강산을 떠돌다가 거지 같은 몰골로 지방 수령들의 잔치에 참석했는데도 당당하고 쾌활하다. 태연하게 이를 잡으면서 거문고와 노래 솜씨로 흥을 돋운다. 그 무엇에도 구애받지 않는 자유로움이 뿜어져 나온다. 삶에 달관한 모습이다. 도인이 다 되었다.

허균의 부친 허엽은 화담 서경덕의 애제자였다. 《지소록》에 남긴 기록은 그가 아버지에게 들은 이야기일 것이다. 황진이도 화담에게 가르침을 받았으니 허엽과는 동문인 셈이다. 이 이야기는 그래서 단순한 풍문이 아니라 신뢰할 만한 증언으로 보인다.

서경덕은 격물(格物), 즉 만물의 이치를 파고드는 성리학의 도에 심취했다. 그의 도학은 송악산의 '화담(花潭)' 연못에서 활짝 꽃피었다. '꽃못'을 뜻하는 이 연못 이름을 자신의 호로 쓰며 제자들을 길러냈다. 허엽을 비롯해 《토정비결》로 유명한 이지함, 선조 때 영의정을 지낸 박순, 조선 양명학의 시조 남언경 등이 그의 문인들이다.

화담은 제자를 받을 때 신분에 크게 얽매이지 않았다. 적자냐 서자냐 따지지 않았고, 천민이라도 싹수가 보이면 기꺼이 가르쳤다. 기생 황진이와 사제의 연을 맺은 것도 서경덕이라면 이상할 게 없다. 두 사람은 각자 격물과 시심으로 초월적 경지에 이르렀다. 서로 다른 분야지만 도가 통하면 상대를 인정하고 끌리게 돼 있다

서경덕은 공맹이나 주자 같은 성현의 말씀을 교조적으로 좇지 않았다. 자기 스스로 만물의 이치를 통찰하려고 한 것이다. 뭔가에 꽂히면 그 글자를 벽에 붙여놓고 궁극의 깨달음을 얻을 때까지 묵묵히 앉아서 사색했다. 먹고 자는 것도 잊은 채 이치를 파고들다가 마침내 깨달음이 있으면 경전과 맞춰 보았다.

화담은 우주 공간에 충만한 기(氣)를 탐구 대상으로 삼았다. 생성하고 소멸하는 모든 것은 무한히 변화하는 기의 율동이다. 이(理)는 주재하는 원리이며 기에 종속되어 있다. 따라서 우주 만물은 원리에 따라 기가 모이고 흩어지는 현상으로 설명할 수 있다. 현대인에겐 낯선 얘기 같지만, 사실 영화나 드라마 같은 데서 자주 접하는 개념이다. 오늘날 우리가 상상하는 도술을 떠올려보자. 기가 한데 모이면 물건이 이루어지고, 흩어지면 그 물건이 사라진다. 생명, 곧 죽고 사는 문제도 같은 이치다. 단, 죽더라고 기가 흩어질 뿐 소멸하지는 않는다. 이런 논리라면 세상에 귀신이 존재한다고 해도 이상할 것이 없다. 화담은 이렇게 학설로 도술을 부렸다. 제자 목록에 전우치가 거론되는 까닭이다.

도사에게 벼슬은 그저 거추장스러운 짐이었다. 《논어》에서는 '세상에 도가 있으면 나아가 벼슬하고, 도가 없으면 물러나 은둔한다'라고 했다. 이것이 바로 유학자의 출처관(出處觀)이다. 16세기 조선 선비들은 조정에 출사하느냐 학문을 닦느냐, 고민했다. 되풀이되는 사화 때문이었다. 뜻있는 선비들은 산중에 초당을 짓고 성리학에 몰두했다.

서경덕은 1519년 조광조와 기묘사림이 추진한 현량과에 우선순위로 천거되었으나 시험장에 나아가지 않았다. 1531년에는 어머니의 간곡한 청으로 생원시에 응시해 장원을 차지했는데 성균관 수학 도중 짐을 쌌다. 1544년에도 효행과 학문이 있다 해서 후릉참봉이라는 관직이 내려졌지만 극구 사양했다.

화담은 벼슬아치가 아닌 산중처사(山中處士)의 길을 선택했고, 스스로 깨달음을 얻는 즐거움에 도취해 살았다. 양식이 떨어져 솥에 이끼가 끼었지만 얼굴에 조금도 굶주린 빛이 없었다고 한다. 빼어난 산수를 만나면 눈을 샛별처럼 반짝이며 일어나서 춤을 추었다. 항상 만족하고 기뻐해서 세속의 이해득실과 영욕이 그의 가슴속에 들어가지 못했다.

서경덕은 세속의 규범을 벗어나 무한한 자유를 추구했다. 한자로 '자유(自由)'는 '스스로 말미암음'을 뜻한다. 산중처사로서의 삶이 그러하다. 하지만 자유에는 대가 또한 따르는 법이다. 이단 취급하는 유학자들의 시선 말이다. 실제로 화담은 이황에게 호된 비판을 받았다. 그의 기일원론(氣一元論)이 주자의 생각과 어긋나 미덥지 못하고 잡되다는 것이었다. 그러나 서경덕에게는 성현이나 경전을 따르기보다 자연, 즉 본래 상태로 돌아가는 것이 훨씬 중요했다. 죽음 또한 다르지 않았다.

만물의 이치를 보면 달이 차고 기우는 것과 같다.
시작에서 끝으로 돌아가니 항아리 치며 노래한 뜻을 알겠다.
아, 인생이 방랑 같다는 것을 아는 이 얼마나 되는가.
제 집으로 돌아가듯 본래 상태로 돌아가는 것이 죽음일지니.[57]

이 시에서 항아리 치며 노래한 것은 장자(莊子)가 아내를 잃었을 때의 일화다. 친구 혜시가 의아해 하면서 물었다.

"아내가 죽었는데 슬프지 않은가?"

장자의 대답이 걸작이다.

"죽음은 사계절의 변화처럼 자연스러운 일이네. 만약 슬퍼하면 천명을 어기는 것일세."

달이 차면 기울 듯이 사람 또한 마찬가지다. 그러므로 죽음은 슬퍼

할 일이 아니다. 오히려 방랑을 마치고 제 집으로 돌아가는 것이니 노래를 불러 축하함이 마땅하다. 그것이 우리네 인생이요, 자연의 이치라는 말이다.

황진이가 화담에게 배운 것은 바로 본래 상태, 자연으로 돌아가라는 가르침이었다. 그녀는 이런 스승을 사모하며 닮아간 것 같다. 사실 사회적 지위를 떠나 삶만 놓고 본다면 이 송도 기생만큼 스승을 닮은 제자도 없다. 공자에게 안회가 있다면, 서경덕에게는 황진이가 있다고 할 만하다. 그녀는 화담만큼이나 세속에 얽매이지 않고 허허로웠다. 요즘으로 치면 무전 배낭여행도 다녔다.

진이는 금강산이 천하제일 명산이라는 말을 듣고 한 번 맑은 유람을 하고자 했는데, 함께할 사람이 없었다. 당시에 이생(李生)이라는 사람이 있었는데 재상가의 아들이었다. 그는 사람됨이 호탕하고 속기(俗氣)가 없어서 방외지유(方外之遊)를 함께할 만했다. (중략)

이에 이생에게 하인을 데려오지 말도록 하고 베옷 차림에 초립을 쓰고 직접 양식을 짊어지게 하였다. 진이 자신은 소나무 겨우살이풀로 만든 둥근 모자를 머리에 쓰고 칡베 적삼과 무명 치마를 입고 대나무 지팡이를 짚고서 따랐다. 금강산에 들어가 깊은 곳까지 이르지 않은 데가 없었다.[58]

여기서 '방외지유'란 세속의 규범을 떠난 유람을 말한다. 조선이라는 나라가 여성에게 가한 억압과 구속을 거부하고 황진이는 자연으로 들어가 진정한 자유를 누렸다. 그것은 스승인 화담과 정신세계를 공유하는 일이기도 했다. 어쩌면 두 사람 다 고려의 옛 도읍 송도 출신이라

황진이

세속의 규범, 즉 조선이라는 질서에 얽매이지 않았는지도 모른다. 그 격조 높은 유대감을 황진이는 에둘러서 이렇게 표현했다.

진랑이 일찍이 화담에게 말했다. "송도에 삼절(三絶)이 있습니다." 공이 (궁금해서) 물었다. "무엇이 삼절인고?" 이에 진랑이 답했다. "박연폭포와 선생과 저입니다." 그러자 공이 웃었다.[59]

황진이는 나이 40줄에 생을 마감했다고 한다. 그녀의 잔향은 세상을 떠난 뒤에 은은히 퍼져나갔다. 허균뿐 아니라 유몽인, 이덕형, 이덕무 등 시대를 대표하는 문장가들이 그 발자취를 기록했다. 전설의 톱스타로 오래오래 사랑받은 것이다.

서경덕은 이황, 조식, 이이에 앞서 16세기 성리학의 황금기를 열었다. 주자성리학의 기치를 높이 든 신진 사림은 1567년 선조가 즉위하자 마침내 집권을 이뤄냈다. 이로써 조선은 학문이 곧 정치, 정치가 곧 학문인 '성리학의 나라'를 완성했다. 그러나 성리학의 나라는 붕당정치라는 부작용도 낳았다. 1575년 동서분당(東西分黨)으로 사림이 분열하면서 조선은 수백 년 동안 격렬한 당쟁에 휩싸였다. 자그마한 견해차이 때문에 선비들이 서로 헐뜯고 죽이는, 잔뜩 날선 나라가 되었다.

이것이 본래 문인이자 학자인 선비들이 열망한 세상일까? 어떤 사람들은 환멸을 느꼈다. 사람의 향기가 그리워 그들이 찾은 곳이 황진이의 무덤이었다. 선조 때의 천재 시인 임제도 평안도사 부임길에 이 무덤에 들러 시조 한 수를 남겼다.

추풍에 지는 잎 소리야 낸들 어이 하리오

청초 우거진 골에 자난다 누웠난다
홍안은 어듸 두고 백골만 묻혔나니
잔 잡아 권할 이 없으니 그를 설워하노라[60]

임제는 천한 기생을 기렸다고 해서 부임하자마자 관직을 잃었다. 장래가 촉망되는 관리가 정쟁에 휘말릴 수 있는데도 군이 그녀의 무덤가에서 시를 읊은 이유가 뭘까? 황진이의 삶이 남자냐 여자냐, 양반이냐 기생이냐를 떠나 한 인간으로서 흠모할 가치가 있었기 때문이다.

일개 기생이 거유(巨儒)의 제자가 되어 시를 노래하고 도를 논하는 나라……. 그것이 진정한 성리학의 나라가 아닐까? 사람의 향기 그윽한 인문 세상 말이다.

이혼고백장

"대한 독립 만세!"

1919년 3월 1일 식민지 조선에서 터져 나온 독립 선언과 만세 함성은 자주 국가를 향한 대장정의 첫걸음이었다. 1920년대 상하이에서는 대한민국임시정부가 활약했고, 의열단은 암살과 폭파로 일제의 간담을 서늘하게 했다. 청산리와 봉오동에서는 독립군 연합 부대가 일본군을 궤멸시키며 항일무장투쟁의 새로운 전기를 마련했다. 과연 빼앗긴 들에도 봄은 올 것인가.

그러나 자주 독립의 여정은 간단치 않았다. 사회주의 열풍이 불면서 임시정부는 분열했고, 연해주에 간 독립군들은 참변을 당하며 무너졌다. 국내에서는 문화 통치를 내건 일제가 교묘한 회유책과 이간질로 저항 의식을 무디게 만들었다. 완전 독립이 아니라 일제하 자치를 주장하는 목소리가 높아졌고, 입시 지옥이 열리며 출세주의가 판을 쳤다.

그럼 당시 사회 분위기는 어땠을까? 일제강점기라 어쩐지 우울하고 비장할 것 같지만, 꼭 그렇지도 않았다. 근대는 물질문명의 봄과 함께 찾아왔다. 경성 한복판에 화려한 백화점들이 들어섰고 쇼윈도에는 일본, 미국, 프랑스의 최신 유행 상품들이 즐비했다. 조선박람회가 성황을 이루었으며, 네온사인 간판이 널리 퍼졌다.

1920년대 조선은 '시네마 천국'이었다. 활동사진이 한국인의 고달픈 넋을 어루만졌다. 회색 광선이 스크린 위에서 움직이면 격무에 시달린 하루의 노고가 눈 녹듯 사라졌다. 조선은 일본의 식민지라지만, 밤을 지배한 것은 미국 할리우드 영화였다. 영화 〈아리랑〉이 상영된 단성사에서는 날마다 아리랑 떼창이 울려 퍼졌다.

영화는 생활 문화에도 큰 영향을 끼쳤다. 할리우드 배우 루돌프 발렌티노가 구레나룻을 하면 조선 청년들의 턱에 염소수염이 매달렸다. 서부영화가 인기를 얻자 나팔바지가 유행하기도 했다. 여학생들과 기생들은 다방에 죽치고 앉아 커피를 홀짝홀짝 마셨다. 세상은 이들 모던보이와 모던걸을 '못된 보이', '못된 걸'이라고 꼬집었다.

그 무렵 조선 땅에 이상한 여자들이 나타났다. 단발머리에 모자를 쓰고 양장 차림으로 또각또각 거리를 활보하는 여인들! '신여성(新女性)', 배운 여자들의 혜성 같은 등장이었다. 그들은 자유연애를 추구하며 가부장 사회의 성적인 금기에 도전했다. 그 가운데 정조를 헌신짝처럼 여겨 세상을 발칵 뒤집은 '나쁜 여자' 나혜석이 있었다.

이혼고백장(離婚告白狀)

청구(靑邱) 씨!

 난생처음으로 당하는 이 충격은 너무 상처가 심하고 치명적입니다. 돌이켜보고 참회할 만한 약간의 틈, 약간의 여유도 주지 아니한 당신이 아닙니까? 어리석은 나는 그래도 혹 용서를 받을까 애걸복걸했건만…….. 가슴이 터질 것 같습니다.

 우리 두 사람의 결혼은 '거짓 결혼'이었나요? 결혼할 때 내가 요구한 조건은 이러했습니다. 일생을 두고 지금과 같이 나를 사랑해주시오. 그림 그리는 것을 방해하지 마시오. 시어머니와 전처 딸은 별거케 해주시오. 당신은 무조건 승낙하지 않았나요?

 경성에서 3년, (중국) 안동현에서 6년, 동래에서 1년, 유럽과 미국에서 1년 반 부부 생활을 하는 동안 딸 하나, 아들 셋, 4남매를 얻게 되었습니다. 엄마로, 아내로, 며느리로 눈코 뜰 새 없는 나날이었습니다. 그림은 계속 그렸지만 한 번도 가정을 소홀히 하지 않았습니다.

 내가 출품한 작품이 특선이 되고 입선할 때 당신은 나와 똑같이 기뻐했지요. 모든 사람이 내게 남편 잘 둔 덕이라고 칭송이 자자했습니다. 구미 유람을 떠나게 해준 후원자 중에는 당신의 성공을 비는 것은 물론이요, 나의 성공을 비는 자도 있었습니다.

 C의 성명은 일찍부터 들었으나 처음 대면하기는 파리였습니다. 그를 대접하기 위해 요리하고 있는 나에게 "안녕합쇼" 하는 첫인사는 마

●《삼천리》1934년 8~9월호에 실린 나혜석의 〈이혼고백장〉을 극적으로 재구성했다.

음이 담긴 힘 있는 말이었습니다. 당신은 독일에 가 있고 C와 나는 통역과 함께 3인 동반해 식당, 극장, 뱃놀이, 시내 구경을 다니며 놀았습니다.

C와 이런저런 이야기를 나누다보니 공감하는 점이 많았고 서로 이해하게 되었습니다. 그는 이탈리아 구경을 하고 나보다 먼저 파리를 떠나 독일로 갔습니다. 그 후 쾰른에서 다시 만나 내가 말했습니다.

"공을 사랑합니다. 그러나 내 남편과 이혼은 아니 하렵니다."

그는 내 등을 툭툭 두드리며 수긍했습니다.

"과연 당신의 할 말이오. 나는 그 말에 만족하오."

제네바에서는 어느 고국 친구에게 이런 말을 한 적도 있습니다.

"다른 남자나 여자와 좋아 지내면 오히려 자기 남편이나 아내와 더 잘 지낼 수 있지요."

이와 같은 생각은 필경 자기가 자기를 속이는 것인 줄 모르나 나는 결코 내 남편을 속이고 다른 남자, 즉 C를 사랑하려고 한 것은 아니었습니다. 오히려 남편에게 정이 두터워지리라고 믿었습니다.

조선 남성들 보시오. 남자란 인간들은 참으로 이상하오. 잘나건 못나건 간에 자기들은 본부인과 첩에 몇 집 살림을 하면서 여성에게는 '정조(貞操)'를 요구하고 있구려.

하지만, 여자도 사람입니다! 한순간 분출하는 감정에 흐트러지기도 하고 실수도 하는 그런 사람 말이오. 남편의 아내가 되기 전에, 내 자식의 어미이기 전에 첫째로 나는 사람인 것이오.

맙소사, '이혼고백장'이라니!

이혼이 꽤 흔해진 오늘날에도 여성이 그 내막을 공개하기란 쉽지 않다. 결혼 청산에 너그러운 세태라지만 겉 다르고 속 다른 게 인심이다. 가시 돋친 편견은 여기저기 도사린 채 당사자를 콕콕 찌르기 마련이다. 하물며 이제 막 근대로 접어드는 1934년에 잡지에다 이혼 고백을 하다니 믿기지 않는 일이다. 게다가 나혜석은 당대의 저명한 신여성이었고, 이혼 사유는 자기가 저지른 불륜이었다. 잃을 게 너무 많은 선택 아닌가. 그럼에도 불구하고 구구절절 이혼에 대해 털어놓았다. 그녀가 전하려고 한 메시지는 대체 무엇이었을까? 이 고백, 대단한 용기였을까, 무모한 충동이었을까?

나혜석은 1896년 수원에서 태어났다. 아버지는 시흥군수와 용인군수를 지낸 명망가였다. 슬하에 3남 2녀를 두었는데, 그 가운데 넷이나 일본 유학을 보냈다. 부유하고 교육열 높은 집안 덕에 그녀에게도 기회가 주어졌다. 1913년 18살의 나이로 도쿄여자미술전문학교 양화과(洋畫科)에 입학한 것이다.

우리나라 최초로 외국에서 서양화를 배운 여자. 그 시대 여성으로서는 얻기 힘든 특별한 혜택이었다. 그런데 나혜석은 그림 공부에만 안주하지 않았다. 20세기 초 미국과 유럽에서 불어온 여성해방 열풍에 관심을 보였다.

1911년 일본에서는《세이토(靑鞜)》라는 여성 잡지가 창간돼 여성해방운동의 구심점으로 떠올랐다. 여자들이 만든 여자들의 잡지였는데,

그 자체로 당시의 통념을 깬 파격이었다. 이 거사(?)를 주도한 히라쓰카 라이초(平塚雷鳥)의 창간사는 이후 일본 페미니즘의 상징이 되었다.

'원시 여성은 태양이었다. 진정한 사람이었다. 지금 여성은 달이다. 타인에 의존해 살고 타인의 빛에 의해 빛나는 병자와 같이 창백한 얼굴의 달이다.'

달은 태양의 빛을 받아 빛난다. 이는 가부장 사회에서 남성에게 의존하는 여성의 처지를 비유한 것이다.《세이토》는 여자들이 스스로 빛나는 원시의 태양으로 돌아가야 한다고 주장했다.

남성의 부속품에서 해방되어 자유롭고 독립적인 사람으로 거듭나자는 새로운 여성관. 1913년 일본에서 유학 생활을 시작한 나혜석은 이 신여성론에 깊이 공감했다. 그녀의 호가 정월(晶月), '맑게 빛나는 달'인 이유다.

그러나 초창기 신여성의 길은 상처투성이 가시밭길이었다. 그들은 자신의 삶을 실험 재료로 써야 했고, 세상은 이 당돌한 여자들을 아프게 찔러댔다. 오랜 세월 견고하게 구축된 가부장 사회는 신여성의 등장을 달가워하지 않았다. 남성 중심의 도덕과 법률을 휘두르며 틈만 나면 트집을 잡고 마녀사냥을 했다.

나혜석 역시 유학 시절부터 이 가시밭길을 걸었다. 아버지가 조혼(早婚, 어린 나이에 결혼함)을 강요하며 학비를 끊은 것이다. 그녀는 학교를 휴학하고 1년간 교사로 일하면서 학비를 모았다. 아버지 돈으로 편하게 유학한 게 아니라 신여성으로 살고자 고학생을 자처했다.

연애는 신여성으로 거듭나는 또 하나의 계기였다. 그 무렵 일본에서 공부하던 여자 유학생들은 집안의 강요가 아닌 자신의 의지로 사랑하

는 것을 가장 신여성다운 모습으로 받아들였다. 나혜석은 게이오대학에 다니던 네 살 연상의 시인 최승구와 뜨거운 사랑에 빠졌다.

소월(素月) 최승구. 소월 하면 흔히 〈진달래꽃〉의 김소월을 떠올리는데, 한국 근대문학사에는 또 한 명의 소월이 굵직한 발자국을 남겼다. 최승구는 신체시에서 자유시로 나아가는 근대시의 변천 과정에 누구보다 중요한 역할을 했다. 최남선의 〈해에게서 소년에게〉(1908)와 주요한의 〈불놀이〉(1919)를 잇는 것이 1910년대 최소월의 시다.

남국(南國)의 바다 가을날은
아직도 따듯한 별을 사정(沙汀)에 흘리도다.
젖었다 말랐다 하는 물입술의 자취에
나풀나풀 아득이는 흰나비
봄 아지랑이에 게으른 꿈을 보는 듯.[61]

이 시 〈조(潮)에 접(蝶)〉에서 보듯이 최승구는 다정다감하고 재기발랄한 감성을 시로 표현했다. 〈박사 왕인의 무덤〉 등 민족의 기상을 노래한 시편들도 의미 있지만, 그의 수필 제목처럼 '정감적 생활의 요구'를 담은 작품들이 훗날 유고집이 발표되면서(1982) 각광을 받는다.

신여성 나혜석은 최승구의 다정다감하고 재기발랄한 감성에 끌렸다. 그것은 여자를 부속물로 여기고 복종을 강요하던 전통적인 남성상과 달랐다. 그녀는 최소월에게 마음을 열었고 두 사람은 도쿄의 연인이 되었다. 남녀가 대등한 관계에서 신식 연애를 한 것이다.

문제는 최승구의 건강이었다. 1916년 폐결핵 진단을 받고 귀국한

그는 요양차 형이 군수로 재직 중인 전라도 고흥으로 갔다. 고흥군수 관사에서 남도의 햇살과 바람을 들이마시며 건강을 회복하려고 한 것이다. 그러나 외로움과 그리움 속에서 병세는 나날이 악화되었다. 1917년 최승구의 사촌동생이 나혜석에게 연락을 넣었다. 죽기 전에 한 번만 형을 만나달라는 간절한 부탁이었다. 학기 중이라 여의치 않았지만 그녀는 용케 고흥으로 찾아갔다. 한때 장래를 약속했던 두 사람은 그렇게 마지막 작별 인사를 나누었다.

일본 학교로 돌아온 나혜석은 곧 최소월의 부음을 받았다. 첫사랑을 잃은 상실감과 함께 뼈아픈 자책이 밀려들었다. '내가 그이 곁을 조금만 더 지켰더라면 허망하게 생명줄을 놓지 않았을지도 몰라.' 그녀의 상실감과 자책을 그나마 덜어준 것은 최승구가 죽기 전에 남긴 응원이었다. 그의 유지를 가만히 곱씹어봤다.

"나는 네가 자립적인 여성으로 살길 바란다. 그 말을 해주고 싶어서 부른 거야."

나혜석은 첫사랑의 아픔을 극복하고 꿋꿋하게 신여성의 길로 나아갔다. 1918년에는 도쿄여자유학생친목회 회보《여자계》에 소설 〈경희〉를 발표했다. 일본 유학생인 신여성이 순종적인 구여성을 설득하며 자아를 발견한다는 이야기였다. 이 소설은 가부장 사회의 성적인 금기에 도전한 작품으로 한국 문학사 최초의 페미니즘 텍스트였다.

"계집애도 사람이라 해요. 사내와 같이 돈도 벌 수 있고 사내와 같이 벼슬도 할 수 있어요. 사내가 하는 것은 무엇이든지 할 수 있는 세상이에요."[62]

그녀는 여성이 스스로 실력을 키워 권력을 가져야 한다고 주장했다. 조선의 전통적인 여성상인 '현모양처'도 매섭게 비판한 바 있다. 현모양처가 '여성에게만 요구하는 교육주의'라며 '여자들을 길들여서 노예로 만든다'라고 질타한 것이다. 여성을 주체적인 사람으로 보고자 하는 어린 신여성의 또렷한 관점이었다.

1918년 나혜석은 도쿄 유학을 마치고 귀국해 서울 정신여학교에서 미술 교사로 재직했다. 미술만 가르친 게 아니었다. 1919년 3·1운동이 일어나자 여학생들이 일제에 맞서 자기 목소리를 내도록 도왔다. 나랏일은 남성의 전유물이 아니라는 것이다. 이 때문에 그녀는 만세 시위를 배후 조종했다는 죄목으로 5개월간 옥고를 치러야 했다.

1921년 〈매일신보〉에 기고한 시 〈인형의 가(家)〉는 동시대 남자들에게 적지 않은 충격을 안겨주었다.

내가 인형을 가지고 놀 때
기뻐하듯
아버지의 딸인 인형으로
남편의 아내 인형으로
그들을 기쁘게 하는
위안물 되도다.
아아, 사랑하는 소녀들아
나를 보아
정성으로 몸을 바쳐 다오.
맑은 암흑 횡행할지나

다른 날, 폭풍우 뒤에

사람은 너와 나.[63]

이 시는 노르웨이 극작가 입센의 희곡 〈인형의 집〉을 재해석한 것이다. 나혜석은 가부장 사회에서 인형으로 길들여진 조선 여성을 응시했다. '여자보다 먼저 사람'[64]이라고 외쳤다. 한 사람의 인간인 자기 자신을 찾기 위해 남편과 아이를 두고 집을 나간 〈인형의 집〉 주인공 노라처럼! 나혜석의 삶은 바로 그 노라를 빼닮았다.

자식이란 모체의 살점을 떼어가는 악마

나혜석은 일찍이 여성의 인권에 눈을 뜨고 남성 중심의 조선 사회를 바꾸려 한 선각자였다. 말로만 한 게 아니었다. 여성을 옥죄는 낡은 사고와 인습에 정면으로 도전했다. 자신의 삶을 던져 들이박고 싸우며 소신을 실천에 옮겼다. 이것이 여성해방의 선각자로 그녀를 높이 평가해야 하는 진짜 이유다.

1920년 4월 10일 나혜석은 일본 교토제국대학 출신의 변호사 김우영과 결혼했다. 청구(靑邱) 김우영, 훗날 〈이혼고백장〉에서 나혜석이 '청구 씨'라고 부른 당사자다. 그는 당시 35살로 신부보다 열 살 많았다. 전처와 사별하고 노모와 딸을 부양하고 있었는데, 몇 년 동안 나혜석을 쫓아다니며 결혼해달라고 졸랐다.

나혜석은 이미 아버지가 강요하는 결혼을 거부한 전력이 있었다. 그

런데 어째서 나이 많은 홀아비의 구혼을 받아들였을까? 연인 최승구가 세상을 떠난 뒤 그녀는 춘원 이광수를 비롯해 여러 남자들과 염문에 휩싸였다. 신여성답게 자유연애에 거리낌이 없기도 했지만, 남정네들 쪽에서 가만 내버려두지 않았다. 집안이 재력 있고, 인물도 좋은데다 화가이자 문필가로서의 명성 또한 남심을 자극했다. 있어 보이니까 더 탐나는 것이다.

나혜석 쪽에서는 남자를 만날 수는 있어도 부부의 연을 맺는 데는 신중할 수밖에 없었다. 연애와 결혼은 다른 문제다. 지금도 여자가 결혼하면 사회생활이 순탄치 못하지만, 그 시절에는 말도 못했다. 가사와 육아의 남녀 분담이라는 개념조차 없었다. 시부모 부양까지 전적으로 아내의 몫이었다. 여성이 결혼해서 애를 가지면 바깥 활동은 거의 불가능했다.

그럼에도 나혜석이 결혼을 감행(?)한 까닭은 전후 사정을 살펴볼 때, 가족들의 권유 내지 압박 때문으로 보인다. 게다가 오빠 나경석의 소개로 만난 김우영은 그녀에게 푹 빠져 있었다. 결혼만 해준다면 나혜석이 원하는 것은 무엇이든 들어줄 기세였다. 1919년 나혜석이 3·1운동으로 투옥되었을 때 석방을 도운 것도 변호사 김우영이었다.

'기왕에 결혼을 할 거라면 나에게 헌신적인 사람과 해야 해.'

나혜석은 아마도 이렇게 생각했던 것 같다. 작금의 조선 땅에서 여자가 결혼 뒤에도 작품 활동을 하고 자기 목소리를 내려면 후원자가 되어줄 헌신적인 남편이 필요하다는 것. 그녀가 결혼 상대로 김우영을 선택한 이유다. 그것은 막연한 기대가 아니었다. 구체적인 요구들을 결혼 조건으로 내걸었다.

"평생 지금처럼 나를 사랑해주시오. 그림 그리는 것을 방해하지 마시오. 시어머니와 전처 딸은 별거케 해주시오."[65]

이 까칠한 조건들을 김우영이 받아들이자 나혜석은 비로소 결혼을 승낙했다. 세간에서는 뒷말이 무성했다. 특히 시어머니와 전처 딸을 부양하지 않겠다는 건 당시로선 비난받을 일이었다. 부모자식 간의 돌봄은 효를 중시해온 조선에서 너무나 당연한 의무였다. 사람들은 그녀를 '나쁜 여자'라고 손가락질하기 시작했다.

그러든가 말든가 나혜석은 4월 10일 〈동아일보〉 광고란에 보란 듯이 공개 청첩장을 내고, 그날 오후 서울 정동제일교회에서 서양식 결혼식을 올렸다. 신혼여행은 전라도 고흥으로 떠났다. 새 신부는 고흥의 한 공동묘지에 묻힌 첫사랑 최승구의 묘를 찾아 신랑에게 돌비석을 세우게 했다. 그래야 옛 애인을 완전히 잊을 수 있다고 설득한 것이다.

'난 네가 기뻐하는 일이라면 뭐든지 할 수 있어.' 훗날의 유행가 가사처럼 김우영은 어린 아내의 '괴상한' 요구들을 다 들어줬다. 그 가운데서 결혼 당시 나혜석이 가장 바란 것은 촉망받는 화가로서 작품 활동을 자유롭게 펼치는 것이었다. 그 시절에는 남편이 협조하지 않으면 어려운 일이었다.

동경미술학교 서양화과 졸업생이자 변호사 김우영 씨의 부인인 나혜석 여사가 처음으로 개인 전시회를 열고 그동안 작업해둔 유화 60~70점을 진열했다. 이 전시회는 아직 서양화를 보기 드문 우리 조선에 서구 회화를 소개하는 것이다. 여자로서 개인 전시회를 열기는 여사가 조선 최초라 할 것이다.[66]

1921년 3월 19~20일에 서양화가 나혜석은 경성일보사 내청각에서 첫 개인전을 열었다. 이틀 동안 5천여 명의 관객이 몰려들었다고 한다. 여성 화가로서는 한국 최초의 일이었다. 또 1932년까지 해마다 조선 미술전람회에 작품을 냈는데 특선과 입선을 한 번도 놓치지 않았다. 그녀는 남녀를 떠나 조선 미술계가 인정하는 서양화가였다.

나혜석의 발자취는 만주에도 남아 있다. 1922년 남편이 일본 외무성 부영사로 중국 안동현(지금의 단둥)에 부임하자 함께 간 것이다. 이곳에서 그녀는 부인친목회를 조직하고 여자 야학을 운영했다. 또 김원봉이 이끄는 항일 비밀결사 의열단에 거사 자금을 제공하는가 하면, 1923년에는 일제를 응징할 폭탄을 국내로 반입할 수 있도록 도왔다.

나혜석은 일류 서양화가이자, 숨은 독립운동가로서 당대 가장 저명한 신여성의 반열에 올랐다. '여자보다 먼저 사람'으로서 그녀는 스스로 남성 중심 사회에 도전했으며, 나아가 조선 여성의 열악한 처지를 바꾸려고 했다. 그럼 한국 페미니즘을 개척한 이 여성 선각자는 무엇을 꿈꾸고 그 꿈을 어떻게 이루려고 했을까?

1920년대 나혜석이 불러일으킨 '모성 논쟁'은 여러모로 흥미롭다. 발단은 1923년 1월 주간지 《동명》에 네 차례 연재한 〈모(母)된 감상기〉였다. 그녀는 자신의 임신, 출산, 육아 경험을 잡지 지면에 솔직하게 토로했다. 문제는 솔직해도 너무 솔직했다는 것이다. 아이를 '모체의 살점을 떼어가는 악마'라고 표현하자 한바탕 난리가 났다.

나혜석은 김우영과의 사이에 3남 1녀를 둔 엄마였다. 결혼 5개월 만에 덜컥 첫 아이를 임신했다. 이는 예기치 않은 일이었던 것 같다. 〈모된 감상기〉를 읽어보면 첫 임신으로 인해 당황스러운 심경이 드러난다.

배 속에서 어느덧 무엇이 움직거리기 시작하는 것을 깨달은 나는 몸이 오싹해지고 가슴에서 무엇인지 떨어지는 소리가 완연히 탕 하는 것같이 들리었다. (중략)

책임 면하려고 시집가라고 강권하던 형제들의 소위가 괘씸하고, 감언이설로 "너 아니면 죽겠다" 하여 결국 제 성욕을 만족케 하던 남편은 원망스럽고, 한 사람이라도 어서 속히 생활이 안정되기를 희망하던 친구들에게 "내 몸 보니 속시원하겠소" 하며 들이대고 싶으리만치 악만 났다.[67]

'망했다.' 예기치 않은 임신에 대한 속마음이 들리는 듯하다. 그녀는 결혼을 강권한 형제들과 감언이설로 속인 남편을 원망했다. 그림 그리는 것을 방해하지 말라는 결혼 조건을 내걸 만큼 일 욕심이 많았던 나혜석이다. 아이를 가지면 작품 활동이 여의치 않기에 아마도 미루기로 합의했을 터였다. 하지만 '가족계획'은 뜻대로 되지 않았고 그녀는 고민에 빠졌다.

나는 할 일이 많았다. 내 눈이 겨우 좀 뜨이려고 하는 때였다. 예술이 무엇이며 어떠한 것이 인생인지, 조선 사람은 어떻게 해야 하겠고, 조선 여자는 이리 해야만 하겠다는 것을, 이 모든 일이 결코 타인에게 미룰 것이 아니라 내가 꼭 해야 할 일이었다. (중략)

엄마가 될 자격이 있으니까 자식이 생기는 것이겠지, 하며 아무리 이리저리 그럴 듯한 것들을 끌어보아도 생리상 구조의 자격 말고는 정신상으로는 아무 자격이 없다고 하는 수밖에 없었다.[68]

일하는 여성으로서 나혜석의 복잡한 심경이 나타난 대목이다. 할 일이 태산인데, 이제 막 눈 떴는데 임신이라니. 그녀는 '엄마의 자격'을 거론하며 자기 자신을 깊이 성찰했다. 단순히 여자의 몸이라는 이유로 모성을 당연시해서는 안 된다고 보았다. 정신적으로 준비돼 있지 않으면 엄마의 자격이 없다는 것이다.

나혜석은 한때 낙태까지 고려했다. 낙태, 즉 임신 중절은 당시 법적으로 처벌받는 범죄였다. 대를 잇는 데 목숨 거는 조선이라 도덕적인 비난도 컸다. 죄인으로 몰릴 수도 있었지만, 그녀는 스스로 결정하려고 했다. (낙태죄는 여성의 자기결정권을 침해한다는 이유로 2019년 4월 헌법재판소에서 헌법불합치 판결을 받았다.) 그러나 실행에 옮기지는 않았다. 사랑의 결실을 지우는 것은 잘못이라고 생각했기 때문이다. 마음을 고쳐먹고 나니 새 생명에 대한 기대와 애정이 샘솟았다. 아기 옷을 손수 만들며 나혜석은 출산을 준비했고 1921년 4월 마침내 첫 아이를 낳았다.

어머님 나 죽겠소,
여보 그대 나 살려주오,
내 심히 애걸하니
옆에서 팔짱 끼고 섰던 부군
"참으시오" 하는 말에
"이놈아 듣기 싫다"
내 악 쓰고 통곡하니
이내 몸 어이타가
이다지 되었던고.[69]

10시간에 걸쳐 극심한 산통을 겪으면서도 나혜석은 스케치북에 〈산욕(産褥)〉이라는 시를 썼다. 그 와중에 이렇게 생생한 기록을 남기다니 놀라울 따름이다. 그녀는 출산의 고통을 실감나게 전하면서도 남편에게는 서운한 감정을 내비쳤다. 단, "이놈아 듣기 싫다"라는 표현은 글의 성격을 감안할 때 해학으로 봐야 한다. 제목처럼 감상기이기에 쓸수 있는 언어다.

엄마의 수난은 계속되었다. 도무지 잠을 잘 수가 없었다. 잠이 좀 들만 하면 아이가 깨서 배고프다고 울었다. 나혜석은 모유수유를 하다가 빈혈 때문에 분유로 바꿨다. 밤새도록 숯불을 피우고 우유를 데워 갓난쟁이를 달랬다. 어찌어찌 재우고 다시 잠을 청해보지만, 2시간 뒤면 아이는 어김없이 깨어나 엄마를 찾았다. 초보 엄마는 미칠 노릇이었다.

견딜 수 없는 고통이 몇 개월간 계속되더니 심신의 고통은 인제 극도에 달하여 정신은 광증이 발하고 몸에는 종기가 끊일 새가 없었다. (중략)
이에 '자식이란 모체의 살점을 떼어가는 악마'라는 정의를 발명했는데 두 번 세 번 숙고해볼 때마다 이러한 걸작이 없을 듯이 생각했다.[70]

얼마나 고단하고 힘들었으면 '자식이란 모체의 살점을 떼어가는 악마'라고 정의했을까? 물론 이 또한 감상기 특유의 해학적 표현으로 보인다. 다소 과격하기는 하지만, '일하는 엄마' 나혜석이 실제로 체험한 사실들이 바탕에 깔려 있기에 이런 표현도 일종의 유머로 읽힌다. 예컨대 실컷 울고 난 사람이 분위기를 바꾸려고 살짝 웃는 것과 같은 의도이다.

1923년 1월 《동명》에 4차례 연재된 나혜석의 〈모된 감상기〉는 모성에 대한 견해를 밝히며 마침표를 찍는다.

세상 사람들은 모친의 사랑이 처음부터 엄마 된 자의 마음에 구비하여 있는 것같이 말하나 나는 도무지 그렇게 생각이 들지 않는다. (중략)
최초부터 구비되어 있는 게 아니라 장시간의 육아를 하는 동안 영아의 심신에 기묘한 변화가 생기고, 그 천사의 평화로운 웃음이 엄마의 마음을 자아낼 때, 이는 나의 혈육으로 된 것이요, 내 정신에서 태어난 것이라고 의식하는 순간, 비로소 짜릿한 모(母)된 처음 사랑을 느끼지 않을 수 없다. (중략)
다시 말하면 (모성은) 천성으로 구비한 사랑이 아니라 육아를 하는 시간 중에 발하는 가연성이 아닐까 싶다. 본능성이 없다는 부인이 아니라 자식에 대한 정이라고 별다른 게 아니라는 말이다.[71]

나혜석은 엄마의 사랑, 즉 모성이 타고나는 것만은 아니라고 했다. 그것을 절대화하거나 무비판적으로 수용하지 말고 실제 여성의 삶과 경험 속에서 다시 살펴보자는 말이다. 일하는 엄마로서 후대를 생산하고 기르는 게 여성의 당연한 의무라는 고정관념에 도전장을 던진 셈이다. 시대를 뛰어넘어 한국 여성이라면 누구나 공감할 만한 이야기다.
나혜석의 〈모된 감상기〉는 그러나 남성 중심의 조선 사회에서 거부감을 불러일으켰다. 1923년 2월 같은 잡지에 '백결생(百結生)'이라는 사람의 독자 투고가 게재되었다. 아마도 필명 같은데, 글을 읽어보면 당대의 지식인으로 보인다. (《동명》은 최남선, 현진건, 염상섭 등 유명 문필가들이 편집위원으로 참여했으니 그 가운데 한 사람일 가능성도 있다.)

물론 임신이라는 것이 두려운 것이 사실이요 그리 편한 일은 아니다. 그러나 결혼 그 자체를 부인하고 회피하기 전에는 임신은 불가피한 것이다. (중략)

그뿐만 아니라 원래 임신이라는 것은 여성의 거룩한 천직이니 여성의 존귀가 여기 있고 여성이 인류에게 향하여 이행하는 최대 의무의 한 가지인 것을 자각하여야 할 것이다.[72]

백결생은 '임신은 여성의 거룩한 천직'이라며 이 때문에 주변 사람들을 원망하는 것은 무책임하다고 비난했다. 이렇게 의무를 망각하고 권리만 주장한다면 나혜석이 꿈꾸는 여성해방은 이뤄지지 않는다는 것이다.

그는 〈모된 감상기〉의 문장들을 조목조목 예로 들었다. '자식이란 모체의 살점을 떼어가는 악마'라는 표현은 엄마와 아이를 우습게 만든다고 했다. 잠도 못 자고 애 키우느라 힘든 건 알겠는데, 그렇다고 신성한 육아를 깎아내려서야 되겠느냐는 지적이다. 백결생이 정의하는 모성은 '절대적 희생을 바치는 것, 보복이나 보수를 예상치 않는 무타산적 자아 몰입의 극치'였다. 그런 시각에서 보면 나혜석은 신여성으로서 깊은 고민 없이 속되고 이기적인 주장을 펼치는 셈이다.

어디 백결생만의 생각이었을까? 이 투고는 많이 배웠건 못 배웠건 그 시절 남자들이 느끼는 거부감을 대변한다. 그리하여 〈모된 감상기〉가 졸지에 '못된 감상기'가 되었으니 나혜석도 가만있을 수 없었다. 그녀는 1923년 3월 《동명》에 다시 반박하는 글을 올렸다. 한 치도 물러서지 않고 남성 사회에 맞선 것이다.

씨의 "임신이라는 것은 그리 편한 일이 아니다"라는 일구를 보면 씨가 능히 알지 못할 사실을 아는 체하려는 것이 용서치 못할 점이다. (중략)

(일부 과감한 표현은) 제일 무책임한 말이었고 제일 거슬리는 말이었는지 몰라도 (나에겐) 제일 정직한 말이었고 제일 용감한 말이었다. (중략)

이렇게까지 여성 자체를 불신용하고 조선 신여자의 인격 전체를 덮어 놓고 멸시하여야만 자기 반박문이 빛이 날 것이 무엇인지?[73]

나혜석은 여성의 삶을 겪어보지도 않고 편견과 독단에 여자들을 가두는 게 문제라고 반박했다. '자식이란 모체의 살점을 떼어가는 악마' 라는 표현도 엄마로서의 고통과 고민을 아무런 허위 없이, 양심에 따라, 직감적으로 쓴 것이라고 했다. 그것을 트집 잡아 신여성 전체를 훈계하는 것은 자신의 학식과 사상을 과시하려는 얄팍한 속셈으로 비쳤다.

사실 〈모된 감상기〉는 제목 그대로 감상기였다. 논문이 아니라는 말이다. 거창한 논리나 고매한 관념을 들먹이는 것은 적절치 않다. 이 글의 의도는 경험을 드러내고 소감을 나누자는 것이니까. 그녀가 말을 건 상대는 '능히 알지 못할 사실을 아는 체하려는' 남자들이 아니었다. 임신, 출산, 육아를 실제로 해본 엄마들과 이야기하고 싶었던 것이다.

나는 꼭 믿는다. 내 〈모된 감상기〉를 일부 엄마 중에 공감할 자가 있을 줄 안다. 만일 이것을 부인하는 엄마가 있다면 금세 그의 마음의 눈이 떠지는 동시에 불가피한 필연적 동감이 있을 줄 믿는다. 그리고 나는 꼭 있기를 바란다. 조금 있는 것보다 많이 있기를 바란다. 이런 경험이 있어야만 우리는 꼭 단단히 살아갈 길이 나설 줄 안다. 부디 있기를 바란다.[74]

나혜석은 직접 아이를 낳아 기르면서 모성에 눈을 떴다. 그녀에게 모성은 여성에게 숙명처럼 주어진 거룩하고 신성한 본성이 아니라, 아이를 보살피고 키우면서 배어나는 일상의 감정이었다. 그녀는 이 고단하지만 행복한 경험을 여자들과 나누고 싶었다. 아니, 간절히 소망했다. 그것이 여성을 임신, 출산, 육아의 도구에서 해방시키는 첫걸음이라고 믿었다.

하지만 나혜석은 간절히 소망하던 공감을 얻기는커녕 사회에서 버림받고 매장 당했다. 프랑스 파리에서의 불륜 사건이 결정타였다. 〈이혼고백장〉의 C, 곧 최린과 금지된 사랑을 나눈 것이다. 기혼녀와 기혼남, 두 유명 인사의 불륜은 조선을 뒤흔들었고, 특히 신여성 나혜석의 삶을 처절히 망가뜨리고 말았다.

신여성, 자유연애, 〈사의 찬미〉

자, 그럼 이혼고백장의 내막을 들여다보기 전에 일제강점기 신여성의 등장과 행보, 그리고 가부장 사회가 드러낸 반응을 짚고 넘어가자.

'신여성(新女性)'은 일제강점기에 본격적으로 등장한 '배운 여자들'을 말한다. 일본이나 서구에서 공부하고 돌아온 엘리트 여성들과 식민지 조선에서 학교에 다니는 여학생들이 곧 신여성의 주축이었다.

세상은 아는 만큼 보이기 마련이다. 신교육을 접한 여자들은 가부장 사회에 문제의식을 갖게 되었다. 여자도 독립적인 인간인데 어려서는 아버지를 따르고, 결혼해선 남편을 섬기고, 늙으면 아들에게 의존한다

는 게 말이 되는가. 그들은 조선시대 삼종지도의 굴레를 벗고 싶었다. 여성도 사람대접 받는 새로운 시대가 열리기를 갈망했다.

'노인 말을 듣지 말아라.'

'땅을 보고 걷지 말아라.'

여성 잡지 《신여성》 1931년 4월호에 실린 〈모던 여성 십계명〉의 일부분이다. 신여성에게 노인 말이란 여성을 억압하고 구속해온 구시대의 가르침이다. 땅을 보는 것은 눈을 내리깔고 순종하던 구시대 여성의 태도이다. 신여성은 과감하게 구시대와의 단절에 나섰다. 불효라고 욕먹어도, 당돌하다고 비난받아도 고개 빳빳이 들고 소신껏 살자는 것이다.

이런 신여성을 가부장 사회는 '나쁜 여자'라고 몰아붙였다. 낡은 인습과 편견의 벽은 견고하고 높았다. 세상은 신여성의 주장보다는 겉모습에 방점을 찍고 말초적인 관심사를 끄집어내 호통쳤다.

요사이 여학생들 치맛감, 적삼감 고를 때 속 잘 들여다보이는 것 찾느라 야단. 포목전 주인의 걱정하는 말, '개화가 다 되어 벌거벗고 다니면 우리는 무얼 해먹나.' 위통에 살이 아른아른 보일락 말락 할 만치 얇은 피륙으로 의복을 만들어 입고⋯⋯.

오늘날로 치면 시스루(see through) 패션의 유행을 염려하는 《신여성》의 풍속 기사다. 그나마 이 잡지의 논조는 애정 어린 질책에 가깝다. 〈동아일보〉와 〈조선일보〉는 대놓고 힐난했다. 가부장 사회의 언론은 '신여성이 넓적다리로 전진한다'라고 조롱했다. 무릎까지 올라오는

치마를 비꼰 것이다. 신문은 지면을 빌어 이렇게 훈계했다.

소위 신여성이라고 하는 신교육 받은 여자들의 의복 사치가 장족의 발전을 해온 것도 결코 심상히 볼 일이 아니다. 신여성 자체의 경박과 천단(淺短)과 무원려(無遠慮)가 그 원인으로 특히 최근의 부모 탈선적인 신여성의 행동을 거해 그 맹성(猛省)을 촉구한다.[75]

'나쁜 여자'로 매도한 또 다른 빌미는 단발머리였다. 당시에는 여자가 머리카락을 짧게 자른다는 건 상상할 수도 없는 일이었다. 1922년 배화학교에 다니던 기생 강향란이 중국 이발관에서 머리를 깎고 남장을 한 채 강습소에 나갔는데 한바탕 난리가 났다. 그녀는 학교에서 퇴학을 당했지만, 단발 여성의 시조가 되었다.

기생 강향란에 이어 배우 이월화와 소설가 김명순, 사회주의 운동가 허정숙과 주세죽 등이 단발머리를 했다. 1927년 구미 유람에 나선 나혜석도 하얼빈에 잠시 머무는 동안 머리카락을 짧게 잘랐다. 머리 손질이 편하고 양장과 잘 맞는다는 이유였지만, 실상은 가부장 사회에 대한 도전의 뜻이 깔려 있었다.

단발머리는 신여성 혹은 모던걸의 상징이 되었다. '모단(毛斷)이 곧 모던(modern)'이라는 말이 나돌았다. 물론 반발 또한 거셌다. 여자들조차 거부감을 느꼈다. 단발을 자살에 비유한 이도 있었다. "자살과 단발은 둘 다 순간적인 충동에서 비롯되므로 결행하기 전에 냉정하게 자신을 돌아보는 게 현명하다"라는 의견이었다.

신여성을 둘러싼 악담은 이른바 '자유연애'로 절정을 이룬다. 자유연애는 알고 보면 가부장 사회에 정면으로 도전하는 행위였다. 여자라면 무릇 집안에서 정해주는 배필을 따르는 게 숙명이거늘 멋대로 자유 연애라니……. 그 못된(?) 풍속이 정절을 내세워 여성을 길들여온 가부장 사회를 뿌리째 흔들지도 몰랐다.

우리나라에서 '연애(戀愛)'라는 낱말이 출현한 것은 1910년대였다. 1912년 조중환이 〈매일신보〉에 연재한 번안 소설 〈쌍옥루〉에 처음 등장했다. 이후 신문 기사에 자주 언급되더니 어느새 사회 현상으로 번져나갔다. 그것은 새로운 개념이었다. 집안 어른들의 소관이었던 남녀 관계가 당사자 간의 자율적인 만남으로 바뀐 것이다. 특히 여성이 사랑의 주체로 나서는 모습은 조선시대에는 상상조차 할 수 없었던 획기적인 변화였다.

1920년대 조선에서는 연애지상주의가 활짝 꽃피었다. 이 땅의 청춘 남녀들은 연애가 인생의 전부인 것처럼 행동했다. 연애 열기에 불을 지핀 것은 편지였다. 당대의 베스트셀러는 연애편지 교본들이었다. 작가들은 '사랑이 인생의 꽃이요, 오아시스'라고 부르짖었다. 사랑의 열병을 앓는 소년소녀들은 아침저녁으로 연애편지를 썼고 오매불망 답장을 기다렸다. 청년 학생들의 책상서랍 속에는 꽃봉투, 꽃편지지가 가득 들어 있었다.

1895년 우편 제도가 시행되었을 때 첫 보름간 수거된 편지는 고작 137통이었다. 그런데 1925년 한 해 동안 오간 편지는 7,000만 통이었고, 1935년에는 6억 2,100만 통으로 늘어났다(1984~1985년 수준). 당시 인구가 2,000만 명 정도였다. 엄청나지 않은가. 이렇게 우편제도를 활성화시킨 일등공신이 연애편지였다.

자유연애에 목숨을 거는 일도 다반사였다. 1910년 391명에 그친 자살자 수가 1925년 1,500여 명으로 급증한 데는 그 죽일 놈의 연애가 큰 역할을 했다. 이룰 수 없는 사랑 때문에 스스로 목숨을 끊는 '정사(情死)' 사건들은 어김없이 장안의 화제로 떠올랐다. 대부호의 아들과 기생이 서로 사랑했는데, 결혼 반대에 여자가 먼저 음독자살하고 몇 달 뒤 남자가 뒤따른 사건이 언론에 대서특필되었다. 여성은 '순결하고 헌신적인 사랑의 상징'으로 칭송받았으며 이후 소설과 영화의 주인공이 되어 부활했다. 신문기자가 열차에 뛰어들어 자살한 사건도 있었다. 남자가 옥고를 치르는 사이 여자가 변심해 딴 남자에게 갔다나. 신문은 '황금에 눈 먼 악마'라고 그녀를 매도했다. 실은 처녀가 유부남과 관계를 정리하고 합법적인 짝을 찾은 것뿐인데도……

1920년대 가장 뜨거웠던 정사 사건의 주인공은 윤심덕이었다. 그녀는 여성 최초로 국비 유학을 떠나 도쿄음악학교를 졸업하고 성악가이자 대중가수로 활동하고 있었다. 윤심덕도 나혜석처럼 입센의 희곡 〈인형의 집〉에 매료되었는데 연극 무대에서 노라 역을 맡기도 했다. 바로 그 신여성이 연인과 함께 현해탄에 투신한 것이다.

8월 3일 밤 11시에 시모노세키를 떠나 부산으로 항해하던 관부연락선 도쿠주마루가 4일 오전 4시경 쓰시마 섬 옆을 지날 즈음 양장을 한 여자한 명과 중년 신사 한 명이 서로 껴안고 갑판에서 돌연히 바다에 몸을 던져 자살했는데, 즉시 배를 멈추고 부근을 수색했으나 종적을 찾지 못했다. 승객 명부에 남자는 전남 목포부 북교동 김수산(30세), 여자는 경성부 서대문정 2정목 273번지 윤수선(30세)이라고 씌어 있지만 본명이 아니고, 남자는

김우진, 여자는 윤심덕으로 밝혀졌다. 관부연락선에서 조선 사람이 정사한 것은 이번이 처음이다.[76]

신여성 소프라노 윤심덕과 엘리트 극작가 김우진의 현해탄 동반 투신 정사 사건! 윤심덕과 김우진은 서로 사랑하는 사이였지만, 김우진이 처자식 딸린 유부남이었기에 한숨만 짓다가 동반 자살을 택했다고 언론은 추측했다.

1926년 8월 4일에 벌어진 이 사건은 사회적으로 큰 충격을 주며 언론의 집중 조명을 받았다. 그런데 8월 29일에 일본 닛토레코드에서 윤심덕의 음반이 나왔다. 기가 막힌 타이밍이었다. 이 음반에 불후의 명곡 〈사의 찬미〉가 들어 있다.

'광막한 황야를 달리는 인생아 / 너는 무엇을 찾으려 왔느냐 / 이래도 한세상 저래도 한평생 / 돈도 명예도 사랑도 다 싫다.'

유고 음반은 무려 10만 장의 판매량을 기록했다. 당시로선 천문학적인 숫자였다. 그 여파로 국내 음반 시장이 만들어질 정도였다. 〈사의 찬미〉는 외국 기악곡에 윤심덕이 직접 가사를 붙이고 노래를 불렀는데 마치 자신의 죽음을 예고하는 듯하다. 노래도 노래지만, 극적인 정사가 배경에 깔리며 신드롬을 불러일으킨 것이다.

그런데 이 노래는 원래 음반에 들어갈 곡이 아니었다고 한다. 이미 다른 곡들을 다 녹음한 상태에서 윤심덕이 추가하려 했는데 닛토레코드 사장이 거절했다. 그런 노래가 막판에 실린 것을 두고 뒷말이 무성했다. 음반을 많이 팔기 위해 윤심덕과 김우진, 레코드 회사가 짜고 정사 사건을 조작했다는 설까지 나왔다.

조작설의 근거로는 윤심덕의 자유연애 행적이 거론되었다. 그녀는 남성 편력이 화려한 신여성이었다. 이미 작곡가 홍난파와 염문을 뿌린 바 있으며, 문인 박정식을 상사병 걸려 죽게 만들기도 했다. 그밖에도 여러 남자들에게 고백을 받았지만 물리쳤다. 이룰 수 없는 사랑에 좌절해서 자살할 만큼 순진한 여자가 아니라는 것이다.

그렇다면 윤심덕은 '남사친' 김우진을 끌어들여 현해탄에 투신한 척한 다음 음반 판매 수입을 챙겨서 해외로 도피했단 말인가. 닛토레코드에서 도와줬다면 가능한 일이다. 당시 국내 언론 보도와 달리 두 사람이 바다에 뛰어드는 걸 직접 목격한 사람은 없었다고 한다. 다만 방에 사람이 없어서 배를 멈추고 수색했는데 끝내 발견되지 않았을 뿐이다.

윤심덕과 김우진의 현해탄 정사는 세월이 흘러도 관심이 식지 않았다. 몇 년 뒤에는 그녀를 로마에서 봤다는 목격담도 등장했다. 목포 대부호인 김우진의 집에서 총독부에 목격담의 진위 여부를 확인해달라고 요청할 정도였다. 윤심덕의 가족은 비슷하지만 조금 다른 반응을 보였다. 정사 사건 당시 일본을 거쳐 미국 유학을 떠난 여동생의 증언이다.

"나와 가족들은 한 번도 언니가 죽었다는 말을 한 적이 없어요. 언니를 죽은 사람으로 만든 것은 항상 남의 말 하기 좋아하는 세상 사람들이지요. 지금에 와서 남이야 살았든지 죽었든지 무슨 걱정입니까? 죽었으면 죽었고 살았으면 산 거죠. 도대체 조선 사회는 왜 이렇게 남을 칭찬하기도 잘하고 욕하기도 잘하는지 모르겠어요."[77]

여동생의 말마따나 윤심덕이 살았는지 죽었는지, 정사가 사실인지 조작인지 캐는 것은 부질없는 짓인지도 모른다. 그보다는 윤심덕이 어째서 처자식 딸린 유부남 김우진과 엮였는지 알아보는 게 낫다.

신여성에게 자유연애는 (여성을 억압하는) 가부장 사회에 대한 도전이요, (여성도 사람대접 받는) 새 시대를 열기 위한 몸부림이었다. 그런데 그 시절 신여성의 사랑은 불륜으로 치닫기 일쑤였고, 결혼을 해도 후처로 들어가는 경우가 많았다. 어디 윤심덕뿐인가, 나혜석은 어떻고. 도대체 왜, 뭐가 아쉬워서?

사실 당시 고학력 여성들은 미혼 남성을 배우자로 맞아들이기 어려웠다. 조혼 풍조 때문이었다. 고등보통학교 남학생의 60%는 이미 기혼자였다. 여자들이 신교육을 받는 동안 남자들은 대부분 결혼했다. 신여성이 연애나 결혼을 모색할 때쯤에는 말이 통하고 공감할 수 있는 미혼 남성이 드물었다. 반면 조혼한 남자들은 처자식을 고향에 두고 계속 학업을 이어나갔다. 경성과 일본 주요 도시에서 그들은 신교육을 받은 여자들과 접촉할 기회가 많았다. 부모의 강요로 일찍 결혼한 촌사람보다는 세련되고 있어 보이는 신여성에게 끌릴 수밖에 없었다. 당시 신여성이 불륜 상대나 후처감으로 여겨진 이유다.

문제는 이 엘리트 남성들이 한편으론 신여성을 동경하면서도 다른 한편으론 '화냥년' 취급을 했다는 점이다. 그들은 가부장 사회의 기득권 편에 서서 신여성을 성적으로 착취하는 데 앞장섰다. 신여성은 이를 테면 '새로운 기생'이자 고급스러운 성적 욕망의 대상이었다. 이런 시각을 널리 퍼뜨린 인물이 이광수다.

춘원 이광수는 조선에서 가장 잘 나가는 문인이었다. 신여성들과도 숱하게 염문을 뿌렸다. 여권운동의 개척자 김일엽은 이광수의 아이를 가졌다는 풍문에 시달렸다. 나혜석도 "나는 이광수와 결혼하게 되었으

니 단념하라"라며 김우영의 청혼을 뿌리친 적이 있다. 하지만 이광수는 알고 보면 여자의 정조에 집착하는 구식 남자였다.

"이미 동정을 잃은 그녀와 나는 하나로 합해질 수 없다. 여자는 한 번 남자를 접하면 그 혈액에까지 그 남자의 피엣 것이 들어가 온몸의 조직에 변화를 일으킨다고 한다. 여자는 평생에 한 번만 이성을 사랑하게 마련된 것 같다. 두 번째, 세 번째 사랑은 암만 해도 김이 빠진, 꺼림칙한 구석이 있는 사랑이다."

자전소설 《나》에서 이광수는 처녀가 아닌 여자에 대해 혐오감을 토로하고 있다. 그런데 정작 본인은 자유연애를 추구하는 신여성들과 천연덕스럽게 관계를 맺는다. 그것은 사랑이 아니라 농락이었다. 그 시절 조선의 엘리트 남성들, 이른바 명사나 부호란 자들은 어린 신여성들을 갖고 놀다가 버리는 데 재미를 붙였다.

그들은 철없는 어린 여성들을 흉한 수단으로 꼬여다가 질근질근 깨물어 단물을 빨아먹고는 가래침을 뱉듯이 길거리에 택 뱉어버리지만, 이런 행동은 일반 사회에서 공공연히 묵인된다는 것이다.[78]

더 큰 문제는 농락하는 데서 그치지 않았다는 것이다. 문단의 남성 권력은 틈만 나면 성적으로 자유분방한 여성 문인들을 마타도어했다. 김기진은 소설가 김명순의 사생활을 공개적으로 힐난했고, 김동인은 그녀를 모델 삼아 소설 〈김연실전〉을 썼다. 결국 김명순은 문란한 신여성으로 몰려 생활고에 시달리다가 도쿄의 정신병원에서 비참하게 생을 마쳤다.

남녀평등을 중시할 것 같은 사회주의 진영도 다를 바 없었다. 해방 후 북한 정권에서 요직을 역임한 여성운동가 허정숙은 일제 강점기에 자유연애를 추구하고 여러 명의 남자와 결혼했다. 그런데 그녀와 사귄 바 있는 북풍회 소속 사회주의자 송봉우는 자유연애를 이렇게 비판했다.

"연애도 상품으로 되었습니다. 놈이 년을 사랑하는 것이 아니라 돈의 힘으로 년의 성을 짓밟는 것이요, 년이 놈을 사랑하는 게 아니라 놈에게 성을 전매(專賣)하고 일생의 생활 보장을 얻는 것이올시다. 정가표를 붙여 고객을 유인하면 육(肉)의 시장이요, 오직 다만 그놈에게만 전매하면 가정이올시다."[79]

이 사회주의자는 신여성의 연애와 결혼을 숫제 독점적인 매춘으로 규정하고 있다. 그 시절 사회주의 신여성들은 러시아 여성 정치가 콜론타이의 연애관을 추종했다. 콜론타이는 자유연애의 전제 조건으로 경제적인 독립을 강조했다. 하지만 당시 조선에서 여자가 경제적으로 독립하기는 거의 불가능했다. 결국 사회주의 신여성들도 능력 있거나 돈 많은 남자들과 사귀려고 했고 배알 꼴린 송봉우는 그걸 매춘에 갖다 붙인 것이다.

신여성을 새로운 기생, 즉 고급스러운 성적 욕망의 대상으로 바라보고 그들을 농락하거나 매도하는 엘리트 남성들의 행태! 그것은 신여성의 도전에 대처하는 가부장 사회의 폭력적 응징이었다. 세상은 이 '나쁜 여자들'의 정조를 문제 삼으며 도덕과 법률로 단죄했다. 대표적인 희생양이 바로 나혜석이었다.

결혼 뒤 나혜석은 화가이자 어머니로서 혼신의 힘을 다해 살았다. 그
녀는 작품 활동을 지속하면서도 아이들과 남편에게 헌신했다. 여기에
대해 자부심도 갖고 있었다. "비단옷 한 번 걸쳐본 일 없고, 1분이라도
놀아본 일 없다"라고 고백할 정도였다. 물론 가정과 일 모두 완벽하게
챙기는 것은 큰 고통이 따르는 일이었다.

다다미 위에서 차게 군 까닭인지 자궁에 염증이 생(生)하여 허리가 끊어
질 듯이 아프고, 또한 매일 병원에 다니기에 이럭저럭 겨울이 다 지나고 봄
이 돌아오도록 두어 장밖에 그리지 못하였다.[80]

그러나 나혜석은 붓을 놓지 않았다. 1926년 제5회 조선미술전람회
에서는 〈천후궁(天后宮)〉이라는 작품으로 특선의 영광을 안기도 했다.
여성 화가로서는 최초의 일이었다. 실력도 실력이지만 육아와 가사에
치이면서도 꾸역꾸역 그림을 그려나간 불굴의 의지가 돋보인다. 그럼
남편 김우영의 반응은 어땠을까?
"남에게 존경받는 아내를 가진 자는 행복스럽다 했지."
"당신 한 턱 하오. 애는 내가 쓰고 좋기는 당신만 좋지."
"그러게 여자는 남자의 부속물이지."[81]
가정과 일 모두 힘겹게 챙기면서 어렵사리 작품성을 인정받았는데
남편의 반응은 김빠지게 만든다. 노고를 진심으로 격려하고 든든한 원
군이 되지는 못할망정 여자가 아무리 능력이 있어도 남자의 부속물일

뿐이란다. 결혼만 해주면 뭐든 다 할 것 같았던 지난날의 순정은 오간 데 없고 아내의 성공마저 자신의 명예로 삼는 이기심이 번뜩인다.

변호사이자 외교관으로 일제 치하에서 출세가도를 달리던 김우영은 이제 남편의 권위를 세우고자 했다. 식민지 조선의 엘리트 남성들이 그랬듯이 신여성에게 가부장으로 군림하려고 한 것이다. 부부 간의 신뢰가 깨지기 시작했다. 나혜석의 내면에 그늘이 드리웠다.

화가로서 한계에 부닥친 것도 이 무렵이었다. 조선미술전람회에서 특선의 영광을 누리기는 했지만 나혜석은 제 그림에 만족할 수 없었다. 기교만 조금 나아졌을 뿐 정신적으로는 진보가 없다면서 답답함을 토로했다. 자기 자신이 미워질 만큼 정신적 고통이 컸다. 그녀는 그렇게 지쳐갔다. 공든 탑에 금이 가면서 몸과 마음이 무너지고 있었다. 일과 가정 모두 완벽하게 챙기고 싶었지만 혼자서는 역부족이었다. 그나마 오늘날에는 가사와 육아를 분담하는 남편들이 늘고 있다지만 철저한 가부장 사회였던 그 시절, 나혜석은 그야말로 미칠 지경이었을 터. 뭔가 돌파구가 필요했다.

1927년 나혜석과 김우영 부부는 구미(歐美) 유람을 결행했다. 각계각층의 후원을 받아 유럽과 미국을 둘러볼 기회를 얻은 것이다. 3남 1녀 아이들은 부산의 시어머니가 맡기로 했다. 쉽지 않은 결정이었지만 나혜석은 삶의 숨통을 틔우고 싶었다. 게다가 서양미술의 본고장이 아닌가. 예술적 전환점을 마련할 절호의 기회였다.

부부는 시베리아횡단열차를 타고 러시아와 동유럽을 지나 한 달 만에 프랑스 파리에 도착했다. 이곳에서 두 사람은 잠시 떨어져 지낸다. 김우영은 독일로 건너가 법률 공부를 보충했고, 나혜석은 파리에 남아

서 미술 아카데미에 다녔다.

서양화를 전공한 나혜석에게 파리는 예술의 천국이었다. 도시 전체가 미술관이라고 해도 과언이 아니었다. 유명 화가들이 운영하는 아카데미도 수두룩했다. 나혜석은 랑송아카데미에 드나들며 야수파 화가 뒤셀의 작법에 심취했다. 파리에서의 꿈같은 6개월! 나혜석은 서양미술의 진수를 섭렵하며 화가로서 다시 태어났다. 강렬한 예술적 영감을 받았고 새로운 정신세계에 눈을 떴다. 예술은 자유다. 파리에서 그녀는 예술가로서 또 인간으로서 한없이 자유로웠다.

〈이혼고백장〉에 따르면 이때 최린이 나혜석에게 접근했다. 최린은 천도교 지도자로 조선에서 명성이 높았다. 1919년 3·1운동을 촉발시킨 민족 대표 33인 가운데 한 사람이었는데, 최초로 독립선언을 제안해 이 거사를 성사시키는 데 큰 공을 세웠다. 나혜석도 3·1운동 당시 옥고를 치렀기에 그이에게 호감을 가졌을 터였다.

두 사람은 파리에서 스스럼없이 어울렸다. 함께 식당과 극장에 드나든 것은 물론 뱃놀이도 하고 시내 구경도 다녔다. 아마 처음엔 남녀 관계가 아니라 인간 대 인간으로 교류했을 것이다. 남편 김우영과 달리 최린은 예술에도 조예가 깊었다. 서로 공감하고 이해하면서 호감은 사랑으로 바뀌었다. 금지된 연애, 불륜이었다.

결코 손을 대서는 아니 된다고 한 과실에 손을 댄 것은 뱀의 유혹이었고, 이브의 호기심이 아니었나. 나는 확실히 유혹을 받았었고, 나는 확실히 호기심을 가졌었다. 우리는 황무(荒蕪)한 형극(荊棘)의 길가에서 생각지 않은 장미화를 발견한 것이다. 방향(芳香)과 밀봉(蜜蜂) 중에 황홀하였던 것이다.[82]

소문이 안 날 리가 없었다. 두 사람은 당대의 명사들이었기 때문이다. 유학생 모임에서 불륜 의혹이 뭉게뭉게 피어올랐다. 후환이 두려웠던 최린은 파리를 떠나 독일로 몸을 피했다. 나혜석도 최린을 사랑했지만 김우영과 이혼할 생각은 없었다. 이 부적절한 연애와 소문은 그래서 재앙의 불씨를 남긴 채 한동안 묻혔다.

김우영과 나혜석 부부는 구미 유람을 계속 이어갔다. 유럽을 떠나 미국 뉴욕, 시카고, 로스앤젤레스, 샌프란시스코 등지를 누비다가 1930년에 귀국했다. 지구를 한 바퀴 돌았으니 당시 기준으로는 세계일주를 한 셈이다. 부부는 세간의 주목을 받는 동시에 뒷말에 시달렸다. 잠복해 있던 불륜 의혹이 다시 고개를 들었다.

뒤늦게 아내의 소문을 접한 김우영은 분노했다. 그는 최린과 동갑내기로 알고 지내는 사이였다. 어찌 보면 친구에게 아내를 빼앗긴 꼴이었다. 얼마나 모욕감을 느꼈을까? 김우영은 나혜석에게 두 번 다시 그를 만나지 않겠다는 다짐을 받고 가까스로 분을 삭였다.

그러나 김우영의 변호사업이 여의치 않아 가정 경제가 곤경에 처하자 나혜석은 최린에게 편지를 띄웠다. 최린은 귀국 직후 천도교 최고위직인 도령(道領)이 되었으며 당시 조선 최고의 명망가로 꼽혔다. (나중에는 일제에 협력해 조선총독부 중추원 참의, 〈매일신보〉 사장 등을 역임하기도 했다.) 그녀는 잘나가는 최린에게 사업상의 도움을 받고자 한 것이다.

바로 그 편지가 이혼의 도화선이 되었다. 편지 내용이 최린의 지인들을 통해 일파만파 퍼져나갔다. 나혜석이 최린에게 평생을 맡기려 한다는 루머가 나돌았다. 김우영으로서는 위신이 크게 깎이는 일이었다. 체면을 중시하는 조선 사회가 아닌가. 그는 드디어 아내에게 이혼을

요구했다.

"서방질하는 것과 같이 살 수 없다."

나혜석은 알거지로 집에서 쫓겨날 위기에 처했다. 아이들을 생각해서 이혼만은 피하고 싶었지만 남편의 요구가 너무 거세고 완강했다. 고심 끝에 그녀는 이혼을 하되 재산을 반으로 나누자고 주장했다. 부부가 함께 가계를 꾸려왔으니 자신에게도 재산에 대한 권리가 있다는 것이었다. 하지만 불륜이라는 약점이 그녀의 발목을 잡았다. 남편은 간통으로 고소당하고 싶지 않으면 어서 이혼 도장 찍고 나가라고 으름장을 놓았다. 나혜석은 결국 이혼 당했고 무일푼으로 집을 나왔다. 1931년, 결혼 11년 만의 파경이었다.

풍운의 이혼녀에게 세상은 혹독했다. 당장 먹고살 길이 막막했다. 무엇보다 경제적인 독립이 시급했다. 나혜석은 재기를 위해 몸부림쳤다. 그녀에게는 비장의 카드가 있었다. 파리에서 서양화에 새로 눈뜨고 작업한 그림들이었다. 1931년 나혜석은 파리 생제르맹성당 문을 그린 〈정원〉으로 조선미술전람회 특선과 일본제국미술전람회 입선에 올랐다. 조선과 일본의 대표적인 미술 대회를 동시에 석권하는 쾌거였다. 그녀의 인생에 다시 희망의 서광이 비치는 듯했다.

내친 김에 이 여류화가는 금강산에 거처를 구하고 작품에 몰두했다. 이혼으로 아이들을 몽땅 빼앗긴 나혜석에겐 이제 그림이 자식이요, 살아가는 이유였다. 이듬해까지 서른 점이 넘는 작품을 완성했다고 하니 얼마나 예술혼이 뜨거웠는지 알 수 있다. 그녀는 훗날 평생 처음으로 내 힘을 의식했노라고, 퍽 행복했노라고 이때를 회고했다.

그러나 운명은 나혜석을 거듭 시험했다. 1932년 금강산 거처에 불이 나는 바람에 작품들이 거의 다 소실된 것이다. 그녀는 충격을 받고 몸져누웠다. 재기의 길은 멀고도 험난했다. 세상은 기다렸다는 듯이 나혜석의 불운을 파고들었다. 작품을 내놓을 때마다 혹평이 쏟아졌다. 불륜녀의 그림에 수상 딱지를 붙여주면 안 된다는 것이었다.

나혜석에게 극심한 생활고가 들이닥쳤다. 전시는 엄두도 못 냈고 그림도 잘 팔리지 않았다. 두고 온 자식들도 늘 눈에 아른거리고 마음을 들쑤셨다. 견디다 못해 나혜석은 김우영을 찾아가 새로 시작하자고 애원했다. 지인들에게 중재해달라고 도움을 요청하기도 했다. 전 남편은 매몰차게 거절했다. 그녀로서는 사면초가에 몰린 심정이었을 것이다.

1934년 《삼천리》 8~9월호에 실린 〈이혼고백장〉에는 저간의 사정이 오롯이 담겨 있다. 나혜석은 이제 세상에 호소하는 길을 택했다. 이 글에서 그녀는 결혼에서 이혼까지 자신이 겪은 일들을 솔직하게 밝혔다. 최린과의 불륜도 빠뜨리지 않고 자신의 잘못을 인정했다. 다만 가부장 사회의 관점이 아니라 신여성의 입장에서 주장을 펼쳤다.

그것은 사상 초유의 이혼 고백이요, 거침없는 문제제기였다. 여성해방의 열쇠라 할 '성적인 자기결정권'을 부르짖었기 때문이다. 가부장 사회에서 남자들이 왈가왈부해온 여성의 정조를 이제 여자들 스스로 선택하고 결정하겠다는 것이다. 나혜석은 정조에 대한 남자들의 이중성을 비웃으며 문제의 핵심을 직선으로 찌르고 들어갔다.

조선 남성의 심사는 이상하외다. 자기는 정조 관념이 없으면서 처나 일반 여성에게는 정조를 요구하고 또 남의 정조를 빼앗으려고 합니다. 상대의 품행을 논하려면 먼저 자기 자신이 청백해야 하는 게 당연하거늘, 남자

라는 명목하에 이성과 놀고 자도 관계없다는 당당한 권리를 가졌으니, 사회제도도 제도려니와 몰상식한 태도에는 웃음이 나옵니다.[83]

나혜석은 한 걸음 더 나아가 최린을 상대로 '처권(妻權) 침해 위자료 청구 소송'을 냈다. 유부녀임을 알면서도 자신에게 접근해서 유혹했고 끝내 결혼생활을 파탄으로 몰고 갔다는 것이다. 1934년 9월 경성법원에 낸 이 소송은 당대 최고의 명망가에게 '정조 유린의 책임'을 물었다는 점에서 장안의 화제로 떠오를 가능성이 컸다. 하지만 최린은 실력자답게 언론사에 압력을 가해 보도를 막았다. 기자가 작성한 기사는 삭제되었고 인쇄되어 나간 신문도 자취를 감췄다. 나혜석에게는 약간의 돈을 내놓으며 무마하려고 했다. 생활고에 시달리던 그녀는 어쩔 수 없이 그 돈을 받고 소송을 취하했다.

이렇게 되자 세상의 조롱과 비난은 더욱 거세졌다. "여자가 바람피우고선 부끄러움도 모르고 돈까지 뜯어냈다"라는 것이다. 나혜석은 가부장 사회가 강요하는 정조가 남성이 여성을 억압하고 유린하는 수단임을 지적했지만, 세상 사람들은 오히려 성을 냈다. 심지어 여자들도 그녀의 주장에 격렬한 반감을 드러냈다.

"부부 사이의 내밀한 일을 공개적으로 드러내는 것은 병적인 악취미이며 자녀교육에 나쁜 영향을 끼칩니다. 당신은 사남매의 어머니로서 그 노출증적 광태(狂態)를 버려야 하지 않겠습니까?"[84]

'병적인 악취미'니, '노출증적 광태'니 하는 표현은 나혜석을 숫제 정신병자 취급하는 것이다. 이쯤 되면 움츠러들 법도 하건만 그녀는 물러서지 않았다. 이듬해 더욱 파격적인 정조론을 들고 나온 것이다.

정조는 도덕도 법률도 아무것도 아니요, 오직 취미다. 밥 먹고 싶을 때 밥 먹고, 떡 먹고 싶을 때 떡 먹듯이 마음대로 할 것이요, 결코 마음의 구속을 받을 것이 아니다. 거기에는 오로지 희열과 만족이 있을 뿐이니, 예술적 정취를 깨닫고 행동이 예술화된다. 왕왕 우리는 이 정조를 고수하기 위해 나오는 웃음을 참고 끓는 피를 누르고 하고 싶은 말을 다 못 한다. 이 어이한 모순이냐. 우리의 해방은 정조의 해방부터 할 것이니, 우리도 이것저것 다 맛보아 가지고 고정해지는 것이 위험성이 없고 순서가 아닌가 한다.[85]

'정조는 취미다!' 이 얼마나 혁명적인 발언인가. 나혜석은 여성해방의 전사였다. 가부장 사회와의 전쟁에서 당장은 이길 수가 없다. 어차피 질 수밖에 없는 싸움이었다. 그러나 질 때 지더라도 잘 지는 게 중요하다. 죽을 때 죽더라도 멋있게 죽어야 미래가 있다. '정조'라는 전가의 보도에 맞서 '성적인 자기결정권'이라는 새 칼을 휘둘러는 봐야 한다.

나혜석의 정조론은 짧은 시간에 진화를 거듭했다. 그녀는 남자 공창(公娼)을 두어 여성의 성욕을 해결하고 독신 기간을 늘리자고 주장했다. 또 결혼을 하더라도 각자 배우자 외에 다른 이성을 만나 사귀는 게 권태에 빠지지 않는 길이라고 외쳤다.[86] 사실상 가족해체론이다. 그녀는 이미 자신의 죽음을 예감한 듯 하고 싶은 말을 거침없이 토해냈다.

나혜석이 선을 완전히 넘자 가부장 사회는 그녀의 목을 졸라 숨통을 끊으려 했다. 극단적인 조리돌림이 벌어졌다. 지인들이 하나둘 나혜석의 곁을 떠났다. 친정에서조차 버림받고 그리운 아이들도 보지 못한채 그녀는 생활고에 쓰러져갔다. 엎친 데 덮친 격으로 심신이 극도로 피폐해지면서 파킨슨병 증상이 덮쳤다. 눈이 풀리고 입이 돌아가고 턱

이 덜덜 떨렸다. 그림을 그리기는커녕 움직이는 것조차 불편했다. 그렇다고 이제 집도, 부모도, 자식도, 친구도 없는 그이를 누가 돌볼 것인가.

나혜석은 한때 여권운동의 선봉에 섰다가 고초를 겪고 속세를 떠난 김일엽 스님을 찾아갔다. 스님은 출가를 권유했지만 그녀는 거부했다. 여성해방 전사로서의 마지막 자존심이었다. 출가는 가부장 사회에 백기를 들고 도피하는 것이라고 생각했을 터.

그녀는 수덕사, 해인사 등지를 전전하다가 1940년대에 경기도 안양의 보육원에 의탁했다. 그 힘겨운 몸으로 안간힘을 다해 그림을 그리고 글을 썼다는데, 안타깝게도 이 시기의 작품들은 전하지 않는다. 그 후 나혜석은 묘연히 잊혔다가 1949년 3월 14일자 〈대한민국 관보〉에 등장했다. '나이 53세. 주소 미상. 이름 나혜석.' 그것은 행려병자의 부고였다.

자식들이 보고 싶어 길을 나섰던 것일까? 나혜석은 도로에 쓰러졌다가 서울시립남부병원에 실려 왔다고 한다. 남긴 것이라곤 헤진 헌옷한 벌과 자신의 이름뿐. 1948년 12월 10일 그녀는 무연고자 병동에서 쓸쓸하게 세상을 떠났다. 시신을 거둔 사람이 없었으니 어디에 묻혔는지도 알 수 없다. 그나마 유언은 생전에 남긴 바 있다.

사남매 아이들아, 어미를 원망치 말고 사회제도와 도덕과 법률과 인습을 원망하라. 네 어미는 과도기에 태어나 선각자로 그 운명의 줄에 희생된 자였느니라. 후일 외교관이 되어 파리에 오거든 네 어미의 묘를 찾아 꽃 한 송이 꽂아다오.[87]

이 유언이 《삼천리》에 게재된 1935년까지만 해도 나혜석은 지긋지긋한 조선 땅을 떠나 한없이 자유롭던 파리로 가고 싶어 했다. 그곳에서 마지막 예술혼을 불태우고자 한 것이다. 그러나 그녀는 불행히도 이 땅을 떠날 수조차 없었다.

자식들에게 남긴 유언처럼 나혜석은 선각자의 운명에 희생되었다. 시대를 앞서가는 사람들은 언제나 구시대로부터 응징과 수모를 당하기 마련이다. 그럼에도 불구하고 역사는 그들이 꿈꾼 세상을 향하여 나아간다.

조선의 남성들아, 그대들은 인형을 원하는가? 늙지도 않고 화내지도 않고 당신들이 원할 때만 안아주어도 항상 방긋방긋 웃기만 하는 인형 말이오. 나는 그대들의 노리개를 거부하오. 내 몸이 불꽃으로 타올라 한 줌 재가 될지언정 언젠가 먼 훗날 나의 피와 외침이 이 땅에 뿌려져 우리 후손 여성들은 좀 더 인간다운 삶을 살면서 내 이름을 기억할 것이라.[88]

3부

남자, 사랑을 이용하다

공주를 사랑한
스파이

백제 제26대 성왕(聖王)은 538년 중대한 결단을 내렸다. 그는 도읍을 웅진(공주)에서 사비(부여)로 옮기고 국호를 남부여라고 고쳤다. 드디어 '백제 중흥'의 기치를 들어 올린 것이다.

중흥(重興)은 망했다가 다시 흥하는 것을 말한다. 그럼 백제가 언제 망했느냐? 475년 개로왕은 오랜 도읍인 위례성[1]을 고구려에게 빼앗기고 목숨까지 잃었다. 한성백제의 멸망이었다. 개로왕은 승려 도림에게 놀아나 국정을 그르친 대가를 값비싸게 치렀다. 도림은 사실 고구려에서 보낸 첩자였다. 백제는 건국 이래 터전으로 삼아온 한강 유역을 내놓고 피눈물을 흘리며 남진했다.

웅진에 자리 잡은 백제 왕들은 5대에 걸쳐 국력 회복에 심혈을 기울였다. 그들은 금강 이남, 지금의 전라도 땅에서 독립적으로 활동하던 옛 마한 세력을 차례로 복속시켰다. 국력의 징표인 인구와 세금이 차츰 늘어났다. 또 바다 건너 중국에 여러 차례 사신을 보내 고구려를 견제할 외교력을 확보하고 문물 수입에 열을 올렸다. 왜와의 교류에도 적극 나서 왕실끼리 피를 나누고 배후 안전판으로 삼았다.

국력을 갖췄다고 판단한 성왕은 드디어 한강 유역 수복에 들어갔다. 그는 신라와 동맹을 맺고 고구려 성들을 차근차근 공략했다. 554년경에는 한강 하류, 곧 서울과 경기 일원을 거의 장악했다. 신라에는 보상으로 한강 상류, 오늘날 충북 땅을 내주었다.

그러나 신라 진흥왕은 떡고물이나 얻으려고 이 전쟁에 동참한 게 아니었다. 진흥왕은 맹장 이사부에게 명해 백제 주력군을 기습 공격하고 한강 유역을 몽땅 빼앗았다. 성왕의 뒤통수를 쳐서 국익을 극대화한 것이다. 이로써 신라는 드넓은 땅과 풍부한 인구는 물론 중국과 왕래할 수 있는 물길까지 확보했다.

백제 성왕은 노발대발해 군사를 일으켰다. 나이 많은 임금을 대신해 태자 창이 3만 대군을 지휘했다. 신라군은 지금의 옥천 부근에서 저지하려 했으나 역부족이었다. 백제군은 방어선을 가볍게 뚫고 관산성을 점령했다. 이곳은 북쪽으로는 한강, 동남쪽으로는 서라벌을 도모할 수 있는 전략적 요충지였다.

너무 기쁜 나머지 방심한 것일까? 성왕은 승전보를 받자마자 호위병 수십 명만 거느리고 관산성으로 향했다. 태자와 군대를 격려하고 신라 격퇴의 결의를 다질 속셈이었다. 그런데 이 정보가 그만 삼년산성(보은)을 지키던 신라 장수 김무력에게 새 나가고 말았다. 김무력은 금관가야의 마지막 임금 구형왕의 아들이요, 뒤에 등장할 김유신의 할아버지다. 그는 이사부의 부장으로 한강 유역 쟁탈전에서 혁혁한 전공을 세운 바 있다. 하필이면 이 뛰어난 무장에게 성왕의 움직임이 포착된 것이다.

군사 1,000여 명을 이끌고 나온 김무력은 관산성으로 들어가는 길목에 매복했다. 아무것도 모르고 길을 지나던 성왕 일행은 복병의 기습을 받고 꼼짝없이 붙잡혔다. 절망적인 상황에서 성왕은 자결로 마지막 자존심을 세우고자 했다.

"나는 백제의 왕이다. 임금답게 죽고 싶다."

그러나 자결의 기회는 주어지지 않았다. 그는 김무력의 부하에게 목이 달아났다. 신라군은 성왕의 목을 내걸고 관산성으로 몰려갔다. 백제군은 사기가 땅에 떨어진 데다 앞뒤에서 적을 맞는 바람에 참패를 당했다. 3만 대군 가운데 무려 29,600여 명이 목숨을 잃었다.

태자 창은 구사일생으로 빠져나와 사비성에 당도했지만 제정신이 아니었다. 그는 아버지의 명복을 빌겠다며 승려가 되려고 했다. 큰누이인 형(兄)공주가 가로막았다.

"지금 나라가 망하기 직전이다. 네가 아니면 누가 이 나라를 수습한단 말이냐."

그리하여 태자 창이 보위에 오르니, 백제 제27대 위덕왕이다. 백제에는 다시 절치부심의 시간이 도래했다. 새 임금은 되도록 전쟁을 삼가고 내치에 힘을 쏟았다. 도광양회(韜光養晦). 적의를 감추고 은밀히 국력을 기른 것이다.

세월이 흘러 578년, 백제 위덕왕과 신라 진지왕은 알야산성(익산)에서 화친을 맺었다. 이럴 때는 왕실 간의 혼례를 올리는 게 고대의 관행이었다. 화친을 위한 인질인 셈인데, 왕의 직계보다는 먼 자손들이 대상자로 선정됐다. 위덕왕은 아우의 손자를 신랑으로 세웠다. 아명은 서동(薯童), 마를 캐던 소년이라고 했다. 진지왕도 죽은 형의 손녀 선화(善花)를 신부로 내놓았다. 두 사람이 훗날 왕위에 오르고, 공주가 되리라곤 당시 누구도 예상하지 못했다.

선화공주님은 밤마다 몰래 서동 서방을 안는대요·

백제 제30대 무왕(武王)의 이름은 장(璋)이다. 그의 어머니는 과부였는데 도읍의 남쪽 연못가에 살다가 그 연못의 용과 정을 통하고 장을 낳았다. 어릴 때 이름은 서동이었다. 마를 캐서 팔러 다녔기 때문에 나라 사람들이 그렇게 부른 것이다.

서동은 재주와 도량이 커서 헤아리기 어려웠다. 신라 진평왕의 셋째 딸 선화가 어여쁘다는 말을 듣고, 그는 머리를 깎고 서라벌로 들어갔다. 동네 아이들에게 마를 나눠주니 모두 친하게 여겨 따랐다. 아이들을 꾄 서동은 동요를 지어서 노래 부르게 했다. 그 가사는 이랬다.

선화공주님은
남 몰래 정을 통해두고,
서동 서방을
밤마다 몰래 안고 가네.

동요가 서라벌에 널리 퍼져 궁궐에까지 이르렀다. 신하들이 듣고 일어나 선화공주의 행실을 문제 삼았다. 결국 공주는 먼 지방으로 귀양 가게 되었다. 길을 떠나려 할 때 왕비가 여비로 쓰라고 순금 한 말을 주었다.

선화공주가 유배지로 향하는데 도중에 서동이 나타났다. 넙죽 절을

●《삼국유사(三國遺事)》〈기이(紀異)〉편 '무왕'조에 실린 서동과 선화공주의 사랑 이야기를 재구성했다.

하고는 자신이 모시고 가겠다고 했다. 공주는 의아했지만 듬직해 보여 일단 따르게 했다. 두 사람은 차츰 가까워져 몰래 정까지 통하게 되었다. 서동은 그제야 자기 정체를 밝혔고, 선화는 동요의 주인공임을 알자 운명으로 받아들였다.

그들은 함께 백제로 왔다. 선화공주는 어머니가 준 금으로 생계를 꾸리려고 했다. 서동이 해맑게 웃으면서 물었다.

"이것이 무슨 물건이요?"

"황금이지요. 한평생 부를 이룰 수 있을 것입니다."

선화의 대답에 서동이 뚱딴지 같은 말을 꺼냈다.

"내 어려서부터 마를 캐던 땅에 이런 것들이 흙더미처럼 쌓여 있소."

"황금은 세상에서 가장 귀한 보물입니다. 당신이 있는 곳을 안다면 그 보물을 저의 부모님이 계신 궁전으로 보내는 것이 어떻겠습니까?"

서동은 공주의 청을 수락하고 금을 모아 산더미처럼 쌓았다. 문제는 이 황금을 신라 진평왕에게 보내는 방법이었다. 용화산 사자사의 지명법사(知命法師)에게 찾아가서 물었다. 그러자 법사가 말했다.

"내가 신통력으로 보낼 수 있소. 금을 가지고 오시오."

선화공주가 편지를 써서 황금과 함께 사자사 앞에 갖다 놓았다. 지명법사는 신통력을 발휘해 하룻밤만에 신라 궁궐로 보냈다. 진평왕은 그 신기한 조화를 경이롭게 여겨 더 존경했으며, 늘 편지를 보내 안부를 물었다. 서동은 이로 인해 인심을 얻어서 왕위에 오르게 되었다.

서동 이야기의 암호 코드를 풀어라

《삼국유사》, 이 책을 나는 사랑하지 않을 수 없다. 한국 고대사의 광활한 공백 지대를 알쏭달쏭한 옛날이야기로 메꾸는데, 묻고 해석하고 상상하는 재미가 가득하나. 13세기 승려 일연은 국사(國師) 출신 고승답게 고려 왕실과 궁궐에 소장된 고기(古記)를 듬뿍 확보했다. 뿐인가. 무신 집권과 몽골 침략으로 어수선한 고려 땅을 두 발로 누비면서 각 지역의 생생한 이야기를 채록했다. 늘그막에 그는 인각사(군위)에 눌러앉아 이를 집대성하고 1281년《삼국유사》를 내놓았다.

《삼국유사》에는 단군신화를 비롯해 신비로운 이야기가 큰 비중을 차지한다. 신화, 전설, 민담이 쏟아져 나온다. 이런 이야기는 허황된 것 같지만 실상은 그렇지 않다. 예컨대 임금의 불미스러운 일이나 은밀한 염문을 정사(正史)《삼국사기》는 대놓고 기록하기 힘들지만, 이야기책 《삼국유사》는 설화 형식을 빌려 상징적으로 서술한다. 어찌 보면 이가 안 맞는 정사를 보완하는 수법이다.

《삼국유사》는 그렇게 역사의 행간을 채운다. 겉보기에는 그저 심심풀이 얘깃거리 같지만 곱씹어보면 감춰진 진실이 드러난다. 암호를 해독하듯이 풀어나가는 묘미가 있다. 서동과 선화공주의 사랑 이야기가 대표적이다.《삼국유사》를 통틀어 가장 극적인 반전이 이 일화에 숨어 있다.

"선화공주님은 남 몰래 정을 통해두고, 밤마다 몰래 서동 서방을 안는대요."

한 백제 소년이 아리땁다는 신라 공주를 연모한 나머지 적국의 수도

서라벌로 숨어든다. 그런데 서동, 마를 캐는 이 소년은 순진하지 않았다. 서라벌 아이들에게 마를 나눠주고 그 대가로 음흉한 노래를 퍼뜨리도록 한 것이다. 우리 공주님은 서동과 그렇고 그런 사이래요.

요즘으로 치면 쇠고랑 찰 일이다. 유언비어를 유포해 타인의 명예를 훼손했으니 말이다. 지고지순한 공주님을 남자 밝히는 헤픈 여자로 만들었다. 어서 노래를 퍼뜨린 녀석을 잡아들여야 하지 않겠나. 게다가 범인은 가사에 자기 이름을 떡 하니 넣었다. 선화공주와 정을 통하고 밤마다 몰래 안는 서방님이 서동이라고.

하지만 신라 조정에서는 오히려 선화공주를 문제 삼았다. 일국의 공주가 행실을 어떻게 했으면 이런 소문이 나도느냐고 신하들이 들고 일어났다. 결국 진평왕은 울며 겨자 먹기로 딸을 귀양 보냈다. 그래도 공주는 공주다. 어머니인 마야왕후가 노자로 쓰라고 순금 한 보따리를 내준 것이다. 이쯤 되면 유배라기보다 유람에 가깝다. 여론이 잠잠해질 때까지 바람이나 쐬고 오라는 것일까?

서동은 기다렸다는 듯이 유배 길에 오른 선화공주 앞에 짠, 하고 나타났다. 정체불명의 소년이라 의심스러웠지만, 공주는 그래도 듬직해 보인다며 일행으로 받아들였다. 두 사람은 동행하면서 진짜로 정을 통하고 백제로 갔다. 불가능을 꿈꾼 소년, 서동의 야망이 극적으로 이루어진 것이다. 그가 훗날 백제 제30대 임금이 되었으니, 곧 무왕이다.

그럼 여기서 서동이 지어서 퍼뜨렸다는 음흉한 노래 〈서동요(薯童謠)〉에 대해 짚고 넘어가자. 동양의 고대 역사서에 등장하는 시가(詩歌), 그 가운데서도 백성이 불렀다는 민요는 십중팔구 '참요(讖謠)'다. 참요에는 시대 변화를 예고하는 징조가 담긴다. 특히 서동요처럼 작자 이름이 들어갔다면 대개 정치적인 메시지가 있다. 단순한 남녀상열지사가 아니라는 말이다.

사실 근대에 연애지상주의가 등장하기 전까지 남녀의 사랑은 충효, 나라에 충성하고 부모님께 효도하는 데 가려져 있었다. 더구나 삼국시대에는 끊임없이 정복 전쟁이 벌어졌다. 자고 일어나면 적이 쳐들어오고 성이 넘어갔다. 공주라면 한가하게 애정 행각에 휘말릴 겨를이 없다. 상대가 신분이 모호한 소년이라면 더더욱 말이 안 된다.

그렇다면 서동요와 그 배경 설화를 우리는 색안경 끼고 살펴볼 필요가 있다. 이 이야기에는 알고 보면 한 글자 한 글자 《삼국유사》 특유의 암호가 숨어 있다. 그걸 해독하려면 역사에 질문을 던져야 한다. 합리적 의심이라는 걸 해보자는 것이다.

나는 《삼국유사》 〈기이〉편 '무왕'조의 행간에 남녀상열지사를 가장한 백제와 신라의 '국제 첩보전'이 담겨 있다고 본다. 암호명 '서동', 마를 캐는 백제 소년과 암호명 '선화', 아리따운 신라 공주의 국운을 건 암투가 지금부터 펼쳐진다.

승려들의 입을 빌려 즉위담을 유포하다

먼저 서동은 신비로운 '출생의 비밀'을 간직하고 있었다. 과부 엄마가 도읍의 남쪽 연못가에 살다가 그 연못의 용과 정을 통해 낳았다고 한다. 사람이 못의 용과 관계했다고? 《삼국유사》라면 고개가 끄덕여진다. 단군신화도 동물로 표현하지 않았나. 곰이 여자로 변신해 오늘날

한국인의 할머니가 되었다.

그럼 암호를 해독해보자. 고대 동아시아에서 용은 임금을 뜻한다. 그런데 못의 용은 아직 승천하지 못한 용이다. 임금이 아닌 왕자나 왕손이다. 다시 말해 왕족 남성이 못가, 즉 궁궐 근처에 사는 과부와 관계해 서동을 낳았다는 것이다.[2] 아버지는 누구일까?

족보를 들여다볼 차례다. 백제 중흥의 기치를 내건 성왕은 신라 진흥왕에게 배신을 당하고 554년 관산성 길목에서 쓰러졌다. 뒤이어 위덕왕(威德王)이 즉위했는데 그는 전쟁을 삼가고 내치에 힘을 쏟았다. 도광양회. 신라에 대한 복수심을 감추고 은밀히 힘을 기른 것이다.

위덕왕은 554년부터 598년 겨울까지 44년간 재위하고 세상을 떠났다. 그에게는 왕자가 있었으나 요절했으므로 다음 보위는 동생 혜왕(惠王)에게 넘어갔다. 문제는 새 임금의 나이가 너무 많았다는 것. 형이 국왕 노릇을 오래 한 탓이다. 노왕(老王)은 결국 즉위 이듬해인 599년에 죽고 말았다.

그리하여 혜왕의 아들이 왕위를 물려받았으니 그가 바로 법왕(法王), 서동의 아버지다. '법왕'이라는 시호는 불교와 관련이 깊다. 불법에 힘을 쏟았다고 해서 법왕이다. 왕궁 근처에 사는 과부와 관계를 맺은 걸 보면 젊은 날에는 좀 놀았던 모양인데, 언제부턴가 정신 차리고 독실한 불교 신자가 된 것이다.

법왕은 어찌나 신앙심이 깊었는지 즉위하자마자 불교의 계율대로 모든 살생을 금지했다. 농가에서 키우는 가축은 물론이고 산짐승과 물고기도 못 잡게 했다. 법왕의 관심사는 당연히 전쟁이 아니라 불사(佛事)였다. 그는 위덕왕 때 부여 땅에 건립한 왕흥사를 크고 화려하게 다시 지었다.

불교에 미친 임금 때문에 백제 사람들은 졸지에 승려처럼 살아야 했다. 국왕이 고기도 마음대로 못 먹게 했으니 얼마나 원망스러웠을까? 게다가 사찰을 크게 지으려면 비용이 많이 든다. 그 비용을 세금으로 충당했을 테니 욕이 절로 나왔을 것이다. 백제인들의 원성이 하늘에 뻗쳤는지 법왕은 오래 살지 못하고 600년 여름 세상을 떠났다.

바야흐로 백제에 망조가 들었다. 598년 겨울부터 600년 여름까지 2년도 안 되는 짧은 기간에 임금 세 명을 잃었다. 이렇게 되면 민심이 흉흉해진다. 국왕이 중심을 잡아야 하는데 자꾸만 죽어나가니 백성은 불안하다. 이웃 나라에서도 얕잡아보고 경거망동할 가능성이 높다. 이럴 때 성 하나라도 더 빼앗아야지, 하며 침공하는 것이다.

얼른 다음 임금이 즉위해 수습해야 한다. 어려운 백성들을 구제해 민심을 달래고 주변국들엔 위엄을 과시할 일이다. 그러려면 똑똑하고 듬직한 왕이 필요하다. 여기서 문제가 발생한다. 법왕에게는 적자(嫡子), 그러니까 본부인 소생의 아들이 없었다. 자식이라곤 민간인 과부가 낳은 서자가 전부였다.

서동은 졸지에 왕위 계승 후보가 되었다. 아버지가 돌보지 않아 어린 시절 마를 캐러 다니던 소년에게 벼락출세의 기회가 온 것이다. 물론 서자에게 임금 자리를 거저 주지는 않는다. 하필이면 백제가 흔들리고 있는 시점이었다. 정통성 없는 자를 왕위에 앉혔다가 잘못되면 나라가 절단 날지도 모른다.

힘 센 귀족들은 백제 왕실에서 다른 후보를 찾고자 했을 것이다. 꼭 성왕계가 아니라도 찾아보면 혈통 좋은 왕족이 있다. 자기들과 긴밀한

관계면 금상첨화다. 보위에 앉히고 그 대가로 실권을 잡는 시나리오다. 그들은 각자 주판알을 굴리며 적임자를 물색했을 것이다. 물밑 경쟁이 치열했을 게 틀림없다.

이런 상황에서 서동이 왕좌를 차지하려면 임금의 자격을 입증하는 수밖에 없다. 혈통의 흠을 상쇄하고도 남을 특별한 능력을 보여줘야 한다. 가장 좋은 방법은 전쟁터에 나가 공을 세우는 것이다. 성왕의 원수인 신라를 공략해 성을 빼앗는다면 더할 나위 없다. 하지만 서동에게는 불가능한 일이었다. 전쟁에서 이기려면 병법을 써서 군대를 지휘해야 하는데, 서자인 그는 해본 적이 없었다. 왕자의 교육을 제대로 받지 못했기 때문이다.

서동이 그나마 왕자 대접을 받은 것은 혜왕이 즉위한 598년 이후였을 것이다. 비록 서자라도 임금의 직계 손자이니 이때부터는 홀대할 수 없었으리라. 문제는 할아버지 혜왕과 아버지 법왕이 2년도 안 돼 연달아 세상을 떠났다는 사실이다. 그가 임금의 자격 혹은 특별한 능력을 갖추기엔 너무나 부족한 시간이었다.

그러나 서동은 영리한 인물이었다. 그는 색다르게 능력을 과시하기로 했다. 백성에게 직접 이야기하는 길을 택한 것이다. 어느 시대나 민심은 곧 천심이다. 어차피 귀족 세력은 그를 인정하지 않을 테니 기댈 언덕은 백성뿐이다. 고생하며 살아온 삶의 이력을 잘 활용하면 오히려 큰 공감을 불러일으킬 수도 있다.

사실 '이야기'는 미디어가 발달하지 않은 삼국시대에 백성과 소통할 수 있는 유력한 수단이었다. 발 없는 말이 천리를 간다고, 이야기가 재밌고 유익하면 널리 퍼진다. 여기에 정치적인 메시지를 자연스럽게 녹이면 얼마든지 민심을 사로잡을 수 있다. 《삼국유사》의 백제 무왕 이야기가 다분히 그러하다. 아예 서두에 이렇게 못 박는다. '서동이 재주와 도량이 커서 헤아리기 어려웠다고.' 이야기의 목적이 그가 임금 자격을 갖춘 능력자임을 홍보하는 데 있다고 노골적으로 밝힌 셈이다.

그렇다면 서동의 특별한 능력을 입증하는 이야기 속의 근거는 무엇일까? 바로 백제의 숙적인 신라 공주를 아내로 삼은 점이다.[3] 서동은 머리를 깎고 승려인 척하면서 신라에 잠입했다. 아이들의 노래를 이용해 '가짜뉴스'를 효과적으로 퍼뜨렸다. 농도 짙은 연애담을 꾸며 선화공주가 궁에서 쫓겨나도록 했다. 그리고 유배 길에 오른 공주의 마음을 얻었다.

이야기 속의 서동은 교묘한 책략가요, 담대한 용자(勇者)다. 마를 캐서 팔던 소년이 비범한 재주와 도량을 보여준 것이다. 능력도 능력이지만 그가 가짜 연애담으로 엮은 상대가 무려 신라 공주다. 이게 또 백제 평민들의 신분 상승 판타지를 자극한다. 미천한 소년이 기지를 발휘해 고귀한 공주와 사귀고 아내로 삼다니! 민심을 움직이는 짜릿한 대리 체험이다.

하지만 이야기가 아무리 그럴 듯해도 백성들에게 전해지지 않으면 말짱 도루묵이다. 그럼 오늘날의 기자나 크리에이터처럼 이 이야기를 가공해서 전달한 사람들은 누구였을까? 나는 서동 이야기를 전파한 미디어가 불교 승려들이었다고 생각한다.

삼국시대 승려들은 순수하게 포교에 전념하지는 않았다. 고구려, 백제, 신라가 치열하게 싸우던 그 시절에 불교가 국가적으로 공인받고 이 땅에 뿌리 내린 데는 다 이유가 있다. 나라를 다스리는 데 여러 모로

쓸모가 많았기 때문이다.

통치에 있어서 불교의 가장 큰 쓸모는 '국민 통합'이었다. 삼국은 부족연맹체에서 고대국가로 발전하며 수많은 소국들을 병합했다. 이질적인 세력과 백성을 아우르려면 공통된 믿음이 꽤 요긴하다. 함께 설법을 듣고 불탑을 돌며 믿음을 공유하면 사람들은 하나가 된다. 종교가 나라를 문화적으로 묶는 것이다.

여기서 분화되어 나온 것이 미디어 기능이다. 승려들은 사찰이나 거리에서 백성들을 직접 만났다. 사람들은 불제자들의 이야기에 귀를 기울였다. 부처님 말씀뿐 아니라 뉴스, 곧 세상 돌아가는 소식도 듣고자했을 것이다. 승려들은 백성들의 눈높이에 맞춰 쉽고 재미있는 이야기를 개발해야 했다. 불교계에서 《삼국유사》와 같은 이야기책이 나온 배경이다.

서동과 선화공주의 사랑 이야기도 불교 채널을 통해 승려들이 유포했을 것이다. 백제의 불교 세력은 서동에게 우호적일 수밖에 없었다. 아버지 법왕이 불법(佛法)의 수호자였기 때문이다. 귀족 세력과 달리그들은 서동의 즉위를 위해 홍보에 앞장섰을 게 틀림없다.

승려들은 온 나라를 구석구석 발로 누비며 '능력자' 서동의 이야기를 퍼뜨렸다. 설법하는 자리에서 '서동요 노래 교실' 같은 것도 열지 않았을까? 백제 사람들로선 흥미진진하고 귀에 쏙쏙 들어왔을 것이다. 그것은 삼국시대에 어울리는 '고도의 스토리텔링'이었다. 연애담은 그렇게 즉위담이 되었다.

암호명 '서동'의 첩보 작전

그렇다면《삼국유사》에 실린 서동과 선화공주의 연애 사건은 사실이었을까? 좋은 스토리텔링은 황당무계한 이야기를 지어내지 않는다. 이야기가 백성들에게 먹히려면 그럴 듯한 근거를 갖춰야 한다. 특히 사실이라는 재료를 쓰면 강력한 설득력이 생긴다.

서동과 선화공주 이야기도 뼈대를 이루는 팩트가 있었을 것이다. 명확한 역사 기록은 아니지만, 정황상 두 사람을 가리키는 게《삼국사기》에 실려 있다.

(7월에) 백제에게 알야산성을 주었다(與百濟關也山城).[4]

진지왕 3년(578)에 일어난 일을 짤막하게 기록한 것이다. 서동이나 선화공주의 이름도 나오지 않는데 대체 무슨 관계가 있느냐고? 관련된 사람들과 앞뒤의 사건들을 살펴보면 알 수 있다. 행간에 감춰진 이야기들이 가득하다.

신라 제25대 진지왕은 진흥왕의 둘째 아들로 576년에 임금이 되었다. 원래는 맏이인 동륜태자가 왕위 계승권을 갖고 있었으나 572년에 세상을 떠나는 바람에 대신 보위에 오른 것이다. 그런데 죽은 동륜태자에게는 '백정'이라는 장성한 아들이 있었다. 자연히 신라 사람들의 이목이 그에게 쏠렸고, 진지왕은 불안했다.

엎친 데 덮친 격으로 이듬해 백제가 신라의 서쪽 변경을 침략했다. 진흥왕의 배신으로 아버지 성왕을 잃은 위덕왕은 오랜 세월 내치에 힘

을 쏟으며 복수의 기회를 엿봤다. 진흥왕 사후 신라의 왕권이 흔들리자, 그는 기회를 놓치지 않고 칼을 빼들었다.

진지왕은 이찬 세종을 보내 백제군을 격파하고 3,700여 명의 목을 베었다. 진흥왕 대에 갈고 닦은 신라의 무력이 빛을 발한 것이다. 그러나 백제가 기나긴 침묵을 깨고 도발에 나선 터라 진지왕은 노심초사하지 않을 수 없었다. 내부에 골칫거리(백정)를 둔 상태에서 외부의 적(백제)과 계속 부딪치는 것은 초짜 왕에게 버거운 일이었다.

578년 신라가 백제에 알야산성을 넘긴 것은 진지왕의 고육책(苦肉策)이었다고 나는 생각한다. 사실 이 기부 행위는 납득하기 어렵다. 신라는 백제와의 전쟁에서 패하지 않았다. 오히려 1년 전에 백제군을 격파했다. 그럼에도 성을 내준 까닭은 진지왕의 불안한 입지 때문이다. 그것은 내우외환에서 벗어나기 위한 뇌물이었다.

《삼국사기》 원문에 나오는 '여(與)'를 '주다'가 아닌 '함께하다'로 풀이하면 진지왕의 뜻이 더욱 구체화된다. 578년 신라는 백제와 알야산성에서 함께했다. 이는 화친을 맺었다는 의미다.[5] 이 대목에 서동과 선화를 갖다 붙이면 앞뒤가 맞는다. (알야산성은 지금의 익산 땅이다. 후일 무왕과 선화공주가 창건한 미륵사가 이 지역에 들어섰다.)

고대에 화친이나 동맹이 이뤄지면 왕실 간의 혼례로 결속을 다지곤 했다. 그 신랑 신부는 인질의 성격이 짙었다. 왕족을 볼모로 삼아 화친이 깨지지 않도록 안전장치를 마련한 셈이다. 하지만 국왕의 직계 가족은 가급적 제외했다. 결혼 인질로는 죽어도 파장이 적은 방계 친척이나 첩의 자식들이 주로 선택되었다. 당시 신라와 백제의 왕실 사정을 감안하면 선화와 서동이 안성맞춤이었다.

신라 진지왕은 죽은 동륜태자의 손녀 선화를 신부로 골랐다. 선화는 백정의 셋째 딸로 아직 공주가 아니었다. (위로는 천명과 선덕 두 언니가 있었다.) 여기에는 동륜태자에 이어 백정을 지지하는 세력을 견제하려는 의도가 있었다. 선화를 인질로 보내 백제와 화친하는 한편 정적을 억누른 것이다.

백제 위덕왕이 선화의 신랑감으로 정한 인물은 서동이었다. 자기 동생의 손자인데 민간인 과부 소생이므로 무늬만 왕족이었다. 물론 그때는 아무도 몰랐다. 이 소년이 나중에 왕이 될 줄은……. 서동은 그렇게 선화와 부부의 연을 맺고 즉위담의 '지적재산권'을 보유하게 된다.

그럼 선화와 혼인할 무렵 서동은 어떻게 살고 있었을까? 《삼국유사》〈기이〉편 '무왕'조에는 실제 서동의 삶을 추론해볼 수 있는 단서들이 적지 않다. 무왕이 즉위하기 위해 승려들의 입을 빌려 유포한 이야기다. 자기가 살아온 내력이 담겨 있는 게 당연하다. 알쏭달쏭한 암호들이지만 하나씩 합리적으로 풀어보면 퍼즐이 맞춰진다.

먼저 서동은 마를 캐어 파는 소년이 아니었을 것이다. 그가 마를 캐던 곳에 어째서 금이 널려 있었을까? 황금은 재물을 일컫는다. 그가 이 넉넉한 재물을 가지고 캔 것이 마였을 리가 없다. 나는 그것이 '정보'였다고 본다. 삼국시대는 한국사에서 전쟁이 가장 빈번히 발생한 시기다. 전쟁에서 이기려면 적국의 정보를 캐서 거기에 맞는 전략 전술을 짜야 한다. 역사 기록에는 잘 나타나지 않지만 수많은 첩보원들이 국경을 넘나들었을 것이다.

첩보원은 왕족의 서자로 태어난 서동에게 가장 적합한 임무다. 왕실에서 모계가 미천한 서자는 드러내서 좋을 게 없는 존재다. 그렇다고

왕족의 피가 흐르는 자식을 아무렇게나 방치하기도 어렵다. 이 고민의 해법이 첩보원이다. 비밀 임무를 맡겨 음지에서 드러내지 않고 나라를 위해 일하게 하면 해결된다.

그런 의미에서 '서동'은 암호명이라고 봐야 한다. 오늘날로 치면 '007'과 같은 것이다. 《삼국유사》는 정사가 감춘 진실을 이렇게 은유하고 암시한다. 이 소년이 정말 마를 캤을까, 하고 되묻는다. 역사의 행간을 채우는 《삼국유사》 특유의 작법이다. 고대 통치자들이 백성들에게 즐겨 쓴 화법이다.

첩보원들은 정보 수집 말고도 할 일이 많다. 적국에 침투해 유언비어를 퍼뜨리는 일도 그들의 몫이다. 서라벌에 잠입한 서동 역시 아이들을 꾀어 동네방네 참요를 퍼뜨린다. 첩보원의 유언비어나 참요는 적국을 혼란에 빠뜨리기도 하고, 정치적 메시지를 담기도 한다. 〈서동요〉는 후자에 가깝다.

578년 서동은 화친을 맺자는 신라의 은밀한 제안에 답하려고 서라벌에 들어가지 않았을까? 〈서동요〉는 어찌 보면 화친 분위기를 띄우면서 정략결혼의 주인공을 알린 청첩장이다. 참요에 선화와 함께 자기 이름을 박아 넣은 이유다. 결국 화친의 합의는 이루어졌다. 서동은 유배를 빙자해 궁을 나선 신부를 알야산성에서 맞이해 백제로 돌아갔다. 중요한 임무를 성공적으로 마쳤으니 그의 주가가 뛰어올랐을 것이다. 불우한 서자에게 서광이 비치고 있었다.

황금 나른 승려의 정체

서동에게 선화는 복덩어리였나보다. 일이 잘 풀리려고 하니까 이번에는 장인 백정에게 신상의 변동이 생겼다. 579년 7월 신라 진지왕이 세상을 떠났다. 겨우 즉위 4년째에 멀쩡하던 임금이 갑자기 죽으면 뒷말이 무성해진다. 더구나 신라 왕실에는 그의 조카이자 최대 정적인 백정이 도사리고 있지 않았는가.

나는 백정과 그 추종 세력이 쿠데타를 일으켰다고 본다. 진지왕이 즉위할 때부터 째깍째깍 돌아가던 시한폭탄이 마침내 폭발한 것이다. 어찌 보면 일어날 일이 일어난 셈이다. 백정은 진흥왕의 맏손자이자, 동륜태자의 맏아들이었다. 누가 보더라도 정통성 있는 왕의 재목이었다.

장인이 임금 자리에 오르겠다는데 사위가 가만히 있을 수는 없다. 선화가 아버지에게 황금을 보냈으면 좋겠다고 하자 서동은 기꺼이 승낙한다. 그것은 쿠데타 자금이었다. 원래 이런 거사를 치르려면 자금이 많이 든다. 덕분에 백정은 쿠데타에 성공하고 임금이 되었다. 신라 제26대 진평왕이다.

서동도 꽃놀이패를 잡았다. 이제 신라 왕이 장인이고, 그 공주가 아내다. 이렇게 되면 백제 왕실에서 서동의 위상이 단숨에 높아진다. 덩달아 야심도 커졌을 것이다. 안 그래도 위덕왕의 아들이 요절하는 바람에 백제 왕위를 노릴 수 있게 되었다. 그런데 진평왕의 즉위로 신라 왕위 계승 서열에도 올랐다. 진평왕에게는 왕자가 없고 공주만 셋 있었다. 성골 남자의 씨가 마르면 사위가 보위를 잇는 게 당시 신라의 법

도였다. (물론 뒤에 선덕여왕이 즉위할 줄은 몰랐을 것이다.)

여기서 주목해야 할 사람이 등장한다. 선화공주가 맡긴 황금을 하룻밤 사이에 진평왕에게 수송했다는 지명법사다. 신통력을 쓴다는 그의 정체는 대체 무엇일까?《삼국유사》'무왕'조에서 지명(知命)은 용화산 사자사의 승려로 나온다. 백제에서 신라까지 신속하게 황금을 수송했다는 건 그가 조직에 속해 있었다는 뜻이다. 그 재물이 신라의 쿠데타에 쓰였다면 이 조직의 성격도 정치적으로 봐야 한다. 혹시 신라 첩보조직이 아니었을까? 그렇다면 지명은 백제지부장급의 거물 첩보원이었을 가능성이 높다.

삼국시대에는 많은 승려들이 첩보원으로 암약했다. 고구려 승려 도림은 백제 개로왕에게 접근해 국정을 그르치고 한성백제의 멸망을 불렀다. 서동 역시 서라벌에 잠입할 때 머리를 깎고 승려 행세를 했다. 그 시절 불교는 고구려, 백제, 신라에서 모두 공인을 받았다. 세 나라는 이 종교를 이용해 국론을 통합했으며 백성들과 소통했다. 그런데 역사 기록에 잘 드러나지는 않지만 첩보전에도 꽤 요긴하게 써먹었던 것 같다. 승려들은 어느 나라에서나 신분을 보장받았고 국경을 넘나드는 데 제약이 없었다. 첩보원으로 활용하기에 더할 나위 없는 조건이었다.[6] 지명법사도 신라의 첩보원으로 백제에서 활약하며 큰 공을 세운 것으로 보인다.

왕이 스님을 흠모해 계율을 높이 받들고 대덕(大德)으로 삼았다. 스님은 숭산과 화산처럼 우뚝 솟았고, 아량은 바다를 삼킬 듯했으며, 밝은 달처럼 나라를 비추었고, 덕풍(德風)으로 세상을 흥겹게 했으니, 승속(僧俗)의 무리가 이로써 법을 삼고 교훈을 얻었다. 후에 대대덕(大大德)이라는 높은 지위에 올랐으나 언제 죽었는지 알지 못한다.[7]

《해동고승전(海東高僧傳)》에 실린 신라 고승 지명(智明)의 이야기다. 《삼국유사》의 사자사 승려 지명(知命)과 한자 표기가 다르지만 발음상 같은 사람일 것이다.[8]

《해동고승전》은 고려 승려 각훈이 1215년에 내놓은 삼국시대 고승들의 전기다. 이 책에 따르면 지명은 대대덕에 오를 만큼 국왕이 흠모하고 떠받든 승려였는데, 그 임금이 바로 진평왕이었다. 특이한 점은 그의 업적이 다른 고승들과 달리 추상적이라는 것이다. 대대덕이라는 높은 지위에도 불구하고 구체적인 업적이 기록되지 않은 것이다.

진평왕 이후 신라 고승들의 업적은 대체로 이러했다. 뛰어난 승려들은 당나라에 들어가 불법을 공부하고 신라로 돌아와 중국 문물을 전했다. 이어서 임금의 자문이나 화랑도의 스승이 되어 불문(佛門)의 가르침을 설파했다. '호국불교'라고 해서 나랏일에 앞장서는 모습도 보여줬다. 원광법사는 진평왕을 위해 수나라에 원병을 요청하는 글을 지었다(608). 고구려가 틈만 나면 신라를 침략하니 수나라에서 군사를 일으켜 혼내달라는 내용이었다. 살생을 금하는 계율을 가진 불교 승려가 수많은 사람들을 죽음으로 몰아넣는 전쟁을 청한 것이다. 스스로도 머쓱했는지 원광법사는 이런 변명을 남겼다.

"자기가 살자고 남을 치는 것은 불제자의 행실이 아니오나, 제가 대왕의 땅에 살고 대왕의 물과 곡식을 먹는데 어찌 감히 명령을 좇지 않겠습니까?"[9]

실제로 수나라 양제는 몇 년 뒤 100만 대군을 동원해 고구려를 침공했다. 하지만 살수(청천강)에서 을지문덕이 이끄는 고구려군에 참패하고 이후 국력이 쇠퇴해 멸망하고 말았다.

원광법사는 승려였지만 나랏일에 깊이 관여했다. 화랑도에 전한 다섯 가지 계율, '세속오계(世俗伍戒)'가 대표적이다. '사군이충(事君以忠)', 충성으로써 임금을 섬긴다. '사친이효(事親以孝)', 효도로써 어버이를 섬긴다. '교우이신(交友以信)', 믿음으로써 벗을 사귄다. '임전무퇴(臨戰無退)', 싸움에 임해서는 물러섬이 없다. '살생유택(殺生有擇)', 생명을 죽일 때는 가려야 한다. 세속오계는 화랑도의 신조로 받아들여져 훗날 삼국통일의 정신적 발판이 된다.

그럼 지명법사는 어떤 공적이 있어서 진평왕의 흠모를 받고 고승으로 기록되었을까? 그는 승려로서 뚜렷한 업적을 남기지는 않았다. 그럼에도 대대덕이 된 것은 보이지 않는 데서 은밀한 공적을 쌓은 덕분일 것이다.[10] 그 업적이 《삼국유사》 '무왕'조에 상징적으로 담겨 있다. 백제의 지명법사는 신라 첩보원이었으며 579년 진평왕의 쿠데타 당시 서동과 선화로부터 자금을 마련해 신속하게 전달하는 공을 세웠다. 그 보상으로 지명은 진평왕 7년(585) 당나라에 들어가 불도(佛道)를 닦게 되었다. 잘나가는 유학승 대열에 합류한 것이다. 그것은 신라 임금이 밀어주지 않으면 얻기 힘든 기회였다.

그런데 진평왕 24년(602)에 그가 당나라에서 돌아올 무렵에는 신라와 백제의 관계가 급변해 있었다. 백제 무왕이 즉위해 침략 전쟁의 서막을 올린 것이다. 지명법사는 신라 첩보 조직의 수장으로 복귀해 비밀 공작에 들어갔다. 그 내막이 《삼국유사》 '무왕'조 후반부에 이어진다.

〈서동요〉 뒷이야기

무왕은 600년에 백제 제30대 임금이 되었다. 서동과 선화공주의 사랑 이야기는 백성들의 뜨거운 호응을 이끌어냈고 능력 있는 서자에게 날개를 달아줬다. 대민 홍보를 잘한 덕분에 왕권이 조기에 안정되자 무왕은 호전적인 본색을 드러냈다.

백제 왕실의 숙원은 신라에 성왕의 복수를 하고 한강 유역을 되찾는 것이었다. 아무리 아내와 장인의 나라라고 해도 왕으로서 책임을 소홀히 할 수는 없었다. 무왕(武王)은 시호답게 신라를 치고 또 쳤다. 《삼국사기》에 따르면 602년 모산성 포위 공격부터 636년 독산성 전투까지 열세 차례나 군사를 일으켜 신라를 침공했다.

623년 이후로는 거의 매년 신라와 전투를 벌였다. 당시 신라군을 지휘한 인물은 김용춘이었다. 그는 선화공주의 자매인 천명공주의 두 번째 남편이었다. 일제강점기의 역사가이자 독립운동가인 신채호는 두 사람의 공방전을 '동서전쟁'이라고 불렀다.[11] 둘 다 진평왕의 사위로서 신라 임금 자리를 두고 다퉜다며 '왕위 쟁탈전'으로 해석한 것이다.

627년에는 무왕이 직접 군사를 이끌고 웅진으로 나아가 신라에 대한 대규모 공격을 추진했다. 이 신라 정벌전은 당나라의 개입으로 무산되었지만, 그가 얼마나 장인 진평왕을 옥죄었는지 알 수 있다. (그 압박감은 632년에 즉위한 처형 선덕여왕에게도 대물림되었다. 신라의 왕위를 차지하지 못해 열 받았는지 무왕의 공격은 줄기찼다.)

이렇게 되자 신라에서는 특단의 대책을 강구했다. 그것은 선화공주를 이용해 백제의 국력을 고갈시키는 방안이었다. 《삼국유사》'무왕'조

의 뒷이야기를 살펴보자.

하루는 왕이 부인과 함께 사자사에 행차하던 중, 용화산 아래 큰 연못가에 이르렀다. 그때 미륵삼존이 연못 속에서 나타나자 왕은 수레를 멈추게 하고 경의를 표했다. 부인이 왕에게 말했다.

"이곳에 큰 절을 짓는 것이 진실로 제 소원입니다."

왕이 이를 허락하고 지명법사에게 가서 연못을 메우는 일에 대해 물었다. 법사가 신통력으로 하룻밤 만에 산을 무너뜨려 연못을 메우고 평지로 만들었다. 왕은 미륵삼존의 모습을 본떠 불상을 제작하고 전각과 탑과 회랑을 각각 세 곳에 만들었다. 이 절을 미륵사(彌勒寺)라고 했다. 진평왕은 수많은 장인들을 보내 절 짓는 일을 도왔다.[12]

이른바 '미륵사 창건기'다. 그 무렵 삼한 땅에는 미륵 신앙이 번져나가고 있었다. 미륵은 도탄에 빠진 백성을 구하려고 이 세상에 온다는 부처다. 기독교로 치면 메시아, 즉 구세주와 같은 존재다. 따라서 미륵사는 당시 불교계의 대세를 수용한 절이라고 볼 수 있다.

《삼국유사》는 미륵사 창건이 국왕 부부의 행차에서 비롯되었다고 이야기한다. 두 사람은 사자사로 가는 길에 기이한 체험을 한다. 용화산 아래 큰 연못에 미륵삼존이 출현한 것이다. 물론 그것은 지명법사의 비밀공작이었다. 그는 부하들을 시켜 미륵삼존, 곧 미륵불과 두 보살의 모형을 만들게 하고 국왕 부부가 지나는 연못가에 갖다 놓았다. 미리 언질을 받은 선화공주는 이곳에 큰 절을 짓자고 무왕에게 청했다.

무왕은 연못을 메우고 초대형 불사를 일으켰다. 미륵사는 각기 불상, 전각, 탑, 회랑을 갖춘 세 개의 사원으로 이루어져 있다. 오늘날 익산에 자리한 미륵사 터를 보면 그 규모가 역대급이다. 동양 최대의 고대 사찰이라는 수식어가 붙을 만하다. 《삼국사기》〈백제본기〉 '무왕 35년(634)' 조를 보면 이 절은 물가에 지었는데 채색 등이 장엄하고 화려했다고 한다. 단순히 규모만 컸던 게 아니라 상당히 사치스럽게 꾸민 것이다. 무왕이 이 절을 짓는 데 얼마나 많은 재물을 들였는지 짐작할 수 있는 대목이다.

그것이 바로 신라 진평왕의 노림수였다. 이렇게 거대한 불사에 재정을 쏟아 부으면 백제의 국력이 고갈될 수밖에 없다. 신라에 대한 군사 도발을 줄이는 것은 물론 백제를 안에서부터 무너뜨려 멸망케 하려는 의도가 숨어 있는 것이다.

지명법사는 진평왕의 지령을 충실히 따랐다. 그는 임금이 직접 편지를 쓰고 안부를 묻는 거물 첩보원이었다. 그만큼 왕에 대한 충성심도 대단하지 않았을까? 지명법사는 백제 땅의 첩보 조직을 총동원해 비밀공작을 진행했을 것이다.

선화공주도 협력했다. 아마도 양국의 평화를 기도하는 마음으로 지명법사의 제안에 동조했으리라. 아버지와 모국이 전쟁에 시달리는 모습이 가슴 아팠기 때문이다. 뿐만 아니라 그녀의 궁궐 내 입지와도 관련이 있었다. 궁중에는 백제 귀족 세력이 무왕에게 보낸 여인들이 가득했다. 백제와 신라가 싸울수록 왕비인 자기가 설 자리는 좁아진다. 공주의 입장에서는 평화가 살 길이었다. 단, 남편의 나라가 멸망하는 것은 원치 않았을 가능성이 높다. 지명대사도 그런 의도는 숨겼을 것이다.

진평왕 또한 장인들을 보내 미륵사 창건을 거들었다. 사위의 나라를 돕겠다며 검은 속셈을 감추고 호의를 베푼 것이다. 백제도 신라 장인들을 마다하지 않았다. 비록 전쟁이 끊이지 않았지만 불사에 관한 한 서로 돕는 게 그 시대 관행이었다.

그럼 무왕은 어째서 진평왕의 노림수를 간파하지 못하고 지명법사의 비밀공작에 놀아났을까? 역사를 보면 힘센 왕일수록 말년에 자만하는 경향이 있다. 달콤한 속삭임에 넘어가 허황된 짓을 벌이는 경우가 적지 않다. 백제 무왕이 그랬다. 그는 선화공주와의 사랑 이야기와 대(對)신라 전쟁에서의 우위로 강력한 왕권을 구축할 수 있었다. 말년에 이르자 무왕은 자만심이 커졌다. 그럴 즈음에 지명법사와 선화공주가 임금을 '미륵의 화신'으로 추켜세우며 큰 절을 짓자고 했다.[13] 신라의 책략은 먹혀들었다. 왕은 크고 화려한 사찰에 재정을 쏟아 부었다. 어디 미륵사뿐인가.

3월에는 궁성의 남쪽에 연못을 팠다. 20여 리에 걸쳐 물을 끌어들이고, 사방의 언덕에 버드나무를 심고, 연못 속에 섬을 만들었는데 이는 방장선산(方丈仙山)을 모방한 것이다.[14]

634년 3월 무왕은 고대 중국의 진시황이 만들었다는 '방장선산'을 백제 땅에 재현했다. 늙은 왕은 진시황처럼 불사의 존재가 되고 싶었던 걸까? 미륵사를 완공한 게 그해 2월의 일이었는데, 한 달 만에 또 다시 대역사에 들어간 것이다. 무왕은 말년에 이렇게 흥청망청 국고를 탕진하다가 641년 세상을 떠나고 말았다.

그의 뒤를 이어 백제의 마지막 임금 의자왕이 즉위했다. 의자왕은 642년에 대대적으로 군사를 일으켜 신라를 총공격했다. 전략적 요충지인 대야성(합천)을 포함해 신라의 서남부 40여 개 성이 백제에 넘어갔다. 아버지 무왕의 방탕으로 국가 재정이 넉넉지 않았을 텐데 아들 의자왕은 어떻게 막대한 군비를 조달했을까? 진평왕과 지명법사의 비밀공작이 실패로 끝난 것일까?

그렇지 않다. 사실 의자왕은 텅 빈 국고 대신 귀족들을 닦달해 군비를 마련했다. 이 때문에 왕은 귀족들과 사이가 좋지 않았다. 임금이 계속 압박하고, 귀족들은 협력을 거부하는 식이었다. 657년에는 아예 왕자 41명을 가장 높은 관직인 좌평에 임명했다. 성충, 홍수 등 충신들이 만류했지만 의자왕은 듣지 않았다. 그는 귀족들을 무시하고 왕권 강화에 혈안이 되었다. 결국 귀족들은 국왕에게 등을 돌리고 중앙군에 파견한 군사들까지 데려가버렸다.

660년 신라와 당나라의 연합군이 쳐들어왔을 때 제대로 맞서 싸운 백제군은 계백의 5천 결사대와 도성 수비군뿐이었다. 의자왕과 귀족들의 관계 파탄은 백제 멸망을 불렀고, 그 출발점은 국가 재정 고갈이었다. 결과적으로 신라 첩보원들의 공작이 대성공을 거둔 셈이다.

서동과 선화공주의 사랑 이야기는 국경을 뛰어넘은 아름다운 연애담으로 오늘날까지 전해진다. 하지만 그 행간에는 치열한 국제 첩보전과 백제 멸망의 비사가 숨어 있다. 끊임없는 전쟁 속에서 사랑과 야망이 요동치던 삼국시대였다. 알고 보면 슬픈 연애담이요, 비극적인 결말이다.

삼국통일
연애조작단

신라는 골품(骨品)의 나라다. '골'은 원래 왕족을 일컫는 말이었다. 신라는 서라벌 6촌에서 출발했다. 처음에 박혁거세가 왕이 되었다. 신화를 보면 혁거세가 알에서 났는데 말이 보호했다고 하니, 박씨는 아마도 기마술과 관련된 세력이었을 것이다. 뒤이어 석탈해의 석씨, 김알지의 김씨가 왕위를 물려받았다. 이들은 '철기'라는 선진 문명 덕분에 왕이 될 수 있었다.

박씨, 석씨, 김씨는 차례로 왕위를 이어나갔다. 그런데 4세기 내물왕부터 김씨가 왕위를 독점하기 시작한다. 박씨와 석씨는 왕족에서 밀려나게 되었다. 또 5세기 지증왕 때는 불교가 공인되면서 '성골(聖骨)'이 등장한다. 불교의 신성한 존재로 우상화된 성골 김씨를 제외하고 나머지 김씨도 왕족의 족보에서 탈락하게 되었다. 더 이상 왕족이 아닌 왕족들은 서라벌 귀족, 즉 '진골(眞骨)'을 이루었다.

성골은 6세기 들어 법흥왕과 진흥왕이 가야를 병합하고 한강 유역을 차지하며 전성기를 누렸다. 그러나 진골도 호시탐탐 왕위를 노리며 기회를 엿보았다. 일부 진골은 서기 579년 진지왕을 몰아내고 진평왕을 추대하면서 신라의 실권을 장악한다. 마침 진평왕과 그의 형제들에게는 아들이 없었다. 성골 남자의 씨가 마르면 진골이 왕위를 물려받게 된다. 서라벌 귀족, 즉 정통 진골이 다시 왕족으로 발돋움하는 것이다.

하지만 진지왕의 후손들은 호락호락하지 않았다. 진지왕계는 성골에서 탈락해 진골이 되었다. 그들은 또 다른 진골과 손을 잡았다. 멸망한 가락국의 후손으로 신라에 공을 세워 진골이 된 가야계였다. 진지왕계와 가야계의 비주류 진골 동맹은 신라를 탈바꿈시키고 삼국통일의 문을 열었다. 그런데 이 역사적인 동맹은 흥미로운 연애담으로 신호탄을 쏘아 올렸다. 바로 김유신이 연출한 김춘추와 문희의 사랑 이야기다.

공놀이와 옷고름이 맺어준 인연 •

신라 진평왕이 나라를 다스릴 때의 일이다. 정월 보름날 서라벌에서 두 청년이 '축국(蹴鞠)'을 즐기고 있었다. 축국은 돼지 오줌보나 짚으로 된 공을 발로 차서 주고받는 공놀이였다. 김유신은 화랑의 우두머리인 풍월주 출신답게 발재간이 신묘했다. 왼다리로 공중에 차올리고 오른 다리로 땅에서 받아 차며 두 다리를 자유자재로 사용하는 경지에 이르렀다. 김춘추는 넋을 잃은 듯 바라보고 있었다. 천생 귀공자로 자라온 청년이다. 그에게는 유신의 동작 하나하나가 경이롭기만 했다.

원숭이도 나무에서 떨어질 때가 있는 법이다. 김유신은 달아나는 공을 쫓다가 그만 춘추의 두루마기를 밟고 말았다. 그 바람에 옷섶의 옷고름이 찢어지자 김춘추는 난감했다. 정월 대보름이라 거리마다 사람들이 쏟아져 나와 어울려 놀았다. 선왕의 손자가 웃옷을 풀어헤친 채 집에 돌아가다가는 웃음거리가 될 것이다.

마침 그곳은 김유신의 집 앞이었다. 유신은 민망해 하는 춘추를 데리고 자기 집에 들어갔다. 하인을 불러 옷고름을 꿰매주겠다고 한 것이다. 그런데 어찌 된 일인지 바느질할 하인이 자리를 비우고 집에 없었다. 이상하다. 대보름 놀이 구경 나갔나?

하는 수 없이 유신은 누이들에게 이 일을 청했다. 큰누이 보희는 몸이 안 좋다며 바느질을 거절했다. 귀한 집 딸로서 외간남자의 옷을 꿰맨다는 게 내키지 않은 탓도 있었으리라. 반면 작은누이 문희는 기다

• 《삼국사기》와 《삼국유사》, 그리고 《화랑세기》에 모두 실린 김춘추와 문희의 사랑 이야기를 극적으로 재구성했다.

렸다는 듯이 반짇고리를 들고 나타났다.

사실 문희는 그날 아침 언니에게서 꿈을 샀다. 보희는 간밤에 괴상한 꿈을 꿨다. 서악(西岳, 선도산)에 올라가 소변을 봤는데 서라벌이 온통 물바다가 되는 꿈이었다. 동생은 비단 치마를 주고 그 꿈을 품었다. 바로 그날 신라 최고의 귀공자가 찾아든 것이다.

그녀는 오라비더러 방에서 나가 있으라고 했다. 옷고름을 꿰매는 데 방해가 된다는 이유였다. 김유신이 자리를 비켜주자 방에는 춘추와 문희, 두 청춘남녀만 남게 되었다. 자신의 가슴팍에서 바느질에 열중하는 문희. 처녀의 향긋한 체취에 춘추의 볼이 벌겋게 달아올랐다. 두근두근 심장 고동이 빨라졌다. 가슴이 제멋대로 방망이질 쳤다.

그날 이후 김춘추는 뻔질나게 유신의 집에 드나들었다. 문희를 몰래 만난 것이다. 봄여름이 가고 가을이 오자 여인의 배가 불러왔다. 이제 책임질 시간이다.

가야에서 굴러온 돌, 김유신

문희와 김춘추의 만남은 우연이었을까? 알다시피 이 멜로드라마에는 각본과 연출이 있었다. 김유신은 일부러 귀공자의 옷고름을 찢어 자기 집에 끌어들였다. 물론 눈치 빠르고 영악한 작은 누이 문희와도 사전에 짰을 것이다.

"문디 가시나야, 우리 집이 흥하려면 춘추 점마가 꼭 필요하니까 니 단디 꼬셔봐라."

김유신 이 작자가 바로 역사적인 연애를 조작한 장본인이다. 보통 오빠들은 누가 제 누이를 쳐다보기만 해도 미간을 잔뜩 찌푸리며 단속하기 마련이다. 그런데 유신은 어째서 천금 같은 누이를 외간남자와 엮으려고 했을까?

그의 집안은 본래 가야 왕족이었는데 신라 진골에 편입되었다. 골품제는 신라가 주변 소국들을 병합하며 부족국가에서 고대국가로 성장할 때 만든 신분제도다. '골'은 서라벌 왕족과 귀족을 가리켰고, 병합한 소국의 수장과 지배층에게는 '품'을 부여했다. 6두품, 5두품, 4두품은 중간 귀족이었고 3두품 이하는 사실상 평민이었다. 품과 골 사이에는 신분의 벽이 가로막고 있었다. 품 가운데 가장 높은 6두품이라도 고위직에 오를 수 없었다. 17관등 중 여섯 번째인 아찬까지가 상한선이었다.

그렇다면 가야 출신인 김유신 집안은 어째서 품이 아니라 골을 받았을까? 그것은 이 집안이 신라의 국익에 크게 기여했기 때문이다. 유신의 증조할아버지는 무려 금관가야의 마지막 임금 구형왕이었다. 그가 500년 역사의 알짜배기 나라를 바쳤으니 신라로서는 땡잡은 셈이었다.

금관가야는 1세기에 수로왕이 일으킨 나라로 《삼국유사》에서는 '가락국'이라고 불렀다. 지금의 경상남도 김해를 거점 삼아 낙동강 하구에서 세력을 떨쳤다. 가락국은 철기 문명으로 유명했다. 철기는 당대의 선진 기술이요, 국력 신장의 열쇠였다. 요즘으로 치면 IT 기술이랄까? 철을 잘 만들어야 무기도, 농기구도 쓸 만해진다. 전쟁과 농사의 흥망이 철기에 달려 있었다. 덕분에 가락국은 작지만 알찬 강소국이 되었다. 철기군은 무적이었고, 제철소는 불야성이었다.

문명이 발달하면 외지인들이 몰려오기 마련이다. 나는 오늘날 '코리안드림'의 원조가 금관가야라고 본다. 일본, 중국, 동남아시아, 아랍 등지의 무역선들이 뻔질나게 이 나라를 드나들었다. 외국인 노동자나 국제결혼 가정도 적지 않았을 것이다. 수로왕이 인도 아유타국(아요디아)에서 온 허황옥을 왕비로 맞을 만큼 다문화 사회였다.

가락국은 6가야 연맹의 맹주국으로서 한반도의 동남부를 지배하며 경제와 문화의 중심지로 자리매김했다. 한마디로 잘나가는 나라였다. 그러나 5~6세기에 신라가 적극적인 정복전을 펼치면서 위기가 찾아왔다.

고대에는 영토와 인구가 곧 국력이었다. 농사 수확량이 많아지고 전투 병력도 늘어나기 때문이다. 소국을 병합해 국력을 키운 신라는 낙동강 쪽으로 군대를 보냈다. 가락국은 철기군을 내세워 막았지만 쪽수와 물자로 밀어붙이는 신라군에 열세였다. 금관가야는 결국 신라에 공물을 바치며 머리를 조아렸다. 이후 가락국의 왕은 신라 왕족이나 귀족의 딸과 결혼했고, 신라인의 피가 섞인 자식이 왕위를 물려받았다. 사실상 속국이 된 것이다.

532년 마침내 신라는 금관가야의 명줄을 끊기로 했다. 명장 이사부와 화랑 사다함이 지휘하는 신라군이 파상공격에 나선 것이다. 사다함과 그의 신출귀몰한 화랑도는 가락국이 미처 방비할 틈도 없이 왕성에 진입해 깃발을 꽂았다. 적의 말발굽 소리가 궁궐 앞에 이르자 구형왕은 항복을 결심했다. 왕은 세 아들 노종, 무덕, 무력과 함께 신라에 귀순했다.

신라 법흥왕은 만족했다. 철기 문명을 자랑하던 강소국을 손에 넣었다. 약탈한 전리품만 해도 국고에 차고 넘쳤다. 그는 전직 왕 '김구형씨'에게 높은 벼슬을 내리고 옛 금관가야 땅의 일부를 식읍(食邑, 개인이 조세를 거둘 수 있는 구역)으로 주었다. 일단 정복하고 실리를 취했으면 그 다음에는 승자의 관용을 베푸는 게 좋다. 몽땅 빼앗으면 반란이 일어나니까. 원래 침략의 매뉴얼이 그렇다.

서라벌로 데려온 가락국 왕족들은 신라의 '골'로 삼았다. 법흥왕 일가의 여인들과 결혼시켜 지체 높은 신분으로 만든 것이다. 물론 겉으로는 예우하는 척했지만 실제로는 철통같이 감시했다. 옛 신하들과 내통해 반란을 일으킬까봐 일거수일투족 지켜보는 것이다. 만약 소요가 일어나면 그들은 죽은 목숨이었다. 반란 수괴 혐의로 처형 1순위에 오르는 것이다.

서라벌 귀족이 된 새로운 김씨, 오늘날 김해 김씨의 선조들은 불안했다. 낯선 땅에서 살아남으려면 공을 세워야 한다. 새 조국 신라에, 경주 김씨의 조상들에게 충성심을 증명해야 하는 것이다. 그 선봉장이 구형왕의 아들이자 김유신의 할아버지인 김무력이었다.

김무력은 이름대로 '무력(武力)'이 엄청났다. 그는 진흥왕 때 신라의 국운이 걸린 한강 유역 쟁탈전에서 결정적인 공을 세웠다. 관산성 길목에 매복해 백제 성왕의 목을 벤 것이다. 이로써 신라는 한강 일대의 풍족한 신주(新州)를 온전히 독차지하게 되었다. 그 공을 인정받아 김무력은 진흥왕과 사도왕후의 딸인 아양공주를 아내로 얻었다. 신라 왕실은 혼인을 통해 이 용맹한 무장을 수호자로 삼고자 했다. 국왕의 사위가 되면서 김무력은 출세가도를 달렸다. 벼슬이 신라 최고위 관직인 각간에 이르렀다.

덕분에 가야계 또한 입지가 탄탄해졌다. 김무력과 아양공주의 아들인 김서현은 화랑도에 들어가 부제(副弟)가 되었다. 부제는 화랑도의 우두머리인 풍월주에 오를 후계자 자리다. 신라 화랑도가 국가적인 인재양성소임을 감안하면 가야계의 위상이 얼마나 높아졌는지 알 수 있는 대목이다. 그런데 김서현이 그만 대형 스캔들을 일으키고 만다.

그때 만호태후의 딸 만명은 나이가 들었으나 혼인을 허락받지 못했는데, 서현랑과 사사로이 정을 통했다. 만호태후는 원래 아양공주와 사이가 좋지 않았다. 그러므로 노하여 불허하고, 서현랑 대신 용춘공을 (화랑도의) 부제로 삼았다. 그러나 만명과 서현의 사랑은 더욱 굳어져 몰래 서로 만났다. 이에 만호태후는 만명을 가두고 서현을 만노군(진천)으로 내치려 했다. 만명은 탈출하여 함께 도망하였다.[15]

진평왕 때 서라벌을 뒤흔든 김서현과 만명의 연애 탈출극이다. 여기서 만호태후는 진평왕의 어머니로 남편 동륜태자가 일찍 죽자 숙흘종과 재혼해 만명을 얻었다. 진흥왕의 며느리였던 그녀는 시누이 아양공주와 사이가 좋지 못했다고 한다. 안 좋은 정도가 아니라 앙숙이었던 것 같다. 자신의 딸이 공주의 아들과 사귀는 것을 태후는 결사반대했다. '내 눈에 흙이 들어가기 전에는' 안 된다는 것이었다.

만호태후는 김서현을 화랑도에서 쫓아내고 만노군으로 내쳤다. 문제는 집에 가둔 만명이 탈출해 연인과 함께 사랑의 도피에 나선 것. 아무리 남자에게 눈이 멀어도 그렇지, 이렇게 대놓고 어미 가슴에 못을 박을 줄이야. 태후는 노발대발했지만 주위의 만류로 더 이상은 죄를 묻지 않았다. 죽일 수도 없고 어쩌겠는가. 진평왕은 씨 다른 누이의 행복을 빌며 고종사촌 김서현을 만노군 태수로 봉했다.

김유신은 바로 그 사랑의 도피가 신라에 안겨준 큰 선물이었다. 유신이 만노군에서 태어나 자란다는 소식을 듣자 만호태후는 보고 싶어 서라벌로 불러들였다. '태양의 위용'을 지닌 손자의 모습에 태후는 감격했고, 그 부모 김서현과 만명부인을 비로소 용서했다. 김유신은 일약 당대의 기린아로 떠올랐다. 외할머니가 만후태호고 친할머니는 아양공주다. 얼마나 찬란하고 든든한 배경인가.

그러나 여기서 우리가 놓쳐서는 안 되는 인간 세상의 '태클'이 있다. 권력의 총애를 받으면 받을수록 질투와 시기의 대상이 된다는 것! 게다가 김유신 일족은 가야에서 온 이방인이었다. 서라벌의 정통 진골이 곱게 볼 리 없다.

'흥! 굴러온 돌 주제에 박힌 돌을 빼려고 해?'

경주 김씨의 노골적인 견제 속에 김해 김씨는 몸을 사려야 했다. 구형왕이 나라를 들어 바치고 김무력이 큰 공을 세웠다고 해서 그 자손들에게까지 면죄부가 주어지지는 않는다. 김유신에게 조그만 빈틈만 보여도 저들은 할퀴고 물어뜯을 게 뻔했다. 자칫 잘못하면 아직 충분히 자리를 잡지 못한 가야계까지 훅 가는 수가 있다.

김유신은 일족을 바라보는 따가운 눈총과 여전히 불안한 가야계의 입지를 직시했다. 그가 어려서부터 화랑도에 들어가 혹독한 수련을 한 것도 이 때문이다. 언제 어디서 태클이 들어올지 모른다. 유신으로서는 항상 몸가짐을 바로 하고 부지런히 실력을 기르는 수밖에 없었다.

삼국통일의 비전을 홍보하다

김유신과 천관녀의 일화는 그래서 곱씹어볼 가치가 있다. 이 또한 단순한 연애 사건이 아니었다는 말이다.

"말 목 자른 김유신!"

요즘 유치원생들이 즐겨 부르는 〈한국을 빛낸 100명의 위인들〉이라는 노래에서 김유신을 이렇게 소개한다. 한 줄 요약 치고는 끔찍하다. 언젠가 이 노래에 꽂힌 여섯 살배기 아들이 왜 말 목을 잘랐느냐고 물었다. 동물 학대라는 것이다. 역사 하는 아빠지만 유치원생에게 설명하느라 쩔쩔맸다. 그럼 민간설화에서는 어떻게 이야기하고 있을까?

진평왕 때 김유신이 술 파는 여인의 집에 드나든 일이 있었다. 그녀의 이름은 천관(天官). 유신은 이 여인에게 흠뻑 빠졌다. 두 사람의 정은 나날이 무르익었다.

어느 날 김유신의 어머니가 이 사실을 알고 눈물을 흘리며 아들을 야단쳤다. 어머니의 애틋한 훈계에 유신은 깊이 뉘우치고 앞으로는 발길을 끊겠노라, 맹세했다.

며칠 후 김유신은 연회 자리에서 술 마시고 밤늦게 귀가했다. 유신이 조는 틈에 그를 태운 말은 천관의 집으로 가서 멈춰 섰다. 늘 다니던 길이었기 때문이다. 주인을 깨우는 말 울음소리에 정신을 차린 김유신은 소스라치게 놀랐다. 어머니께 한 맹세를 어기다니! 크게 노한 유신은 칼로 말 목을 내리쳐 애마를 죽이고 자기 집으로 돌아갔다.

반가운 마음에 맞이하러 나온 천관은 이 끔찍한 광경을 보고 까무러쳤다. 그 후 여인은 유신을 그리워하고 또 원망하면서 살다가 일찍 세상을 떠났다. 뒤에 김유신은 그녀의 넋을 위로하기 위해 절을 짓고 천관사(天官寺)라는 이름을 붙였다. 그가 말 목을 자른 거리는 참마항(斬馬巷)이라고 불리게 되었다.[16]

고려 중기의 문신 이인로가 《파한집(破閑集)》에 남긴 김유신의 일화다. 천관녀와의 연애 사건은 애꿎은 말의 죽음과 함께 막을 내렸다. '말목 자른 김유신'은 그렇게 한국사에 길이 남을 동물 학대자 중 한 사람이 되고 말았다. 거란이 고구려의 후예인 발해를 멸망케 했다며 요나라에서 보낸 낙타들을 굶겨 죽인 고려 태조 왕건과 함께…….

이 이야기에서 나는 그녀의 이름 '천관'이 끌린다. 이인로는 '술 파는 여인'이라고 했지만 그것은 고려시대의 관점이고, 신라에서는 천관녀가 하늘에 제사 지내는 신녀(神女)였을 가능성이 높다. 아득히 먼 옛날에는 제정일치(祭政一致)라고 해서 제사장이 통치자를 겸했다. 진평왕 때는 통치자와 제사장이 분리된 지 오래였지만 인습은 남아 있었을 것이다. 백성들은 신녀를 천관이라 일컬으며 일상적으로 따르지 않았을까?

그렇다면 김유신이 천관녀를 만난 것은 남녀의 연애라기보다 정치적인 야합에 가깝다고 볼 수 있다. 민심을 얻기 위해 신녀와 손잡은 것이다. 그는 어려서부터 가야계의 지도자로 받들어졌다. 늘 정치적으로 계산을 하며 처신했을 것이다.

유신의 어머니 만명부인의 반대도 이해가 간다. 그녀는 만호태후의 딸로 신라 왕족이었다. 당시 성골 왕실은 불교의 화신을 자처하고 있

었으므로 신녀와 야합하는 아들이 못마땅했을 것이다.

말 목을 자르는 행위는 그런 의미에서 하늘에 제사 지내는 의식이었을지도 모른다. 고대 중국에서도 전쟁을 벌일 때 비슷한 형태의 제사 의식을 치렀다. 백마의 목을 치고 그 피를 바르며 승리를 기원한 것이다. 그럼 김유신은 하늘에 무엇을 빌었을까?

공의 나이 17세였을 때 고구려, 백제, 말갈이 국경을 침범하는 것을 보고 비분강개하여 외적을 평정하려는 뜻을 품었다. 그리하여 혼자 중악(中嶽)의 석굴에 들어가서 목욕재계하고 하늘에 기도했다.

"적국이 호랑이와 승냥이처럼 우리의 영토를 침략하니 거의 편안할 해가 없습니다. 저는 일개 미약한 신하로서 재주와 힘을 헤아려보지 않고 나라의 환란을 없애기로 뜻을 세웠습니다. 하늘은 굽어 살피시어 저에게 힘을 빌려 주시옵소서."[17]

611년 17살 소년 김유신은 나라의 환란을 없애겠다며 외적을 평정할 뜻을 세웠다. 여기서 외적은 신라 국경을 침범하는 고구려, 백제 등을 말한다. 그는 중악(팔공산)에 들어가 뜻을 이룰 수 있게 해달라고 하늘에 빌었다. 이때 홀연히 난승(難勝)이라는 노인이 나타나 김유신에게 혼자 깊은 산에서 기도하는 연유를 물었다. 유신은 이 노인의 비범함을 알아채고 외적을 평정할 방술(方術, 방법과 기술)을 가르쳐 달라고 청했다. 난승은 어린 나이에도 '삼국을 병합하려는(幷三國)' 뜻이 장하다며 비법을 전수하고 오색 빛과 함께 사라졌다.[18]

김유신이 삼국통일의 포부를 품게 된 것은 이 무렵이었다. 당시 삼한 땅에는 전운이 짙게 드리워 있었다. 이듬해(612)에는 백제 무왕이 수나라를 부추겨 고구려를 공략케 하는 한편 기습적으로 신라 가잠성까지 빼앗았다. 이 고질화된 전란을 해소하려면 백제와 고구려를 평정해 삼국을 병합하는 수밖에 없다고 유신은 생각했다. 그는 인박산(咽薄山, 백운산)에서 결심을 하늘에 고하고 맹세했다.

이웃나라 적군들이 점점 더 압박해왔다. 공은 비장한 마음이 더욱 격동되어서 보검을 차고 홀로 인박산 깊은 골짜기에 들어갔다. 향을 피우며 하늘에 고하고 맹세했더니 천관이 빛을 드리워 보검에 영(靈)을 내려주었다.[19]

공교롭게도 김유신의 삼국통일 맹세에 반응한 것이 바로 천관이었다. 천관은 중국 도교의 일파인 '오두미도(伍斗米道)'에서 유래했다. 오두미도는 이른바 삼관신(三官神)이라 하여 천관, 지관(地官), 수관(水官)을 숭상했다. 유신이 정을 줬다는 천관녀는 사실 천관신에게 사람의 육신을 입힌 존재였다.

김유신이 몸담은 화랑도는 원래 신라 고유의 '풍류도(風流徒)'라는 단체에서 기원했다. 풍류도는 산천을 유람하며 제사를 드리고 신선의 도를 구하는 무리였다. 불로장생의 신선술을 추구하는 중국 도교와 흡사하다. 그런 의미에서 오두미도의 천관을 화랑 유신이 받아들인 것은 지극히 자연스러운 일이다.

김유신은 천관녀를 앞세워 화랑도에 삼국통일을 설파했을 것이다. 낭도들도 안 보이는 천관신보다 눈에 보이는 천관녀에게 더욱 끌리지

않았을까? 살아있는 신이 아름다운 여인이었을 테니 큰 주목을 받았을 것이다. 이런 식으로 유신은 지혜와 용기가 있는 낭도들을 뽑고 덕망 높은 명사들과 손을 잡았다. 그의 무리를 '용화향도(龍華香徒)'라고 불렀다. 김유신과 용화향도는 곧 화랑도의 주축이 되었다.

화랑도는 신라가 백제, 고구려와 일진일퇴의 공방전을 벌이면서 호국선(護國仙)으로 탈바꿈했다. 나라를 지키기 위해 몸과 마음을 닦는 무리가 된 것이다. 나랏일, 즉 정치와 전쟁에 필요한 인재들이 화랑도에서 배출되었다.

어진 재상과 충성스러운 신하가 이로부터 길러졌고, 훌륭한 장군과 용감한 병졸이 이로부터 나왔다.[20]

진골 출신의 화랑들은 다양한 골품으로 이루어진 낭도 무리를 이끌면서 서로 경쟁했다. 가야계 비주류였던 김유신은 정통 진골 세력의 견제에도 불구하고 이 경쟁에서 승리했다. 612년 18살에 화랑도의 우두머리인 풍월주가 된 것이다.

자질과 배경도 출중했지만, 내 생각에는 삼국통일이라는 비전을 설득력 있게 제시한 덕분이다. 천관녀를 내세워 삼국통일이 곧 하늘의 뜻이라고 설파한 홍보 전략의 승리라고 나는 본다.

하지만 삼국통일이 어디 말처럼 쉬운 일인가. 신라는 진흥왕 때 한강 일대를 차지하고 가야 지역을 삼키며 국력을 떨쳤지만, 이후 고구려와 백제의 공세에 시달리며 곤욕을 치르고 있었다. 이런 상황에서 김유신이 삼국통일의 포부를 펼치려면, 우선 국력을 일으킬 인재들을 모으고 나라에 충성할 세력을 키워야 했다. 그러려면 구심점이 되어줄 주군이 필요하다. 훗날 삼국통일을 실현할 미래의 임금 말이다.

612년 풍월주가 된 김유신에게 그 기회가 찾아왔다. 용수공이 10살짜리 김춘추의 수련을 그에게 맡긴 것이다. 이 집안은 신라 진지왕의 직계였다. 25대 임금 진지왕의 아들 용수공과 26대 임금 진평왕의 딸 천명공주가 부모였으니, 춘추는 그야말로 신라 최고의 귀공자라고 볼 수 있었다.

그러나 당시 진지왕계의 입지는 그리 좋지 못했다. 진지왕은 579년 재위 4년 만에 왕위에서 쫓겨나 죽었다. 진평왕 대에 권력을 잡은 사람들은 바로 그 진지왕을 축출한 정통 진골이었다. 그들은 진지왕계인 김춘추 집안에 적대적이었다. 진평왕은 용수공을 자신의 딸과 혼인시켜 왕위를 물려주려고 했다. 왕궁에서 태어난 춘추는 어려서부터 후계자 교육을 받았다. 문제는 실권을 쥔 정통 진골의 반발이었다. 진지왕계는 왕위는 고사하고 월성 왕궁에서 쫓겨나야 했다. 출궁한다는 것은 족강(族降), 곧 성골에서 진골로 떨어진다는 뜻이었다.

김춘추를 둘러싼 현실은 이렇게 간단치 않았다. 용수공이 김유신에게 춘추를 맡긴 건 그래서다. 졸지에 진골이 된 진지왕계는 비주류 진골

인 가야계와 손잡고 위기를 극복할 속셈이었다. 물론 유신에게도 천군 만마였다. 이 아이가 바로 삼국통일을 실현할 국왕의 재목이 아닌가.

"우리 용수공의 아들은 장차 삼한(三韓)의 주인이 될 것입니다."[21]

김유신은 김춘추가 언젠가는 임금이 될 것이라고 내다봤다. 진평왕과 그 형제들에게는 아들이 없었다. 성골 남자의 씨가 마르면 진골로의 왕위 계승이 불가피하다. 명분상 진골 임금 1순위는 춘추였다. 권력을 장악한 정통 진골과 싸워야겠지만, 그건 자기가 도우면 된다. 어차피 그들은 유신의 정적이기도 했으니…….

풍월주 김유신은 어린 김춘추를 자신의 부제로 낙점하고 수련을 시작했다. 또 용수공의 동생이자 조정의 실력자인 용춘공은 유신을 사신(私臣, 사사로운 신하)으로 삼았다. 가야계와 진지왕계, 두 비주류 진골 세력의 동맹이 첫걸음을 내디딘 것이다.

세월이 흘러 김유신은 성인이 된 춘추와 여동생 문희를 맺어주려 했다. 가족만큼 확실한 동맹은 없기 때문이다. 626년(추정) 두 사람의 연애를 연출하고 문희의 배가 불러오자 그는 떠들썩한 쇼를 준비했다.

"문디 가시나, 니 오늘 제삿날이데이!"

오빠는 배부른 누이를 불태워 죽이겠다며 마당에 장작을 쌓고 연기를 피웠다. 처녀가 임신을 했으니 가문에 먹칠을 했다는 것이다. 김유신의 집에서 뭉게뭉게 피어오른 연기는 서라벌 하늘로 치솟았다. 마치 누가 봐달라는 듯이…….

그날은 선덕공주가 제사를 드리기 위해 남산에 오르는 날이었다. 진평왕은 얼마 전 놀랍게도 선덕을 자신의 후계자로 선포했다. 왕자는 아니지만 '용봉의 자태와 태양의 위용'을 가진 공주이니 왕위를 이을 만하다고 우긴 것이다. 이는 어떻게든 성골 왕권을 놓지 않으려 한 진평왕의 고뇌에 찬 결단이었다. 남산으로 행차한 왕위 후계자 선덕공주는 유신의 집에서 나는 연기에 관심을 보였다. 공주는 사람을 보내 사연을 묻고 언니 천명공주의 아들인 조카 춘추를 불렀다.

"네가 한 일인데 어찌 가서 구하지 않느냐?"[22]

김춘추는 머뭇거렸다. 사실 그는 보종의 딸 보라궁주와 혼인한 유부남이었다. 춘추와 보라는 잘 어울리고 금슬이 좋아 장안에 잉꼬부부로 소문났다. 게다가 김춘추는 보라궁주가 낳은 딸 고타소를 몹시 사랑했다. 그는 나름 가정적인(?) 남자였던 것이다. 문희와 불장난을 하고 임신을 시키기는 했지만 그녀를 받아들일 수 없었다.

춘추가 이러지도 저러지도 못하고 쩔쩔매자 선덕공주가 나섰다. 신라 왕실에는 중혼(重婚, 배우자 있는 자가 거듭 결혼하는 일)을 허락할 수 있는 예외적인 권한이 있었던 것으로 보인다. 또 선덕은 왕위 후계자로서 자신의 힘을 과시하고 싶었을 것이다. 아마도 이렇게 생각하지 않았을까?

'저 건방진 서라벌 귀족들에게 성골의 권위를 일깨워줘야 해.'

'유신과 춘추는 즉위하면 요긴하게 쓸 인재들이니 특별히 은혜를 베푸는 게 좋아.'

결국 김춘추와 문희는 선덕공주의 명으로 혼례를 치렀다. '김유신 쇼'의 화려한 피날레였다. 그 결실로 태어난 이가 바로 김법민, 훗날 삼국통일을 완수한 임금 문무왕(626~681)이다. 얼마 뒤 보라궁주가 아이를 낳다가 죽자 문희는 김춘추의 정궁부인이 되었다. 나중에 남편이 왕위에 오르면서(태종 무열왕) 그녀는 왕후 자리까지 차지했다(문명왕

후). 언니 보희에게서 꿈을 산 덕분일까? 서악에 올라 소변을 봤는데 서라벌이 물바다가 되었다는 그 꿈 말이다.

그럼 꿈을 꾼 당사자 보희는 그 후 어떻게 되었을까?

보희는 꿈을 (비단 치마와) 바꾼 것을 후회하여 다른 사람과 결혼하지 않았다. 이에 춘추공이 첩으로 삼았는데 아들 지원과 개지문을 낳았다.[23]

김대문의 《화랑세기》에 나오는 이 후일담은 따로 출처가 있다. 문희가 썼다는 《문명황후사기(文明皇后私記)》가 원사료라고 한다. 이 책은 전해지지 않지만 왕비가 '사사로운 기록'을 남겼다는 사실만으로도 주목할 가치가 있다. 문희는 스스로 책을 쓸 만큼 문재(文才)를 갖춘 여성이었다. 문희(文姬), 문명(文明)이라는 이름부터 지성미가 폴폴 풍긴다. 어쩌면 김유신이 연출한 연애 쇼의 대본도 이 '똑순이' 누이가 썼을지 모르겠다.

여왕을 도운 칠성우와 불교 세력

김유신과 김춘추의 동맹은 서서히 힘을 키워나갔다. 632년 진평왕이 세상을 떠나고 선덕공주가 왕위에 올랐다. 한국사 최초의 여자 임금, 신라 제27대 선덕여왕이다. 두 사람에게는 기회의 문이 활짝 열린다는 뜻이었다.

성골의 권위를 내세워 즉위하기는 했으나 여왕은 가시밭길을 걸어야 했다. 무엇보다 공공연히 성골에게 도전하는 정통 진골이 문제였다. 서라벌 귀족들, 권력을 장악한 남성 지배층이 반기를 든 것이다. 먼저 이찬 칠숙과 아찬 석품이 난을 일으켰다. 진평왕이 병석에 누워 오늘내일하자 그들은 공주가 보위를 이어서는 안 된다며 군사를 움직였다. 용케 진압하기는 했지만 언제 무슨 일이 터질지 모르는 상황이었다.

여왕에게는 자기 편, 곧 지지 세력이 절실했다. 김유신과 김춘추, 가야계와 진지왕계는 외로운 왕에게 사막의 오아시스나 마찬가지였다. 유신과 가야계에게는 무장 가문 특유의 든든함이 있었고, 춘추와 진지왕계에게는 가까운 혈족이 주는 친밀감이 있었다. 게다가 그들은 비주류 진골이었다. 비주류 여성 임금으로서 여왕은 동병상련을 느꼈다. 선덕여왕은 용춘공의 보필을 받으면서 춘추와 유신의 입지를 만들어줬다.

물론 쉬운 일은 아니었다. 인사, 재정, 군사 등 나라의 실권을 서라벌 정통 진골이 틀어쥐고 있었다. 여왕이라고 마음대로 요직을 내리거나, 재물을 하사하거나, 군대를 동원할 수가 없었던 것이다. 선덕여왕에게 충성스러운 신진 세력은 스스로 힘을 기르며 때를 기다려야 했다. 15대 풍월주였던 김유신은 화랑도를 끌어들이기로 했다. 화랑 출신 명망가들을 모아 '칠성우(七星友)'라는 사조직을 결성한 것이다. 이름 그대로 풀이하자면 '일곱 명의 스타 친구들'이다. 알천, 보종, 염장, 호림, 임종, 술종이 함께했다. 모두 실력과 덕망을 갖추어 낭도들이 떠받드는 나라의 인재들이었다.

그들은 늘 남산의 한 암자에서 회합을 열었다. 윗자리에는 알천이 앉았

다. 그는 힘이 장사였고 두려움을 몰랐다. 한번은 모임 장소에 큰 호랑이가 나타났다. 모두 놀라 일어났으나 알천은 조금도 움직이지 않고 태연자약하게 이야기를 이어갔다. 호랑이가 달려들자 그는 꼬리를 붙잡고 땅에 내리쳐 죽였다.[24]

칠성우의 회합은 《삼국유사》 '진덕왕'조에 나오는데 정황상 선덕여왕 시절부터 이어져왔을 가능성이 높다. 알천이 윗자리에 앉은 이유는 연장자였기 때문일 것이다. 호랑이 꼬리를 잡고 땅에 내리쳐 죽일 만큼 힘이 장사였으며 두려움을 몰랐다고 한다. 그가 용맹한 무장이었음을 암시하는 대목이다.

김유신의 뒤를 이어 16대 풍월주에 오른 보종은 화랑도의 덕망 높은 지도자였다. 그는 아버지 설원(7대 풍월주)을 계승해 순수하게 신선의 도를 추구하며 낭도들의 지지를 얻었다. 그들은 '운상인(雲上人, 구름 위의 사람들)'을 자처하며 화랑도의 주요 계파로 자리 잡았다. 반면 유신은 문노(8대 풍월주)가 창시한 '호국선(나라를 지키는 무리)'을 대표하면서 보종과 다른 노선을 걸었다. 그러나 김유신은 항상 신선을 대하듯 보종을 존중했다. 나라에 큰일이 있으면 유신은 반드시 그의 의견을 묻고 경청했다. 보종도 칠성회 회합에서 늘 겸손하고 정중하게 처신했다.

"나는 물고기와 새의 벗으로 나랏일을 어찌 알겠습니까? 오직 여러 공을 따를 뿐입니다."[25]

17대 풍월주를 지낸 염장은 말주변이 좋고 친화력이 뛰어나며 처세에도 능했다. 그는 지도태후가 진지왕 사후에 천주공과 재혼해 낳은 자식이었다. 용수, 용춘의 씨 다른 동생이고 춘추에게는 숙부뻘이었다. 화랑도에서는 보종의 부제였다가 풍월주를 물려받았는데, 보종이 세상사에 관심이 없었으므로 사실상 10년 넘게 화랑도를 통솔했다. 혼인을 통해 운상인과 호국선, 진골 정통과 가야파의 분란을 잠재우며 화랑도를 크게 통합시킨 공이 있다.

632년 칠숙과 석품의 난이 일어났을 때 염장은 선덕공주에게 붙어 난을 진압했다. 그 공으로 여왕이 즉위하자 조부(調府)의 영(令, 우두머리)이 되었다. 조부령은 오늘날로 치면 나라 살림을 총괄하는 재무부 장관 자리다. 그는 세금을 거두고 지출하면서 은밀히 김춘추와 김유신에게 재물을 공급해 훗날 큰일을 도모할 실탄(?)을 마련해주었다. 비록 재물과 여색을 탐하는 게 흠이긴 했지만 유신이 삼국통일의 포부를 펼치는 데 꼭 필요한 능력자였던 것이다.

이처럼 칠성우는 화랑도가 배출한 명사들로 제각기 일가를 이루며 신망을 얻고 있었다. 김유신은 이 사조직을 선덕여왕에게 충성할 신진 세력의 근간으로 삼았다. 하지만 그들이 내심 섬긴 임금은 따로 있었다. 바로 미래의 왕 김춘추였다. 칠성우는 춘추의 사사로운 신하로서 유신의 야망을 도왔다. 삼국통일의 중추 세력이 여왕의 우산 아래서 힘을 키운 것이다.

선덕여왕은 재위 초반에 선정을 펼쳤다. 632년 즉위하자마자 홀아비, 과부, 고아, 자식 없는 노인 가운데 스스로 살아갈 수 없는 자들에게 곡식을 주어 구제했다. 이듬해에는 직접 신궁에 제사 지내고 사면령을 내려 죄인들을 풀어줬다. 모든 주와 군의 세금 1년분을 면제해주기도 했다. 이것은 후계자 시절 재정을 넉넉하게 비축했기에 가능한 일이었다. 그녀는 준비된 임금이었다.

성골 왕실과 긴밀한 관계를 맺어온 불교 세력도 힘을 보탰다. 불교는 신라 지증왕 때 공인된 후 왕실을 위해 민심을 움직이는 데 큰 역할을 해왔다. 사실 왕이나 귀족들은 백성들을 직접 만날 일이 거의 없었다. 그러나 승려들은 설법과 포교를 통해 민초들과 소통했다. 부처님 말씀만 전하는 게 아니었다. 백성들은 세상 돌아가는 소식이 알고 싶었고 불제자들은 기꺼이 응했다. 그들은 나랏일을 신기한 이야기로 포장해 쉽고 흥미롭게 알려나갔다.

《삼국유사》〈기이〉편 '선덕왕지기삼사(善德王知幾三事)'조는 그래서 의미심장하다. '선덕여왕이 미리 안 세 가지 일'이 고려시대 일연 선사가 지은 책에 담긴 것이다. 이 이야기에는 그녀를 지혜로운 여왕으로 이미지메이킹하려던 신라 불교 세력의 국정 홍보가 감춰져 있다. 세 가지 중 첫 번째는 당 태종이 선덕여왕에게 보냈다는 '모란 그림과 꽃씨' 일화다.

당 태종이 붉은색, 자주색, 흰색의 삼색 모란 그림과 그 씨 석 되를 보내왔는데, 왕이 그림을 보고 말하였다.

"이 꽃은 정녕 향기가 없을 것이다."

그리고는 씨를 뜰에 심도록 명하였다. 모란이 피기를 기다렸는데, 과연 그 말처럼 향기가 없었다.[26]

여왕은 그림에 나비가 보이지 않으므로 향기가 없을 것이라고 예지했고, 꽃씨를 심어보니 과연 그랬다는 설이다. '앞일을 내다보는' 여왕이야기는 승려들의 언로를 타고 민간에 퍼져나갔다. 선덕여왕은 이렇게 불교 세력을 끼고 순조롭게 임금 노릇을 시작했다.

하지만 그녀에게는 치명적인 약점이 있었다. 바로 건강이었다. 여왕은 병치레가 잦았다. 636년에는 중병이 들어 나랏일을 거의 보지 못했다. 온갖 영약을 쓰고, 큰 법회를 열고, 날마다 기도를 했는데도 병이 낫지 않았다. 사실 선덕여왕은 노년에 임금이 되었다. 아버지 진평왕이 무려 53년(579~632)이나 재위했기 때문이다. 나라 사람들은 여왕을 '성조황고(聖祖皇姑)'라고 불렀다.[27] '성스러운 혈통의 할머니 임금'으로 풀이할 수 있다. 즉위 연령은 대략 50~60대로 추정하는데, 그 시절의 평균 수명을 고려하면 노쇠한 나이였다.

여왕의 약점이 노출되자 적국들이 가만두지 않았다. 선화공주의 남편인 백제 무왕이 먼저 처형의 나라를 습격했다. 서라벌을 치기 위해 특공대를 신라의 '여근곡(女根谷)'에 잠입시킨 것이다. 정보를 입수한 신라 조정은 장군 알천을 출전시켰다. 칠성우의 일원인 알천은 즉각 달려가 적군을 섬멸했다. 이 사건은 불교 세력에 의해 '지기삼사' 두 번째 일화로 포장돼 다시 국정 홍보에 쓰였다.

영묘사의 옥문지(玉門池)에 겨울인데도 개구리 떼가 모여들어 3~4일 동안이나 울어대었다. 나라 사람들이 괴이하게 여겨 왕에게 아뢰었다. 왕은 각간 알천 등에게 속히 정예병 2천 명을 뽑아 서쪽 교외의 여근곡으로 가라고 명했다. 그곳에 반드시 적군이 있을 것이니, 습격해서 죽이라는 것이었다.[28]

이 이야기에서 선덕여왕이 예지의 근거로 삼은 것은 옥문지와 여근 곡이다. 옥문(玉門)과 여근(女根)은 둘 다 여성의 생식기를 가리키는 말이다. 서라벌 영묘사의 옥문지에 괴이한 일이 일어나자 여왕은 서쪽 교외의 여근곡을 떠올렸다. 개구리는 성난 눈을 가지고 있으므로 이는 적병의 출현을 의미한다고 해석했다. 다시 말해 백제가 여자 임금의 국부를 노렸다는 뜻이 된다. 그것은 선덕이 여왕이기에 더욱 설득력을 가지는 이야기였을 것이다.

아무튼 여근곡에서 전공을 세운 알천은 얼마 뒤 신라 대장군이 되었다. 그는 638년 북쪽 변경을 침범한 고구려군을 칠중성에서 크게 무찔렀다. 이 싸움에서 죽이거나 사로잡은 적병의 수가 대단히 많았다고 한다. 신라는 여세를 몰아 이듬해 하슬라주를 북소경(北小京, 북쪽 지방의 군사·행정 요충지)으로 삼았다. 이곳은 지금의 강릉으로 고구려의 턱밑에 칼을 겨눈 것이다.

선덕여왕은 김춘추와 김유신을 따르는 칠성우와, 이야기로 국정을 홍보하는 불교 세력을 지지 기반 삼아 나라를 이끌어나갔다.

악연을 맺은 세 영웅

하지만 여왕의 치세에는 어두운 그늘도 있었다. 그녀는 임금이 되자 분황사, 영묘사 등 불교 사원을 계속해서 지었다. 백성들에게 영향력이 큰 불교 세력의 환심을 사려고 한 것이다. 문제는 국가 재정이었다. 불사에 쓰이는 재물이 늘어나면서 상대적으로 군사 지출이 줄어들었고, 이는 국난으로 이어졌다.

642년 7월 백제 의자왕이 대대적으로 군사를 일으켜 신라의 서남쪽 영토인 옛 가야 땅을 침략했다. 백제군은 순식간에 40여 개의 성을 함락시켰다. 의자왕은 인정사정없이 몰아붙였다. 8월에는 신라 대야성(합천)이 위기에 빠졌다. 백제 장군 윤충이 2만 대군을 이끌고 쳐들어와 겹겹이 에워싼 것이다. 이곳은 신라의 전략 요충지였다. 뚫리면 서라벌이 위태로워진다.

대야성주 품석은 탐욕스럽고 어리석은 인물이었다. 백제군의 침공 직전에 그는 부하의 아내를 빼앗는 짓을 저질렀다. 격분한 남편이 적과 내통해 외성의 문을 열어줬다. 백제군은 밀물처럼 성안에 들이닥쳤고 신라군은 내성에 갇힌 채 절망에 사로잡혔다. 윤충은 품석을 살살 꼬드겼다. 만약 항복하고 성을 넘겨준다면 신라 관리와 군사들을 서라벌로 보내준다는 것이었다. 품석은 겁에 질려 판단력을 상실한 상태였다. 그는 적장의 사탕발림에 넘어가 부하들의 무장을 해제하고 성문 밖으로 걸어 나갔다.

백제군은 약속과 달리 무차별 살육에 나섰다. 대야성주 품석과 부인 고타소도 윤충에게 끌려가 비참하게 목숨을 잃었다. 내성에는 죽죽과 용석 등이 남아 끝까지 저항했지만 중과부적이었다. 신라군은 전멸 당했고 대야성에는 백제의 깃발이 올랐다.

신라 사람들은 충격에 빠졌다. 여왕도 여왕이지만 김춘추의 낙심이 컸다. 품석의 아내 고타소가 바로 그의 딸이었기 때문이다. 어머니 보라궁주가 세상을 떠나고 혼자 남은 고타소를 아버지는 애지중지 키웠다. 그 소중한 딸이 객지에서 잔인하게 살해당하자 춘추는 넋을 잃었

김유신

273

다. 김춘추는 하루 종일 기둥에 기대 멍하니 있었다고 한다. 사람들이 지나가도 알아보지 못했다. 얼마 후 정신을 차린 그는 백제 의자왕을 향해 피 끓는 복수심을 뿜어냈다. 슬픔과 분노의 힘으로 백제 정벌 의지를 밝힌 것이다.

"슬프다! 대장부로서 어찌 백제를 손에 넣지 못하겠는가!"[29]

칠성우의 진짜 주인은 복수를 실행에 옮기고자 했다. 자신이 직접 고구려에 가서 구원병을 청하겠다고 한 것이다. 전쟁은 싸움만 잘한다고 이기는 게 아니다. 판을 잘 짜서 적을 고립시키면 승리의 길이 열린다. 그 일은 장수보다는 외교관이 더 잘한다. 춘추는 그렇게 외교관으로서 첫걸음을 내디뎠다.

하지만 당시 고구려는 호랑이 굴이나 마찬가지였다. 그 해에 연개소문이 쿠데타를 일으켜 영류왕과 100여 명의 귀족들을 살해했다. 막리지가 된 그는 병권과 인사권 등 나라의 실권을 틀어쥐었다. 새 임금 보장왕은 허수아비일 뿐이었다. 이 살기등등한 나라에 구원병을 청하러 갔다가 잘못하면 목숨을 잃을 수도 있었다.

김춘추도 얼마나 위험한 임무인지 잘 알고 있었다. 따로 김유신을 만나 뒷일을 당부한 것도 이 무렵이었다. 그는 삼국통일의 포부를 공유한 동맹이자 정궁부인이 된 문희의 오빠와 비장한 결의를 다졌다. 함께 손가락을 깨물어 피를 내어 마시고 맹세했다.

"나와 공은 일심동체로 어느덧 고굉지신(股肱之臣, 나라의 다리와 팔 노릇을 하는 신하)이 되었소. 이번에 내가 만약 고구려에 들어가 해를 당한다면 공이 어찌 무심할 수 있겠소?"

"공께서 돌아오지 못하신다면 저의 말발굽이 반드시 고구려, 백제

두 왕의 궁정을 짓밟을 것입니다. 참으로 그렇게 하지 못한다면 무슨 면목으로 이 나라 사람들을 볼 수 있겠습니까?"[30]

고구려에 사신으로 간 김춘추는 보장왕에게 구원병을 호소했다. 백옥 같은 얼굴의 귀인이 온화한 어투로 조리 있게 설득하는 모습이 무척 인상적이었던 모양이다. 호전적인 연개소문은 춘추를 제거하려고 했다. 이 유능한 자를 살려두면 훗날 고구려의 골칫거리가 될 것이라 판단한 것이다. 그렇다고 사신을 무작정 죽여서는 안 된다. 트집 잡을 구실이 필요하다.

"마목현과 죽령은 본래 우리 땅이었다. 신라가 돌려주지 않는다면 너는 돌아갈 수 없다."

연개소문은 김춘추가 도저히 받아들일 수 없는 요구를 했다. 마목현(麻木峴, 충주와 문경을 잇는 고개)과 죽령(竹嶺, 단양과 영주를 잇는 고개)은 신라가 진흥왕 때 빼앗은 곳으로 경상도에서 한강 유역으로 넘어가는 요충지다. 고구려의 입장에서는 지난날 온달 장군이 최후의 출정을 앞두고 꼭 되찾겠다고 맹세한 한 맺힌 땅이기도 하다. 이곳을 돌려달라는 것은 곧 신라가 차지한 한강 일대까지 내놓으라는 뜻이었다. 그것은 말도 안 되는 억지였다.

김춘추는 이를 거부했고 결국 별관에 갇히고 말았다. 사신으로 왔다가 언제 목숨을 잃을지 모르는 인질의 신세가 된 것이다. 그는 고구려 대신 선도해에게 뇌물을 주고 살 길을 모색했다. 선도해는 춘추에게 오늘날 전래 동화로 익숙한 〈별주부전〉을 들려주었다. 별주부에게 속아 용궁에 간 토끼가 간을 놔두고 왔다면서 뭍으로 돌아오는 이야기다. 김춘추는 그 속뜻을 알아차렸다.

얼마 후 그는 보장왕에게 글을 보냈다. 자신을 놓아주면 선덕여왕에게 청해 마목현과 죽령, 즉 '토끼의 간'을 돌려주겠다는 것이었다. 연개소문은 죽음을 모면하려는 속임수라고 코웃음 쳤다. 이 고구려의 권력자는 김춘추를 살려줄 생각이 없었다. 이때 신라 서라벌에서 급보가 들어왔다. 고구려 첩자인 승려 덕창의 전갈이었다. 김유신이 3천 명의 결사대를 이끌고 곧 출정한다는 것.

춘추는 고구려로 떠나면서 60일이 넘도록 돌아오지 않으면 군사적으로 대응하라고 했다. 그 직후에 압량주(경산)의 군주가 된 유신은 정예병을 뽑아 훈련시키며 주군 구출 작전을 준비했다. 낭도 시절부터 그를 따르던 일당백의 용사들이 제 몸을 돌보지 않고 목숨을 바치겠다며 왕명이 떨어지기만을 기다렸다. 첩자 덕창은 이런 사정까지 세세히 파악해 연개소문에게 알린 것이다.

연개소문은 고심 끝에 김춘추를 풀어줬다. 쿠데타 직후라 나라 안이 어수선한 상황에서 신라 정예부대까지 끌어들이기가 부담스러웠을 것이다. 춘추는 의자왕과 더불어 연개소문에게도 이를 갈며 신라로 귀환했다. 642년 삼국의 세 영웅 김춘추와 의자왕과 연개소문은 철천지 원수가 되었다.

땅에 떨어진 별을 다시 하늘에 띄우다

한편 나라의 처지가 더욱 급박해지자 선덕여왕은 643년 당나라에 사신을 보내 구원을 청했다. 당 태종 이세민은 오만했다. 그는 신라 사신을 비웃으며 이렇게 말했다.

"너희 나라는 여자를 임금으로 삼았다. 그렇기에 이웃 나라로부터 경멸을 당하고 있으며, 주인을 잃은 채 도적이 들끓고 있으니 편안한 시절이 없다. 내가 친척 한 명을 보내 너희 나라의 임금으로 삼겠다. 또 군사를 파견해 보호하다가 너희 나라가 안정되면 다시 왕위를 돌려줄 것이다."[31]

물론 이세민은 머지않아 자기 후궁 측천무후가 당나라 황제 자리를 찬탈할 줄은 꿈에도 몰랐을 것이다. 아무튼 선덕여왕은 굴욕을 참고 견디며 계속해서 당나라에 공물을 바쳤다.

당 태종은 야심에 부풀었다. 그는 돌궐, 토욕혼, 토번 등 사방의 이민족을 정벌하고 중앙아시아까지 위세를 떨치며 당나라를 세계 제국으로 만들었다. 남은 위협은 동쪽의 고구려와 백제 정도밖에 없었다. 이제 그들을 칠 차례였다. 이세민은 644년 고구려에 사신을 보내 신라에 대한 적대 행위를 중지하고 백제와 함께 군사를 물리라고 요구했다. 안 그러면 고구려를 공격하겠다는 협박도 잊지 않았다. 하지만 연개소문은 칠 테면 쳐보라며 오히려 사신을 가둬버렸다. 명분을 얻은 당 태종은 기다렸다는 듯 고구려 원정 준비에 나섰다.

한편 신라에서는 칠성우의 실세 김유신이 드디어 전면에 나섰다. 선덕여왕은 그를 대장군에 임명했다. 그동안 유신의 중용을 막아온 서라벌 정통 진골도 국난 앞에서는 어쩔 수 없었다. 김무력의 손자답게 김유신은 전쟁터에서 펄펄 날았다. 백제에게 빼앗겼던 옛 가야 지역의 7개 성을 순식간에 되찾았다.

칠성우뿐 아니라 그 자식들도 국난 극복에 동참했다. 호림의 아들

김유신
277

자장은 승려가 되어 당나라 유학을 다녀왔다. 자장율사는 외침이 거듭되자 선덕여왕에게 황룡사 9층 목탑을 짓자고 건의했다. 9층 목탑에는 백제, 고구려, 왜 등 주변 9개 나라의 침입을 부처님의 힘으로 막고 민심을 하나로 모으자는 취지가 담겼다.

안타깝게도 부처님은 이 환란에서 신라를 구하지 못했다. 645년 당태종 이세민은 10만 대군을 일으켜 고구려 원정을 단행했다. 선덕여왕은 3만 명의 지원군을 편성해 당나라에 호응했다. 남북에서 합공해 고구려를 무너뜨리자는 전략이었다. 그러나 당나라 군대는 안시성을 넘지 못하고 패퇴했다. 신라도 고구려 파병의 틈을 파고든 백제군의 기습으로 7개 성을 빼앗겼다. 이렇게 되자 나라 안에서는 그동안 숨죽여온 정통 진골이 여자 임금의 실정을 공격했다. 여왕은 사면초가에 빠지고 말았다.

선덕여왕은 어쩔 수 없이 645년 11월 이찬 비담을 최고위직인 상대등에 임명했다. 왕권이 약화되면서 서라벌 귀족들이 득세한 것이다. 엎친 데 덮친 격으로 그녀의 건강이 급격히 나빠졌다. 여왕의 우산 속에서 힘을 길러온 칠성우 세력은 만일의 사태에 대비해야 했다. 신라에는 내란의 먹구름이 짙게 드리웠다.

647년 1월 선덕여왕이 위독해지자 아니나 다를까 정변이 터졌다. 서라벌 귀족들이 정통 진골 비담과 염종을 앞세워 월성 왕궁을 공격한 것이다. 김유신은 왕궁수비대와 함께 칠성우를 지지하는 화랑도를 총동원해 맞서 싸웠다. 여왕의 군대는 월성에, 반란군은 명활성에 주둔한 채 서라벌에서 치열한 공방전이 펼쳐졌다.

그런데 열흘째 되는 날 한밤중에 월성 쪽으로 별(유성)이 떨어졌다.

비담이 이는 여왕이 패할 징조라고 하자 반란군의 사기가 하늘을 찔렀다. 반면 여왕의 군대는 두려움에 빠져 어쩔 줄 몰랐다. 김유신은 변괴는 두려워할 것이 못 된다며 백마를 잡아 별이 떨어진 곳에 제사를 지냈다. 그리고는 허수아비를 만들어 안에 불씨를 넣고 연에 실어 날려 보냈다. 허수아비가 불타면서 마치 별이 하늘로 올라가는 것 같은 장관이 연출되었다. 다음날 그는 사람들을 시켜 "어젯밤 월성에 떨어진 별이 다시 하늘로 올라갔다"라는 말을 서라벌에 퍼뜨리게 했다.[32]

그것은 하늘이 여왕의 편이라는 계시였다. 이 심리전으로 전세는 뒤집어졌다. 반란군은 우왕좌왕 혼란에 빠졌고, 여왕의 군대는 다시 힘이 났다. 김유신은 모든 장졸들을 독려해 총공격에 나섰다. 파죽지세로 반란군의 근거지인 명활성을 함락시켰다. 비담 등은 패해 도망치다 목이 달아났다.

하지만 병이 위독했던 선덕여왕은 내전의 와중에 세상을 떠나고 말았다. 월성에 별이 떨어졌다는 기록은 어쩌면 그녀의 죽음을 가리킨 것인지도 모른다. 그렇다면 김유신은 불붙인 허수아비 연을 서라벌 밤하늘에 띄워 여왕을 부활시킨 셈이다.

한국사 최초의 여자 임금은 '선덕(善德)'이라는 시호를 받고 낭산에 묻혔다. 나중에 불교 세력은 선덕여왕을 기리며 '지기삼사' 세 번째 이야기를 지어내 퍼뜨렸다.

선덕여왕이 죽기 전에 모년 모월 모일에 죽을 것을 예측하고 도리천(忉利天)에 묻으라고 했다. 도리천은 불교의 성지이므로 신하들이 의아해 했다. 그러자 여왕이 낭산 남쪽이라고 위치를 일러줬다. 과연 그날 왕이 세상을 떠났고 신하들은 낭산의 양지바른 곳에 묻었다.

　10여 년이 지난 뒤 문무왕이 사천왕사를 선덕여왕의 무덤 아래에 창건했다. 불경에 이르기를 사천왕천(四天王天)의 위에 도리천이 있다고 했으므로, 그제야 여왕의 신령하고 성스러움을 알 수 있었다.[33]

　선덕여왕의 뒤를 이어 왕위에 오른 이는 신라 제28대 진덕여왕이었다. 비담의 난을 진압하자마자 김춘추가 즉위하는 것은 아무래도 부담스러웠으리라. 대신 칠성우 세력이 신라의 국정을 장악했다. 알천이 수상인 상대등에 올랐고, 술종의 아들 죽지는 집사부 중시로서 나랏일을 총괄했다. 김춘추는 동궁(東宮), 즉 왕위 계승자가 되어 당 태종을 만나러 갔다. 이로써 김유신이 제시한 삼국통일 대계가 본격적으로 실행에 옮겨졌다.

진정한 삼국통일의 완성

　"신의 본국은 천자의 조정을 섬기기를 여러 해 동안 해왔습니다. 그런데 백제는 강하고 교활해 여러 차례 저의 나라를 침략했습니다. 얼마 전에는 깊이 쳐들어와서 수십 개의 성을 함락하고 당나라에 입조하는 길을 막았습니다. 만약 폐하께서 군대를 빌려주시어 그 흉악함을 잘라버리지 않는다면 저의 나라 인민은 모두 포로가 될 것입니다. 그리 되면 바다 건너 조공을 바치는 일도 다시는 할 수 없습니다."[34]

　648년 김춘추는 당 태종 이세민을 만나 신라의 위급한 사정을 읍소하며 함께 백제를 치자고 청했다. 당 태종으로서는 솔깃한 제안이었다. 645년 고구려로 원정 갔다가 안시성에서 분루를 삼킨 그이였다. 만약 신라와 합세해 백제를 멸망시키고 당나라 군대를 주둔시킨다면 고구려 또한 도모할 수 있으리라. 이세민은 김춘추에게 중국 관복을 내주고 그의 아들 문왕을 자신의 호위로 삼았다.

이후 신라는 중국의 제도와 문물을 적극적으로 받아들였다. 연호와 의관도 독자적인 것을 버리고 당나라를 따랐다. 한 술 더 떠 진덕여왕은 650년에 오언시 〈태평송(太平頌)〉을 비단에 써서 새로 즉위한 당나라 고종에게 바치기도 했다.

위대한 당나라 창업의 큰 사업을 여니,
높고 높은 황제의 공적 창창히 빛나네.
전쟁을 그쳐 천하를 평정하고,
문물을 닦아 백대를 이어가리.
바깥 오랑캐 명을 거역하는 자는,
칼날에 엎어지는 천벌을 받으리.
삼황과 오제의 덕망이 하나 되어,
우리 당나라를 밝게 비추네.[35]

'나당연합(羅唐聯合)'은 그렇게 이루어졌다. 이를 주도한 인물은 김춘추였다. 삼한 땅에 당나라 군대를 끌어들여 백제와 고구려를 친 것은 오늘날의 관점으로 보면 외적에게 동족의 운명을 팔아넘긴 나쁜 짓이다. 하지만 그 시절에는 지금처럼 같은 민족이라는 관념이 없었다.

김유신
281

춘추에게 백제와 고구려는 원수를 갚아야 할 적국이었을 뿐이다.

김춘추는 냉정한 외교관이었다. 국제 정치에서 가장 중요한 원리는 힘의 균형이다. 그는 신라와 백제, 그리고 고구려가 팽팽하게 대치하고 있는 삼한의 균형을 당나라의 힘을 빌려 무너뜨리려고 한 것이다. 외교관의 입장에서는 그것이 삼국통일에 이르는 유일한 길로 보였을 터. 그이가 654년 왕위에 오르니 신라 제29대 태종 무열왕이다.

나당연합군이 백제 정벌에 나선 것은 660년의 일이었다. 그 무렵 백제는 내분 상태였다. 의자왕은 군사적인 성공에 도취해 왕권 강화에 몰두했다. 무려 40여 명의 왕자들을 최고위직인 좌평에 임명하기도 했다. 그동안 국정을 분담해온 귀족세력은 강력히 반발했다. 귀족 세력은 급기야 백제군에 소속된 자기네 병사들을 빼내기에 이르렀다.

이 기회를 놓칠 당나라와 신라가 아니었다. 7월에 당나라 장수 소정방이 이끄는 13만 대군이 기벌포(금강 하구)에 상륙했다. 신라 대장군 김유신의 5만 대군도 국경을 넘어 황산벌(논산 부근)로 접근했다. 나당연합군의 목표는 백제 왕도(王都) 사비성이었다. 의자왕으로서는 허를 찔린 기습이었다.

당시 사비성에는 계백 등이 지휘하는 최소한의 친위 병력밖에 없었다. 의자왕은 어쩔 수 없이 부소산성에서 농성에 들어가는 한편, 계백의 5천 결사대를 황산벌로 내보냈다. 일단 당나라군의 공세를 버티고 신라군의 예봉을 꺾는다면 병력을 모아 반격에 나설 수 있으리라는 계산이었다. 귀족 세력도 백제 멸망은 원치 않을 테니 틀림없이 지원병을 내놓을 것이라고 왕은 예상했던 것 같다.

계백군은 황산벌에 도착해 신라군을 맞았다. 몇 차례 교전을 벌인 김유신은 상대가 만만치 않음을 깨달았다. 숫자는 10분의 1에 불과하지만 결사항전의 의지가 워낙 강했다. 이에 유신은 특유의 전법을 펼치기로 했다. 그것은 다름 아닌 '인신 제사'였다. 김유신은 소수의 전사들을 희생양 삼아 전체 군대의 사기를 끌어올리는 심리전을 즐겨 썼다. 한두 명이 적진으로 돌격해 용맹하게 싸우다가 죽으면 남은 병사들도 격앙되어 전투에 목숨을 걸게 된다. 647년 백제와의 무산성 싸움에서는 비령자와 그의 아들 거진, 종 합절이 희생양 역할을 해 승리를 거두었다. 이에 앞서 629년 고구려와의 낭비성 전투에서는 본인이 단기필마로 적진에 뛰어들기도 했다. 물론 그는 운 좋게 살아남아 이 전법을 이어갔다.

660년 황산벌에서 김유신은 화랑 관창과 반굴에게 각각 '나 홀로 돌격'을 명했다. 십대 소년에 불과한 어린 화랑들이 적진에 들어가서 장렬하게 전사하는 모습을 지켜본 병사들은 격렬한 복수심에 사로잡혔다. 인신 제사로 사기를 끌어올린 신라군은 단숨에 백제 결사대의 저항을 뚫고 사비성으로 진군했다.

사비성에 이른 신라군은 당나라 군대와 합류했다. 부소산성 함락은 시간 문제였다. 이때 나당연합군 내부에서 미묘한 사건이 터졌다. 당나라 총관 소정방이 별안간 신라군의 군기를 잡은 것이다. 소정방은 계백군의 저항으로 약속일보다 늦게 도달한 책임을 물어 신라 장군 김문영의 목을 치려고 했다. 당나라군의 위엄을 세우고 신라군의 기를 꺾으려는 수작이었다. 하지만 당하고 있을 대장군 김유신이 아니었다. 그는 소정방에게 일갈했다.

"황산의 싸움을 보지도 않고 죄를 묻는구나. 이런 치욕은 당할 수 없

으니 당나라와 결전을 치른 후에 백제를 깨뜨리겠다!"³⁶

이어서 김유신은 커다란 도끼를 집어 들고 군문에 섰다. 노장의 성난 머리카락이 곤두서고 허리에 찬 보검이 절로 튀어나왔다. 유신의 살벌한 기세에 소정방도 꼬리를 내릴 수밖에 없었다. 결국 나당연합군은 힘을 합쳐 부소산성 공략에 들어갔다. 백제 의자왕은 버틸 수가 없었다. 성에서 빠져나가려던 마지막 임금은 당나라군에 붙잡혔고 700년 백제 왕실은 문을 닫고 말았다.

백제를 멸망시키고 서라벌로 돌아온 김유신은 그 공을 인정받아 각간 중의 각간, 대각간이 되었다. 무장으로서 엄청난 명예를 얻었지만 그는 마냥 기뻐할 수 없었다. 당나라의 야심을 꿰뚫어보았기 때문이다. 저들은 앞으로 고구려는 물론 신라까지 넘볼 것이다. 애초 김유신에게 삼국통일은 신라를 침략하는 외적을 평정해 나라의 환란을 없애는 일이었다. 그런데 삼한 땅에 최대 최강의 외적이 떡하니 자리를 잡았다. 저 당나라를 어찌할 것인가.

이듬해 딸의 원수를 갚은 태종 무열왕이 세상을 떠났다. 뒤를 이어 김유신의 누이 문명왕후 소생인 김법민이 즉위했다. 유신이 연출한 연애조작극이 큰 결실을 맺은 것이다. 그가 바로 신라 제30대 문무왕이다. 새 왕은 661년 3월 다음과 같은 조서를 내렸다.

가락국 시조(始祖) 수로왕은 나에게 15대조가 된다. 그 분이 다스렸던 나라는 이미 없어졌지만 그 분을 장사 지낸 사당은 아직도 남아 있으니, 이제부터는 (신라) 종묘와 합하여 계속 제사 지내도록 하라.³⁷

김유신은 벅찬 감회에 젖었다. 진지왕계와의 결혼동맹 덕분에 가야계가 사실상 신라 왕실의 일원이 된 것이다. 하지만 여기서 안주할 수는 없다. 그는 일생의 숙원인 삼국통일을 조카 문무왕이 실현해주기를 바랐다. 그것은 삼한 땅에서 당나라를 몰아내야 가능한 일이었다.

당나라는 백제를 점령한 다음 그 땅에 웅진도독부를 설치했다. 신라도 계림도독부라 칭하고 문무왕을 도독에 임명했다. 또 고구려 정벌을 계획하며 신라의 동참을 요구하기도 했다. 이렇게 휘둘리다가는 신라의 앞날이 어찌 될지 뻔했다. 삼국통일은커녕 나라를 잃게 생겼다.

김유신은 문무왕에게 자신의 바람을 밝혔다. 이제 신라는 당나라와의 전쟁을 준비해야 한다고, 저들을 몰아내 진정한 삼국통일을 완성하라고. 문무왕은 외삼촌의 손을 잡으며 기꺼이 화답했다.

"과인에게 경이 있음은 물고기에게 물이 있음과 같소."[38]

연개소문 사후 고구려가 지배층의 갈등으로 분열하자 나당연합군은 다시 군사를 일으켜 668년 이 북방의 맹주를 쓰러뜨렸다. 당나라는 고구려 땅에 안동도호부를 설치해 직접 다스리는 한편, 웅진도독부와 계림도독부까지 아울러 삼한을 통째로 집어삼키려 했다.

문무왕은 김유신의 조언에 따라 당나라와의 전쟁을 착실히 준비했다. 신라군은 670년 백제의 옛 도읍 사비를 기습해 당나라의 웅진도독부를 없애고, 신라 소부리주로 삼았다. 또 고구려 땅에서 일어난 부흥군을 지원함으로써 당나라에 맞설 우군으로 끌어들였다. 김유신은 조카의 발 빠른 행보를 지켜보고 독려하다가 673년 79살에 세상을 떠났다.

당나라는 675년 거란인과 말갈족이 포함된 20만 대군을 편성해 신라를 쳤다. 그러나 신라군은 매소성(양주)에서 쇠뇌(기계식 활)를 활용

해 말갈기병을 전멸시키고 당나라군을 크게 격파했다. 676년에는 기벌포(서천)로 들어온 적의 수군까지 박살내 당나라의 전의를 완전히 꺾어버렸다.

얼마 뒤 당나라 측천무후는 이 실익 없는 전쟁을 그만뒀다. 애초 당 태종이 약속한 대로 대동강 이남 지역을 신라 영토로 인정하고 발을 뺀 것이다. 신라가 이 땅에서 당나라를 몰아내고 통일 시대를 여는 순간이었다. 영토만 놓고 보면 '미완(未完)'이지만, 부분적이나마 삼한을 통합한 것은 역사적 의미가 크다. 오늘날 한국인이 생각하는 '우리나라'의 원형이 비로소 만들어졌기 때문이다.

김유신은 이후 흥무대왕(興武大王)에 봉해졌고, 그 후손들은 왕족으로 대우받았다. 일찍이 김춘추와 문희의 연애를 연출할 때 이런 날이 올 줄 알았을까? 두 사람의 사랑은 비주류 동맹의 발판이 되었고, 새로운 집권 세력을 일궜으며, 마침내 외적을 평정하는 삼국통일로 이어졌다. 사랑이 이렇게 힘이 세다.

고려를 무너뜨린
출생의 비밀

'조선왕조' 하면 500년이 떠오른다. 세계사에 유례없는 장수 왕조다. 그럼 고려왕조는 얼마나 오래 갔을까? 알고 보면 고려도 474년이나 된다. 한 왕조가 이 정도로 오래 이어지면 우여곡절이 많기 마련이다. 고려도 500년 가까운 세월 동안 문벌 귀족 사회, 무신 정권, 원나라 간섭기를 거치며 요동쳤다.

11~12세기에는 문벌 귀족이 음서제와 공음전이라는 특권을 누리면서 고려를 지배했다. 고위 관리의 자제는 과거 시험을 거치지 않고도 높은 벼슬을 받을 수 있었다. 광대한 토지에서 세금을 거둘 수 있는 권리도 부여했다. 그들이 문벌 귀족을 이루면서 자기들끼리 잘 먹고 잘사는 세상이 되었다. 이른바 문벌 귀족 사회였다.

그러나 문벌 귀족은 기고만장하다가 12~13세기에 무신(武臣)들에게 정권을 빼앗겼다. 무신들은 임금과 문신들을 죽이고 서로 정권을 차지하기 위해 싸웠다. 정중부와 이의민부터 최충헌과 최우까지 무신들이 중방, 도방, 교정도감 등을 설치하고 마음대로 권력을 휘둘렀다. 한국 현대사로 치면 군사독재의 시대였다.

무신 정권은 칭기즈칸의 몽골제국이 쳐들어오면서 무너졌다. 고려는 수십 년 동안 끈질기게 항전하다가 쿠빌라이가 세운 원나라에 충성하기로 했다. 13~14세기 원나라 간섭기에 고려에는 부원배(附元輩)들이 나타났다. 그들은 호복과 변발을 하고 몽골어를 쓰면서 나라를 좌지우지했다. 철령 이북을 비롯해 영토도 많이 잃었다.

이렇게 우여곡절을 겪는 동안 등골이 휘고 죽어나가는 것은 백성들이었다. 기득권층은 언제나 권력의 향방을 좇으면서 잘 먹고 잘살았다. 문벌 귀족 사회, 무신 정권, 원나라 간섭기를 거치며 개경에 형성된 기득권 세력을 권문세족(權門勢族)이라고 불렀다. 고려 후기에는 그네들이 온 나라의 권력과 부를 독점하고 있었다.

권문세족은 가족과 조상을 잘 둔 덕분에 관리가 되었다. 관직에 오르면 가문을 등에 업고 출세 가도를 달렸다. 그들은 또 대농장 소유주였다. 국가 소유 토지는 물론 민간인 경작지까지 무단 침탈해 농장을 늘려나갔다. 고려 말에는 대농장이 산과 강을 경계 삼아 주현(州縣)을 통째로 삼키는 경우도 있었다.

그 권력과 부로 권문세족은 왕권에 도전하고 백성들을 못살게 굴었다. 그네들에 맞서 나라를 개혁하려는 사람들도 고려 후기에 나타났다. 공민왕은 '문수보살의 화신' 신돈을 국정 대리인으로 발탁해 한바탕 개혁의 칼춤을 펼쳤다. 그러나 개혁 군주와 신승(神僧)의 아름다운 동행은 한 여인의 눈물과 함께 깨지고 말았다.

엄마는 노래를 부르고 있었다. 산에 나물 캐러 가면서 흥얼흥얼 콧노래를 불렀다. 바구니를 들고 쫄레쫄레 따라가는 아이가 해맑게 웃는다.

신돈은 퍼뜩 잠에서 깼다. 어머니가 돌아가시기 직전에 꿨던 그 꿈이다. 가난하고 천대받았지만 모자에게는 행복했던 기억이다. 그 장면이 어머니의 기일마다 꿈이 되어 찾아온다. 이것은 나의 꿈일까, 엄마의 꿈일까?

정신을 차리고 주위를 돌아보니 비첩(婢妾) 반야가 옆에서 새근새근 잠들어 있다. 왕의 사부가 되어 권력을 쥔 신돈은 아름다운 여종과 사랑에 빠졌다. '반야(般若)'는 그가 여종에게 붙여준 이름이었다. 범어로는 프라즈나(prajna), 인간이 불법을 깨달아야 얻을 수 있는 근원적인 지혜를 뜻한다. 신돈은 지혜를 상징하는 문수보살을 받들었다. 반야는 그가 지향하는 궁극의 경지다. 그만큼 이 여인을 사랑한 것이다.

그녀의 신분이 종이라는 점도 끌렸다. 고려 최고의 권력자가 된 신돈이지만 어머니는 사찰의 종이었다. 반야만 보면 그리움이 뭉게뭉게 피어올랐다. 절집에서 고생스럽게 일하면서도 자신에게는 티내지 않고 환하게 미소 짓던 엄마를 엿본 것이다. 그래서였을까? 그는 반야를 첩으로 삼고 소중하게 대했다.

신돈은 깊이 잠든 여인을 지긋이 들여다봤다. 순간 그의 안색이 어두워졌다. 반야의 얼굴 위로 공민왕이 겹쳐진 것이다. 아내 노국대장

• 《고려사》〈열전〉 '신돈'전에 나오는 신돈, 반야, 공민왕의 삼각 스캔들을 극적으로 재구성했다.

공주가 세상을 떠나자 임금은 크나큰 슬픔에 잠겼다. 그러더니 얼마 전부터 신돈의 거처로 발걸음이 잦아졌다. 그 까닭을 왕의 사부가 모를 리 없었다. 공민왕은 반야를 마음에 품고 있었다. 아내를 잃은 상실감을 달래고 싶은 것이다.

신돈은 고심했다. 사실 고려 땅에서 주군을 위해 첩을 내놓는 것은 그리 낯선 일이 아니다. 게다가 반야가 임금의 사랑을 받아 왕자라도 낳는다면 더할 나위 없는 경사다. 아직 후사가 없는 왕이다. 그 아이가 보위를 물려받는다면 반야는 태후 자리에 오르고 내 권력도 더욱 공고해질 것이다. 하지만 그렇다고 이 여인이 행복해질 수 있을까? 아니, 무사할 수 있을까? 정치는 생물이다. 언제 무슨 일이 터질지 모른다. 나와 임금의 관계가 틀어져 서로 원수가 된다면, 반야의 운명은 어떻게 될까?

반야는 세상모르고 깊은 잠에 빠져 있었다. 신돈은 피식 웃었다. 너는 지금 누구의 몽환 속을 거닐고 있는 것이냐? 그의 가슴 속으로 헛헛한 그리움이 밀려왔다.

신승이냐, 요승이냐

신돈(辛旽)은 14세기 초엽 경상도 영산(지금의 경상남도 창녕군 영산면)에서 태어났다. 아버지는 누군지 모르고 어머니는 이 고장의 사찰인 옥천사의 여종이었다. 승려가 된 것은 운명이었다. 사찰 여종의 아들이므로 달리 선택의 여지가 없었다. 편조(遍照)라는 승명을 받긴 했지만

신분이 낮아 절에서 환대받지는 못했다. 고려시대만 해도 왕족, 귀족, 관료 등 지배층의 자식들이 승려가 되었다. 그는 따돌림을 당하고 외진 암자에 떨어져 살았다.

하지만 신돈은 총명했다. 어깨 너머로 불경을 외우고 홀로 참선을 하면서 나름의 깨달음을 얻었다. 장성하자 그는 바리때(승려의 공양 그릇)를 들고 속세로 나섰다. 저잣거리에서 막힘없는 달변을 토해냈다. 부처님 말씀에 목마르지만 법회에 참석할 여력이 없는 백성들은 환호했다. 소문은 경상도를 넘어 방방곡곡 퍼져나갔다.

"신승(神僧)이 나타났다!"

'찾아가는 법회'로 유명세를 탄 신돈은 머지않아 개경으로 진출했다. 가난하고 힘없는 사람들이 모여들었다. 특히 아녀자들에게 인기가 높았다. 젊고 잘생긴 승려였다. 게다가 타고난 달변가였다. 어찌 흠모하지 않을 수 있겠는가.

반면 권문세족은 장안을 들썩이는 이 스타 승려가 마음에 들지 않았다. 신돈은 설법을 한다면서 노골적으로 권문세족을 씹었다. 백성들의 것을 빼앗아 권력과 부의 금자탑을 쌓는다는 비난이었다. 개경의 큰 사찰들도 견제에 나섰다. 자신들의 권위와 영향력이 '땡중' 때문에 깨질까봐 전전긍긍했다.

얼마 뒤 개경에 신돈에 관한 루머가 나돌았다. 불법을 전하는 척하며 과부들을 허황된 말로 꾀어 정을 통한다는 소문이었다. 아마 권문세족과 큰 사찰들의 입김이 작용했을 것이다. 그를 둘러싸고 신승이냐 요승(妖僧)이냐, 갑론을박이 벌어졌다. 이 떠들썩한 논쟁은 급기야 임금의 귀에까지 흘러 들어갔다.

고려 제31대 공민왕은 1351년에 즉위해 반원(反元) 자주 정책을 펼쳤다. 1356년에는 쌍성총관부를 공략함으로써 철령 이북 지역을 회복하고 원나라 간섭에 종지부를 찍었다. 대외적으로 큰 숙제를 해결하자 그는 내치로 눈길을 돌렸다. 문벌 귀족 사회, 무신 정권, 원나라 간섭기를 거치며 수백 년 동안 세력을 키워온 개경의 권문세족이 눈에 밟혔다. 그들은 벼슬과 토지를 독점하면서 사실상 나라를 지배하고 백성들을 못살게 굴었다.

공민왕은 이 문제를 함께 해결할 인재를 구하고 있었다. 임금 혼자서는 오랜 세월 누적된 폐단을 다스릴 수 없다. 개혁 군주에게는 파트너가 필요한 법이다. 신진 세력을 길러내는 한편 그들의 구심점이 되어줄 재상을 세워야 한다.

"대대로 벼슬한 명문거족들은 가까운 무리들끼리 얽혀 있어 서로를 감싸준다. 또 초야에 묻혀 있던 신진기예들도 일단 귀한 신분이 되면 명문거족과 혼인하고는 애초의 생각과 행동을 죄다 던져 버린다. 유생(儒生)들은 강직하지 못한 데다가 개인적인 친소(親疏)만을 따져 당파를 이룬다. 이 세 부류는 모두 등용하기에 부적합하다."[39]

공민왕은 불의한 세상에 휘둘리지 않고 자신을 지킬 수 있는 사람을 맞아들이고 싶었다. 그이와 함께 특권과 반칙에 찌든 고려를 대대적으로 개혁하고자 했다. 그러나 공들여 찾아낸 신진기예들은 출세에 눈이 멀어 권문세족과 결탁하기 일쑤였고, 유학을 공부한 유생들은 동문이니 선생이니 따지면서 백성들의 고통에는 관심이 없었다.

신돈의 등장은 그래서 임금의 관심을 끌었다. 1358년 공민왕은 이 풍운의 승려를 불러들였다. 과연 신돈은 사리에 밝았고 통찰력이 뛰어

났다. 왕은 틈만 나면 그와 이야기를 나눴다. 불도(佛道)를 논한다는 명목으로 그 탁월한 논변에 빠져들었다.

신돈은 무더운 여름이나 추운 겨울에도 늘 해진 장삼 한 벌로 지냈다. 속세에 초연한 신승의 풍모였다. 임금은 그를 더욱 존중하게 되었다. 정결한 의복과 음식을 내주었는데 머리 위까지 받들어 경건하게 바쳤다. 공민왕이 볼 때 신돈은 도를 깨우쳐 욕심이 없었다. 미천한 출신이라 끼고 도는 무리들도 적었다. 장차 큰일을 맡기면 사사로운 정에 얽매이지 않고 소신대로 추진할 것이라는 믿음이 생겼다. 왕은 그를 발탁해 국정을 맡기고자 했다.

이렇게 되자 권문세족 출신 대신들이 가만있지 않았다. 원로대신 이승경은 "나라를 어지럽힐 자는 필연코 이 중놈일 것"이라며 신돈을 노골적으로 배척했다. 당대 최고의 무장 정세운은 그를 요사스러운 중이라 단정하고 죽이려고 했다. 공민왕은 몰래 신돈을 피신시켰다. 권문세족에게 찍힌 승려는 한동안 머리를 기르고 신분을 숨긴 채 떠돌아다녀야 했다. 신돈이 궁궐로 돌아와 임금의 자문을 맡은 것은 1364년, 정세운이 죽은 뒤의 일이었다. 그 사이 대체 어떤 사건들이 일어났던 것일까?

정세운은 1359년과 1361년 두 차례나 홍건적 침입을 격퇴한 바 있다. 특히 1361년 10월 홍건적의 2차 침입은 고려에 큰 시련을 안겨주었다. 무려 10만 명이 쳐들어와 개경을 함락한 것이다. 이 때문에 공민왕과 왕비 노국대장공주는 머나먼 복주(안동)까지 피난 가야 했다. 실로 나라가 휘청거린 국난이었다.

고려는 이듬해 1월 대대적인 반격에 나섰다. 총사령관 정세운과 안우, 이방실, 김득배, 최영, 김용 등이 이끄는 20만 대군이 개경을 포위했다. 고려군은 격렬한 공방전을 펼친 끝에 홍건적 주력 부대를 격파하고 압록강 밖으로 몰아냈다. 이때 정세운은 적의 패잔병들에게 길을 열어줘 도망가게 했다. 쥐도 막다른 골목에 몰리면 고양이를 무는 법이다. 전쟁이 이미 결판난 상황에서 그는 아군의 손실을 줄이고 하루빨리 빼앗긴 땅을 탈환하고자 했다. 지엽적인 전공에 연연치 않고 전체적인 전황을 살펴 판단한 총사령관의 결정이었다.

하지만 휘하 무장들인 안우, 이방실, 김득배 등은 후환을 남기는 처사라며 반발했다. 홍건적 패잔병들을 살려 보내면 또다시 침입할 테니 아예 씨를 말리자는 주장이었다. 정세운이 뜻을 굽히지 않고 남은 적들을 보내주자, 그들은 총사령관에게 큰 불만을 품었다. 이 불화를 이용해 문신 김용이 음모를 꾸몄다.

김용은 원래 정세운의 절친한 동료였다. 공민왕이 세자 시절 원나라에 머물 때 함께 시종했다. 세자가 즉위하자 두 사람은 공신이 되어 총애를 받았다. 그런데 정세운이 공민왕의 피난과 개경 탈환을 진두지휘하면서 사정이 달라졌다. 임금의 신임이 그에게 기울어진 것이다. 김용은 참을 수 없는 시기심에 빠졌다.

결국 이 교활한 문신은 하지 말아야 할 짓을 벌였다. 복주에 있는 공민왕의 왕명을 위조한 것이다. 홍건적을 놓아준 죄를 물어 정세운을 죽이라는 가짜 명령이었다. 명을 받은 안우, 이방실, 김득배는 우직한 무장들답게 임금의 뜻이라 믿고 총사령관을 습격해 살해했다. 물론 그것은 함정이었다. 김용은 대장을 해쳤다는 죄목으로 그들을 붙잡아 즉각 처형했다. 얼른 입을 막기 위해서였다. 결과적으로 전장을 호령하

던 유능한 명장들이 몽땅 목숨을 잃었다. 모두 충성심 넘치고 용맹스러운 장수들이었다.

이제 나라의 실권은 김용에게 넘어갔다. 그는 치안을 담당하는 순군(巡軍)을 장악하고 장안의 무뢰배들을 모았다. 임금이 복주에서 개경으로 돌아오려면 시간이 걸렸다. 홍건적이 휘저어놓은 도읍을 복구해야 했기 때문이다. 그동안 김용은 마음대로 권력을 휘두르며 부정 축재를 일삼았다.

1363년 공민왕이 개경 인근 흥왕사에 당도하자 그는 더욱 무서운 흉계를 꾸몄다. 이미 권력의 맛에 취한 김용이었다. 무소불위의 힘을 놓고 싶지 않았는지 이번에는 임금을 죽이려고 했다. 김용의 지시를 받고 순군과 무뢰배들이 흥왕사 행궁을 쳤다. 이른바 '흥왕사의 변'이었다. 공민왕은 요행히도 환관들의 도움을 받아 사지에서 빠져나왔다. 이 소식을 들은 최영이 군사들을 이끌고 달려오는 바람에 정변은 금방 막을 내렸다. 김용은 휘하 병력을 동원해 붙잡힌 반군들을 무자비하게 학살했다. 정변이 누구의 소행인지 드러내지 않을 속셈이었다. 덕분에 그는 일등공신에 올랐다. 자신이 일으킨 반란을 자기가 진압한 공로였다.

그러나 진상은 곧 밝혀졌다. 공민왕은 격분했으나 지난날의 공을 감안해 김용을 밀성군(밀양)으로 유배 보냈다. 하지만 왕명을 사칭해 정세운, 안우, 이방실, 김득배를 살해한 일마저 뒤늦게 폭로되자 더는 살려둘 수 없었다. 결국 김용은 사지가 잘렸고 목이 개경에 내걸렸다.

이 일련의 사건들로 공민왕은 큰 충격을 받았다. 정세운과 김용이 누구던가. 세자 시절 원나라에서 동고동락한 최측근들이 아닌가. 억울한 죽음과 간악한 배신은 임금을 흔들었다. 그는 불안했다. 심지어 누

군가 자신을 찔러 죽이는 꿈까지 꿨다. 왕은 더 이상 조정 관리들을 믿을 수 없었다. 그때 공민왕이 다시 찾은 인물이 신돈이다. 1364년 신돈은 궁으로 들어가 임금을 알현하고 자문을 맡았다. 왕은 '사부(師傅)'라고 부르며 국정에 관한 의견을 물었다.

신돈이 국정에 간여하기 시작하자 조정에서 반발이 거세게 일어났다. 찬성사 이인복 등이 요승을 멀리하라고 임금에게 아뢰다가 파직당했다. 반대로 왕의 사부에게 빌붙는 무리도 늘어났다. 그는 자신을 따르는 사람들을 발탁해 조정의 요직에 기용했다. 차근차근 자기 세력을 키워나간 것이다. 바야흐로 고려 땅에 신돈의 시대가 열리고 있었다.

관리에겐 권왕, 백성에겐 성인

1365년 2월 노국대장공주가 난산 끝에 세상을 떠났다. 왕비를 잃고 크나큰 슬픔에 빠진 공민왕은 까무러쳤다가 깨어나기를 되풀이했다. 일생을 통틀어 그가 사랑했던 유일한 여인이다. 원나라 황실 출신이지만 고려 임금의 아내로 살았고, 온갖 정치적 풍파에도 기꺼이 바람막이가 되어주었다. 공민왕으로서는 삶의 기둥이 뿌리째 뽑힌 것이다.

공민왕은 식음을 전폐하고 앓아누웠다. 그렇다고 나랏일을 방치할 수는 없는 일. 임금은 신돈에게 국정의 대리인이 되어달라고 간청했다. 승려가 아닌 정치가로 나서라는 것이었다. 처음에 신돈은 사양했다. 승려로서 국정을 자문하는 것과 정치가로 나랏일을 맡는 것은 엄연히 다른 문제다. 국정의 대리인이라니 차마 엄두가 나지 않았을 것

고려를 무너뜨린 출생의 비밀

이다. 그럼에도 공민왕이 억지로 떠맡기자 신돈은 조건을 달았다.

"일찍이 듣자오니 임금과 대신들은 참소와 이간질을 잘 믿는다던데, 이런 일을 하지 않으셔야 세상이 복되고 이롭게 될 것입니다."

"대사는 나를 구하고 나는 대사를 구할 것이며, 다른 사람의 말에 미혹되는 일이 절대 없을 것을 부처와 하늘 앞에 맹세하노라."[40]

신돈은 다른 사람이 헐뜯어도 자기를 절대적으로 믿어달라고 요구했다. 공민왕이 맹세문까지 쓰자 그때서야 간청을 수락했다. 임금의 무한 신뢰를 등에 업고 신돈이 최초로 착수한 일은 대대적인 숙청이었다.

그 발단은 성 추문이었다. 당시 신돈이 밀직 김란의 집에 기거했는데, 김란이 딸 둘을 신돈에게 바쳤다는 소문이 일파만파 퍼졌다. 상장군 최영 등이 책망하자 신돈은 반격을 가했다. 오히려 그들이 임금과 자신을 이간질하고 충신들을 배척했다는 것이다. 공민왕은 신돈의 편을 들면서 그를 공격하는 자들에게 벌을 주었다. 찬성사 이구수 등은 머리를 깎여 산사로 쫓겨났다가 신돈이 보낸 사람들에게 얻어맞고 바다에 수장되었다. 부원군 김수만 등도 평민으로 떨어지고 논밭과 노비들을 몰수당했다. 빌미를 제공한 최영은 계림윤으로 좌천됐다가 유배를 떠났다. 그 직전에 '흥왕사의 변'과 '덕흥군의 난'을 진압하고 강화도에 나타난 왜구를 소탕한 공이 참작된 것이다. 덕분에 목숨은 건졌지만, 이 유배는 1371년 신돈이 죽을 때까지 풀리지 않았다.

신돈은 자기를 비방하는 사람들을 가만두지 않았다. 권문세족이고 뭐고 인정사정없이 칼을 휘둘렀다. 워낙 살기등등하게 구니까 관리들도 두려워하기 시작했다. 공민왕도 힘을 실어줬다. 자신의 대리인에 걸맞게 최고위직 벼슬들을 내렸다. 진평후, 취성부원군, 벽상삼한삼중

대광, 판중방감찰사사, 제조승록사사, 판서운관사 등 온갖 계급장을 달아주었다.

신돈의 칼춤은 더욱 과감해졌다. 시중 경천홍, 영도첨의 이공수, 판삼사사 이수산, 찬성사 송경, 동지밀직사 왕중귀 등이 파직 당했다. 권문세족 출신의 최고위직 관리들이었다. 그 빈자리는 신돈에게 충성하는 인사들로 채워졌다.

예나 지금이나 관리들은 승진을 열망한다. 신돈의 거처로 백관들이 몰려들었다. 당시 그는 측근 기현의 집에 머물고 있었다. 관리들은 이곳에서 나랏일을 보고하고 지시를 받았다. 백관들이 모여들 때면 기현의 집 앞길이 온통 인마로 가득 찼다. 반대로 대궐문은 날이 갈수록 적막해졌다.

신돈은 그렇게 나라의 권력을 틀어쥐었다. 저잣거리에는 이를 빗댄 도참설이 떠돌았다. '진사(辰巳)에 성인(聖人)이 출현한다'는 것이었다. 신돈이 개경으로 돌아온 1364년이 갑진년이고, 정권을 잡은 1365년이 을사년이었다. 기현, 김란, 이춘부, 최사원 등 측근들은 이 도참설이 가리키는 성인이 바로 신돈이라고 의기양양하게 떠벌였다.

1366년부터 1368년까지 3년간 신돈의 권세는 하늘을 찔렀다. 그는 임금과 동격이었다. 군신 간의 예의를 차리지 않았다. 후비(後妃)를 간택하는 자리에서 신돈은 공민왕 옆에 앉아 참관했다. 정릉(正陵, 노국대장공주의 능)에 제사 지낼 때는 절도 하지 않고 공주의 신위 앞에서 왕과 함께 식사했다. 그의 복장은 임금과 똑같아 보는 사람들이 구별하지 못했다.

백관들도 신돈을 임금처럼 대했다. 격구 경기가 열리면 공민왕과 신

돈은 임시로 가설한 누대에 오르고, 관리들은 그 아래에 장막을 치고 자리 잡았다. 신돈이 말을 타고 장막 앞에 이르면 모든 벼슬아치들이 기립했다. 그는 말 위에서 채찍을 늘어뜨린 채 이야기를 나눴다. 관리들의 우두머리인 시중이 술을 권하면 신돈은 마시다가 남은 것을 돌려주었다. 시중은 어쩔 수 없이 받아 마셨다.

신돈의 권력과 위명은 멀리 중국에까지 알려졌다. 원나라는 그를 '권왕(權王)'이라 부르며 영록대부, 집현전대학사로 임명했다. 대륙의 새로운 주인 명나라도 황제가 조서를 내리고 '상국(相國)'이라고 칭했다.

이쯤 되면 왕권을 능멸하고 위협하는 수준이다. 그럼에도 공민왕은 자신을 낮추고 신돈을 떠받들었다. 왜 그랬을까? 왕비와 측근들을 한꺼번에 잃고 나서 상실감에 허우적대는 공민왕이었다. 신돈에게 기대고자 하는 마음을 인간적으로 이해할 수 있다. 하지만 임금은 정치인이다. 정치적인 이유 또한 짚어보지 않을 수 없다.

공민왕은 권문세족의 폐단을 개혁하지 않으면 고려가 멸망의 길을 걸을 것이라고 보았다. 그런데 임금은 칼을 휘두를 수 없었다. 왕실이 그들과 혼맥 등으로 얽혀 있었기 때문이다. 도리상 무리한 일을 밀어붙이다가는 오히려 왕이 칼을 맞는다. 이 영리한 임금은 그래서 얽매인 게 없는 신돈을 내세웠다. 자신의 대리인으로 하여금 권문세족과 대리전을 벌이게 한 것이다.

신돈은 대대적인 숙청으로 권문세족의 정치적 영향력을 위축시켰다. 한 걸음 더 나아가 그는 권문세족의 경제적 기반을 무너뜨리는 작업에 착수했다. 왕에게 건의해 전민변정도감(田民辨整都監)을 설치한 것이다. 전민변정도감은 권문세족이 부당하게 차지한 논밭과 노비를 바로잡는 기관이었다. 고려 원종과 충렬왕 때도 설치했는데 큰 효과를 보지 못했다. 그러나 신돈은 달랐다. 전민변정도감 판사가 된 그는 전국에 포고문을 붙여 엄포를 놓았다.

최근 국가의 기강이 크게 무너져 백성의 재물을 탈취하는 일이 유행을 이룬다. 종묘, 군대, 학교, 창고 등 나라의 토지와 노비를 권세 있는 가문들이 거의 다 차지하고 있다. 주현(州縣)의 역리, 관노, 백성 가운데 병역과 부역과 조세 등의 의무를 다하지 않고 도망한 자들을 모조리 숨겨 놓고 농장을 크게 일으킨다. 또 양민을 노예로 만드는 경우도 많다. 이 때문에 나라와 백성은 쇠잔해졌다. 하늘도 분노해 홍수와 가뭄을 내리고 돌림병 또한 끊이지 않고 있다.

이제 도감을 설치해 잘못을 바로잡고자 한다. 개경은 15일, 각 도(道)는 14일이 기한이다. 자신의 잘못을 알고 스스로 고치는 자는 죄를 묻지 않을 것이다. 반대로 기일이 경과한 후 발각되는 자는 그 죄를 조사해 다스릴 것이다. 또 거짓으로 고발하는 자도 처벌할 것이다.[41]

신돈은 한다면 하는 사람이다. 이 포고령이 발표되자 많은 권세가와 부호들이 빼앗은 논밭과 노비들을 그 주인에게 돌려주었다. 또 억울하게 노비와 천민이 된 자들은 전민변정도감에 호소하면 모두 양민으로 만들어줬다. 이렇게 되자 백성들은 신돈을 가리켜 "성인(聖人)이 나왔다"라고 칭송했다.

신돈은 권문세족을 견제할 신진 세력 육성에도 신경 썼다. 공민왕이 성균관을 고쳐 지으라고 명하자, 신돈은 유탁, 이색 등 유학자들과 함께 옛터를 살펴봤다. 담당 관리들이 규모를 조금 축소하면 일이 한결 쉬워질 것이라고 하자 그는 고개를 가로저었다.

"문선왕(文宣王, 공자)은 온 천하가 영원토록 모실 스승인데 적은 비용을 아끼려고 예전의 규모를 줄일 수는 없다."

신돈은 불교에 귀의한 승려였지만 유교 성인들에게 경의를 표했다. 관을 벗고 머리를 숙인 채 온 정성을 기울여 성균관을 다시 짓겠노라 맹세했다. 유학자들을 반권문세족 동맹으로 끌어들이기 위해서였다.

하지만 유학자들도 알고 보면 권문세족 출신이 많았다. 뿐만 아니라 불교에 대한 맹렬한 반감을 갖고 있었다. 신돈을 성토하는 목소리가 클 수밖에 없었다. 대유학자 이제현은 공민왕에게 그를 가까이하지 말라고 충고하기도 했다. 골상(骨相, 얼굴과 머리뼈의 모양)이 옛날의 흉악한 자들과 같아 우려스럽다는 것이었다. 그럼에도 신돈은 유학자들을 의도적으로 중용했다. 정몽주, 정도전 등 신진 사대부들도 그의 집권기에 조정에서 약진했다.

신돈은 전방위적으로 권문세족을 때리며 개혁에 박차를 가했다. 1367년 그는 가장 위력적인 카드를 뽑아들었다. 바로 천도(遷都), 도읍을 옮기는 것이었다. 오랜 세월 개경에 뿌리내린 권문세족으로서는 청천벽력과 같은 일이었다. 그것은 기득권 세력의 기반을 송두리째 허물고 새로운 세력으로 대체한다는 뜻이었기 때문이다.

12세기에도 비슷한 시도가 있었다. 묘청이 개경의 문벌 귀족에 맞서 서경(평양)으로 천도하자고 주장하다가 정변을 일으켰다. 묘청의 난은 끝내 실패로 돌아갔다. 신돈은 묘청이 못다 이룬 숙원을 자신의 손으로 꼭 매듭짓고 싶었다. 그가 천도의 근거로 삼은 것은 묘청이 언급한《도선비기(道詵秘記)》의 한 대목이었다. 일찍이 도선국사는 개경이 도읍으로 적합하지만, 수백 년이 지나면 기운이 쇠한다고 예언했다. 신돈도 묘청처럼 이 예언을 들어 임금에게 천도를 권유했다. 공민왕은 고개를 끄덕이고 그를 서경으로 보내 새 궁궐터를 찾게 했다.

개경의 권문세족은 격렬하게 반발했다. 결국 공민왕은 한 발 물러서 신돈을 불러들였다. 개경으로 돌아온 국정의 대리인은 조정에 나오지 않고 두문불출했다. 임금이 사람을 보내 만남을 청했지만 피곤하다며 거절했다. 한편으론 섭섭하고 한편으론 막막했을 것이다. 권문세족의 누적된 폐단을 극복하는 길은 멀고도 험난했다.

신돈, 그 미완의 혁명

신돈이 기반을 뿌리째 뽑으려고 하자 권문세족도 가만있지 않았다. 신돈을 타도하려는 음모가 여기저기서 꾸며졌다.

> 《도선비기》에 '승려도 아니며 속인도 아닌 자가 정사를 문란케 하고 나라를 망친다'는 말이 있는데 바로 이 자를 가리킨다. 장차 국가의 큰 골칫거리가 될 것이니 임금께 아뢰어 빨리 제거해야 한다.[42]

그러나 권문세족의 음모는 번번이 내부 밀고로 무산되었다. 신돈의 신상필벌이 먹혔기 때문이다. 그는 자기에게 죄지은 자들을 엄벌에 처했다. 공식적으로는 벼슬을 떼고 유배를 보내지만, 열받으면 따로 부

하를 보내 죽여버렸다. 반대로 자기를 따르는 사람들은 반드시 예우했다. 심지어 아버지 묘에 명절마다 제사 드렸다고 관직을 주기도 했다.

그러다보니 정변 계획을 세우기만 하면 밀고자가 나왔다. 정변은 한두 명이 성공시킬 수 있는 일이 아니다. 은밀히 뜻 맞는 사람들을 규합해야 한다. 문제는 가담자들 가운데 신돈의 엄벌을 두려워하고 포상을 바라는 이가 끼어 있었다는 것이다. 열 길 물속은 알아도 한 길 사람 속은 모른다. 신돈을 겨냥한 권문세족의 정변이 거듭 실패한 이유다.

권문세족은 방법을 바꿨다. 신돈에 대한 공민왕의 신임을 무너뜨리기로 한 것이다. 그들은 신돈의 여자 문제, 즉 성 추문을 공략했다. 승려로서 범해서는 안 되는 게 색계(色界)다. 신돈을 여색 밝히는 '땡중'으로 만들면 임금의 믿음도 허물어질 것이다. 물론 금방 효과가 나타나진 않겠지만 가랑비에 옷 젖는 법이다. 열 번 찍어 안 넘어가는 나무 없다.

신돈은 이미 여색 혐의를 받고 있었다. 측근 기현의 후처도 그 가운데 한 명이었다. 신돈이 높은 자리에 올라 기현의 집에서 거처하자 둘 사이를 의심하는 사람들이 많았다. 색안경 끼는 시선이 껄끄러웠는지 신돈은 왕궁 근처에 큰 집을 마련했다. 그는 집 북쪽 뜰에 여러 겹문을 지나야 하는 별실을 짓고 새 거처로 삼았다. 그런데 이번에는 이 별실이 호사가들의 입방아에 올랐다. 그것은 음행(淫行)으로 얼룩진 추잡한 소문이었다. 이 성 추문은 당대에 그치지 않고 조선시대까지 회자되었다.

신돈은 관리들의 처첩 중에 용모가 뛰어난 여인이 있으면, 매양 사소한 허물을 가지고 그 남편을 감옥에 가두었다. 그러면 기현 등이 그 집에 사람을 보내 귀띔했다.

"안주인이 직접 와서 남편의 신원(伸冤, 억울함을 푸는 것)을 호소해야 죄를 면할 것이다."

그 부인이 신돈의 집에 와서 대문을 들어서면 기현의 처가 말과 시종을 돌려보내게 했다. 또 중문을 들어서면 종들을 보내게 했다. 이어서 부인을 데리고 내문으로 들어가는데, 신돈은 별실에 혼자 앉아 있고 옆에는 이부 자리와 베개가 놓여 있었다.

그러고는 온갖 음탕한 짓을 벌이는데, 마음에 드는 여인이 있으면 며칠이고 붙잡아두었다가 그 남편을 풀어주었다. 만약 여인이 불손하게 굴면 남편을 귀양 보내거나 죽이기까지 했다. 부인들은 자기 남편이 갇혔다는 소식을 들으면 반드시 곱게 단장을 하고 신돈의 집을 찾아갔는데, 하루도 부인네가 들락거리지 않는 날이 없었다.[43]

성현의 《용재총화》에 나오는 신돈의 음란한 행실이다. 조선 성종 때 예조판서를 지낸 문신이 이런 글을 남길 정도였으니 그의 성 추문이 얼마나 강렬했는지 알 수 있다. 이 추잡한 소문에는 신돈을 무너뜨리려는 고려 권문세족의 입김이 담겨 있었다. 단, 전혀 사실무근의 루머는 아니었을 것이다.

문제는 신돈의 애매한 정체성이었다. 그는 수행을 그만두고 국정을 맡아달라는 공민왕의 간청에 따라 승려에서 정치가로 변신했다. 이후 신돈은 한 과부와 결혼하려고 했는데, 이는 자기 자신을 속인(俗人, 속세의 인간)이라고 여겼다는 뜻이다. 하지만 세상의 눈은 달랐다. 고려

사람들은 여전히 그를 신통한 승려라고 봤다. 혼인을 한다고 하자 불제자가 어찌 그럴 수 있느냐는 의구심이 잔뜩 불거졌다.

결국 결혼은 무산되었지만 대신 신돈은 많은 첩들을 두었다고 한다. 그것은 관리들의 생사여탈권을 쥔 그에게 미인계를 쓴 자들이 많았다는 뜻이다. 관직을 얻기 위해, 죄를 면할 요량으로 딸이나 여종을 보낸 것이다. 그런 여인들이 권력자의 깊숙한 밀실에 드나들면 뒷말이 무성해질 수밖에 없다. 신돈은 이제 속인인데 뭐 어때, 했겠지만 외부인들이 볼 땐 승려가 저래도 되나, 싶었을 것이다.

성 추문이 걷잡을 수 없이 번진 것도 이와 무관치 않다. 승려가 아니지만 승려로 보는 시선이, 속인이지만 속인으로 보이지 않는 처지가 소문에 불을 지핀 것이다. 사람들은 보고 싶은 것을 보려고 한다. 겹문이 여럿 딸린 밀실은 야한 상상을 자극하기 마련이다. 권문세족이 조금만 입김을 섞어도 소문은 더욱 지저분해지고 떠들썩해졌을 것이다. 신돈의 권위는 그렇게 금이 가기 시작했다.

추잡한 소문은 공민왕의 귀에도 들어갔다. 임금은 신돈을 불러 이 문제를 따졌다. 왕의 대리인으로 개혁을 추진하려면 그가 신승의 이미지를 갖는 게 바람직하다. 만약 색을 탐하는 땡중으로 비친다면 민심이 돌아서서 공든 탑이 무너질 가능성이 높다. 임금의 추궁에 신돈은 당황했는지 말도 안 되는 변명을 했다. 부녀자들을 가까이한 것은 그 기운을 끌어다 도력을 기르기 위해서였다고……. 그는 부처와 하늘에 맹세할 수 있다며 측근 이춘부를 불러 서약서까지 작성했다. 가까스로 넘어갔지만 공민왕의 심중에는 불신이 싹트고 있었다.

1369년 신돈은 사람을 시켜 오도도사심관(伍道都事審官)을 복구해야 한다는 글을 올렸다. 사심관은 지방의 향리들을 다스리고 민폐를 시정하는 관직이었다. 오도도사심관 복구에는 그 일을 총괄해 중앙집권을 강화하겠다는 의지가 담겨 있었다. 개경을 넘어 지방까지 개혁을 확산시키려고 한 것이다. 그는 스스로 오도도사심관에 올라 중앙집권과 지방 개혁을 진두지휘할 생각이었다.

그러나 공민왕은 난색을 표했다. 선왕 충숙왕이 없앤 관직을 자식이 어떻게 복구하느냐는 것이었다. 물론 그것은 명분이었다. 사실 임금은 신돈의 건의를 권력욕의 발로라고 의심했다. 그러나 국정 대리인은 물러서지 않았다. 왕의 의심을 불식시키기 위해서라도 개혁에 박차를 가하려고 한 것이다. 이번에는 주현(州縣)의 사심관들이 올린 보고서를 들고 직접 왕을 찾아갔다. 공민왕은 신돈의 오기에 화가 났다. "가장 큰 도적은 여러 주의 사심관들"이라며 일축해버렸다.

여기서 임금과 대리인의 정치관이 어떻게 다른지 드러난다. 사실 고려는 중앙집권이 완전히 이루어진 나라가 아니었다. 지방에서는 향리들이 백성 위에 군림하며 호의호식하고 있었다. 향리들은 중앙집권을 강화하는 오도도사심관의 복구를 반대했고, 공민왕 또한 그들을 자극하고 싶지 않았다. 왕은 국가 개혁을 추구하되 점진적으로 벌여나가기를 바랐다. 반면 신돈은 개경의 권문세족뿐 아니라 지방의 향리들도 불의한 기득권층이라고 보고 한꺼번에 개혁하려고 했다. 국가 개혁은 전방위적으로 강력하게 밀어붙여야 가능하다고 생각한 것이다.

기득권층의 거센 저항과 공민왕의 미지근한 태도에 개혁이 좌초될 위기에 처하자 신돈은 혁명적인 돌파구를 마련했다. 그는 다시 한 번 천도 카드를 꺼냈다. 측근 이춘부를 시켜 도읍을 충주로 옮기자고 건의한 것이다. 충주는 고려의 중심부에 위치해 있었다. 이는 개경 권문세족의 기반을 뿌리 뽑고 지방 향리들을 치우침 없이 통제하겠다는 의미였다. 백성들의 편에서 기득권층과 끝까지 싸우겠다는 불굴의 의지였다.

공민왕은 분노했다. 자기가 분명 개혁의 선을 그었는데도 신돈이 거침없이 도전했기 때문이다. 임금이 노여워하자 신돈은 설득에 나섰다. 개경은 바다와 인접해 적의 침입에 쉽게 노출된다는 것이었다. 실제로 몇 해 전 왜구들이 강화도에 나타나는 바람에 공민왕이 식겁한 적이 있었다. 그때는 최영이 애써 물리쳤지만, 다음에는 어찌 될지 몰랐다. 듣고 보니 틀린 말이 아니었다. 공민왕은 충주와 평양, 그리고 금강산을 둘러보겠으니 순행(巡行)을 준비하라는 영을 내렸다. 임금이 직접 살펴보고 도읍을 옮길지 말지 결정하겠다는 것이었다. 신돈은 도로를 정비하고 별궁을 짓는 등 순행 채비를 서둘렀다.

권문세족도 가만히 앉아서 당할 수 없었다. 판사천감 진영서 등이 공민왕에게 글을 올렸다. 하늘을 보고 길흉을 점쳐서 천도와 순행을 만류한 것이다.

최근에 태백(太白)이 낮에 나타나고 있어 조짐이 심상치 않습니다. 게다가 올해는 기근까지 들었으니 조용히 있으면 길하고, 움직이면 흉할 것입니다.[44]

태백은 금성을 말한다. 사마천의 《사기(史記)》 〈천관서(天官書)〉에는 금성이 '살벌(殺伐)', 사람을 죽이고 정벌하는 것을 주관하는 별이라고 기록돼 있다. 그럼 금성이 낮에 나타나 빛나거나 움직이면 어떻게 될까? 반고의 《한서(漢書)》 〈천문지(天文志)〉는 천하에 혁명이 일어나서 백성들이 왕을 바꾼다고 했다. 금성이 태양, 곧 임금과 밝기를 다투므로 반란이 일어날 조짐이라는 것이다.

사람들은 듣고 싶은 것을 들으려고 한다. 그러잖아도 순행이 찝찝했던 공민왕은 얼씨구나 하고 받아들였다. 왕은 즉각 순행 준비를 중단시켰다. 천도 논의도 없던 일이 되어버렸다. 신돈에 대한 임금의 의심은 더욱 커졌다. 금성이 낮에 나타나는 것은 반란의 조짐이다. 이 나라에서 감히 나와 밝기를 다툴 사람은 신돈밖에 없다.

공민왕은 시기심이 많고 잔인한 성격이었다. 아무리 심복일지라도 권세가 커지면 반드시 처단했다. 하지만 신돈을 당장 쳐내기는 어려웠다. 그는 팔관회 때 왕을 대신해 신하들의 조회를 받을 만큼 커버렸다. 조정 안팎에 따르는 세력도 만만치 않았다. 무엇보다 백성들에게 인기가 높았다. 신돈은 지혜를 상징하는 문수보살을 숭상했다. 문수회를 열면 권세가와 부호들로부터 시주를 받아 기근을 만난 유랑민들에게 나눠줬다. 백성들은 그를 '문수보살의 화신'이라고 찬양했다. 임금도 어찌할 수 없는 존재였다.

한동안 위태로운 동거가 이어졌다. 공민왕은 신돈에게 계속 국정을 맡기면서 꼬투리를 잡아 제거할 기회를 노렸다. 신돈도 그것을 잘 알고 있었다. 자기가 살기 위해서는 임금을 죽이는 수밖에 없었다. 그는 마침내 거사를 도모하기로 했다.

1371년 공민왕이 선왕의 능들을 참배하러 궁을 나섰다. 신돈은 임금을 시해하려고 수하들을 길가에 매복시켰다. 그러나 암살자들은 삼엄한 호위 때문에 거사를 실행에 옮기지 못했다. 국왕 시해가 실패로 끝나자 내부에서 배신자가 나왔다.

밀고를 받은 공민왕은 신속하게 응징에 들어갔다. 먼저 기현, 최사원, 고인기, 진윤검 등 신돈의 수족들이 굴비 엮듯이 끌려가 국문을 받고 처형당했다. 신돈 본인은 일단 수원으로 유배를 떠났다. 문수보살의 화신을 죽이려면 절차를 잘 밟아야 한다. 그렇지 않으면 정말 천하에 혁명이 일어나 백성들이 임금을 바꿀지도 모르기 때문이다. 이에 국정을 총괄하는 중서문하성에서 신돈의 죄목과 처벌을 공식적으로 제기했다.

대역죄는 어떤 나라, 어떤 시대에도 용서받지 못하는 법입니다. 신돈은 본래 미천한 중으로 외람되이 주상의 은혜를 입어 신하로서 최고의 지위에 올랐습니다. 그리하여 백관들의 진퇴를 제 마음대로 하면서 흉악한 무리를 도처에 심었습니다. 다행히 선대 영령들의 보우와 전하의 선견지명에 힘입어 반역 음모가 발각되긴 했으나, 관대한 은전을 입고 유배형만 받았기에 모든 나라 사람들이 실망하고 있습니다. 게다가 신돈의 일당은 기현과 최사원 등 7명만이 아닙니다. 엎드려 바라옵건대 대의로써 결단해 신돈을 극형에 처하고 가산을 몰수하소서. 아울러 그 일당을 모조리 처단해 사람들의 마음을 시원하게 하소서.[45]

또 의결 기구인 도평의사사와 감찰 기관인 사헌부에서도 신돈의 극형, 가산 몰수, 일당 처단 등을 제청했다. 공민왕은 짐짓 어쩔 수 없다는 듯이 이를 허락했다.

"법은 천하 만세의 공의(公義)로 내가 사사로이 어쩌지 못하니 건의한 대로 시행하라."[46]

찰방사 임박과 체복사 김규가 왕명을 받고 수원으로 달려갔다. 수원부사 박동생은 신돈 앞에서 눈물을 흘리며 석별의 정을 나눴다. 마침내 칼날이 번뜩였고 신돈의 목이 떨어졌다. 그의 사지는 잘려 각 도에 돌려졌고, 머리는 개경 동문에 내걸렸다. 이춘부, 김란, 이운목 등 신돈 추종자들도 목숨을 잃고, 귀양을 가고, 관직에서 쫓겨났다. 그 가족들도 죽거나 노비로 끌려갔다. 무려 수백 명이 화를 입었다. 같은 시각 경천흥, 최영 등 신돈이 쫓아낸 권문세족 유력자들은 유배에서 풀려 개경으로 향했다. 신돈의 집권은 그렇게 미완의 혁명으로 남은 채 6년 만에 막을 내렸다.

죽기를 각오하고 출생의 비밀을 밝히다

공민왕은 왕권에 도전하는 권문세족을 억제하고 누적된 폐단을 일부 개혁하기 위해 신돈을 대리인으로 발탁했다. 그러나 신돈이 부분적인 개혁을 넘어 백성을 못살게 구는 기득권 전체를 갈아엎으려고 하자 그를 제거했다. 개경의 권문세족과 지방의 향리로 대표되는 그 기득권이 한편으로는 고려왕조를 떠받치는 기둥이었기 때문이다.

어찌 보면 신돈은 공민왕에게 실컷 이용당하고 비참하게 버려졌다. 그렇다고 억울할 것은 없다. 죽은 공명이 산 중달을 쫓아냈듯이, 신돈은 세상을 떠났지만 끝내 통렬하게 복수했기 때문이다. 고려왕조를 끝장내는 불씨를 남긴 것이다.

공민왕은 왕위를 계승할 후사를 보지 못해 늘 수심이 가득했다. 1365년 노국대장공주마저 난산 끝에 세상을 떠나면서 이 문제는 국가적인 화두로 떠올랐다. 신돈도 왕자 탄생을 기도하기 위해 문수회(文殊會)를 여러 차례 열었다. 하지만 후사를 얻는 가장 확실한 방법은 남녀가 서로 좋아해서 교합하는 것이었다. 이에 신돈은 아름다운 비첩 반야에게 임금을 모시라고 명했다. 첩이자 여종인 그녀는 주인의 뜻에 따를 수밖에 없었다.

사실 공민왕은 평소 신돈의 집에 드나들며 반야를 눈여겨보고 있었다. 왕비를 잃은 임금은 사부의 첩을 뜨겁게 품었다. 그 결실로 두 사람 사이에 아들이 태어났다. 신돈은 이 아이에게 '모니노(牟尼奴)'라는 이름을 지어줬다. 석가모니의 종이라는 뜻이다.

왕은 모니노의 존재를 당분간 비밀에 부치기로 했다. 신돈의 비첩 소생이기에 정쟁과 추문에 휘말릴 염려가 있었기 때문이다. 더구나 권문세족은 후사를 염두에 두고 앞 다퉈 딸자식들을 궁궐에 들였다. 공민왕은 그들의 요구를 외면할 수 없었다.

물론 아버지로서 아들을 보고 싶은 마음은 굴뚝같았다. 임금은 틈만 나면 사부와 의논할 일이 있다며 신돈의 집으로 행차했다. 눈에 넣어도 안 아픈 제 자식을 만나기 위해서였다. 발길을 하기 어려울 때는 호위무관을 시켜 금화나 선물을 보냈다. 모니노가 그것을 받고 뛸 듯이 기뻐했다는 말을 들으면 공민왕의 마음도 흐뭇했다.

반야에게도 예우를 했다. 매달 쌀 30석을 하사한 것이다. 비첩은 꿈에 부풀었다. 모니노는 임금의 단 하나뿐인 혈육이다. 만약 이 아이가 보위에 오른다면 나는 태후로 받들어질 것이다. 그러나 반야의 꿈은 1371년 신돈이 처형당하면서 산산조각 났다.

공민왕은 신돈을 수원으로 압송케 하면서 은밀히 모니노에게 사람을 보냈다. 혹시나 아들에게 무슨 일이 생길까봐 보호한 것이다. 신돈을 처형한 다음에는 자신의 유일한 혈육을 궁으로 불러들여 왕실의 큰 어른인 명덕태후에게 맡겼다.

임금은 서둘러 후계 구도를 공식화했다. 먼저 수시중 이인임에게 왕자를 얻게 된 경위를 밝히며 잘 보필해달라고 당부했다. 유학자 이색에게는 모니노의 새 이름을 지어달라고 요청했다. 이색은 여덟 자를 써서 바쳤는데 공민왕은 그 가운데 '우(禑)'로 정했다. 왕자 우는 강녕부원대군으로 봉해졌고 본격적인 후계자 수업을 받았다.

1374년 공민왕은 자제위 홍륜과 환관 최만생 등에 의해 비참하게 살해당했다. 이 정변을 진압한 이인임은 10살짜리 왕자 우를 즉위시키고 조정의 실권을 거머쥐었다. 단, 우왕은 반야가 아니라 선왕의 후궁 한씨 소생으로 공표했다. 한씨는 이미 세상을 떠난 후였는데 덕분에 순정왕후로 추존되었다.

반야는 억장이 무너졌다. 자식을 빼앗긴 것도 모자라 어머니로서의 존재마저도 부정당했기 때문이다. 그녀는 자신의 죽음을 예감했다.

'신돈의 곁에서 정치가 얼마나 비정한지 똑똑히 지켜본 나다. 저들은 틀림없이 내 입을 막으려 들 것이다. 하지만 이대로 죽을 수는 없다. 죽을 때 죽더라도 꼭 해야 할 일이 있다.'

이 가련한 어머니는 태후궁으로 찾아갔다. 궁문 앞에서 애끓는 목소리로 새 임금이 자기 아들이라고 외쳤다.

'지금껏 한 번도 모니노를 자식이라고 말한 적이 없었다. 비밀을 지켜야 한다는 이유로 모니노의 어미라고 밝힐 수가 없었다. 속으로 끙 끙 앓기만 해온 그 말을 죽기 전에 한 번은 해야겠다. 누구에게도 호소할 수 없었던 출생의 비밀을 마지막으로 밝혀야겠다.'

반야는 이미 죽기를 각오했고, 어차피 살고 싶은 마음도 없었다. 아들에게 다가갈 수 있는, 그녀로선 가장 가까운 데서 작별 인사를 한 것이다. 임금에게서 생모의 존재를 삭제하려는 자들에게 어머니의 존엄을 보여준 것이다.

우왕의 후견인 이인임은 사람을 시켜 이 여인을 임진강으로 끌고 갔다. 반야는 꽁꽁 묶인 채 강물에 던져졌다. 몽환 속으로 저 멀리 신돈이 웃으며 손짓하고 있다. 이 또한 한바탕 꿈인가.

1388년 위화도회군을 단행한 이성계 일파는 우왕을 왕좌에서 쫓아 냈다. 뒤를 이어 우의 아들 창(昌)이 즉위했지만 부자는 벼랑 끝에 몰렸다. 이인임도 죽고, 최영도 죽었다. 고려왕실을 지켜줄 방패막이가 사라진 것이다. 1389년 이성계, 정도전, 조준 등이 흥국사에 모여 창왕을 끌어내리고 새 임금을 옹립하기로 결의했다. 이른바 폐가입진(廢假立眞)! 가짜 왕을 내쫓고 진짜 왕을 세운다는 것이었다. 우왕과 창왕은 공민왕이 아닌 신돈의 핏줄이라는 것이었다.

결국 우와 창 부자는 목숨을 잃었고 고려의 마지막 임금 공양왕이 즉위했다. 이 사건은 기울어가는 고려왕조에 결정타를 날렸다. 멀쩡한 국왕을 가짜로 몰아세워 죽인 순간 고려의 정통성이 끝장난 것이다. 고려왕조는 호흡기를 단 채 몇 년 더 연명하다가 1392년 멸망한다. 474년의 위대한 역사에 마침표를 찍은 것이다.

이어서 이성계와 신진 사대부가 손잡고 세운 유교 국가 조선이 들어섰다. 조선 건국 세력은《고려사》등 역사 기록에 우왕과 창왕이 신돈의 핏줄이었다는 주장을 반복적으로 실었다. 고려가 이렇게 문란했으니 어쩔 수 없이 왕조를 교체했다는 것이다. 역성혁명(易姓革命)의 정당성을 강조하는 전형적인 승자의 역사다.

하지만 고려 유신들은 이 주장을 말도 안 되는 소리라고 일축했다. 문신 김진양은 "형벌할 수 없는 것에 형벌을 하고, 죄가 없는 사람에게 죄를 씌웠다"라며 정도전을 탄핵했다. 조선 태종 이방원의 스승이었던 원천석은 새 왕조 출사를 거부하며 우왕과 창왕을 안타까워하는 시를 남겼다.

전왕 부자 머나먼 하늘가 동과 서로 떨어져 있네 前王父子各分離萬里東西天一涯

비록 몸은 비루해져도 마음만은 천고에 변치 않으리라 可使一身爲庶類寸心千古不遷移[47]

조선시대에도 건국 세력의 역사 왜곡을 비판하는 목소리가 나왔다. 인조 때 영의정을 지낸 신흠은 과감한 소신을 밝히기도 했다.

《고려사》의 말년 기록은 대부분 어긋나 있고 틀렸다. 그것이 비록 조선 왕실에 관한 것이라 해도 역사에 어찌 사실을 모조리 없애버리고 덮어버릴 수 있는가. (중략) 우왕과 창왕의 일은 큰 범죄인데도 오히려 (이를 간하는) 충신들을 떠나보내고 나라를 빼앗았다. 정도전, 윤소종, 조준 같은 자들은

하늘이 없었는가.[48]

　권력을 쥔 자들의 역사 왜곡은 어느 시대에나 있었다. 승자의 역사는 기록으로 남지만, 패자의 역사는 가슴으로 전해진다. 신돈과 반야, 공민왕의 이야기는 그래서 울림이 크다.

사랑이라는 이름의
폭력

조선은 태조 이성계와 신진 사대부들이 고려를 무너뜨리고 1392년에 세운 '유교 국가'다. 왕조 국가에서는 임금의 후계자를 정하는 일이 무엇보다 중요하다. 유교 종법에 따르면 세자는 적장자, 즉 왕비의 맏아들이 맡는 게 원칙이다. 그런데 태조 이성계는 후처 신덕왕후가 낳은 막내아들 방석을 세자에 앉힌다. 그 대가는 가혹했다.

다섯째 아들 이방원은 조선 건국에 지대한 공을 세웠으며 정도전과 함께 공신 세력을 양분하고 있었다. 후계자 자리에 욕심이 없다면 그게 이상한 일이다. 물론 어머니 신의왕후 소생의 친형이 세자가 되었다면 쉽게 반기를 들기 어려웠을 것이다. 적장자 상속이라는 명분에 도전하는 건 위험부담이 컸다. 하지만 막내 방석이라면 얘기가 달라진다.

태조의 선택은 방원에게는 위기이자 기회였다. 비록 정도전이 사병(私兵, 개인이 사사로이 부리는 병사)을 나라에 내놓으라고 위협하기는 했지만, 방원은 그것을 역이용해 같은

불만을 가진 왕족과 공신들을 끌어모았다. 적장자 상속의 원칙이 깨진 이상 힘만 있으면 왕좌를 차지할 수 있었다. 결국 이방원은 1398년 '왕자의 난'을 일으켜 개국 공신 정도전과 세자 방석을 제거한다. 태조 이성계도 자의 반 타의 반 왕위에서 물러나야 했다. 방원은 그 임금 자리를 친형에게 잠시 맡겼다가 2년 후 본인이 갖는다. 그가 조선 3대왕 태종이다.

문제는 민심이었다. 유교 국가 조선에서 있을 수 없는 '불효'를 새 임금이 저질렀다. 민가로 치면 가문을 일으킨 아버지를 아들이 몰아낸 셈이다. 태종 이방원이 왕 노릇을 아무리 잘해도 저잣거리에는 수군수군 뒷담화가 끊이지 않았다. 그는 건국 초기의 혼란을 수습하고 실질적인 창업자 노릇을 했지만 이 원죄에서 자유롭지 못했다. 태종으로서는 나라가 제대로 돌아간다는 걸 사대부와 백성들에게 보여줘야 했다. 그런 의미에서 적장자를 후계로 삼는 것은 나라를 바로잡는 길이었다. 유교 국가답게, 예측 가능하게 왕조를 운영해야 불확실성을 걷어내고 사람들을 달랠 수 있었다.

태종은 정비 원경왕후와의 사이에 왕자 넷을 뒀다. 맏아들 양녕대군, 둘째 효령대군, 셋째 충녕대군, 막내 성녕대군이다. 왕세자 자리는 자연스럽게 양녕에게 돌아갔다. 양녕대군은 1404년 11살에 미래의 왕으로 낙점 받았다. 이제 후계자 수업만 얌전히 받으면 양녕이 보위에 오르는 것이다. 그러나 부모 마음대로 안 되는 게 자식 농사다. 천하의 이방원이라도 별 수 없었다. 양녕대군은 사춘기에 접어들며 삐뚤어지더니 결국 희대의 연애 스캔들을 일으키고 낙마했다.

원로대신의 첩을 빼앗은 세자

악공 이오방이 몰래 동궁에 들어와 세자에게 고했다.

"이번에 전 중추(中樞) 곽선의 첩 어리라는 여인이 한양에 들어왔사
온데 용모도 빼어나고 재주가 아주 뛰어납니다."

호기심을 느낀 세자는 이오방에게 어리를 만나보고 싶다고 했다. 이
오방은 곽선의 먼 친척(생질녀의 남편) 권보에게 다리를 놔달라고 요구
했다.

"곽선은 사돈 집안의 어른이라 내가 속일 수 없다. 그러나 감히 (세자
의) 명을 따르지 않을 수 있겠느냐."

권보는 세자에게 잘 보이고자 이 제안에 응했다. 그런데 첩 계지를
시켜 어리에게 전했더니 거부하는 게 아닌가. 헛물을 들이켠 세자 일
당은 대책을 논의했다. 악공 이법화가 세자에게 아뢰었다.

"여인의 환심을 사려면 선물만한 게 없사옵니다. 가벼이 만나려는
게 아니라는 약속의 징표를 보내소서."

세자는 이 말을 옳게 여겨 수를 놓은 비단 주머니를 보내도록 했다.
배달을 맡은 어린 환관은 어리가 싫다는데도 선물을 억지로 두고 왔
다. 일이 심상치 않게 돌아가자 어리는 곽선의 양자인 판관 이승에게
알리고 그 집으로 몸을 피했다.

세자는 더욱 안달이 났다. 마침내 그는 젊은 환관들을 거느리고 대
궐 담을 넘었다. 중간에 이오방이 합류해 함께 이승의 집에 도착했다.

•《태종실록》1417년 2월 15일 기사를 극적으로 재구성했다.

사람들이 무리지어 몰려와 대문 앞이 떠들썩하자 집주인이 모습을 드러냈다. 세자가 직접 온 것을 보고 이승은 화들짝 놀라 엎드렸다.

"어서 어리를 내놓아라."

세자의 뻔뻔한 요구에 이승은 흔들렸다. 양아버지도 아버지다. 자식된 도리로 곽선의 첩을 넘기는 것은 절대 안 될 일이다. 하지만 상대가 누구인가. 다음 임금이 될 세자가 아닌가. 순간의 선택에 따라 자기 앞길이 탄탄대로가 될 수도, 가시밭길이 될 수도 있는 것이다. 이승은 결국 자신의 욕망과 두려움에 굴복하고 말았다. 양아버지의 첩을 내준 것이다. 세자는 어리를 데리고 의기양양하게 이법화의 집으로 갔다. 거기서 하룻밤 묵고 이튿날 그녀와 함께 궁으로 복귀했다.

어리가 마음에 든 세자는 이승에게 활을 보냈다. 어리 또한 비단을 이승의 처에게 전했다. 그러나 이승은 활만 받고 비단은 돌려보냈다. 그는 이 일을 임금에게 아뢰려고 했다. 소식을 들은 세자가 사람을 시켜 나무랐다.

"너는 나의 일을 사헌부나 형조에 고하려 하는가? 이 일을 어디에 고할 것인가?"

이승이 두려워서 차마 아뢰지 못했다.

세자와 왈짜 패거리의 '여자 사냥'

1417년 2월 15일 경복궁은 세자의 간통 사건으로 발칵 뒤집혔다. 세자가 원로대신 곽선의 첩 어리를 강제로 취해 궁궐에 들였다가 걸린 것

이다. 세자 신분으로 화류계 기생과 어울려도 뒷말이 나도는 판에 은
퇴한 대신의 소실을 건드리다니!

임금이자 아버지인 태종은 참담한 심정이었을 것이다. 관료와 사대
부들은 마치 자신의 애첩이라도 빼앗긴 양 분노했을 테고. 평범한 백
성들은 지배층을 비웃으며 한껏 조롱했으려나? 아무튼 조선 사람이라
면 너나 할 것 없이 입이 쩍 벌어질 일이었다.

세자의 비행은 궁궐에서 일어난 사소한 해프닝 때문에 발각되었다.
궁중 별감 소근동이라는 자가 무수리와 연애하다가 적발되었는데, 이
자가 심문을 받는 와중에 엉뚱하게 세자의 비행을 털어놓은 것이다.
소근동은 원래 세자의 장인 김한로의 종이었다. 주인에게 잘 보여 별
감직을 얻었을 텐데 어쩌다 둘 사이가 틀어졌나보다. 실록을 살펴보
면 무수리와 사귄 것을 고발해서 처벌받게 한 사람이 김한로였다. (조선
시대 궁녀와 무수리는 외간 남자와의 연애를 금했다.) 소근동은 자신을 고발
한 주인에게 폭로로 복수한 것이다.

사실 이 바람둥이 별감이 폭로한 세자의 비행은 김한로의 종 출신이
아니었다면 알 수가 없는 일이었다. 당시 임금과 세자의 거처는 떨어
져 있었다. 태종은 경복궁에, 세자는 창덕궁에 머물렀다. 따라서 세자
궁에서 이루어지는 일들은 국왕이나 대신들도 파악하기 어려웠다. 내
관과 궁녀들이 있었지만, 그들은 세자의 사람들이었다. 자기 주인의
비행을 외부에 알려봤자 득이 될 게 없었다.

문제는 김한로 집안이었다. 세자는 14살이 되던 1407년에 김한로
의 딸과 부부의 연을 맺었다. 이방원이 자신과 동문수학한 학우를 사
돈으로 맞은 것이다. 김한로는 미래 임금의 장인이자 신하로서 세자를

보호할 책임이 있었다. 하지만 세자궁의 불미스러운 이야기는 여과 없이 김한로 집안으로 흘러들었고, 결국 앙심을 품은 전직 종의 폭로로 나라를 뒤흔드는 스캔들이 터진 것이다.

태종이 어디 보통 성격인가. 27명의 조선 왕 가운데 가장 드센 임금이다. 자기 얼굴에 먹칠한 이 스캔들에 불호령을 내릴 것은 뻔한 일이었다. 신하들은 부산하게 움직이며 간통 사건의 진상을 파악했다.

어리의 용모가 빼어나고 재주도 뛰어나다는 걸 세자에게 귀띔한 이는 이오방이었다. 학창 시절 사귄 벗이 평생 간다는데, 양녕은 후계자 수업은 등한시하고 틈만 나면 궁궐을 드나드는 한량들과 어울렸다. 악공 이오방, 이법화 등 화류계 인사들이 세자에게 아양을 떨며 연회 자리를 마련했다.

질펀한 화류계에 여인들이 빠질 리 없다. 노는 남자들이 환장하는 게 여색(女色)이다. 세자는 십대 소년 시절부터 장안의 내로라하는 기생들과 염문을 뿌렸다. 봉지련, 초궁장, 칠점생 등《태종실록》에는 세자와 사귄 여인들의 이름이 넘쳐난다. 연애의 내막은 더욱 심각했다. 초궁장은 큰아버지 정종이 가까이한 기생이었고, 칠점생은 매형 이백강의 애첩이었다. 세자는 이렇게 사회적으로 금기시하는 위험한 연애를 즐겼다.

20대로 접어들자 혈기왕성한 세자는 욕정을 더욱 대담하게 표출했다. 그의 시선은 외간 여인에게로 향했다. 그렇다고 양가집 부녀자를 도모할 수는 없고, 그나마 만만한 게 남의 소실이 아니었을까? 소실(小室)은 정실(正室), 즉 본처가 아니지만 집이나 별채에 들어앉힌 첩을 말한다. 조선시대 첩은 양인첩, 노비첩, 기생첩 등으로 나눌 수 있는데,

어리는 재주가 뛰어나다고 했으니 기생첩이었을 가능성이 높다.

당시 어리는 원로대신 곽선의 본가인 적성현(파주)에 있다가 친척을 만나려고 한양 나들이를 했다. 세자 일당의 레이더망에 참신한 여인이 걸려든 것이다. 그들은 먼저 곽선의 먼 친척인 권보에게 다리를 놔달라고 요구했다. 권보는 예조정랑을 지낸 관리였다. 사돈댁 어른인 곽선의 체면보다야 다음 임금이 될 세자의 제안에 끌릴 수밖에 없었다. 그는 이 부적절한 만남을 기꺼이 주선했다. 자기 첩을 어리에게 보내세자의 뜻을 전한 것이다.

어리는 어리둥절했다. 세자가 왜 나를? 그녀는 이미 원로대신의 첩이었다. 대갓집 소실로 편안하게 살고 있었다. 왕세자와 그렇고 그런 만남이라니, 적절하지도 않고 부담스럽기만 하다. 어리는 정중하게 거절했지만 세자 일당은 물러서지 않았다. 여자의 환심을 사는 데는 선물만한 게 없다며 환관을 시켜 수를 놓은 비단 주머니를 보냈다. 요즘으로 치면 명품 가방으로 구애한 셈이다.

그녀는 난감했을 것이다. 어찌 해야 좋을지 몰라 판관 이승에게 찾아갔다. 이승은 곽선의 양자로 어리를 한양에 데려온 인물이다. 아마양아버지의 당부를 받고 이 소실의 임시 후견인 노릇을 했을 것이다. 전후 사정을 알게 된 이승은 어리를 자기 집에 들여 보호했다. 그러나 세자 일당에게 포기란 없었다. 그들에게 여인은 사냥감이었다. 한번찍은 표적은 무슨 일이 있어도 포획해야 직성이 풀렸다.

세자의 막무가내 구애는 집단 습격으로 치달았다. 내관과 한량들을 떼거지로 끌고 이승의 집을 덮친 것이다. 이승은 자신의 눈을 의심했을지도 모른다. 원로대신의 첩을 빼앗기 위해 세자가 직접 나설 줄이

야! 미래 임금이 이런 식으로 나오면 왕조 국가의 관리가 저항하는 것은 거의 불가능하다. 어지간한 강심장이 아니고선 세자의 요구를 거부하기 힘들다. 이승은 결국 어리를 넘겨야 했다.

세자는 곧장 궁으로 돌아가지 않고 악공 이법화의 집에서 하룻밤 묵었다. 아마도 사람들의 눈을 의식했을 것이다. 사실상 민간의 여인을 납치한 셈이다. 그런 짓을 하고서 곧장 세자궁으로 향하면 목격담이 돌게 된다. 조금 시차를 두어 행적을 뭉갤 필요가 있다. 이런 일에 도가 텄다는 방증이기도 하다. 그곳에서 세자 일당은 무용담을 풀어놓으며 거나하게 사냥 뒤풀이를 했을 것이다.

이튿날 궁에 복귀한 세자는 어리를 구슬리며 애정 공세를 퍼부었다. 납치된 여인도 어쩔 수 없이 부적절한 관계를 받아들였을 터. 그것은 연애라기보다 '사랑이라는 이름의 폭력'이었다. 오늘날의 법으로는 '위력에 의한 간음'이라고 볼 수도 있겠다. 하지만 그 시대는 법 앞에 만인이 평등하다는 관념이 통용되지 않았다. 어리로서는 신분의 격차가 워낙 큰 데다 궁밖에 나가지도 못했을 테니 선택의 여지가 없었다.

이 대갓집 소실이 마음에 든 세자는 얼마 후 이승 부부에게 활과 비단을 선물했다. 어리는 이제 내 사람이요, 곽선과는 무관하니 양해를 구한다는 뜻으로 해석할 수 있다. 이승은 (세자가 보낸) 활만 받고 (어리 명의로 전한) 비단은 돌려보냈다. 세자의 호의는 감사하지만, 어리는 양아버지의 여인이니 자기가 어떻게 할 수 없다는 의미였다.

시간이 지나도 곽선의 첩이 돌아오지 않자 이승은 이 일을 임금에게 아뢰기로 했다. 사실 그는 세자가 어리를 데리고 놀다가 놔줄 것이라고 생각한 듯싶다. 그런데 돌려보내기는커녕 아예 자기가 차지하겠다는 속셈을 드러낸 것이다. 이승의 입장에서는 양아버지를 볼 면목도 없거니와 자신의 체통까지 잃어버리게 생겼다. 세자의 폭주에 제동을 걸려면 태종에게 아뢰는 수밖에 없었다.

그러나 일러바치는 일도 쉽지 않았다. 이승이 뻐딱하게 나오자 세자는 사람을 시켜 협박했다. 사헌부와 형조를 언급하며 겁을 준 것이다. 사헌부는 관리들을 감찰하고 탄핵하는 기관이다. 또 형조는 국법을 관장하고 벌을 주는 부서다. 기껏해야 5품 벼슬인 판관으로선 말만 들어도 등골이 오싹했을 것이다. 털어서 먼지 안 나는 사람 없다. 세자 쪽에서 작심하고 흠을 잡으면 필시 치도곤을 당하리라. 이승은 두려워서 입을 다물었다.

뒤늦게 진상을 파악한 태종 이방원은 화가 머리끝까지 치밀었다. 이윽고 불호령이 떨어졌다. 세자와 어리의 간통 사건에 관련된 자들을 모조리 잡아들였다. 특히 이오방과 이법화는 악공의 신분으로 어떻게 세자와 가까이 지냈느냐며 혹독한 문초를 받았다. 이법화의 입에서 배후가 밝혀졌다. 바로 구종수가 이끄는 구오방(具伍方)이었다.

구오방은 당시 임오방(任伍方)과 더불어 한양 도성을 휘젓던 왈짜 패거리였다. 요즘으로 치면 서울 조직폭력배라고 볼 수 있다. 그들은 기생들과 연회를 벌이며 유흥업을 장악하고 양가집 여인들을 희롱하는 등 온갖 행패를 부렸다. 구오방은 또 각종 이권에도 개입한 것으로 보인다. '보스' 구종수는 조정 관리로 선공감(繕工監)의 부정(副正, 종3품)이었다. 선공감은 조선시대 토목 사업과 건물 수리를 담당한 관청이고 부정은 부청장급 고위직이다. 뇌물과 상납의 커넥션이 형성되기 쉬운 분야에서 실세로 군림한 것이다.

구종수는 세자에게 과감히 접근했다. 종묘와 창덕궁 사이에 대나무 다리를 놓고 세자궁에 잠입했다. 그 다리로 악공들도 드나들었다. 세자의 거처에 음률과 유희가 그치는 날이 없었다. 이오방은 피리를 불었고, 이법화는 가야금을 탔다. 때로는 세자를 궁궐 밖으로 불러내기도 했다. 구종수의 집에서 바둑을 두고 장안의 명기 초궁장, 승목단이 부어주는 술을 마셨다. 구종수의 형 구종지와 구종유도 함께했다. 세자는 자기 옷을 벗어 주었고, 형제들은 충복이 되기를 자청했다.

구종수 형제는 사사로이 뇌물을 바치며 세자에게 아부했다. 심지어 당시 유배 중이던 이숙번까지 끌어들였다. 이숙번은 왕자의 난 때 큰 공을 세우고 권력을 휘두르다가 태종에게 찍혀 귀양살이를 하고 있었다. 형제는 그에게서 활, 말, 이리 꼬리, 철갑, 투구 같은 물품을 받아 세자에게 제공했다. 대신 이숙번에게는 관청의 여종과 기생을 보냈다.

세자와 어리의 간통 사건은 이 난잡한 커넥션의 일환이었을 뿐이다. 의금부 도사에게 사건 내막을 보고받은 태종은 엄벌을 지시했다. 구종수 형제와 이오방은 참수해서 저잣거리에 목을 매달았다. 구오방 패거리와 세자궁의 내관들도 곤장을 치고 유배를 보냈다. 곽선의 양아들 이승과 친척 권보도 고변하지 않고 협조했다는 이유로 붙잡아 국문했다. 태종이 그들을 엄벌에 처한 까닭은 이 사건이 국기 문란에 해당한다고 보았기 때문이다. 죄인들은 훗날 세자가 임금이 되었을 때 이득을 보려고 했다. 그것은 나라를 흔드는 일이므로 왕이 나서 엄중한 예방 조치를 취한 것이다.

태종은 이렇게 아들을 타락의 길로 인도한 '나쁜 친구들'을 가혹하게 벌했다. 그런데 제 자식은 솜방망이 처분에 그친다. 세자는 아버지에게 꾸지람을 듣고 처가로 쫓겨났지만, 며칠 후 구구절절한 반성문을 제출하고 궁에 돌아왔다. 그 반성문이란 것도 사부 변계량이 임금의 명으로 세자와 의논해 대신 작성했다. 어쩌면 태종은 장남이 순진해서 불량배들의 꼬임에 넘어갔을 뿐이라고 생각했는지도 모른다. 과연 그럴까?

외척 다 죽인 아버지, 피눈물 흘린 어머니

'나는 소망한다, 내게 금지된 것을.' 1990년대에 나온 소설 제목처럼 어떤 사람들은 금지된 것을 욕망한다. 그들은 금기를 범함으로써 억압에서 벗어나 해방감을 맛보려고 한다. 양녕대군도 이런 유형으로 분류할 수 있다.

조선시대 후계자 수업은 빡빡했다. 세자는 매일 일과표에 따라 부지런히 공부하고 궁궐의 법도를 익혀야 했다. '사춘기 소년' 양녕은 그것이 숨 막혔던 것 같다. 세자는 허구한 날 놀 궁리만 했는데, 특히 사냥에 몰두했다.

양녕대군이 세자로 있을 때 풍악과 여색에 빠져 학업에 힘쓰지 않았다. 어느 날 섬돌 위에 새덫을 설치했는데, 사부와 마주앉아 공부하는 중에도 사방을 둘러보며 덫에 마음을 두다가 새가 걸리면 달려가서 잡았다.

태종은 궁중에 감나무를 심고 감을 감상하는 것을 좋아했다. 까마귀가 자꾸 감을 쪼아 먹자 태종이 명궁을 찾아 새를 쏘게 했다. 좌우가 모두 "조

정의 무사 중에는 명궁이 없습니다. 세자라면 가능할 것입니다"라고 했다. 태종이 곧 세자에게 명해 쏘게 하니 거듭 명중시켰다. 태종은 세자의 행실을 미워해 오랫동안 만나지 않았는데, 이날에야 비로소 기뻐하며 한 번 웃어 보였다.[49]

새 사냥이야 이성계의 손자니 그렇다고 치자. 활 잘 쏘는 명궁 혈통이 어디 가겠는가. 하지만 궁궐 밖 외간 여인들을 사냥하는 것은 용납할 수 없다. 예나 지금이나 부모 마음대로 안 되는 게 자식 농사다. 그 부모가 임금과 왕비라도 별 수 없다. 그렇다면 세자는 어째서 날이 갈수록 삐뚤어지고 하지 말라는 짓만 골라서 했을까? 혹시 아버지에 대한 반발심 때문이었을까? '권력의 화신' 태종 이방원이 맏아들에게 어떤 영향을 끼쳤는지 궁금해진다.

태종은 왕권을 위협하는 세력은 누구를 막론하고 용서하지 않았다. 자신에게 충성한 공신과 외척들도 예외가 아니었다. 토사구팽(兎死狗烹), 토끼를 잡고 나면 사냥개를 삶아 먹는다는 이 냉혹한 권력의 법칙을 누구보다 잘 보여주는 인물이 바로 이방원이었다. 특히 외척들에 대해서는 한 점 자비도 베풀지 않았다. 조그만 꼬투리라도 잡히면 당사자를 죽이는 것도 모자라 집안까지 거덜 내기 일쑤였다. 그만큼 외척들을 위험하게 여긴 것이다. 이 때문에 원경왕후 민씨는 남편이 친정을 잔인하게 짓밟는 모습을 보면서 피눈물을 흘려야 했다.

변방의 무장 가문에서 다섯째 아들로 태어난 이방원에게는 출세의 발판이 필요했다. 민씨 집안은 고려 후기에 대대로 고위 문신을 배출한 명문가였다. 두 사람의 결합은 양가의 힘을 키우는 동시에 이방원의 야심을 실현하려는 '결혼동맹'이라고 볼 수 있다. 실제로 원경왕후와 민씨 집안은 이방원이 왕위에 오르는 데 큰 공을 세웠다. 제1차 왕자의 난 당시 정도전에 맞서 정변을 일으키도록 조언하고, 따로 무기를 숨겨뒀다가 적시에 내놓은 장본인이 원경왕후였다. 또 처남들인 민무구, 민무질도 왕자의 난에 적극 가담해 일등공신이 되었다.

그러나 화장실 들어갈 때와 나올 때가 다른 것이 사람 마음이다. 태종은 새 나라의 안정을 위해 무엇보다 왕권이 튼튼해야 한다고 보았다. 그러려면 임금에 버금가는 권력을 쥔 세력부터 뿌리 뽑아야 했다. 왕비와 일등공신을 배출한 민씨 집안이야말로 1호 제거 대상이었다. 그렇다고 처가를 무작정 때려잡을 수는 없다. 모든 일에는 절차라는 게 있다. 절차가 깔끔해야 뒤탈이 없는 법이다.

태종은 덫을 놓기로 했다. 1406년 임금이 왕위를 세자에게 물려주겠다고 선언한다. 이른바 '전위파동'이다. 물론 태종의 본심은 아니었다. 신하들의 충성심을 시험하려는 테스트에 불과했다. 그런데 욕심에 눈이 먼 민무구, 민무질이 이 덫에 걸려들고 말았다. 당시 대신들은 한목소리로 전위를 만류했는데 그들만 뜨뜻미지근했다. 민씨 형제는 이참에 세자가 왕위에 오르기를 기대했던 것이다.

태종의 적장자인 양녕은 외가에서 어린 시절을 보냈다. 덕분에 양녕과 외숙들의 관계는 친밀했다. 1404년 양녕이 세자가 되자 형제는 일약 권신으로 떠올랐다. 세자의 후원자를 자처하며 권력을 휘둘렀다. 관리들도 두 사람에게 아부하기 바빴다. 그러니 태종의 전위 선언이 얼마나 반가웠겠는가. 세자가 왕위에 오르면 민씨네 세상이 될 게 아닌가. 형제는 떡 줄 사람은 생각도 않는데 김칫국부터 마셨다. 욕심에

양녕대군

눈이 멀어 매형의 무서운 속셈을 간과한 것이다.

왕은 손수 덫을 놓은 다음 몰이꾼들로 하여금 포위망을 좁히게 했다. 민무구, 민무질이 전위를 적극적으로 만류하지 않자 그 진의를 의심하는 목소리가 커졌다. 이에 임금의 숙부이자 의정부영사인 이화가 상소를 올렸다.

과거 민무구 등이 주상께 아뢰기를, "세자 이외에는 똑똑한 왕자가 없는 편이 좋다"고 했습니다. 또 전하가 곁에 계신데도 감히 취산군 신극례를 부추겨 친아들(충녕대군)이 쓴 글씨를 찢었습니다. "똑똑한 왕자는 난을 일으킬 뿐"이라는 것이었습니다. 저들은 일찍이 왕의 핏줄을 해치려는 뜻을 품고 있었습니다.[50]

이화는 민무구와 민무질이 똑똑한 왕자를 제거하려 했다고 고변했다. 그 왕자는 충녕대군이었다. 왕조시대에 왕의 핏줄을 죽이려 했다는 건 역심을 품었다는 뜻. 민씨 형제가 이 말을 꺼냈을 때 왕은 섬뜩했을 터였다. 세자가 아무리 중해도 그렇지 감히 내 자식이 없는 편이 좋다고? 공부 잘하는 우리 충녕이가 난을 일으킬 뿐이라고? 두고 보자. 태종은 처남들이 매형에게 농담 삼아 했을지도 모를 이 말을 꼬불쳐두고 있다가 이화에게 흘렸을 가능성이 높다. 숙부, 지난번에 이런 일이 있었는데 저 인간들 혼내주게 좀 찔러주쇼.

사태는 일파만파 걷잡을 수 없이 번져나갔다. 태종은 민씨 형제의 공신녹권을 빼앗고 각각 여흥과 대구로 유배 보냈다. 조강지처 원경왕후와 장인 민제를 생각해 목숨만은 보존해준 것이다. 그러자 고변을 주도한 이화와 민씨 형제의 정적인 하륜, 이숙번이 소매를 걷어붙이고 나섰다. 그들은 조선시대 언론 격인 대간(臺諫, 사헌부와 사간원)을 움직였다. 민무구, 민무질은 물론이고 가까운 자들까지 극형에 처하라는 상소가 빗발쳤다.

1408년 장인 민제가 세상을 떠나자 태종은 독한 마음을 먹었다. 그는 우선 민씨 형제의 죄를 정식으로 인정하는 교서를 반포했다.

내가 지난번에 세자 이제(李禔)에게 전위했는데 대소신료가 날마다 대궐 뜰에 나와 불가함을 힘써 말하고 잇달아 눈물로 울었다. 내가 그래도 듣지 않으니, 대신들이 태상왕(태조)께 달려가 고해 전위할 뜻을 저지시켰다. 마침 민무구 등이 임금의 핏줄을 제거한다는 말이 있었으므로, 내가 심히 두려워해 곧 중의(衆議)를 따랐다.

아아! 어찌 감히 신하가 두 마음이 없도록 힘쓰지 않는가. 이것은 다만 제 몸에 재앙을 부를 뿐 아니라 무구, 무질로 하여금 그 멸망을 스스로 재촉한 것이니 또한 누구를 원망하겠는가. 상벌을 공정하게 하는 것은 내가 마땅히 할 일이다. 장차 법률에 따라 엄중히 징계하겠다.[51]

이 교서에서 태종이 명시한 죄목은 '협유집권(挾幼執權)'이었다. 어린 세자를 끼고 권력을 잡으려 했다는 것이다. 이듬해에는 조정 대신들을 불러 전위파동이 왕자들을 보호하기 위한 고육지책이었다고 설명했다. 아무리 이방원이라 해도 처남들을 함부로 죽이기는 껄끄러웠다. 태종은 차근차근 극형의 명분을 두텁게 했다.

민씨 형제에게 자결하라는 어명이 내려진 것은 1410년이었다. 태종

은 여기서 그치지 않았다. 1415년에는 원경왕후의 남은 동생 민무휼, 민무회까지 죽음으로 몰고 갔다. 4형제가 몽땅 매형에게 목숨을 잃으며 민씨 가문은 초토화되었고, 원경왕후는 시름시름 앓았다. 세자가 왈짜 패거리와 어울린 것은 이 무렵이었다.

왕비와 외척들의 비극은 태종의 집착에서 비롯되었다. 그가 집착한 것은 무엇이었을까? 바로 '왕의 나라'였다. 국가의 기본은 백성들을 안전하게 지키고 사람들이 먹고 살도록 하는 것이다. 그러나 건국 초기의 혼란이 계속되면 기본에 소홀해질 수밖에 없다. 그 혼란의 본질은 권력 다툼이었다.

태종은 임금이 모든 권력을 틀어쥐고 나라의 중심이 되어야 국초(國初)의 혼란을 극복할 수 있다고 보았다. 그래야 백성들이 편안해진다. 이상적인 정도전과 달리 이방원의 통치관은 현실적이었다. 태종은 외척과 공신, 아내와 아버지까지 권력에서 밀어내며 왕권 강화에 몰두했다. 패륜도 저지르고 피도 봤지만, 마침내 그는 정치적 목적을 달성하는 데 성공했다. 조선 땅에서 왕의 권력을 넘보는 세력이 사라진 것이다.

하지만 그 모진 세월은 맏아들까지 앗아가버렸다. 세자는 아버지가 벌이는 피의 숙청에 환멸을 느끼고, 어머니가 흘리는 피눈물에 가슴으로 공감했다. 영혼이 자유롭고 감성적인 양녕이 삐뚤어질 수밖에 없었던 이유다.

아버지 여자는 다 들이는데 저는 왜 안 됩니까

그럼 세자는 어쩌다가 부왕 태종에게 내쳐졌을까? 세자와 어리의 간통이 적발되고 1년 3개월이 지났을 무렵, 꺼진 줄 알았던 불씨가 다시 활활 타올랐다. 이 불길은 양녕의 후계자 자리를 홀랑 태워먹고 충녕, 아니 세종대왕을 역사 무대로 불러냈다.

그놈의 상사병이 문제였다. 태종의 지시로 어리가 궁을 나가자 양녕은 그녀만 찾으면서 침식을 거른 채 앓아누웠다. 이러다간 큰일 나겠다 싶었는지 장인 김한로가 나섰다. 그는 태종이 아닌 세자의 신하였다. 가문의 미래가 다음 임금이 될 사위에게 달렸기 때문이다. 김한로는 어리를 자기 딸, 곧 세자빈의 여종으로 꾸며 궁궐에 들였다. 오갈 데가 없어진 어리도 세자에게 기댔다. 두 사람의 사랑은 뜨겁게 달아올랐다. 처음에는 간통이었지만 이제 서로를 절실히 원했다. 그 사랑의 결실로 아이까지 생겼다. 이 사실은 비밀에 부쳐졌다. 세자궁 밖으로 새나가지 않도록 입단속을 철저히 한 것이다. 그러나 낮말은 새가 듣고 밤말은 쥐가 듣는 게 궁이다. 비밀은 오래가지 못했다.

두 사람의 재결합이 들통 난 것은 1418년 3월의 일이었다. 이번에는 세자의 누이들이 문제였다.

"어느 날 공주들이 궁에 들어와 왕비를 보는데, 내가 마침 이르니 경정공주가 말하기를 '세자전에서 유모를 구해 부득이 보내게 되었다'고 했다. 왕비가 놀라서 '그 아이가 누구냐'고 물으니 공주가 '어리의 소산'이라고 고했다. 그 경위를 들으니 김한로의 처가 어리를 종으로 꾸미고 데리고 들어가 세자에게 바쳤다는 것이다."[52]

태종이 지신사(知申事, 비서실장) 조말생에게 밝힌 적발 경위다. 왕이 더욱 노한 까닭은 그 무렵 넷째 왕자 성녕대군의 병이 깊어져 오늘내 일하고 있었기 때문이다. 태종과 원경왕후는 1405년 늦둥이로 태어난 막내 성녕을 무척 예뻐했다. 게다가 이 왕자는 양녕, 효령, 충녕과 달리 훤칠하고 잘생겨 왕실의 자랑으로 여겼다. 그런 성녕이 14살 나이로 죽게 생겼으니 얼마나 슬픔이 컸겠는가. 그런데 맏아들이라는 놈이 물 의를 일으킨 여인을 다시 궁에 들이고 시름에 잠긴 부모를 속여?

얼마 후 성녕대군은 세상을 떠나고 말았다. 태종의 상실감은 세자에 대한 서슬 퍼런 분노로 폭발했다. 왕은 세자의 장인 김한로를 유배 보 내고 세자빈도 사가로 쫓아냈다. 하지만 이번에는 세자도 물러서지 않 았다. 그는 원망을 가득 담아 부왕에게 편지를 보냈다.

세자가 내관 박지생을 시켜 친히 쓴 편지를 올렸다.

"전하의 시녀는 다 궁에 들이시는데, 어찌 다 중하게 생각해 받아들이십 니까? 지금 어리를 궁에서 내보내면 홀로 살아가기가 어려울 것입니다. 불 쌍하지도 않습니까? 그동안 여러 첩을 내보내어 울음소리가 사방에 이르 고 원망이 나라 안에 가득 찼습니다. 전하께서는 어찌 스스로에게서 반성 을 구하지 않으십니까?

이 첩 하나를 금하다가 잃는 것이 많을 것이요, 얻는 것이 적을 것입니 다. 그렇다고 자손들의 첩을 모두 금할 수 있습니까? 지금 세자빈이 아이 를 가졌는데 일체 죽도 마시지 않습니다. 하루아침에 변고라도 생긴다면 어찌시렵니까? 이제부터 제가 새사람이 되겠습니다. 털끝만치도 전하께 걱정을 끼치지 않을 것입니다."

임금이 이 편지를 (세자의 사부) 변계량 등에게 보여주며 말했다.

"이 말은 모두 나를 욕하는 것이다."[53]

위의 편지를 요약하자면 이렇다. '아버지 여자는 다 궁에 들이는데 저는 왜 안 됩니까? 어리를 금하면 잃는 것만 많고 얻는 것은 적을 것입니다. 잘 생각해보고 처분을 내리십시오.' 어찌 보면 간청이고, 어찌 보면 협박이다. 기왕에 들킨 거 세자는 어리와의 관계를 인정받으려고 했다.

그러나 아버지는 냉혹했다. 장남이 정면으로 도전하자 과감한 결단을 내린 것이다. 1418년 6월 3일 태종은 세자를 폐하고 셋째 왕자를 그 자리에 앉혔다. 학문이 뛰어난 충녕대군이었다. 그이가 바로 오늘날 한국인이 가장 존경하고 우러르는 역사 인물인 세종대왕 이도(李祹)다.

충녕대군은 어려서부터 책에 파묻혀 살았다. 비가 오나 눈이 오나 밤을 새워가며 글을 읽었다. 심지어 병석에 누워서도 독서를 고집하는 바람에 건강을 염려한 임금이 책을 감추라고 지시할 정도였다. 충녕의 학문이 깊이를 더할수록 양녕의 입지는 좁아졌다. 태종은 종친들과의 술자리에서 《서경(書經)》을 막힘없이 풀이하는 충녕대군에게 감탄하며 세자를 꾸짖기도 했다.

"너는 어째서 학문이 이렇지 못하느냐?"[54]

신하들도 마찬가지였다. 남재는 이성계의 다섯째 아들로서 왕위에 오른 이방원의 선례를 들어 충녕대군을 추켜세웠다.

"군왕의 아들이라면 누군들 임금이 되지 못하겠습니까?"[55]

충녕을 향한 부왕과 신하들의 관심이 무엇을 의미하는지 세자도 잘

알고 있었다. 하루는 매형 이백강의 집에서 연회가 열렸는데 술에 취한 양녕이 누이 정순공주에게 하소연 아닌 하소연을 한다.

"충녕 아우는 보통 사람이 아닙니다."[56]

언뜻 충녕대군을 칭찬하는 말 같지만 곱씹어보면 동생에 대한 부담감이 느껴진다. 여기에는 충녕의 깐깐한 성품도 한몫했다.

세자가 흥덕사에 가서 할머니 신의왕후의 제사를 지내고 사람을 불러 바둑을 두었다. 이에 충녕대군이 간했다. "존엄한 분께서 간사한 소인배와 어울려 노시다니 아니 될 일입니다. 더군다나 조모님 제삿날 이래서야 되겠습니까?" 그러자 세자가 꺼려했다. "너는 관음전에 가서 잠이나 자라."[57]

타락한 맏이는 할머니 제삿날 '딴따라'를 불러 잡기를 즐겼다. (조선시대 지배층은 바둑을 잡기라 하여 한량들의 놀이로 보았다.) 깐깐한 동생은 예(禮)를 들먹이며 형에게 바른말을 했다. 세자는 그런 충녕을 꺼렸던 것 같다. 오죽하면 관음전에 가서 잠이나 자라고 비아냥거렸을까?

어쩌면 양녕은 이 무렵부터 자포자기했는지도 모른다. 시간이 흐를수록 임금과 관리들의 시선은 학문이 뛰어난 충녕에게 쏠렸다. 세자자리를 충녕대군에게 빼앗기는 것은 시간문제로 보였으리라. 그렇다면 세자가 왈짜 패거리와 어울리고 여색을 탐한 것도 이렇게 해석할수 있다.

양녕대군 이제가 세자로 있을 때, 태종의 뜻이 세종에게 있음을 알고 거짓 미치광이가 되어 사양하니, 태종이 드디어 그를 폐하고 세종을 세워 왕

위를 전했다.[58]

조선 중기의 문신 김시양은 태종이 왕의 재목으로 충녕을 마음에 두었기에 양녕이 미치광이 행세를 해서 세자 자리를 사양했다는 글을 남겼다. 양녕대군은 정말 아버지의 뜻을 받들어 스스로 세자 자리를 포기했을까? 이것은 효를 중시하는 유학자들의 주관적인 시각이다. 왕실에서 벌어진 부적절한 일을 유교적 가치관으로 포장한 것이다. 알다시피 태종 이방원의 장남은 그리 효성스러운 인물이 아니었다.

어쨌든 세자가 한눈파는 사이에 충녕대군은 부지런히 학문을 연마했다. 스무 살 무렵에는 학식이 당대 최고의 학자들과 견줄 만한 수준에 이르렀다. 《태종실록》에는 1418년 1월 충녕이 성녕대군의 병세를 《주역(周易)》으로 풀이한 일화가 실려 있다.

태종은 성녕의 병이 위독해지자 길흉을 점치게 했다. 청성군 정탁이 임금을 안심시키기 위해 《주역》에서 점괘를 뽑아 아뢰었는데 충녕대군이 그것을 정확하게 풀이했다. 유교 경전 가운데서도 《주역》은 정통한 사람을 찾아보기 어려운데 약관의 왕자가 통달하다니! 임금과 신하들이 모두 충녕의 학식에 놀라워했다. 양녕의 말마따나 그는 보통 사람이 아니었던 것이다.

문치의 시대

1418년 6월 태종이 후계자 교체를 단행한 이유는 단지 양녕의 스캔들과 아버지에 대한 도전 때문만은 아니었다. 그 무렵 이방원은 다음 임금이 '문치(文治)'의 제왕이 되길 바랐다.

"나라의 창업은 무(武)로 이룩하지만, 수성은 문(文)이 바탕이 된다."[59]

당 태종 이세민의 치세를 다룬 《정관정요》는 제왕학의 교과서라고 불린다. 하루는 이세민이 대신들에게 제국의 창업(創業, 나라를 일으키는 것)과 수성(守成, 나라의 내실을 다지는 것) 중에서 무엇이 더 어려운지 물었다. 신하들의 의견은 분분했다. 개국 공신 방현령은 창업의 지난함을 역설했고, 재상 위징은 수성의 고충으로 반박했다. 당 태종은 두 사람 다 일리가 있다고 하면서도 이제 창업이 어느 정도 갈무리됐으니 수성에 주력하자고 당부했다. 나아가 수성의 본질은 문치임을 대내외에 천명했다. 문치란 문물과 제도로 나라를 다스리는 것을 말한다.

이방원은 《정관정요》를 즐겨 읽었다. 사실 당 태종 이세민과 조선 태종 이방원은 공통점이 많다. 아버지를 도와 나라를 세우고, 장자는 아니지만 보위를 물려받아 실질적인 창업 군주 노릇을 했다. 과거 당 태종이 그랬던 것처럼 이방원도 다음 세대의 과제는 수성이며, 그 수단은 문치라고 확신했다.

1404년 양녕대군을 세자에 앉힌 것은 나라의 안정이 급선무였기 때문이다. 그런데 막상 안정을 찾고 보니 문치가 관건으로 떠올랐다. 시대의 요구가 바뀐 것이다. 이방원은 새로운 시대정신에 충실했다. 자신은 힘으로 권력을 틀어쥐었지만, 이제부턴 제도와 문물로 다스려야 한다. 문치의 제왕이 필요하다. 그 적임자는 충녕대군이었다. 태종은 충녕을 세자로 삼은 데 이어 1418년 8월 8일에는 임금 자리까지 물려주었다. 22살의 청년 군주 세종대왕이 전격적으로 즉위한 것이다.

태종은 왜 세종에게 왕위를 넘기고 상왕으로 물러났을까? 살아 있는 임금이 스스로 자리를 내놓은 경우는 조선에서 태종이 유일무이했다. 태조와 정종, 그리고 단종은 물려주는 형식을 취하긴 했지만 자의 반 타의 반이라고 봐야 한다. 연산군과 광해군은 왕좌에서 쫓겨났다. 그밖에 대부분의 왕들은 죽음으로써 재위를 마감했다. 태종의 전위는 그래서 파격적이다. 여기에는 그래야만 하는 이유가 있었을 것이다.

"내가 재위한 지도 어느새 18년이다. 이제 세자에게 전위하려고 한다. 묵은 병이 요즘 들어 더욱 심해졌다. 18년 동안 호랑이를 탔으니 족하지 않은가."[60]

이방원은 심신이 병들고 지쳤으니 그만 쉬겠다고 했다. 그는 호랑이를 탄 시간이라고 지난날을 회고했다. 왕위에 오르기 전부터 사나운 일들의 연속이었다. 1414년 육조직계제를 시행하면서부터는 업무량도 살인적으로 늘어났다. 자잘한 일까지 이조, 병조, 호조, 예조, 형조, 공조로부터 직접 보고받고 결재해야 하니 일에 치여서 살 수밖에 없었다. 임금도 사람이다. 심신이 병들고 지치는 건 당연했다.

그러나 명분을 중시하는 유교 국가의 임금이 그런 이유만으로 전위하지는 않는다. 이방원의 결단에는 문치에 대한 노림수가 숨어 있다.

"왕위를 맡기는 데 만일 적임자를 얻지 못했다면 비록 걱정을 잊으려 한들 되었겠는가. 주상은 참으로 개국한 뜻을 계승해 문치로 태평

양녕대군
341

을 이룩할 임금이로다."[61]

태종이 전위한 다음에 잔치 석상에서 한 말이다. 그는 세종이 문치로 태평을 이룩할 임금이라고 했다. 세종도 세종이지만 문치에 대한 자신의 의지를 주위에 표명한 것이다. 나는 이것을 절의파 사대부들에게 보낸 메시지라고 본다. 조선 건국과 함께 조정을 등지고 향촌으로 흩어진 고려 유신들에게 문치의 제왕과 함께해달라고 당부한 것이다.

문치는 임금 혼자서 하는 게 아니다. 문치로 태평을 이룩하려면 파트너가 있어야 한다. 고려 후기에 유학을 공부하고 나라를 개혁하려 한 신진 사대부들이 임금을 보필해야 가능한 일이다. 그런데 역성혁명으로 사대부 사회가 분열되면서 새 나라의 인재 풀이 좁아지고 말았다. 태종은 이 문제를 해결하기 위해 전위라는 승부수를 던진 게 아닐까?

고려 유신, 곧 절의파 사대부들은 향촌에서 경제적 기반을 닦는 한편 유학 연구와 제자 양성에 몰두했다. 특히 길재의 학통은 김숙자, 김종직, 정여창, 김굉필, 조광조 등으로 이어지며 뒤에 '사림(士林)'의 근간이 된다. 오늘날 우리가 아는 '선비'가 여기서 유래한 것이다. 그들이 본격적으로 조정에 출사한 것은 성종 연간이었지만, 실은 태종 때부터 애를 썼다.

이방원도 유학을 공부하고 과거에 급제한 사람이다. 정도전과 반목하고 왕권 강화에 매진했지만 유교 국가의 꿈마저 배반한 것은 아니었다. 유생 시절 동문수학한 길재를 여러 차례 부르고 후하게 대접한 것도 그래서다. 하지만 길재는 임금이 하사한 땅과 세금 면제는 받아들일지언정 출사는 끝내 거부했다. 그는 '최후의 고려인' 정몽주의 문인이었다. 스승을 죽인 임금에게 충성할 수는 없었다.

우여곡절 끝에 나라를 안정시킨 태종은 다음 세대의 과제로 문치를 내걸었다. 그러려면 조선을 인정하지 않는 절의파 사대부들을 회유해야 했다. 이 과업을 추진하는 데 가장 큰 걸림돌은 이방원 자신이었다. 절의파 사대부들은 정몽주를 종주로 받들었다. 그 종주를 죽인 왕 밑에서 일하기는 어려웠다.

임금 자리에 있으면 뭐든 할 수 있을 것 같지만 사실은 그렇지 않다. 임금이라는 굴레를 벗어야 할 수 있는 일도 있었을 테다. 결국 태종은 문치의 적임자 세종에게 보위를 넘기고 상왕으로 물러나는 결단을 내렸다. 단, 군사를 비롯해 나라의 중요한 일은 직접 청취하고 결정한다는 단서를 달았다. 문치를 위해 왕위는 양보했지만, 실권은 자기가 쥐겠다는 뜻이었다.

살아서는 임금의 형, 죽어서는 보살의 형

한편 양녕대군은 세자 자리에서 쫓겨나면서 유배를 떠나야 했다. 새 임금 세종은 형님을 깍듯하게 예우하고 귀양살이의 편의를 봐주었다. 물론 그런다고 고마워할 양녕이 아니었다. 그는 사냥이다 뭐다 마음대로 쏘다니더니 1419년 초에 돌연 유배지에서 사라졌다. 대체 무슨 생각으로 이런 행동을 했을까?

양녕대군이 사냥을 마치고 동생 효령대군이 머무는 사찰을 찾아갔다. 양녕은 팔뚝에 매를 올리고 사냥개를 대동했으며 첩도 두어 명 거느리고

왔다. 섬돌 아래에 포획한 꿩과 토끼를 쌓아놓은 다음 고기를 굽고 술을 데워 진탕 마셨다. 잔뜩 취해서는 법당에 올라가 제멋대로 굴기도 했다. 불심이 깊은 효령이 낯빛을 바꾸고 일갈했다.

"형님께서는 지금 이처럼 악업을 지으시니 죽어서 지옥에 떨어질 것이 두렵지도 않습니까?"

그러나 양녕대군은 부끄러워하기는커녕 오히려 호탕하게 말했다.

"나는 살아서는 임금의 형으로서 마음껏 노닐 것이요, 죽어서는 보살의 형으로서 반드시 천당에 오를 것이다. 어찌 지옥에 떨어질 리가 있겠는가?"[62]

살아서는 임금의 형이요, 죽어서는 보살의 형이라……. 정말 아무런 걱정 없는 속 편한 인생이다. 법도에 얽매인 왕 노릇보다 이렇게 사는 편이 본인의 적성에 더 맞았을 것이다. 하지만 양녕대군의 무책임한 행동에 궁궐과 조정은 수시로 뒤집어졌고, 그 화살은 애꿎은 여인에게 날아갔다. 장인 김한로의 첩과 폐세자빈의 유모가 어리를 찾아가 세자를 망쳤다며 구타한 것이다. 어리는 신세를 한탄하면서 스스로 목을 맸다. 양녕은 뒤에 이 소식을 듣고 아무 말 없이 비파를 켰다고 한다.

권력은 힘을 휘둘러 욕망을 충족하는 폭력적 속성을 갖고 있다. 폭력적 권위에 맛들인 남자들은 양녕대군처럼 여자를 사냥감으로 여긴다. 특히 법과 도덕의 보호를 받지 못하는 여인들은 표적이 되기 쉽다. 결혼 제도의 테두리 바깥에 있던 조선시대 첩이 여기에 해당한다. 대갓집 소실 어리는 세자의 사냥에 희생된 포획물이었다. 포획된 사랑은 사랑이라는 이름의 폭력일 따름이다. 그 피해자를 불행에 빠뜨리고,

가해자 또한 파멸로 몰고 간다.

　조선 건국 초기에 대형 스캔들을 일으킨 양녕대군과 어리! 이 간통 사건은 양녕에게는 임금 자리와 맞바꾼 '상사병'이, 어리에게는 흐느끼도록 서러운 '불상사'가 되고 말았다. 그러나 세종대왕을 역사 무대로 불러냈으니 후손들에게는 '전화위복'이었다고 해야 할까?

조선의 붕당정치는 16세기에 사림이 집권하면서 시작되었다. '붕당(朋黨)'이란 유학자인 선비들이 학문적인 정통성을 주장하며 공동의 정치 이상을 실현하려 한 것이다. 17세기 들어 이율곡 학파가 주축이 된 서인과 퇴계 이황의 후예를 자처한 남인, 남명 조식과 화담 서경덕의 문인(門人)들이 뭉친 북인이 본격적으로 경쟁했다. 그러다가 인조반정으로 광해군을 지지하던 북인이 궤멸되고 서인의 장기 집권이 시작된다.

효종 사후에 벌어진 예송논쟁(禮訟論爭)은 붕당정치를 새로운 국면으로 이끌었다. 예송논쟁 하면 다들 복잡하게 생각하는데, 그 본질은 의외로 단순하다. 1659년 5월 효종이 세상을 떠나자 대비 장렬왕후의 상복을 놓고 설전이 오갔다. 장렬왕후는 선왕 인조의 계비였는데 3년복이냐, 1년복이냐 논란이 분분했다. 조정에서는 '산림(山林)'의 의견을 구했다. 산림은 벼슬하지 않고 학문을 닦는 유학자들로 각 붕당의 정신적 지주들이 포진하고 있었다.

남인 산림 허목과 윤휴는 임금이 승하했으니 어머니뻘인 장렬왕후는 마땅히 3년복을 입어야 한다고 조언했다. 반면 김장생의 서인 예론을 계승한 송시열은 1년복을 주장했다. 효종이 인조의 둘째 아들이므로 맏이의 예법인 3년복을 적용할 수 없다는 것이었다. 송시열의 주장은 《주자가례》에 입각해 적장자의 정통성을 중시하던 사대부가(士大夫家) 예법이었다. 남인들은 왕가(王家)는 사대부가와 예법을 달리해야 한다고 반박했다. 송시열도 물러서지 않았다. '체이부정(體而不正)', 즉 임금의 혈육이지만 정통은 아니라는 설을 들고 나온 것이다.

송시열의 체이부정설은 당쟁의 불씨가 되었다. 원래 예송논쟁은 조정과 산림의 예론(禮論)에 불과했다. 그러나 임금의 정통성을 부인하는 주장이 나오자 정치적 다툼이 불가피해졌다. 남인 윤선도가 총대를 멨다. 그는 송시열이 대역무도하다고 규탄했다. 집권당인 서인들은 예론을 정쟁의 도구로 삼아 조정을 어지럽힌다며 윤선도를 탄핵했다. 윤선도는 야당의 설움을 안고 유배를 떠났다. 결국 예송논쟁은 장렬왕후가 1년복을 입는 것으로 일단락되었다. 여기까지가 1차 예송논쟁이다.

그럼에도 예송의 불씨는 꺼지지 않고 살아 있었다. 1674년 2월 효종비 인선왕후가 운명하자 논쟁이 다시 불붙었다. 장렬왕후는 아직 생존해 있었다. 며느리에 대한 상례로 1년복을 입을지, 9개월복을 입을지 논란이 일었다. 서인들은 15년 전 송시열의 논거를 따랐다. 맏며느리가 아니므로 사대부가 예법에 따라 9개월복을 입으면 된다는 것이었다.

그런데 이번에는 상대가 만만치 않았다. 2차 예송논쟁을 주도한 인물은 임금 현종이었기 때문이다. 현종은 송시열이 관혼상제를 다룬 유교 경전 《의례(儀禮)》를 잘못 인용했다고 보았다. 그는 서인들의 주장을 일축하고 장렬왕후에게 1년복을 입혔다. 뿐만 아니라 1차 예송논쟁 당시 송시열의 '오류'를 추종했던 서인 예관들의 관복을 벗겼다. 효종과 인선왕후의 아들인 현종은 송시열이 사대부의 권위로 왕권을 억누르려 한다고 생각했다. 그는 2차 예송논쟁을 빌미로 임금을 깎아내려온 서인의 장기 집권

을 끝장내려고 했다.

결국 예송논쟁의 본질은 왕권과 신권의 권력투쟁이라고 볼 수 있다. 서인은 권위자 송시열을 내세워 임금도 사대부의 일원일 뿐이라며 공공연히 왕권에 도전했다. 이에 맞서 국왕은 야당인 남인의 도움을 받아 신권에 대한 왕권의 우위를 관철하려고 했다. 하지만 1674년 8월 현종이 갑자기 세상을 떠나면서 서인의 기고만장한 득세가 계속될 것처럼 보였다.

뒤를 이어 현종의 아들 숙종이 14살에 즉위했다. 송시열은 이 소년 군주가 당쟁을 사소한 예법논쟁에서 사생결단의 복수전으로 격화시킬 줄은 몰랐을 것이다. 숙종이 훗날 사랑하는 여인 장옥정을 들먹이며 대대적인 정계 개편을 단행하고 자신의 목숨까지 빼앗을 줄은 꿈에도 몰랐을 것이다.

연상의 궁녀와 사랑에 빠진 청년 군주*

1686년 12월, 26살의 청년 군주 숙종은 두 살 연상의 궁녀 장옥정을 숙원(淑媛, 종4품 후궁)으로 삼았다. 장옥정은 역관 집안 출신으로 거부(巨富) 장현의 종질녀였다. 인조의 계비 장렬왕후 처소에 나인으로 입궁했는데 미모가 자못 출중했다.

1680년 10월 첫 왕비 인경왕후가 세상을 떠나자 숙종은 어여쁜 장옥정에게 애정을 쏟았다. 평소 증조할머니뻘인 장렬왕후에게 문안 인사 다니면서 내심 점찍어 두었다가 본부인이 죽고 없자 냉큼 침실로 끌어들인 것이다. 궁녀 장씨가 승은(承恩, 임금의 총애를 받아 잠자리를 같이함)을 입었다는 소식에 숙종의 어머니 명성왕후가 촉각을 곤두세웠다. 장옥정이 누군지 알아본 명성왕후는 소스라치게 놀랐다.

'장현의 종질녀라니 이 일을 어이 할꼬. 장현은 왕실 종친과 남인들에게 자금을 대서 우리 집안과 서인 정권에 맞선 자가 아닌가. 그들을 몰아내고 겨우 정권을 되찾았는데 한낱 궁녀가 내 아들의 마음을 흔든다면 또 무슨 변고가 생길지 모른다.'

서인의 여자였던 명성왕후는 당장 장옥정을 궁 밖으로 내쫓았다. 남인 집안 출신인 장렬왕후가 말렸지만 역부족이었다. 아무리 웃어른이라도 임금의 어머니를 꺾기는 어려웠다. 장렬왕후는 대신 일가인 종친 숭선군의 아내 신씨에게 옥정의 뒤를 봐주라고 당부했다.

장옥정은 오빠 장희재의 집에 머물며 왕실 종친과 남인들의 구세주

---

*《숙종실록》 1686년 12월 10일 기사를 극적으로 재구성했다.

로 떠올랐다. 왕조시대에 승은을 입은 궁녀는 귀한 몸이었다. 장희재는 여동생을 팔아 훗날을 도모했다. 그는 일찍이 무과에 급제하고 내금위를 거쳐 포도청 부장을 지내는 엘리트 무관이었다. 임금이 총애하는 장옥정만 잘 활용하면 서인 정권을 뒤집는 정계 개편의 주도권을 틀어쥘 수 있었다.

한편 명성왕후는 얼른 계비 간택령을 내려 인현왕후 민씨를 궁에 들였다. 인현왕후의 아버지 민유중과 큰아버지 민정중은 서인의 정신적 지주 송시열의 직계 제자들이었다. 당색이 짙은 대비는 이 국혼을 통해 서인 정권을 더욱 튼튼하게 다지려고 했다.

외척이 된 민씨 집안은 만일에 대비해 출궁한 승은궁녀를 단속했다. 1683년 인조반정 60주년을 맞아 연회가 열렸는데 이 자리에 장희재의 기생첩 숙정이 불려갔다. 굳이 남의 첩이 된 기생을 이런 자리에 앉힌 것은 다분히 의도적인 처사였다. 숙정은 취객이 희롱하려 들자 회피하고 장희재에게 달아났다. 좌의정 민정중은 기생이 고관을 우롱했다며 장희재를 잡아들여 매질했다. 사실 그것은 허튼짓하지 말라는 엄중한 경고였다. 장희재와 숙정, 그리고 장옥정은 어디 두고 보자며 이를 갈았다.

1683년 12월 대비 명성왕후가 세상을 떠나면서 상황은 급변했다. 장옥정의 앞길을 가로막고 있던 장애물이 사라진 것이다. 대비의 삼년상이 끝나자 장렬왕후가 임금에게 옥정을 다시 입궁시키라고 권유했다. 현숙한 계비 인현왕후는 '멋도 모르고' 동참했다. 승은을 입은 궁녀가 민가에 머무는 건 사리에도 맞지 않고 왕실의 체면을 깎는 일이라며……

1686년 28살의 나이로 궁에 돌아온 장옥정을 숙종은 격정적으로 껴안았다. 그리움이 컸던 만큼 사랑도 뜨겁게 타올랐다. 임금이 희롱하려 하면 옥정은 나 잡아 봐라, 하면서 궁을 헤집고 다녔다. 한번은 인현왕후에게 달려가 남편 좀 말려달라고 짐짓 읍소하기도 했다. 물론 그 속내는 사랑을 못 받는 왕비를 약 올리고 조롱하는 것이었다.

인현왕후도 참지 않았다. 현숙하다는 평판에 연연하기에는 장옥정이 너무 거슬렸기 때문이다. 왕비는 옥정이 교만하고 방자하다며 숙종에게 뒷담화를 하는가 하면, 자신의 부름에 응하지 않는다는 이유로 승은궁녀의 종아리를 때리기도 했다.

친정인 민씨 집안과 서인들도 대책을 논의했다. 결국 후궁을 들이기로 했다. 장옥정에게 온통 쏠린 숙종의 마음을 돌리기 위해서였다. 새 후궁은 서인 영수 김수항의 종손녀였다. 언제나 그랬듯이 서인 정권에 힘을 보태는 선택이었다. 하지만 젊은 국왕은 서인 명문가 출신의 후궁을 거들떠보지도 않았다. 숙의(종2품), 소의(정2품), 귀인(종1품)으로 연거푸 직첩을 올려 우대하는 시늉만 했을 뿐이다. 그 와중에 임금은 은밀히 창경궁에 별당을 지었다. 사랑하는 옥정을 위한 특별한 처소, 취선당(就善堂)이었다.

취선당이 다 지어지자 숙종은 드디어 장옥정을 숙원에 봉했다. 궁녀에서 후궁으로 신분이 격상한 것이다. 이 신데렐라 이야기는 여기서 끝나지 않았다. 아니, 이제부터가 본론이다. 취선당에서 피어난 임금과 후궁의 사랑은 어마어마한 후폭풍을 불렀다. 바야흐로 피의 숙청과 왕비 교체라는 태풍이 조선을 덮쳐오고 있었다.

장옥정은 어떻게 궁녀가 되었나

실록은 장옥정과 숙종의 사랑이 애초 어떻게 시작되었는지 비교적 소상하게 알려준다. 실록을 편찬한 사관은 서인, 그것도 강경파인 노론의 입장에서 장옥정을 깎아내린다. 물론 그녀가 다음 임금인 경종의 어머니이기에 노골적으로 비난하지는 못한다. 그 대신 대비 명성왕후의 말을 빌려 우회해서 폄하하고 다음과 같이 주관적인 평을 덧붙인다.

명성모후는 멀리 내다보고 밝게 예견해 장씨를 내친 것이다. 그러나 임금은 여자를 총애한 나머지 마음이 흔들려 덕을 해치고 말았다.[63]

과연 그럴까? 대비마마께는 송구스러운 말씀이지만, 내가 볼 때는 명성왕후가 일을 그르쳤다. 아들을 사로잡은 장옥정이 근심스럽더라도 궁 안에서 처리했어야지 왜 내보내느냔 말이다. 임금의 총애를 받은 궁녀가 바깥세상에 나가면 야심가들의 손을 탈 게 뻔하다. 실제로 1680년 정권을 잃고 조정에서 밀려난 왕실 종친과 남인들이 접근하지 않았는가.

그런 의미에서 군주의 사랑에 대처한 대비와 서인들의 처방은 자충수였다. 20대의 피 끓는 사랑은 억지로 갈라놓는다고 식지 않는다. 오히려 더 보고 싶고 더 애틋해지는 법이다. 대비와 서인들은 도덕에는 밝았지만 인간의 욕망을 너무 몰랐다. 뒤이어 들이닥친 피의 숙청과 왕비 교체도 따지고 보면 자업자득이다. 사랑을 모르면 이런 사태가 벌어진다.

자, 그럼 지금부터 장옥정과 숙종의 사랑 이야기를 본격적으로 들여다보자. 두 사람의 사랑을 제대로 이해하려면 먼저 조선시대 궁녀를 알아야 한다.

한국사에서 궁녀는 삼국시대부터 등장한다. 백제 의자왕의 '삼천궁녀'가 당나라 군사들을 피해 낙화암에서 몸을 던졌다는 일화가 유명하다. 물론 진짜 삼천 명은 아니었을 것이다. 많은 궁녀가 몸을 던졌다는 뜻이다. '백만대군'이라고 백만 명은 아니듯이……. 궁녀의 역사는 신라, 고려, 조선을 거쳐 일제강점기 이왕부(李王部)[64]까지 이어진다.

그런데 궁녀의 진면목은 철저히 베일에 가려져 있다. 역사 기록이라는 게 거의 없다. 그들이 임금과 그 가족의 생활공간에서 일했기 때문이다. 궁녀에 대한 기록은 곧 국왕 일가의 사생활을 드러내는 것이다. 어떤 임금도 사생활 노출을 원하지 않는다. 왕조 국가에서 그것은 국가 기밀이기도 했다. 캐려고 하다가는 반역자로 몰리기 쉽다.

조선시대 궁녀도 마찬가지다. 조선은 기록의 나라였다. 한국사가 조선사에 편중된 이유가 여기에 있다. 조선 사람들은 별의별 기록을 다 남겼다. 작가의 이야기 재료, 학자의 연구 근거가 풍부하다. 다만 궁녀에 대한 기록은 별로 없다. 임금의 사생활을 알아서 뭐하게? 그것은 신하와 백성들이 알 필요도 없고, 알아서도 안 되는 금기였다.

그럼에도 현대인들은 궁녀의 베일을 벗기려고 달려든다. 원래 감춰진 것일수록 호기심을 자극하는 법이다. 순종황제와 순정효황후를 받든 궁녀들의 증언이 주목을 받은 것도 그래서다. 하지만 이 귀중한 증언이 가리킨 시대는 조선이 이미 망국으로 치달은 뒤였다. 500년 역사 속 조선 궁녀를 대표하기에는 여러모로 아쉬움이 많았다.

조선 궁녀의 실상을 알려주는 결정적 사료는 엉뚱한 곳에서 튀어나오곤 한다. 조선시대 중죄인에 대한 심문과 판결이 실려 있는 《추안급국안(推案及鞫案)》도 그중 하나다. 이 책에는 선조부터 고종까지 300여 년간 다뤄진 역적죄, 반란죄, 강상죄의 조사 기록이 빼곡하다. 거기 궁녀들이 대거 등장한다.

특히 '계해 3월 이후 옥사'라는 항목은 꽤 요긴하다. 이 옥사는 1623년 3월 인조반정 직후에 인목대비가 자신을 괴롭히고 모함한 광해군의 궁녀들을 처벌하도록 한 것이다. 당시 81명의 궁녀들이 체포되어 심문을 받았는데 법정 기록답게 출신, 입궁 시기, 업무 등을 소상히 밝히고 있다. 이때가 조선왕조 500년 역사의 중간쯤에 해당하므로 《추안급국안》의 '계해 3월 이후 옥사'는 조선 궁녀의 평균적인 실상을 담은 기록이라고 볼 수 있다. 여기에 《계축일기》, 《인현왕후전》, 《한중록》 등 17, 18세기 궁중 여인들의 기록물을 더하면 궁녀 이야기가 더욱 풍성해진다.

이 사료들은 장옥정을 복원하는 데도 큰 도움이 된다. 그녀가 바로 17세기의 궁녀였기 때문이다. 그렇다면 숙종을 만나기까지 옥정은 어떤 길을 걸었을까? 먼저 장옥정이 궁녀가 된 경위부터 살펴보자.

궁녀는 국왕 일가의 생활공간인 궁궐 내 액정(掖庭)에서 시중을 들고 가사에 종사한 여성들을 말한다. 조선에서는 궁녀를 '나인(內人)'이라고 불렀다. 궁녀로 오래 생활하면 다시 '상궁(尙宮)'이 된다. 이들은 내명부의 품계를 받았는데 상궁은 4~5품, 나인은 7~9품이었다. 그러나 《경국대전》에 실린 이 품계는 형식적인 것으로 실제로는 별 의미가 없었다.

당시 궁녀들은 공노비 출신이 많았다. 특히 국왕의 재산을 관장하는 내수사의 여종들이 큰 줄기를 이뤘다. 이 시대 조선 최대의 재산가는 임금이었다. 내수사 노비만 해도 수만 명을 헤아렸다. 이곳에서 궁녀를 뽑는 것은 자연스러운 일이었다. 물론 다른 중앙 관청에서도 여종들을 궁녀로 들였다.

궁녀들 가운데 양인은 극소수였다. 궁녀는 사실상 국왕 일가의 종이었기에 자유민인 양인은 뽑지 않는 게 원칙이었다. 18세기 영조 이후로는《속대전(續大典)》에 이 선발 기준을 명시하고 어기면 곤장 60대에 강제 노동 1년의 중벌에 처했다. 하지만 17세기에는 먹고살기 힘든 양인들이 입 하나 덜려고 딸자식을 궁녀로 넘기곤 했다.

장옥정은 공노비도, 양인도 아니었다. 대대로 역관 집안이니까 중인에 해당한다. 당대의 통념상 궁녀로 들어갈 신분이 아니었다. 중인 궁녀가 본격적으로 출현한 것은 1801년 공노비가 해방된 뒤였다. 고종, 순종 때에 이르면 궁내의 주요 보직을 중인 궁녀가 차지하게 된다. 그러나 17세기에는 이례적인 경우라고 볼 수 있다.

옥정이 11살에 아버지를 잃었으니 가정 형편이라도 어려워진 것일까? 설혹 그렇다 해도 외가가 부유했다. 외삼촌이 육의전 면포 상인이었다. 담장을 붙이고 곁에 살았다는 걸로 봐서 경제적 보조를 받을 수도 있었을 것이다. 가정 형편도 아니라면 이유가 무엇일까? 장옥정이 누구의 처소에서 일했는지 알면 의혹의 실마리가 풀린다.

조선시대 궁녀는 액정의 각 처소에서 따로 뽑았다. 궁에는 왕, 왕비, 대비, 후궁, 세자, 세자빈 등의 거처가 있었다. 이 처소마다 궁녀들이 배치되었는데, 주인의 격에 따라 숫자가 정해졌다. 예를 들면 임금의

대전이 100여 명이라면, 후궁의 별당은 10~20명 정도였다. 전체적으로는 500~600여 명의 궁녀가 국왕 일가가 사는 액정에서 일했다고 한다.

궁녀의 선발 권한은 각 처소의 주인에게 있었다. 요즘으로 치면 회사 공채가 아니라 부서별 특채였던 셈이다. 그래서 왕비, 대비, 후궁, 세자빈 등 왕실 여성들은 궁으로 시집올 때 친정에서 자신의 몸종과 유모를 데리고 왔다. 또 자식을 출산하면 친정을 통해 아이의 유모와 보모를 궁에 들였다. 그들을 친정에서 왔다고 해서 '본방나인'이라고 불렀다.

조선시대 왕실 여성들은 누구보다 본방나인들을 신임했다. 구중궁궐은 낯설고 엄격한 곳이다. 말과 행동거지를 조심하며 마음 졸이고 살아야 한다. 허심탄회하게 심중을 털어놓고 간혹 어려운 부탁을 할 사람은 본방나인들밖에 없었으리라. 사도세자의 아내이자 정조의 어머니인 혜경궁 홍씨도 1744년 세자빈으로 간택되어 입궁할 때 친정에서 몸종과 유모를 데리고 들어왔다.

내 궁에 들어올 적에 몸종 복례와 유모 아지를 데려왔다. 복례는 어려서부터 같이 놀면서 자랐는데, 총명하고 민첩하며 충성됨이 천한 인물 같지 않았다. 아지도 성품이 순하고 근면했다. 날마다 어른들께 문안 가야 하는데 두 사람 덕분에 하루도 늦지 않았다. 아지는 내 여러 차례 해산 때 공이 많아 자손이 후한 재물을 받았고 본인도 팔십 넘게 누렸다. 복례는 나를 지극히 좇아 섬겼다. 수족같이 내 심중의 슬픔과 기쁨, 괴로움과 즐거움을 알아 50여 년 허다한 경력을 나와 같이 했다. 칠십이 넘어서도 근력이 좋아

내게 몸종같이 군다.[65]

장옥정은 인조의 계비 장렬왕후를 받들었다. 그녀는 또 다른 의미의 본방나인이었다. 장렬왕후는 자손이 없었기 때문에 궁중에서 외로이 늙어가고 있었다. 장옥정은 적막한 신세인 대비에게 손녀딸 노릇을 하기 위해 입궁했으리라고 나는 본다.

실제로 이런 사례들이 고종 때 있었다. 그 무렵 궁에는 대비들이 여럿 있었다. 효명세자(추존왕 익종)의 비 신정왕후 조씨, 헌종의 계비 효정왕후 홍씨, 철종의 비 철인왕후 김씨가 모두 자손 없는 '독거노인'들이었다. 그중에 효정왕후와 철인왕후는 네 살배기 어린 궁녀들을 들여 곁에 두었다. 밥상머리 재롱을 보면서 기르는 낙을 누리고자 한 것이다. 장옥정도 같은 경우로 보인다. 외로운 대비의 손녀딸 노릇이라면 노비나 양인보다 중인 신분이 더 나았을 것이다. 역관 집안에서 보고 들은 게 많았을 테니 말벗으로도 제격이었다.

그럼 옥정은 몇 살 때 궁에 들어갔을까?《숙종실록》에는 장옥정이 머리를 스스로 땋아 올리기 전에 입궁했다는 기록이 있다. 정확히 몇 살인지는 알 수 없지만 어린 나이였다는 뜻이다. 11살에 아버지를 여의고 당숙 장현의 보살핌을 받았다고 하니 이 무렵이 아니었을까 짐작된다. 궁녀로 입궁하기에 좋은 나이이기 때문이다.《추안급국안》을 보면 17세기 궁녀들은 10살 전후부터 시작해 대체로 십대 시절에 입궁했다. 20~40대에 들어오는 경우는 대부분 유모 아니면 보모였다. 장옥정도 11살에 아버지를 잃고 장현의 천거로 입궁했을 가능성이 높다. 장현의 딸 또한 궁녀였으니 종질녀를 궁에 들여보내기도 용이했을 것

이다.

그런데 장옥정의 입궁에는 서인계 명성왕후가 의심한 것처럼 정치적인 목적도 엿보인다. 그녀가 들어간 곳이 바로 남인 가문 출신 장렬왕후의 처소였기 때문이다.

임금의 마음을 훔치다

장옥정의 당숙 장현은 당대의 거부였다. 조선시대 역관은 사신단의 일원으로 중국에 드나들었다. 주업은 통역이었지만 무역에도 관심을 가질 수밖에 없었다. 역관들 가운데 부자가 나오는 건 당연한 일이었다. 그들은 조선에서 인삼을 가져가 중국에 내다 팔고, 중국에서 비단을 들여와 조선에 되파는 식으로 재물을 모았다. 수완가들은 일본까지 끼워 중개무역을 펼치기도 했다. 장현은 그렇게 대부호가 되었다.

부와 권력은 동전의 앞뒷면과 같다. 권력을 꿈꾸는 야심가들이 세력을 키우려면 자금이 필요하고, 부를 거머쥔 재산가들이 사업을 키우려면 뒷배가 필요하다. 예나 지금이나 정치가와 사업가가 공생하는 건 그래서다. 정경유착은 역사적으로 뿌리가 깊다.

장현도 물론 정경유착을 모색했다. 그가 자금을 댄 쪽은 왕실 종친들이었다. 특히 복창군 이정, 복선군 이남, 복평군 이연과 각별한 사이였다. 이들 삼형제는 효종의 아우 인평대군 소생으로 이른바 '삼복'이라고 불리며 장안에 화제를 몰고 다녔다. 또 현종에게는 사촌이었고, 숙종에게는 당숙이었기에 왕들의 신임이 두터워 궁궐도 자유롭게 출입했다.

그런데 현종 재위기에 종친들은 서인 정권에 큰 불만을 갖고 있었다. 서인들이 인조반정 이후 50년이나 집권하다보니 국왕과 왕실을 아주 우습게 본다는 것이었다. 예송논쟁에서 송시열이 펼친 예론이 단적인 예다. 감히 효종을 차남으로 깎아내려 왕권을 능멸하다니! 삼복을 비롯한 종친들은 그래서 남인 세력과 편먹고 외척을 낀 서인 정권에 대항했다.

대부호 장현은 왕실 종친과 남인들의 물주 노릇을 하면서 한편으로는 정보 수집에 열을 올렸다. 정보력은 부와 권력을 일구는 데 밑거름이 된다. 당시에 가장 중요한 정보는 국왕의 동태였다. 임금의 일거수일투족이 정치와 사업의 향방을 바꿀 수 있었기 때문이다. 궁녀는 그 귀중한 정보를 캐내는 데 요긴한 존재였다. (《추안급국안》의 역적죄 항목에 궁녀들의 이름이 수두룩한 이유이기도 하다.)

그는 자기 딸을 궁녀로 들여보낸 것도 모자라 종질녀까지 입궁시켜 궁궐에 주파수를 맞추었다. 애초 장현이 종친과 남인들의 편에 선 것도 궁내 정보를 분석해서 내린 판단이었을 터. 현종이 송시열의 서인 예론을 못마땅하게 여기고 그것을 뒤집고자 밤낮으로 '열공' 중이라는 정보를 입수했다면, 사업가는 정권 교체에 배팅하는 게 맞다.

아무튼 장옥정은 폭풍전야의 민감한 시기에 궁에 들어갔다. 서인 명문가 여인들 일색인 액정에서 그나마 종친과 남인들에게 우호적인 장렬왕후를 받들었다. 이때 장현은 종질녀 옥정이 훗날 숙종의 마음을 사로잡아 왕비 자리에 오르게 될 줄 알았을까?

궁녀는 기본적으로 '왕의 여자'다. 그렇다고 모든 궁녀가 임금과 그렇고 그런 사이라는 뜻은 아니다. 관념적으로 그렇다는 것이다. 궁녀는 연령도, 하는 일도 다양하다. 임금과 연애할 만한 궁녀는 시중드는 젊은 나인 몇몇에 국한된다. 나머지는 국왕 일가의 생활공간인 액정에 속했다는 이유만으로 임금에게 시집간 걸로 치는 것이다.

그렇다면 궁녀는 왕, 왕비, 대비, 후궁, 세자, 세자빈 등의 처소에서 무슨 일을 했을까? 조선시대 궁녀의 업무는 크게 지밀, 침방, 수방, 소주방, 생것방, 세수간, 세답방으로 나뉘었다. 지밀은 지근거리에서 주인의 시중을 들었다. 침방은 의상, 수방은 자수를 담당했다. 소주방은 식사와 잔칫상을 준비했고, 생것방은 다례와 간식을 챙겼다. 또 세수간은 세숫물과 목욕물 등을 대령했으며, 세답방은 세탁을 비롯해 궂은 일을 도맡았다. 그밖에 편지 등 외부와의 연락을 주관하는 색장, 침실에 불을 때는 복이도 빼놓을 수 없다. 간단히 종합하자면 왕실의 시중과 가사, 궁중 생활 문화를 전담한 것이다.

이 가운데 가장 힘이 센 궁녀는 지밀나인이었다. 힘은 권력자와의 거리에서 나온다. 권력자와 가까울수록 영향력이 커지는 법이다. 지밀나인들은 주인이 어딜 가든 따라 움직이며 불편함이 없도록 시중을 든다. 심지어 밤에도 교대 근무를 하며 침실을 지킨다. 원래 '지밀(至密)'은 지극히 비밀스러운 곳, 곧 침실을 의미한다. 예컨대 임금의 침전은 가운데 대청과 양쪽 방으로 이뤄지는데, 각 방은 '정(井)'자 형태로 나뉘어 있다. 왕은 이 18개의 구획된 공간 가운데 한 군데를 침실로 썼다. 임금이 어디서 자는지는 극비 사항이었다. 외부인이 알고자 하면 역적으로 다스렸다. 그 주위 공간에는 지밀나인들이 들어 밤을 지새웠다. 국왕이 누구와 동침하든, 홀로 취침하든 그들은 묵묵히 이 업무를 수행했다.

밤새 침실을 지키다 보면 생리 현상을 참지 못하고 방구를 뀌는 나인도 있었다고 한다. 그럼 그 나인은 벌칙으로 음식을 준비해 처소의 궁녀들에게 돌려야 했다. 그것을 방굿례(放氣禮)라고 불렀는데, 지밀나인에게는 수치스러운 일이었다. 그만큼 지밀 업무를 신성하고 엄격하게 여겼다는 뜻이기도 하다.

장옥정은 장렬왕후의 처소에서 지밀나인으로 성장했다. 실록에 나온 대로 미모도 뛰어나고 처신도 애교스러워 대비의 총애를 듬뿍 받았다. 1674년 14살에 임금이 된 숙종은 궁궐의 큰 어른 장렬왕후에게 거의 매일 문안을 갔다. 옥정의 미모와 처신은 소년 군주의 심중에 깊이 각인되어 밤마다 어른거렸을 것이다. 1680년 10월 조강지처 인경왕후가 일찍 세상을 떠나자, 스무 살 청년 숙종은 자신의 판타지를 실현하기로 마음먹었다. 두 살 연상의 궁녀 장옥정을 침실로 부른 것이다.

사실 조선시대 궁녀가 임금에게 사랑을 받기는 쉽지 않았다. 일단 왕비가 감시의 눈을 번뜩였다. 고종의 비 명성황후를 예로 들어보자. 그녀는 강한 성격의 소유자답게 질투도 잔인하게 했다. 의친왕 이강의 생모인 상궁 장씨는 출산하자마자 경을 쳤다. 명성황후는 이 여인의 중요 부위를 칼로 도려내 불구로 만든 다음 궁궐에서 쫓아냈다.

아마 장옥정도 인경왕후가 살아 있었다면 경을 쳤을 게 틀림없다. 왕비의 죽음과 계비 간택 사이, 불과 몇 달의 빈틈을 파고들어 숙종의 마음을 사로잡은 것이다. 물론 장렬왕후가 협조하지 않았다면 성사되기 어려운 일이었다. 대비는 자신의 지밀나인을 밀어주는 것은 물론, 출궁과 재입궁 과정에서도 든든한 후견인이 되었다. 궁궐의 큰 어른이

장옥정을 후궁으로 만드는 데 앞장선 것이다.

그럼 조선시대에 국왕의 사랑을 받아 후궁이 된 궁녀는 또 누가 있을까? 먼저 연산군의 연인 장녹수를 들 수 있다. 그녀는 제안대군의 여종이었는데 춤과 노래에 능해 궁녀로 발탁되었다. 녹수에게는 입을 움직이지 않고 맑은 소리를 내는 특별한 개인기가 있었다고 한다. 자칭 '예술왕' 연산군은 타고난 '예능인' 장녹수에게 푹 빠져 후궁으로 삼았다.

장녹수도 장옥정처럼 연상의 여인이었다. 연산군보다 나이가 많은데다 생김새는 볼품없었다. 이미 딴 남자와 결혼해 자식까지 낳은 '애엄마'이기도 했다. 그런데 어떻게 폭군의 마음을 사로잡았을까? 그 비결은 모성애였다. 장녹수는 엄마(폐비 윤씨) 없이 자란 연산군을 어떻게 다뤄야 하는지 잘 알고 있었다.

장녹수는 왕을 조롱할 때는 마치 어린아이 다루 듯했고, 왕을 욕할 때는 마치 노예를 대하 듯했다. 왕이 아무리 노했다가도 녹수만 보면 기뻐서 웃었으므로, 상 주고 벌주는 일이 모두 그의 입에 달렸다.[66]

중종의 후궁이자 선조의 할머니인 창빈 안씨도 궁녀 출신이었다. 중종 재위기의 액정은 혼란스러웠다. 조강지처 단경왕후가 연산군의 처조카라는 이유로 쫓겨나고 계비 장경왕후마저 난산 끝에 세상을 떠났다. 이후 경빈 박씨, 희빈 홍씨 등 후궁들이 대신들과 결탁해 궁중 암투를 일삼았는데, 새로운 계비 문정왕후까지 가세하며 '여인천하'가 펼쳐졌다.

창빈 안씨의 입궁은 장옥정과 닮았다. 그녀 또한 대비 정현왕후의 처소에서 일하며 궁궐의 큰 어른에게 신임을 얻었기 때문이다. 평범한 백성의 딸이지만 품행이 정숙했던 이 궁녀를 정현왕후는 아들인 중종에게 소개(?)했다. 승은을 입고 후궁이 된 창빈 안씨는 궁중 암투에서 한 걸음 물러나 자손을 잘 보존했다. 명종의 후사가 끊기고 손자 하성군이 왕위에 오르면서(선조) 그녀는 치맛바람 매서웠던 여인천하의 최종 승자로 자리매김했다.

장녹수와 창빈 안씨는 임금보다 연상이고 대비를 등에 업었다는 점에서 각각 장옥정과 공통점이 있지만, 신데렐라 스토리를 완성하지는 못했다. 옥정과 달리 왕비 자리에 오르지 못했기 때문이다. 장옥정은 조선시대 유일무이한 궁녀 출신 왕비였다. 그녀 이전에도, 이후에도 없었던 일이다. 장옥정은 어떻게 신데렐라 왕비가 될 수 있었을까?

서인 정권 무너뜨리고 남인 거물들 죽인 숙종

이제 '백마 탄 임금' 숙종의 행보를 따라 그 진실을 밝혀보자. 1674년 현종이 승하하고 14살의 소년 군주가 왕위에 올랐다. 원래는 왕이 미성년자라 모후인 명성왕후가 수렴청정을 해야 했지만, 세자 시절부터 총명했던 숙종은 곧장 친정에 들어갔다. 과연 새 임금은 어린 나이에도 불구하고 강단 있는 모습을 보여줬다.

숙종은 아버지 현종의 행장(行狀, 죽은 사람의 행적을 기록한 글)을 지으면서 예송논쟁에서 송시열이 범한 과오를 명시하고 그를 파직했다. 효종에게 큰 은혜를 입고도 주군의 정통성을 실추시켰다는 것이다. 숙종은 일죄(一罪), 즉 반역죄까지 언급하며 송시열을 비판했다. 원칙대로 하면 죽여야겠지만 공적을 감안해 봐준다는 일갈이었다.

송시열이 누구인가? 인조반정 이후 50여 년간 집권한 서인 정권의 간판이자 실세였다. 그는 학문적으로는 율곡학파의 직계 김집에게 배웠고, 정치적으로는 척화파의 대부 김상헌을 이었다. 정신적 지주인 송시열의 한마디가 서인들에게는 법이었다. 이런 거물을 갓 즉위한 어린 임금이 날려버린 것이다. 그것은 서인 정권을 무너뜨리겠다는 소년 군주의 의지 표명이었다. 어쩌면 어리고 단순해서 가능했을지도 모른다. 나이가 들면 셈법이 복잡해져서 결단하기 어려운 법이니까.

이 결단에는 당시 왕실 분위기도 한몫했다. 숙종은 종친들과 친하게 지냈다. 특히 5촌 당숙들인 복창군, 복선군, 복평군 3형제에게 자주 조언을 구했다. 이들 '삼복'은 아버지 현종 때부터 궁궐에 자주 드나들었다. 소년 군주가 보기에 의지할 수 있는 측근들이었다. 그들은 서인 정권이 왕권을 억누르려 한다고 생각했다.

'서인들이 해먹어도 너무 오래 해먹었다.'

왕과 종친들에게는 이런 공감대가 형성돼 있었다. 바야흐로 정권 교체의 조짐이 보였다.

위기의식을 느낀 서인들은 선수를 쳤다. 먼저 궁궐 사정에 밝은 외척이 움직였다. 명성왕후의 아버지 김우명이 상소를 올려 종친들의 국정 관여를 비판한 것이다. 대비도 모습을 드러냈다. 이례적으로 대전 회의에 참석해 대형 스캔들을 터뜨렸다. 복창군 이정과 복평군 이연이 궁중에 출입하며 나인들과 정을 통했다는 폭로였다. 사실이라면 엄벌이 불가피했다.

궁녀는 국왕 일가의 여자들이다. 현직 나인이 딴 남자와 간통하면 남녀 모두 참형에 처하도록 했다.[67] 조선시대 사형수들은 대개 가을에 처형했는데, 이 경우에는 부대시라 해서 기다리지 않고 곧바로 목을 베었다. 역적죄처럼 나라를 흔든 국사범(國事犯)으로 취급한 것이다.

궁녀가 임신을 했다면 출산 직후 형을 집행했다. 보통 임산부 사형수는 아이를 낳고 100일 정도 말미를 주는 게 관례였다. 신생아에게 젖을 먹일 수 있도록 배려한 것이다. 하지만 간통 나인은 몸 풀자마자 목이 날아갔다. 궁녀와 정을 통한 외간 남자도 절대 무사할 수 없었다. 목숨으로 용의 역린을 건드린 대가를 치러야 했다. 종친이라고 예외일 수는 없었다.

복창군과 복평군은 국청(鞫廳, 조선시대에 큰 죄인을 심문하기 위해 임시로 설치한 재판정)에 끌려갔다. 사실 구중궁궐 깊숙한 데서 일어난 사건은 외부에서 입증할 방법이 없다. 그냥 대비가 그렇다면 그런 거다. 그러나 숙종은 증거가 없다면서 고문도 하지 않고 당숙들을 풀어줬다. 처신을 조금 잘못했을 뿐이라며 눈감아준 것이다. 이렇게 되자 눈치만 보던 만년 야당 남인들이 행동을 개시했다. 삼복과 손잡은 윤휴가 명성왕후의 국정 간섭을 지적하고 자중을 촉구했다. 송시열을 강력히 처벌해야 한다는 상소도 빗발쳤다.

서인들은 반발했다. 서인 영수 김수항은 삼복과 남인들의 행태를 조목조목 비판한 차자(箚子, 격식을 생략하고 요점만 적은 상소)를 임금에게 보냈다. 송시열은 "노나라의 사문(師門)이 아직 죽지 않았다"라며 김수항을 추켜세웠다. 노나라 공자의 정통 유학을 계승한 서인들이 똘똘 뭉쳐야 한다는 정치적 메시지였다.

서인들의 반격에 숙종은 분노했다.

"나라를 위해 성심을 다하지 않고 당을 보호하는 데 혈안이 돼 있다."

어린 임금은 송시열, 김수항 등을 유배 보냈다. 조정 요직에 포진한 서인들도 대거 쫓겨났다. 실권은 허적, 유혁연, 윤휴 등 남인들에게 넘어갔다. 인조반정 이후 50여 년 만에 서인에서 남인으로 정권이 교체된 것이다.

어린 시절의 강렬한 기억은 사람의 평생을 지배하기도 한다. 철옹성 같던 서인 정권을 무너뜨린 경험은 소년 군주에게 지나친 자신감을 심어줬다. 이후 숙종은 틈만 나면 '환국(換局)', 즉 극단적인 정계 개편으로 나라를 흔들었다. 이를 통해 서인당과 남인당의 다툼을 부추겨 신권을 약화시키고 왕권을 강화하려고 한 것이다. 그것은 그릇된 성공 방정식이었다.

숙종과 함께 새 시대를 연 남인 정권은 야당 생활을 오래 해서 그런지 현실 정치에 밝지 못했다. 남인 개혁가로 예송논쟁을 이끈 윤휴는 조정에 본격적으로 출사해 '북벌론'을 펼쳤다. 청나라에 당한 병자호란의 치욕을 씻자는 것이었다. 그는 체찰부를 설치해 군사 지휘 체계를 통일하고 만과(萬科)를 시행해 무관들을 대거 뽑아야 한다고 목소리를 높였다.

윤휴는 일찍이 "어찌 경전의 오묘한 뜻을 주자만 알겠느냐"라며《중용(中庸)》을 독자적으로 해석해 송시열에게 '사문난적(斯文亂賊, 학문을 어지럽히는 도적)'으로 낙인찍힌 바 있다. 주자를 맹신하는 풍토에 굴하지 않고 자신의 뜻을 펼친 것이다. 북벌론도 반대론에 발목이 잡혔지만 굽히지 않았다. 심지어 군역의 의무를 지지 않는 양반도 이제 특권을 버리고 군포를 내자고 해(호포법) 사대부들의 반발을 사기도 했다. 그의 주장은 지금 보면 대부분 옳지만, 당대에는 비현실적으로 받아들여졌다.

한편 영의정 허적 등 남인 실세들은 권력의 맛에 취해 안일해졌다. 허적의 집안 잔치에 왕실 장막을 허락도 없이 썼다가 숙종의 노여움을 사기도 했다. 방자하고 허황된 남인들에게 실망한 왕은 외당숙 김석주를 곁에 두고 조언을 구했다. 서인계 외척 김석주는 병권(兵權)에 집착하는 남인들의 동정을 교묘하게 일러바쳐 임금의 의심을 부추겼다. 1480년 3월 숙종은 전격적으로 정계 개편에 착수했다. 재상, 승지(비서실), 대간(언론), 군부 등 조정의 요직을 남인에서 서인으로 교체한 것이다. 이를 '경신환국(庚申換局)'이라고 부른다.

이때 김석주가 놀라운 정보를 입수했다. 신변의 위협을 느낀 복선군 이남이 허적의 서자 허견과 손잡고 정변을 일으키려 한다는 소식이었다. 평소 정보원들을 풀어 정적들을 감시하다가 월척을 낚은 것이다. 복선군과 허견이라면 종친과 남인 세력의 핵심 인사들이 아닌가. 이 역모 사건으로 남인들이 대거 목숨을 잃거나 유배를 떠났다. 숙종은 남인 거물들인 허적과 윤휴에게도 사약을 내렸다. 한 사람은 선왕 현종의 유언을 받든 고명대신이고, 또 한 사람은 재야 사림을 대표해 개혁 정책을 입안한 대학자였다. 역적모의를 직접 하지도 않았는데 노대신, 노학자를 죽이는 건 전례 없는 일이었다. 윤휴는 그이답게 할 말은 하고 사약을 마셨다.

"유학자가 싫으면 안 쓰면 그만이지 굳이 죽여야 할 이유가 있는가."

한편 유배가 풀려 도성에 돌아온 송시열은 외척 김석주와 손잡고 남인 잔당들을 일망타진하려고 했다. 1682년에는 어영대장 김익훈을 앞세워 역모 사건을 조작했는데, 가짜 고발자가 이실직고하는 바람에 음모가 드러나고 말았다. 조정에 새로 출사한 서인 소장파는 공작 정치를 규탄하며 김익훈과 그 배후인 김석주를 성토했다. 세간의 눈길이 송시열에게 쏠리자 이 서인 거물은 오히려 김익훈을 두둔하고 나섰다. 사문의 자제를 도울 수 없어 부끄럽다는 것. 나를 봐서 용서해달라는 말이었다.

송시열에게 질린 서인 소장파는 1683년 더욱 세차게 책임자 처벌을 촉구했다. 김수항, 민유중, 김만기 등 공작 정치를 옹호하는 서인 대신과 외척들도 거침없이 공격했다. 재야 선비들의 존경을 받는 대학자 윤증과 박세채, 덕망 높은 중신 남구만도 소장파의 손을 들어줬다. 이에 서인당은 소장파 소론(少論)과 노회한 노론(老論)으로 분열하기 시작했다.

노론과 소론의 분열은 이듬해 송시열과 윤증 사이의 비화가 알려지며 빠르게 진행되었다. 두 사람은 원래 스승과 제자 관계였다. 윤증의 아버지 윤선거도 김집의 문하에서 송시열과 동문수학한 학자였으니 누구보다 돈독해야 마땅했다. 하지만 1669년 윤선거가 세상을 떠나면서 이 특별한 사제 관계는 파국을 맞고 말았다.

윤선거는 살아생전 남인 윤휴와 깊은 교감을 나눴다. 외골수인 송시열은 어떻게 사문난적과 교류할 수 있느냐며 절교를 종용했다. 윤선거는 어쩔 수 없이 윤휴와 인연을 끊었지만, 송시열과도 소원해졌다. 윤선거 사후에 윤증은 스승 송시열을 찾아가 아버지의 비문을 써달라고 요청했다. 이 자리에서 부친이 벗에게 남긴 편지도 전했다.

임금에게 사사로운 뜻이 없기를 바란다면 자기부터 사사로운 뜻을 없애야 하고, 임금이 언로를 열어놓기를 바란다면 자기 언로부터 열어야 할 것이네. 좋으면 무릎에 올려놓고 미우면 연못에 밀어 넣는 편협한 생각은 버리고 부디 (남인들과) 소통하게나.[68]

입에 쓴 약 같은 충고였다. 하지만 서인당을 끼고 나라를 주물러온 송시열은 발끈했다. 네까짓 게 뭔데. 그는 충고를 조롱으로 되갚았다. 비문에 다른 사람이 이미 잘 지었으니 자기는 짓지 않겠다고 썼다. 윤휴가 문상 가서 지었다는 제문을 들어 비꼰 것이다. 또 윤선거가 끝내 사문난적과 절교하지 않았다고 트집을 잡았다. 심지어 병자호란 때 강화도가 함락되면 자결하기로 해놓고 지키지 않았다는 둥 윤선거의 절개를 문제 삼는 뒷담화가 송시열 주변에서 오갔다.

아무리 스승이지만 아버지를 이렇게 난도질하면 용서할 수 없다. 윤증과 송시열 사이에 편지로 격렬한 논쟁이 오갔고 사제 관계는 절교로 끝나고 말았다. 이 기막힌 논쟁을 대전 회덕(懷德)의 송시열과 논산 니성(尼城)의 윤증이 벌였다고 해서 '회니시비(懷尼是非)'라고 일컫는다.

아무튼 회니시비의 전말까지 알려지자 서인당은 들끓었다. 노론은 어떻게 제자가 스승을 저버릴 수 있느냐며 윤증을 매도했고, 소론은 송시열이 얼마나 편협하고 각박한 사람인지 보여준다며 날을 세웠다. 서인들이 이렇게 노론과 소론으로 분열되어 자기들끼리 지지고 볶는 동안 경신환국으로 윤휴와 허적을 잃은 남인들은 칼을 갈았다.

송시열을 죽여줄 테니 장희빈을 왕비로

그 무렵 남인당은 한 출궁 궁녀를 주목하고 있었다. 서인계 명성왕후에게 쫓겨나 오빠 장희재의 집에 머물고 있던 장옥정이었다.

조선시대 정식 궁녀는 처소의 주인이 죽거나 본인이 몹쓸 병에 걸려야 궁궐 밖으로 나올 수 있었다. 물론 출궁한 뒤에도 수절하는 게 조선의 법이었다. 간통하다가 걸리면 남녀 모두 곤장을 쳤다. 사도세자를 받들다가 임오화변 직후에 출궁한 나인 이씨는 평생 이불을 뒤집어쓰고 집 밖에 나오지 않았다고 한다. 보고를 받은 정조는 이씨의 충절을 기려 종6품 수칙(守則)에 봉하고 열녀문과 편액, 쌀과 재물을 하사했다.

그런데 장옥정은 보통 궁녀가 아니었다. 무려 국왕의 승은을 입고 출궁했다. 정권을 되찾기 위해서라면 지푸라기라도 잡아야 할 남인들로선 호박이 넝쿨째 굴러온 셈이었다. 저 여인을 다시 궁에 들여 임금의 마음을 되돌릴 수 있다면……. 피 끓는 청년 군주에게는 무엇보다 베갯머리송사가 잘 먹힐 텐데……. 남인들은 입맛을 다셨다.

게다가 숙종은 계비 인현왕후를 들였지만 후사를 보지 못하고 있었다. 만약 남인당이 장옥정을 임금의 품에 돌려줘서 아들이라도 낳는다면, 곧 '남인 왕자'의 탄생이 아닌가. 남인 정권을 재창출하는 것은 물론 장기 집권까지 가능한 시나리오다. 그들은 장밋빛 미래를 꿈꾸며 그녀의 오빠 장희재와 후견인 동평군에게 추파를 던졌다.

이윽고 명성왕후가 세상을 떠나고 삼년상까지 마치자 행동이 개시되었다. 장렬왕후의 권유로 장옥정은 1686년 궁으로 귀환했다. 남인과 종친들이 시기를 저울질하고 대비와 사전에 교감한 결과물이었을 것이다. 오매불망 그리웠던 여인의 한층 성숙해진 매력에 숙종은 푹 빠지고 말았다. 반면 왕비는 뒷방으로 밀려났다.

문제는 후사였다. 민유중의 딸인 인현왕후에게는 '서인 왕자'를 생산할 책무가 있었다. 안 되면 대타라도 투입해야 했다. 김수항의 종손녀를 후궁으로 들이는 데 앞장선 것은 왕비였다. 그러나 김씨는 철저히 외면당했다. 숙종은 장옥정에게 미쳐 있었다. 신하들까지 나서 옥정을 깎아내렸지만 임금의 귀에는 아무 말도 들리지 않았다.

그해 12월 후궁이 된 장옥정은 1688년 10월 드디어 왕자를 출산했다. 28살의 청년 군주는 크게 기뻐했다. 내심 후사를 걱정하던 숙종이었다. 그 시절에는 임금이 그 나이가 되도록 왕자를 보지 못하면 나라의 큰 근심으로 여겼다. 후계자는 곧 미래에 대한 불안을 잠재우는 근본이었다. 조선시대에 세자를 '국본(國本)'이라고 부른 이유다. 그런데 떡두꺼비 같은 왕자를, 그것도 사랑하는 여인에게서 얻었으니 얼마나 기뻤겠는가. 숙종은 얼른 장옥정의 친정엄마인 윤씨를 불러들여 산후조리에 만전을 기하도록 했다. 물론 윤씨의 입궁 과정에서 문제가 생길 줄은 꿈에도 생각하지 못했을 것이다.

임금의 전교를 받고 급히 궁에 들어오던 윤씨는 입구에서 제지를 당했다. 역관의 아내 따위가 어째서 옥교(屋轎, 뚜껑이 있는 가마)를 타고 왔느냐는 것이었다. 사실 윤씨의 신분으로는 뚜껑이 없는 교자조차 금하는 게 당시 조선의 법도였다. 사헌부 관원은 옥교를 메고 온 종들을 벌주고 이를 숙종에게 보고했다. 문제는 그 관원이 서인이었다는 것이다. 임금의 입장에서는 서인당의 몽니로 확대해석할 수 있는 일이었다.

'왕자의 탄생에 초를 치다니! 내 이 자들을 가만두지 않겠다.'

숙종의 격렬한 성정을 감안하면 이렇게 생각했을 가능성이 높다. 왕은 내수사에 명해 사헌부의 서리 두 명을 잡아들여 다스리게 했다. 법이 그런 이상 양반 관료를 족칠 수는 없었다. 대신 서리들이라도 응징해 본보기를 보이고자 한 것이다. 내수사는 임금의 직속 기관이었다. 법이고 뭐고 왕의 명령을 좇았다. 서리들은 혹독한 벌을 받고 목숨을 잃었다.

이 소식을 들은 서인들이 들고 일어났다. 그러나 숙종은 그들을 상대하지 않았다. 벌써 서른을 바라보는 임금이다. 나라를 다스린 지도 14년이 되었다. 열받는다고 법도를 방패막이 삼은 양반 관료들과 대거리를 할 만큼 미숙하지 않았다. 그는 죽은 서리의 가족들에게 특전을 베풀고 숨고르기에 들어갔다. 서인 정권을 상대로 치고 빠지기를 시전한 것이다.

얼마지 않아 해가 바뀌었다. 1689년 1월 숙종은 신하들을 모아놓고 중대 발표를 했다. 새로 태어난 왕자를 원자(元子)로 삼겠다는 것이었다. 원자는 상속권, 즉 왕위 계승권을 가진 임금의 맏아들을 뜻한다. 조선시대 왕의 장자는 통상 2~3살에 원자가 되고, 7~8살에 세자로 봉해져 후계자 과정을 밟았다.

출생한 지 두어 달밖에 안 된 갓난아기를, 그것도 궁녀 출신 후궁의 소생을 원자로 삼겠다고 하자 서인들은 펄쩍 뛰었다. 노론이고 소론이고 한목소리로 반대했다. 본부인 인현왕후의 나이가 아직 한창이니 적장자를 얻을 때까지 두고 보자는 게 그들의 주장이었다. 그러나 임금의 뜻은 완강했다. 결국 숙종은 '원자정호(元子定號, 원자로 호칭을 정함)'를 관철하고 장옥정을 희빈(정1품)에 봉했다.

국왕의 기습적인 거사에 서인 정권은 꼼짝 못하고 당했다. 물론 최후의 보루는 남아 있었다. 바로 송시열이었다. 과연 그는 이런 일에 물러설 위인이 아니었다. '남인 왕자'를 후계자로 정하다니, 내 눈에 흙이 들어가기 전에는 어림도 없지. 송시열은 임금에게 상소를 올렸다. 후궁 소생인 송나라 철종의 사례를 들어 제왕의 처신을 논했다. 사실상 군주를 훈계한 것이다.

숙종은 기다렸다는 듯이 반격했다. 현직에서 물러난 원로가 이미 결정한 나랏일을 부정하고 임금을 가르치려 들었다며 분통을 터뜨렸다. 그는 송시열의 벼슬과 작위를 빼앗고 도성 문밖으로 내쫓았다. 이 조치는 시작에 불과했다. 재상, 승지, 대간, 군부 등 조정 요직이 다시 남인들에게 넘어갔다. 9년 전 경신환국의 복사판이었다. 이 정계 개편을 '기사환국(己巳換局)'이라 일컫는다. 남인들로서는 기사회생했으니 기사(起死)환국이었다.

돌아온 남인당은 서인 영수 송시열, 김수항 등에게 극형을 내려달라고 임금에게 촉구했다. 이 또한 정해진 수순이었다. 저들이 남인 거물들을 죽였으니, 우리는 서인 거물들을 죽이겠다는 것이었다. 사소한 예법 논쟁에서 비롯된 당쟁은 어느덧 사생결단의 복수전으로 변질되어 있었다. 숙종 특유의 환국 정치가 부른 역사적인 비극이었다.

김수항은 결국 유배지에서 사약을 받았다. 제주도에 위리안치(圍籬安置)된 송시열은 일단 죽음을 피했다. 섬에 귀양 보내 가시울타리를 쳤으니 그만 하면 됐다는 숙종의 뜻이었다. 얼핏 관용이나 예우처럼 보이지만 실상은 그렇지가 않았다. 임금은 자기가 진짜로 원하는 걸 관철시키기 위해 송시열의 목숨을 미끼로 남겨놓았던 것이다.

1789년 4월 숙종은 신하들 앞에서 느닷없이 중전의 투기를 논하기 시작했다. 몇 년 전 장희빈이 궁에 돌아와 숙원이 되었을 때 인현왕후가 세상을 떠난 선왕과 모후를 들먹이면서 힐뜯었다는 이야기다.

"중전이 꿈에 선왕(현종)과 선후(명성왕후)를 만났다면서 '숙원은 아들이 없을 뿐만 아니라 복도 없으니, 오랫동안 액정에 있게 되면 나라에 이롭지 못할 것'이라는 말을 들었다고 했다. 부인의 투기는 옛날에도 있었지만 어찌 선왕과 선후의 말을 꾸며 임금을 놀라게 하는가. 이런 사람은 고금(古今)에 다시없을 것이다. 두 분이 숙원은 아들이 없다고 했다는데 그렇다면 원자는 어떻게 탄생했는가. 그 거짓된 작태가 여기서 더욱 분명해진다."[69]

숙종은 계속해서 며느리가 거짓말을 꾸며 시부모를 욕되게 하는 것도 있을 수 없는 일인데 하물며 왕가라면 어떻겠느냐고 신하들에게 물었다. 가만히 듣고 있던 사람들은 깜짝 놀라 등에 식은땀이 흘렀다. 지금 임금이 중전을 쫓아내려고 하는 게 아닌가.

이 말은 남인들이 다시 한 번 송시열을 엄벌해달라고 청하는 자리에서 나왔다. 숙종의 속셈은 송시열을 죽여줄 테니 왕비를 교체하는 데 협조하라는 것이었다. 아무리 남인 정권이라도 이건 좀 곤란하다. 일국의 국모를 몰아내는 일에 가담했다가 훗날 무슨 욕을 얻어먹으려고. 혹시 정권이라도 바뀌는 날에는 목숨이고, 가문이고 보존하기 힘들다. 남인당은 중전 폐출은 안 된다고 읍소했다. 혹자는 임금의 덕에 누가될 것이니 불가하다고 했고, 혹자는 만백성이 우러르는 어머니이기에 내칠 수 없다고 했다. 신하들은 재고를 요청하며 한사코 만류했다.

하지만 사랑하는 여인을 왕비로 삼겠다는 숙종의 뜻은 확고했다. 왕은 비상한 수단을 쓰기로 했다. 좋은 말로 안 된다면 공갈 협박을 하는 수밖에. 때마침 오두인, 박태보 등 서인 86명이 중전 폐출 반대 상소를 올렸다.

설령 내전(內殿)께 조그만 잘못이 있다고 하더라도 꿈 얘기를 한 것은 언어의 실수에 불과한 것이요, 행실로 드러난 것이 아닌데, 그것이 무슨 큰 허물이라고 갑자기 적발해 거론하십니까? 속담에도 '귀먹지 않으면 가장이 될 수 없다'고 했습니다. 진실로 이렇게 하지 않으면 서로 삐걱거리다가 틈이 생기고 핍박하다가 미움이 일어나 번져나가는 것입니다. 이를 철저히 살피지 않는다면 그 화가 미치는 것을 이루 말할 수 있겠습니까?[70]

사실 격렬하거나 무례하달 것도 없는 상소였다. 하지만 숙종은 펄펄 뛰며 한밤중에 국청을 열었다. 대신들이 허겁지겁 달려오고 죄인들(?)이 포박당한 채 끌려왔다. 왕은 창덕궁 인정전 앞에서 호통을 쳤다.

"네 놈들은 어째서 군부(君父)를 배신하고 부인에게 절개를 지키려 하느냐? 임금과 중궁이 삐걱거리고 핍박한다는 것은 또 무슨 뜻이냐? 이는 나를 모함하는 것이렷다."

그것은 생트집이었다. 주동자 오두인, 집필자 박태보는 대의를 내세워 침착하게 답했다. 그 당당한 태도에 왕은 더욱 흥분했다. 독기를 품었다면서 몽둥이로 입을 치게 했다. 압슬(壓膝)도 가해졌다. 깨진 사기 조각 위에 무릎을 꿇고 큰 돌로 허벅지를 눌렀다. 낙형(烙刑)도 이어졌다. 벌겋게 달군 인두로 온몸을 지졌다. 두 사람이 초죽음이 되자 왕은 선포했다.

"이후로 다시 중전 폐출에 대해 거론하면 역적으로 다스릴 것이다. 저들은 방금 내린 명이 있기 전에 상소한 것이니 유배형에 처한다."

오두인과 박태보는 결국 고문 후유증으로 유배 길에 숨지고 말았다. 중전 폐출을 반대해온 남인당도 더 이상 왕에게 토를 달지 못했다. 숙종의 지엄한 공갈 협박에 모두 꿀 먹은 벙어리가 된 것이다.

1689년 5월 2일 인현왕후가 폐비되어 궁궐에서 쫓겨났다. 5월 6일에는 장희빈을 왕비로 삼는다는 숙종의 전지(傳旨, 임금의 명을 담당 관청에 전달하는 것)가 내려졌다. 궁녀 출신 신데렐라 왕비의 탄생이었다. 그러나 최고로 행복한 그 순간, 최악의 반전이 시작되고 있었으니……

'신데렐라 왕비'의 최후

숙종은 수단과 방법을 가리지 않고 목적을 달성하자 남인 정권에 옜다, 하고 선물을 던져줬다. 송시열에게 사약을 내린 것이다.

남인당은 씁쓸했다. 임금은 남인들이 필요해서 조정에 불러들인 게 아니었다. 장희빈을 왕비로 만들기 위한 방패막이로 그들을 동원한 것이었다. 송시열을 미끼 삼아 복수에 눈이 먼 남인당을 이용한 것이었다. 이제 장희빈을 왕비로 삼았으니 남인들의 쓸모는 다했다. 쓰고 난 소모품을 버리는 건 시간문제였다.

서인당은 분노했다. 송시열은 사약을 받기 위해 제주도에서 뭍으로 나왔다. 스승의 마지막 길을 함께하기 위해 제자와 문인들이 모여들었다. 그가 사약을 가지고 내려간 금부도사와 만난 곳은 정읍이었다. 서인 거목은, 학문은 주자를 받들고 사업은 효종을 따라야 한다는 당부를 후학들에게 남기고 쓰러졌다.

송시열의 드라마틱한 죽음은 서인당 내 노론과 소론의 역학 관계를 바꿔놓았다. 공작 정치와 회니시비로 한때 송시열을 배척한 소론 가운데 상당수가 노론으로 돌아섰다. 뿐만 아니라 노론이든 소론이든 서인당의 지붕 아래 함께해야 한다는 인식도 확산되었다. 서인들은 이를 갈면서 똘똘 뭉치기 시작했다.

남인 정권은 긴장했다. 서인들도 서인들이지만 궁궐 내 동태도 심상치 않았다. 숙종은 1693년 새 왕비를 제쳐두고 궁에서 일하는 최씨 여인을 품었다. 놀랍게도 그녀는 정식 궁녀가 아니라 무수리였다.

조선시대 궁궐에는 나인 외에 또 다른 여성들이 있었다. 방자, 취반비, 파지, 그리고 무수리. 그들은 바로 나인의 하녀들이었다. 나인들은 국왕 일가의 시중과 집안일을 도맡았다. 그리고 숙소로 돌아온 뒤에는 충분히 쉬도록 했다. 그러려면 누군가 나인들의 가사도우미 역할을 해야 하는데, 그 일을 이 하녀들이 수행했다.

방자(房子)는 나인의 방에 속해 허드렛일과 심부름을 하던 종이었다. 《춘향전》에 나오는 방자는 남자지만, 궁중에는 여자 방자가 있었다. 취반비(炊飯婢)는 나인의 밥을 짓는 찬모였고, 파지(巴只)는 처소 안팎을 쓸고 닦는 청소부였다. 그런데 나인의 하녀들 중 가장 숫자가 많고 고되게 일하는 이는 단연 무수리였다. 무수리의 주된 업무는 물 긷는 일이었다. 물은 일상생활에 널리 쓰인다. 밥하고, 설거지하고, 빨래하고, 세수하고, 목욕하려면 물을 길어 와야 한다. 우물은 처소 바깥에 한두 개 정도 있을 뿐이었다. 무수리들은 하루 종일 처소와 우물을 오

가며 고생스럽게 일했다.

그런 무수리가 임금의 눈에 띌 가능성은 매우 희박하다. 야사에는 최씨가 인현왕후를 위해 치성을 드리는 모습에 숙종이 감동했다고 하는데, 내가 볼 때는 뒤에 지어낸 이야기다. 사실 두 사람이 어떻게 만났는지는 알 길도 없고 중요하지도 않다. 그보다는 무수리와의 만남이 무엇을 의미하는지 추론해보는 게 훨씬 유익하다.

우선 숙종이 한눈을 팔았다는 건 왕비에 대한 애정이 식었기 때문 아닐까? 그가 처음에 장옥정에게 반한 데는 (실록에 언급돼 있듯이) 미모가 크게 작용했다. 하지만 세월 앞에 미녀 없다. 왕비도 나이가 들었다. 또 원자 키우느라 예전처럼 미모를 가꾸기도 어려웠을 것이다. 그러자 임금의 애정도 시들해졌을 가능성이 높다.

다음으로 숙종이 무수리를 만난 건 왕비가 나인들을 철저히 단속했기 때문 아닐까? 왕비는 궁녀 출신답게 나인들의 욕망을 경계했을 게 틀림없다. 신데렐라는 자기 하나로 족하다. 특히 젊은 지밀나인들을 엄격하게 통제하고 감시했을 것이다. 왕의 시선이 무수리에게 향한 건 그래서다. 단속망을 피해서 하녀를 넘본 것이다.

이상의 추론에서 우리는 부부 관계에 이상 기류가 흐르고 있음을 알 수 있다. 숙종은 장옥정에 대한 애정이 식어갔고, 그녀의 단속에서 벗어나고자 했다. 이렇게 되면 본전 생각이 안 날 수가 없다. 인현왕후를 쫓아낸 일 말이다.

임금은 정치인이다. 중전 폐출에 대한 민심은 날이 갈수록 나빠졌다. 백성들은 본부인을 쫓아낸 남편이라며 왕을 욕했다. 아무리 좋은 정책을 내도 이미지가 안 좋으면 소용이 없다. 어떻게 해야 잃은 점수를 만회할 수 있을까?

세간에는 김만중이 지은 한글 소설 《사씨남정기》가 나돌고 있었다. 한림학사 유연수가 현숙한 부인 사씨와 결혼했으나 소생이 없자 간악한 첩 교씨를 집안에 들였는데 이 때문에 신세 망친다는 이야기다. 《사씨남정기》는 김만중이 왕비 교체에 반대하다가 유배 가서 쓴 소설이다. 등장인물 중 유연수는 숙종, 사씨는 인현왕후, 교씨는 장옥정을 빗댄 것이었다. 조선 사람들은 폐비를 동정하며 임금의 참회를 촉구하고 있었다.

남인 정권은 전전긍긍했다. 임금과 왕비는 사이가 안 좋았고, 민심은 폐비와 서인들의 편이었다. 이대로 가다가는 또 환국이다. 정말 버려지는 소모품이 된다. 그렇게 되지 않으려면 서인당을 족치는 수밖에 없었다. 초조해진 남인들은 공작 정치의 늪에 발을 들여놓았다.

1694년 3월 서인들 가운데 일부가 정변을 일으키려 한다는 정보가 입수되었다. 우의정 민암은 그중 한 사람을 협박해 고변을 받고 10여 명을 잡아들였다. 조사 결과 자금을 모으고 궁궐을 염탐한 정황이 드러났다. 그 목적은 폐비 민씨의 복위라는 것이었다. 민암은 쾌재를 불렀다. 이제 관련자들을 추가로 잡아들여 역모 사건의 규모를 키우기만 하면 된다.

그런데 며칠 후 재미난 일이 벌어졌다. 이번에는 남인들을 겨냥한 고변이 들어온 것이다. 장희재가 사람을 써서 숙원 최씨를 독살하려 한다는, 다소 황당한 내용이었다. 실체는 없지만 무수리 출신의 후궁을 왕비의 오빠가 노린다는 스토리가 흥미진진했다. 관련자로는 민암 등 남인 정권 핵심 인사들이 거명되었다. 누가 보더라도 서인당의 맞불 작전이었다.

그럼 숙종은 어떤 판결을 내렸을까? 왕은 이미 이런 사건들을 여러 차례 접했다. 고변 내용만 살펴봐도 어디까지가 진실이고 어디서부터 거짓인지 파악이 됐다. 그는 죄가 드러난 자들만 가볍게 처벌하는 선에서 사건들을 종결했다. 그리고는 옥사를 부풀리려 한 남인당을 질타했다. 우의정 민암 등을 유배형에 처한 것이다. 임금을 우롱한 죄였다.

아니나 다를까, 곧 환국이 단행되었다. 남인 영의정 권대운이 물러나고 소론 남구만이 그 자리를 차지했다. 승지, 대간, 군부 등 실권을 가진 요직들도 서인당에 넘어갔다. 이른바 '갑술환국(甲戌換局)'이었다. 이 환국도 기사환국처럼 왕비 교체를 위한 정지 작업이었다. 다만 이번에는 사랑보다는 정치적인 의도가 선명했다.

숙종은 인현왕후를 받아들여 민심을 회복하고자 했다. 중요한 것은 모양새였다. 쇼를 잘해야 한다는 말이다. 우선 임금과 폐비가 극진한 편지를 주고받았다. 중간에 감질나는 '밀당'도 있고, 거의 연애편지를 방불케 한다.

때로 꿈에 만나면 그대가 내 옷을 잡고 비 오듯 눈물을 흘리니…… 이제 별궁으로 옮기면 어찌 다시 만날 일이 없겠는가? (숙종의 편지)

첩의 죄는 죽어 마땅한데 목숨을 보존한 것은 성은에서 나왔습니다. 천만 뜻밖에 옥찰이 내려지니 감격에 눈물만 흐를 뿐입니다. (폐비의 답장)

답장을 읽으니 만나서 이야기한 것 같구려. 열 번이나 펴 보는데도 매번 눈물이 납니다. 옷과 옥교를 보낼 테니 이제 돌아오시오. (숙종의 답장)

옷과 옥교가 다 분수에 넘쳐 감당할 수 없습니다. 굽어살피시어 도로 거

두시면 조금이나마 마음이 편할 듯합니다. (폐비의 사양 편지)

또 번거롭게 하는구려. 지나치게 사양 말고 오늘 들어와야 하오. 몇 글자라도 회답해주오. (숙종의 독촉 편지)[71]

1694년 4월 12일 숙종은 인현왕후에게 다시 내전을 맡기고 그날부로 장옥정을 희빈으로 강등시켰다. 취선당으로 돌아온 장희빈은 울분의 나날을 보냈다. 왕과 왕비에게 문안도 가지 않고 세자만 바라보며 설욕을 다짐했다.

1696년에는 오빠 장희재 집안과 몰락한 남인들이 결탁해 자작극을 연출하기도 했다. 장희빈의 부친 묘소를 훼손하고 저주물을 묻은 다음 신여철의 종에게서 훔친 호패를 현장에 떨어뜨려 놓은 것이다. 병조판서 신여철은 서인당의 실세였다. 하지만 이 일에 가담한 종들이 사전에 계획을 떠벌리는 바람에 자작극은 탄로 났다. 남인들은 어설픈 연출의 대가를 목숨으로 치러야 했다. 다만 장희재 집안은 화를 피해 갔다. 심문을 주도한 소론 대신 남구만 등이 세자를 위해 덮어준 것이다.

내심 기대했다가 실망한 장희빈은 별당 한편에 신당을 차려놓고 굿에 몰두했다. 인현왕후 인형에 바늘을 꽂고 초상에 화살을 쏘는 저주의 굿판이었다고 한다. 당시 중전은 종기로 고생하고 있었다. 폐출과 복위 과정에서 쌓인 스트레스 때문이었을까? 종기는 온몸으로 퍼져나가 거동하기도 힘들 만큼 위중해졌다. 장희빈의 처소에서 굿 소리가 들린다는 귀띔을 받자 왕비는 저주를 의심했다. 그러나 진위를 확인할 길이 없었다. 중전이 죽으면 희빈이 복위할 것이라고 생각한 궁녀들이 협조하지 않았기 때문이다.

장희빈은 과연 내전을 되찾았을까? 1701년 인현왕후가 고통 속에 세상을 떠나면서 희빈의 운명은 크게 요동쳤다. 무수리 출신의 또 다른 신데렐라 최숙빈이 저주 굿을 고변해 원조 신데렐라를 저격한 것이다. 장희빈 앞에 놓인 것은 임금의 복위 교서가 아니라, 남편이 보낸 사약이었다.

"첩의 본분을 망각하고 본부인에게 방자했다."

이것이 숙종이 장희빈에게 갖다 붙인 죄목이다. 왕실에서는 왕비가 본부인이고, 후궁은 첩이었다. 어쩌면 이 죽음은 궁녀 출신 후궁으로서 왕비의 자리에 올라 본부인과 첩의 경계를 허문 장희빈의 숙명이었는지도 모른다.

조선은 법적으로 일부일처제 국가였다. 하지만 남성들은 벼슬길에 오르고 재물을 모으면 첩을 두었다. 이 성적 욕망과 혼외 관계가 팽배해지자 그 수혜자인 조선의 남성 지배층은 사회질서를 유지한다는 명목으로 첩과 본부인의 선을 긋고 엄격하게 통제했다. 첩의 자식들인 '서얼(庶孽)'의 출셋길을 막은 것도 그래서다.

이런 관점에서 보면 장희빈이 몰락하게 된 이유도 단순하고 선명해진다. '신데렐라 왕비'의 출현은 조선의 이율배반적인 사회질서를 뒤흔드는 일이었다. 지배층은 그녀를 죽여 본부인과 첩을 가르는 본보기로 삼고자 했다. 이에 '백마 탄 임금'은 한때 사랑했던 여인을 희생양으로 바치고 후궁의 왕비 책봉을 금지했다.

남녀의 사랑은 대개 열정, 곧 상대를 향한 뜨거운 정 속에서 달콤하게 피어난다. 그러나 열정의 수명은 길지 않다. 남녀가 결혼하게 되면 더는 열정에 기댈 수 없다. 부부의 사랑은 시행착오를 거치며 관계를 갈고 닦아 상대의 자물쇠에 꼭 맞는 열쇠로 거듭나는 것이다. 유감스럽게도 숙종에게는 그럴 마음이 없었다. 열정이 식은 왕은 정치 도박에 자기 여자까지 거는 냉혹한 군주의 면모를 드러냈다.

숙종은 잦은 환국으로 강력한 왕권을 행사했다. 하지만 이로 인해 당쟁은 피를 부르고 끝장을 보는 싸움으로 변질되었다. 감정의 골은 무저갱처럼 깊어졌고 복수는 꼬리에 꼬리를 물고 이어졌다. 당쟁의 주역도 서인과 남인에서 노론과 소론으로 바뀌었다. 두 붕당은 왕위 계승을 놓고 사생결단의 혈전을 벌였다. 소론은 장희빈이 낳은 세자를 후원했고, 노론은 최숙빈 소생의 연잉군(훗날의 영조)을 밀었다.

1720년 숙종이 세상을 떠나고 세자 이윤이 즉위했다. 그가 바로 조선 제20대 임금 경종이다. '남인 왕자'로 태어나 '소론 임금'이 된 것이다. 어머니 장옥정의 한이 조금이나마 풀렸을까?

1부

1 박태원,《약산과 의열단》, 깊은샘, 2000, 37~38쪽.

2 박태원,《약산과 의열단》, 깊은샘, 2000, 143~161쪽.

3 박태원,《약산과 의열단》, 깊은샘, 2000, 279~280쪽.

4 〈동아일보〉, 1923년 1월 18일.

5 '계해 벽두의 대사건 진상', 〈동아일보〉, 1923년 3월 15일 호외.

6 정운현, '의열 독립 투쟁 김지섭 의사', 〈서울신문〉, 1999년 8월 27일.

7 님 웨일즈, 조우화 옮김,《아리랑 : 조선인 혁명가 김산의 불꽃 같은 삶》, 동녘, 1984, 97쪽.

8 한상도,《대륙에 남긴 꿈》, 역사공간, 2006, 27~28쪽.

9 님 웨일즈, 조우화 옮김,《아리랑 : 조선인 혁명가 김산의 불꽃 같은 삶》, 동녘, 1984, 98쪽.

10 김삼웅,《약산 김원봉 평전》, 시대의창, 2008, 268쪽.

11 김삼웅,《약산 김원봉 평전》, 시대의창, 2008, 274~275쪽.

12 김원봉, '국내 혁명 동지들에게 고하는 글',《조선민족전선》, 독립기념관.

13 박차정, '민족혁명당 남경조선부녀회 창립선언문', 〈박차정 선생〉, 이송희 논문.

14 곽말약, 박정일·정재진 옮김, '홍파곡',《곽말약 자서전 4》, 일월서각, 1994, 187~188쪽.

15 《남로당 연구자료집 2》, 고려대학교 아세아문제연구소, 138쪽.

16 《남로당 연구자료집 2》, 고려대학교 아세아문제연구소, 238~239쪽.

17 한상도, '해방정국기 김원봉의 정치 활동',《한국독립운동사연구 64》, 독립기념관, 223쪽.

18 〈광명일보〉, 1947년 7월 25일.

19 김학준,《북한 50년사 : 우리가 떠안아야 할 반쪽의 우리 역사》, 동아출판사, 1995, 195쪽.

2부

1 《고려사》〈열전〉 '숙창원비 김씨'전.

2 《고려사》〈열전〉 '왕규'전.

3 《고려사》〈세가〉 '현종 사평'.

4 《고려사》〈세가〉'목종 12년'조.

5 《고려사》〈열전〉'장화왕후 오씨'전.

6 《삼국사기》〈신라본기〉'경순왕 9년'조.

7 《고려사》〈열전〉'신정왕태후'전.

8 《고려사》〈열전〉'서희'전.

9 《고려사》〈열전〉'서희'전.

10 《고려사》〈세가〉'목종 6년'조.

11 《고려사절요》제2권 '목종 6년'조.

12 《고려사》〈열전〉'헌애왕태후'전.

13 《고려사》〈열전〉'강조'전.

14 《고려사》〈세가〉'목종 12년'조.

15 《고려사절요》제2권 '목종 6년'조.

16 《성종실록》, 1476년 9월 5일.

17 성현, 김남이 · 전지원 외 옮김, 《용재총화》, 휴머니스트, 2015, 279~283쪽.

18 《성종실록》, 1480년 10월 18일.

19 성현, 김남이 · 전지원 외 옮김, 《용재총화》, 휴머니스트, 2015, 280쪽 각주.

20 《성종실록》, 1480년 10월 18일.

21 성현, 김남이 · 전지원 외 옮김, 《용재총화》, 휴머니스트, 2015, 120~121쪽.

22 이긍익, 《연려실기술(燃藜室記述)》〈성종조고사본말〉.

23 이긍익, 《연려실기술(燃藜室記述)》〈성종조고사본말〉.

24 《성종실록》, 1479년 6월 2일.

25 《성종실록》, 1482년 8월 16일.

26 이긍익, 《연려실기술(燃藜室記述)》〈성종조고사본말〉.

27 이긍익, 《연려실기술(燃藜室記述)》〈연산조고사본말〉.

28 《성종실록》, 1482년 8월 12일.

시작은 모두 사랑이었다

29 이긍익, 《연려실기술(燃藜室記述)》〈성종조고사본말〉.

30 《논어》〈안연(顔淵)〉편.

31 《맹자》〈등문공장구(滕文公章句)〉상편.

32 《한비자》〈충효(忠孝)〉편.

33 동중서, 《춘추번로(春秋繁露)》〈양존음비(陽尊陰卑)〉편.

34 성현, 김남이·전지원 외 옮김, 《용재총화》, 휴머니스트, 2015, 262~263쪽.

35 《성종실록》, 1477년 7월 18일.

36 성현, 김남이·전지원 외 옮김, 《용재총화》, 휴머니스트, 2015, 326쪽.

37 문중양·한명기 외, 강응천 엮음, 《17세기 대동의 길》, 민음사, 2014, 198~200쪽.

38 〈부안김씨분재기〉, 부안김씨종중고문서, 보물 제900호.

39 '서울 남부 종 삼한의 옥사', 《심리록(審理錄)》 11권, 갑진년(1784).

40 이숙인, 《정절의 역사 - 조선 지식인의 성 담론》, 푸른역사, 2014, 97~131쪽.

41 이숙인, 《정절의 역사 - 조선 지식인의 성 담론》, 푸른역사, 2014, 95~96쪽.

42 성현, 김남이·전지원 외 옮김, 《용재총화》, 휴머니스트, 2015, 303쪽.

43 한산거사, 《한양가(漢陽歌)》, 1844년.

44 이매창, 《매창집(梅窓集)》, 1668년.

45 심재완 편저, 《역대시조전서》, 세종문화사, 1972, 755쪽.

46 심재완 편저, 《역대시조전서》, 세종문화사, 1972, 1031쪽.

47 최진형, '고전문학에 나타난 재담의 양상', 《새국어생활》 27권, 국립국어원, 2017, 135쪽.

48 김천택, 《청구영언(靑丘永言)》, 1728년.

49 유몽인, 신익철·이형대 외 옮김, 《어우야담》, 돌베개, 2006, 132쪽.

50 명나라 11대 황제 가정제는 1521년부터 1567년까지 재위했다.

51 임방, 《수촌만록(水村漫錄)》, 1714년.

52 유몽인, 신익철·이형대 외 옮김, 《어우야담》, 돌베개, 2006, 134~135쪽.

53 김천택, 《청구영언(靑丘永言)》, 1728년.

54 김천택,《청구영언(靑丘永言)》, 1728년.

55 김수장,《해동가요(海東歌謠)》, 1769년.

56 허균,《지소록(識小錄)》,《연려실기술(燃藜室記述)》에서 재인용.

57 김학주,《서화담문집》, 명문당, 2003, 147쪽.

58 유몽인, 신익철·이형대 외 옮김,《어우야담》, 돌베개, 2006, 133쪽.

59 허균,《지소록(識小錄)》,《연려실기술(燃藜室記述)》에서 재인용.

60 김천택,《청구영언(靑丘永言)》, 1728년.

61 최승구, 〈조(潮)에 접(蝶)〉,《최소월 작품집》, 형설출판사, 1982.

62 나혜석, 〈경희〉,《여자계》2호, 도쿄여자유학생친목회, 1918.

63 〈매일신보〉, 1921년 4월 3일.

64 나혜석, 〈경희〉,《여자계》2호, 도쿄여자유학생친목회, 1918.

65 나혜석, 〈이혼고백장〉,《삼천리》, 1934년 8~9월호.

66 〈동아일보〉, 1921년 3월 21일.

67 나혜석, 〈모(母)된 감상기〉,《동명》18호, 1923년 1월 1일.

68 나혜석, 〈모(母)된 감상기〉,《동명》18호, 1923년 1월 1일.

69 나혜석, 〈모(母)된 감상기〉,《동명》19호, 1923년 1월 7일.

70 나혜석, 〈모(母)된 감상기〉,《동명》20호, 1923년 1월 14일.

71 나혜석, 〈모(母)된 감상기〉,《동명》21호, 1923년 1월 21일.

72 백결생, 〈나혜석 여사의 모(母)된 감상기를 보고〉,《동명》24호, 1923년 2월 11일.

73 나혜석, 〈백결생에게 답함〉,《동명》29호, 1923년 3월 18일.

74 나혜석, 〈백결생에게 답함〉,《동명》29호, 1923년 3월 18일.

75 〈동아일보〉, 1925년 6월 17일.

76 〈동아일보〉, 1926년 8월 5일.

77 〈불생불사의 악단 여왕 윤심덕〉,《삼천리》, 1931년 1월호.

78 《별건곤》, 1930년 2월호.

79 송봉우, 〈그 성의와 정열을 살기 위한 싸움에〉, 《조선논단》, 1925년.

80 〈조선일보〉, 1926년 5월 20일.

81 나혜석, 이상경 편, 〈화가로 어머니로〉, 《나혜석전집》, 태학사, 2000, 343~347쪽.

82 나혜석, 〈신생활에 들면서〉, 《삼천리》, 1935년 2월호.

83 나혜석, 〈이혼고백장〉, 《삼천리》 1934년 8~9월호.

84 《신가정》, 1934년 10월호.

85 나혜석, 〈신생활에 들면서〉, 《삼천리》, 1935년 2월호.

86 나혜석, 〈독신 여자의 정조론〉, 《삼천리》, 1935년 10월호.

87 나혜석, 〈신생활에 들면서〉, 《삼천리》, 1935년 2월호.

88 나혜석, 〈이혼고백장〉, 〈삼천리〉, 1934년 9월호.

3부

1 백제 초기의 도읍지. 백제의 시조 온조왕이 고구려에서 남쪽으로 내려와 이곳에 도읍을 정했다고 하는데, 위치는 서울시 강동구의 풍납토성과 몽촌토성 일대라는 설이 유력하다.

2 최래옥, '서동의 정체', 《한국 문학사의 쟁점》, 집문당, 1986, 163쪽.

3 김영수, 《삼국유사와 문화코드》, 일지사, 2009, 130쪽.

4 《삼국사기》 〈신라본기〉 '진지왕 3년'조.

5 문정창, 《한국고대사》, 인간사, 1988, 361쪽.

6 김복순, '삼국의 첩보전과 승려', 《한국불교문화사상사》上, 가산불교문화진흥원, 1992, 146쪽.

7 각훈, 《해동고승전(海東高僧傳)》, 1215년.

8 김영수, 《삼국유사와 문화코드》, 일지사, 2009, 137쪽.

9 《삼국사기》 〈신라본기〉 '진평왕 30년'조.

10 김복순, 〈삼국의 첩보전과 승려〉, 《한국불교문화사상사》上, 가산불교문화진흥원, 1992, 158쪽.

11 신채호, 《조선상고사》, 형설출판사, 1972, 248~257쪽.

12 《삼국유사》 〈기이(紀異)〉편 '무왕'조.

13 김영수,《삼국유사와 문화코드》, 일지사, 2009, 144쪽.

14 《삼국사기》〈백제본기〉 '무왕 35년'조.

15 김대문, 이종욱 역주해,《화랑세기(花郎世記)》, 소나무, 1999, 137쪽.

16 이인로,《파한집(破閑集)》, 1260년.

17 《삼국사기》〈열전〉 '김유신'전.

18 《삼국사기》〈열전〉 '김유신'전.

19 《삼국사기》〈열전〉 '김유신'전.

20 김대문, 이종욱 역주해,《화랑세기(花郎世記)》, 소나무, 1999, 45쪽.

21 김대문, 이종욱 역주해,《화랑세기(花郎世記)》, 소나무, 1999, 155쪽.

22 김대문, 이종욱 역주해,《화랑세기(花郎世記)》, 소나무, 1999, 170쪽.

23 김대문, 이종욱 역주해,《화랑세기(花郎世記)》, 소나무, 1999, 170쪽.

24 《삼국유사》〈기이〉편 '진덕왕'조.

25 김대문, 이종욱 역주해,《화랑세기(花郎世記)》, 소나무, 1999, 163쪽.

26 《삼국유사》〈기이〉편 '선덕왕지기삼사'조.

27 《삼국사기》〈신라본기〉 '선덕왕'조.

28 《삼국유사》〈기이〉편 '선덕왕지기삼사'조.

29 《삼국사기》〈신라본기〉 '선덕왕'조.

30 《삼국사기》〈열전〉 '김유신'전.

31 《삼국사기》〈신라본기〉 '선덕왕'조.

32 《삼국사기》〈열전〉 '김유신'전.

33 《삼국유사》〈기이〉편 '선덕왕지기삼사'조.

34 《삼국사기》〈신라본기〉 '진덕왕'조.

35 《삼국사기》〈신라본기〉 '진덕왕'조.

36 《삼국사기》〈신라본기〉 '태종무열왕'조.

37 《삼국유사》〈기이〉편 '가락국기'.

시작은 모두 사랑이었다

38 《삼국사기》 〈신라본기〉 '문무왕'조.

39 《고려사》 〈열전〉 '신돈'전.

40 《고려사》 〈열전〉 '신돈'전.

41 《고려사》 〈열전〉 '신돈'전.

42 《고려사》 〈열전〉 '신돈'전.

43 성현, 김남이·전지원 외 옮김, 《용재총화》, 휴머니스트, 2015, 141쪽.

44 《고려사》 〈열전〉 '신돈'전

45 《고려사》 〈열전〉 '신돈'전.

46 《고려사》 〈열전〉 '신돈'전.

47 원천석, 이인재·허경진 옮김, 《운곡시사(耘谷詩史)》, 혜안, 2007.

48 신흠, 《상촌집(象村集)》, 1630년.

49 성현, 김남이·전지원 외 옮김, 《용재총화》, 휴머니스트, 2015, 189~190쪽.

50 《태종실록》, 1407년 7월 10일.

51 《태종실록》, 1408년 10월 1일.

52 《태종실록》, 1418년 3월 6일.

53 《태종실록》, 1418년 5월 30일.

54 《태종실록》, 1416년 7월 18일.

55 《태종실록》, 1415년 12월 30일.

56 《태종실록》, 1414년 10월 26일.

57 《태종실록》, 1416년 9월 19일.

58 김시양, 《자해필담(紫海筆談)》.

59 오긍, 《정관정요(貞觀政要)》.

60 《태종실록》, 1418년 8월 8일.

61 이긍익, 《연려실기술(燃藜室記述)》 〈세종조고사본말〉.

62 성현, 김남이·전지원 외 옮김, 《용재총화》, 휴머니스트, 2015, 270쪽.

63 《숙종실록》, 1686년 12월 10일.

64 1910년 국권 상실 후 일본 왕가의 일원이 된 조선 왕실.

65 혜경궁 홍씨,《한중록(閑中錄)》.

66 《연산군일기》, 1502년 11월 25일.

67 《속대전(續大典)》〈형전(刑典)〉.

68 윤증,《명재연보(明齋年譜)》〈후록(後錄)〉.

69 《숙종실록》, 1689년 4월 21일.

70 《숙종실록》, 1689년 4월 25일, 오두인·박태보 등 86인의 연명 상소.

71 《숙종실록》, 1694년 4월 12일.